W0187963

Martin Pabst

STAATSTERRORISMUS

Martin Pabst

STAATS-
TERRORISMUS

THEORIE
und PRAXIS
KOMMUNISTISCHER
HERRSCHAFT

LEOPOLD STOCKER VERLAG
GRAZ – STUTTGART

Umschlaggestaltung: Mag. Ursula Wöss, Graz
Bildnachweis:
Fritz Sitte (1), Time life (1), AKG, Berlin (1), Votava, Wien (5). Die übrigen Fotos wurden
dem Verlag vom Autor freundlicherweise zur Verfügung gestellt bzw. stammen aus dessen
Archiv.

Die Deutsche Bibliothek – CIP-Einheitsaufnahme

Pabst, Martin:

Staatsterrorismus: Theorie und Praxis kommunistischer Herrschaft / Martin Pabst. – Graz ;
Stuttgart : Stocker, 1997
ISBN 3-7020-0796-2

Hinweis:
Dieses Buch wurde auf chlorfrei gebleichtem Papier gedruckt.
Die zum Schutz vor Verschmutzung verwendete Einschweißfolie ist aus Polyethylen chlorfrei und schwefelfrei hergestellt. Diese umweltfreundliche Folie verhält sich grundwasser-
neutral, verbrennt in Müllverbrennungsanlagen völlig ungiftig und ist voll recyclingfähig.

ISBN 3-7020-0796-2
Alle Rechte der Verbreitung, auch durch Film, Funk und Fernsehen, fotomechanische
Wiedergabe, Tonträger jeder Art, auszugsweisen Nachdruck oder Einspeicherung und
Rückgewinnung in Datenverarbeitungsanlagen aller Art, sind vorbehalten.
© Copyright by Leopold Stocker Verlag, Graz 1997
Printed in Austria
Gesamtherstellung: M. Theiss Ges.m.b.H., A-9400 Wolfsberg

Inhalt

Vorbemerkung des Verfassers 7

1. **DIE INTERDEPENDENZ VON KOMMUNISMUS UND STAATLICHEM TERROR**

Gab es einen „Stalinismus"? – Die Theorien zur
Erklärung kommunistischen Terrors 9
Aussagen von kommunistischen Theoretikern
über Terror und Repression 11

2. **INSTITUTIONALISIERTER TERROR IN DER SOWJETUNION**

Ergreifung und Verfestigung der Macht unter Lenin 29
Stalin als Nachfolger Lenins 49
Die Apotheose des Terrors: Die „Großen Säuberungen"
1936-39 67
Terror unter Stalin in der Kriegs- und Nachkriegszeit 78
Die Sowjetunion von Chruschtschow bis Gorbatschow 98

3. **DIE SOWJETISIERUNG EUROPAS – AUSGEWÄHLTE EXEMPEL**

DDR 121
Polen 142

Ungarn 156
ČSSR 168
Jugoslawien 180

4. KOMMUNISTISCHER TERROR AUSSERHALB EUROPAS

Volksrepublik China 199
Indochina 215
Kuba 237
Äthiopien 246
Südafrika 255

5. DIE BILANZ DES JAHRHUNDERT-
EXPERIMENTES 269

Bibliographie 273

Vorbemerkung des Verfassers

Dieses Buch versucht eine übergreifende Darstellung und Bewertung des Phänomens kommunistischer Terror. Es beruht auf veröffentlichten Quellen und Darstellungen in deutscher und englischer Sprache, nicht auf eigenen Forschungen in den Archiven der elf ausgewählten Fallbeispiele in Europa, Asien, Amerika und Afrika.

Obwohl der Verfasser zu dem Ergebnis gelangt, daß der Marxismus/Leninismus wie kaum eine andere Ideologie Repression und Terror beinhaltet, soll nicht verschwiegen werden, daß auch andere politische Ideologien und Systeme in Vergangenheit und Gegenwart zu diesen Mitteln gegriffen haben. Auch sollen deren Verbrechen durch diese Untersuchung nicht geschmälert werden. Angesichts unzähliger einschlägiger Vorkommnisse ist das 20. Jahrhundert wie kein anderes prädestiniert, als „Jahrhundert der Repression" in die Geschichte einzugehen.

Das Ausmaß und die Perfektion des marxistisch/leninistischen Staatsterrorismus lassen jedoch keinen Zweifel daran, daß es sich um den Jahrhundertterror schlechthin handelt.

Martin Pabst

1. Die Interdependenz von Kommunismus und staatlichem Terror

Gab es einen „Stalinismus"?
Die Theorien zur Erklärung kommunistischen Terrors

„Stalinismus" wird mitunter als Synonym für kommunistische Terrorherrschaft gebraucht. Dies verwundert, käme doch niemand auf den Gedanken, die nationalsozialistische Herrschaft unter dem Begriff „Hitlerismus" zu subsumieren – der Vorwurf der Verharmlosung durch eine derartige Reduzierung auf eine Person würde nur zu rasch erhoben. Hierzu ist kritisch anzumerken, daß Hitler immerhin für die gesamte nationalsozialistische Periode in Deutschland, Stalin jedoch nur für einen zeitlich und örtlich begrenzten Teil des real existierenden Kommunismus verantwortlich zeichnete.

Jene Verharmlosung beinhaltet noch einen weiteren Aspekt: Der Begriff „Stalinismus" suggeriert die zeitliche Begrenzung des Terrors und impliziert das Vorhandensein eines terrorfreien „guten" Kommunismus davor oder danach. Mit der negativ besetzten Bezeichnung „Stalinismus" wird der eigentliche „Marxismus/Leninismus" zur idealistischen und humanistischen Weltanschauung bzw. Herrschaftsform aufgewertet, die noch nicht zum Terror entartet sei. Stalin war der Bösewicht, und kommunistischer Terror in der Zeit nach 1952 wurde demnach allenfalls von unverbesserlichen „Stalinisten", d.h. von Epigonen des alten Diktators, ausgeübt, die die vorgeblichen Wandlungen des Kommunismus nicht begriffen hatten. So wurden in der Sowjetunion, beginnend ab 1956 unter Chruschtschow, die Stalin-Denkmäler abgebaut, während Denkmäler von Lenin, Marx und Engels bis heute stehengeblieben sind und einen gewissen Respekt auch bei Nichtkommunisten genießen.[1]

Stellvertretend für diese recht apologetisch anmutende Interpretation sei der „Stalinismus"-Forscher Roy Medwedew angeführt, ein früherer kommunistischer Dissident, der 1990/91 die ihm aberkannte Parteimitgliedschaft zurückerhielt und in das ZK der reformierten Kommunistischen Partei Rußlands berufen wurde:

„Stalinismus – das ist die Gesamtheit der Entstellungen, die Stalin der Theorie und Praxis des wissenschaftlichen Sozialismus zufügte. Es handelt sich hier um ein Phänomen, das dem Marxismus und dem Leninismus zutiefst fremd ist." [2]

Insbesondere die *personenbezogene Theorie* zur Erklärung kommunistischen Terrors verwendet den Begriff „Stalinismus" und sucht damit den Terror von der kommunistischen Ideologie abzukoppeln. Terror in kommunistischen Systemen sei von einzelnen Personen wie Stalin oder Pol Pot zu verantworten, die, im Gegensatz zu „pluralistischen Kommunisten", absolute Machtkonzentration in einer Hand bezweckt hätten bzw. psychopathisch veranlagt gewesen seien. [3)]

Auch zwei weitere Erklärungstheorien gehen von dieser prinzipiellen Trennung aus: Die *Kontinuitätstheorie* erkennt eine traditionelle Verwurzelung von Terror bei bestimmten Kulturen, Gesellschaften oder Völkern; nach der kommunistischen Machtergreifung sei dieser nur unter anderen Vorzeichen weiterpraktiziert worden. [4)] Und schließlich argumentiert die in den siebziger Jahren entwickelte *strukturell-funktionalistische* Theorie, daß Terror in einem bestimmten ökonomischen bzw. politischen Kontext zum Machterhalt objektiv notwendig gewesen, jedoch nicht grundsätzlich ein permanenter Bestandteil kommunistischer Systeme sei. Kommunistischer Terror weise daher in zeitlicher wie örtlicher Hinsicht eine große Variationsbreite auf. Bisweilen wird die strukturell-funktionalistische auch mit der personenbezogenen Theorie verknüpft[5)]

Eine prinzipielle Korrelation von Kommunismus und Terror postulieren hingegen die *Totalitarismustheorie* und die *Singularitätstheorie.* Erstere wurde in den fünfziger Jahren, zur Zeit des kalten Krieges, entwickelt und grenzt totalitäre Systeme wie das kommunistische, das nationalsozialistische oder das faschistische gegenüber autoritären Systemen ab. Ihre wesentlichen Kennzeichen seien die offiziell verbindliche Ideologie, die Einheitspartei, die zentrale Kontrolle über Wirtschaft, Sicherheitsapparat und Massenmedien sowie der institutionalisierte Terror durch Polizei und Geheimpolizei zur Überwachung und ideologischen Uniformierung der Staatsbürger sowie zur Eliminierung von Feinden. Die *Singularitätstheorie* geht davon aus, daß Terror ein notwendiger und integraler Bestandteil gerade der kommunistischen Ideologie wie ihrer konkreten Realisierung und deshalb von singulärer Qualität sei.

Am Anfang unserer Ausführungen soll eine Analyse der Aussagen führender kommunistischer Theoretiker über Terror und Repression stehen. In den folgenden Kapiteln sollen die Formen kommunistischen Terrors anhand örtlich wie zeitlich unterschiedlicher Fallbeispiele untersucht, abschließend eine Einordnung und Erklärung des Phänomens versucht werden.

1   Chruschtschow belebt in seinen 1970 erschienenen Memoiren erneut die Legende von der freiwilligen Gefolgschaft der Sowjetbürger gegenüber ihrem Hoffnungsträger Lenin im Unterschied zur späteren Gewaltherrschaft Stalins. (Chruschtschow erinnert sich 1992, 84)
2   Medwedew 1992, Bd. 3, 389

3 Zu den verschiedenen Theorien siehe Adelman, Jonathan R.: Introduction. In:
   Adelman 1984, 1-9; Siegel 1992, 1-28
4 Man vergleiche in diesem Zusammenhang Hitlers Vorstellung vom „asiatischen
   Bolschewismus"!
5 So z.b. Jonathan R. Adelman bei seiner Erklärung des Massenterrors in der späten
   Stalin-Ära (1937-53). (Adelman, Jonathan R.: Soviet Secret Police. In: Adelman
   1984, 127)

Aussagen von kommunistischen Theoretikern über Terror und Repression

Untersucht man die Aussagen von kommunistischen Theoretikern, so wird man eine Kontinuität der Bejahung von Terror und Repression feststellen. Schon das 1847/48 von Karl Marx und Friedrich Engels verfaßte „Manifest der Kommunistischen Partei" verkündete:

„Die Kommunisten verschmähen es, ihre Ansichten und Absichten zu ver-heimlichen. Sie erklären es offen, daß ihre Zwecke nur erreicht werden können durch den gewaltsamen Umsturz aller bisherigen Gesellschafts-ordnung." [1]

Die verbreitete Vorstellung vom Marxismus/Leninismus als einer humanen und damit auch gewaltfreien Anschauung gründet auf dem humanistischen Ansatz von Karl Marx. In seinem Frühwerk „Ökonomisch-philosophische Manuskripte" von 1844 prangerte er die Selbstentfremdung des Menschen durch die Einführung der Arbeitsteilung und des Privatbesitzes an:

„Die entfremdete Arbeit macht also: 3. das Gattungswesen des Menschen, sowohl die Natur als sein geistiges Gattungsvermögen, zu einem ihm frem-den Wesen, zum Mittel seiner individuellen Existenz. Sie entfremdet dem Menschen seinen eignen Leib, wie die Natur außer ihm, wie sein geistiges Wesen, sein menschliches Wesen." [2]

Marx und Engels führten 1845/46 in der Schrift „Die deutsche Ideologie" aus, daß das Ziel die Verwirklichung einer „kommunistischen Gesellschaft" sei, in der jeder Mensch nach seinen Bedürfnissen und Fähigkeiten leben könne,

„wo jeder nicht einen ausschließlichen Kreis der Tätigkeit hat, sondern sich in jedem beliebigen Zweige ausbilden kann, die Gesellschaft die allgemeine Produktion regelt und mir eben dadurch möglich macht, heute dies, morgen

11

jenes zu tun, morgens zu jagen, nachmittags zu fischen, abends Viehzucht zu treiben und nach dem Essen zu kritisieren, wie ich gerade Lust habe, ohne je Jäger, Fischer, Hirt oder Kritiker zu werden". [3]

Marx bezeichnete den Kommunismus als zutiefst humanistische Weltanschauung, die sich ausschließlich am Menschen und an der Natur orientiere. Wenn alle Hindernisse des gegenwärtigen Kapitalismus beseitigt seien – zuvorderst das Privateigentum, in zweiter Linie aber auch das Geld, die Religion, der Staat, die bürgerliche Familie –, würde der Mensch zu sich finden und eine wahrhaft menschliche Existenz führen. [4]

Marx und Engels gingen von einem raschen Verschwinden des Staatsapparates nach der Revolution aus. So schrieb Friedrich Engels 1880 in seiner Schrift „Die Entwicklung des Sozialismus von der Utopie zur Wissenschaft":

„Der erste Akt, worin der Staat wirklich als Repräsentant der ganzen Gesellschaft auftritt – die Besitzergreifung der Produktionsmittel im Namen der Gesellschaft –, ist zugleich sein letzter selbständiger Akt als Staat. Das Eingreifen einer Staatsgewalt in gesellschaftliche Verhältnisse wird auf einem Gebiete nach dem andern überflüssig und schläft dann von selbst ein. An die Stelle der Regierung über Personen tritt die Verwaltung von Sachen und die Leitung von Produktionsprozessen. Der Staat wird nicht ,abgeschafft', er stirbt ab." [5]

Die Existenz des Menschen unter den Bedingungen des Kapitalismus erachteten Marx und Engels als inhuman und unmoralisch. Ihre Kritik ist daher moralistisch, wenngleich sie selbst keine Moral verkündeten. Im „Manifest des Kommunismus" heißt es: „Der Kommunismus aber schafft die ewigen Wahrheiten ab, er schafft die Religion ab, die Moral, statt sie neu zu gestalten, er widerspricht also allen bisherigen gesellschaftlichen Entwicklungen." [6] Die herrschende Moral wie die Religion spiegelten die Klasseninteressen der Bourgeoisie wider. Marx und Engels gingen also gewissermaßen von einer natürlichen Moralität des Menschen aus, die im kommunistischen Endzustand, in dem der Mensch zu einer nicht-entfremdeten Existenz zurückgekehrt sei, manifest werde. O'Brien bezeichnet den Marxschen Atheismus daher als „weltlichen Humanismus". [7]

Auf dem Weg zur kommunistischen Endgesellschaft tritt an die Stelle der alten bürgerlich-christlichen „Klassenmoral" die Einsicht in die geschichtliche Notwendigkeit, die das Fundament „sozialistischer Moral" bildet: Alles, was dem Aufbau des Sozialismus nützt, ist legitim; alles, was ihm entgegensteht, illegitim.

Marxscher „Humanismus" und Repression schließen sich daher nicht aus, sondern bedingen einander. Repression ist nach Marx gerechtfertigt, um die kommunistische Weltgesellschaft schnell herbeizuführen; das Proletariat habe dazu auch keine Alternative. Das von einer militaristischen Sprache geprägte „Manifest der Kommunistischen Partei" geht von einem vorgegebenen Kriegszustand aus: „Die Geschichte aller bisherigen Gesellschaft ist die Geschichte von Klassenkämpfen." Die derzeit herrschende Klasse der Bourgeoisie bewundere „brutale Kraftäußerung" und schrecke in Zeiten von Handelskrisen auch nicht vor „Barbarei" und „Vernichtungskrieg" zurück. „Aber die Bourgeoisie hat nicht nur die Waffen geschmiedet, die ihr den Tod bringen; sie hat auch die Männer gezeugt, die diese Waffen führen werden – die modernen Arbeiter, die Proletarier." [8)]

Zumindest für eine gewisse Zeit nach der Revolution besteht daher nach marxistischer Auffassung eine Art Kriegszustand, nach innen wie nach außen. Das revolutionäre Proletariat müsse den Widerstand der reaktionären Klassen, so z.B. bei der Transformation der vorrevolutionären ökonomisch-sozialen Strukturen, gewaltsam brechen.

Das revolutionäre Proletariat wird gemäß Marx und Engels dadurch legitimiert, daß es im Interesse des Menschen handelt. Es etabliere nicht die Herrschaft einer neuen Klasse, sondern führe die wahrhaft menschliche, klassenlose Gesellschaft herbei. Seine Gewaltherrschaft sei denn auch zeitlich begrenzt. Im „Manifest der Kommunistischen Partei" heißt es:

„Wenn das Proletariat im Kampfe gegen die Bourgeoisie sich notwendig zur Klasse vereint, durch eine Revolution sich zur herrschenden Klasse macht und als herrschende Klasse gewaltsam die alten Produktivverhältnisse aufhebt, so hebt es mit diesen Produktivverhältnissen die Existenzbedingungen des Klassengegensatzes, die Klassen überhaupt und damit seine eigene Herrschaft als Klasse auf." [9)]

Zudem legitimiere das Gesetz der Geschichte den revolutionären Umsturz durch das Proletariat: Der weltumspannende Kapitalismus stehe vor dem Zusammenbruch, da die Bourgeoisie immer allseitigere und gewaltigere Krisen vorbereite und die Mittel, den Krisen vorzubeugen, vermindere. [10)]

Marx und Engels betonten die Notwendigkeit für einen „gewaltsamen Umsturz aller bisherigen Gesellschaftsordnung" [11)] und verwarfen alle Spielarten eines Erziehungs- oder Reformsozialismus. Hierfür werden die folgenden Argumente angeführt: Die herrschende Klasse würde ihre Macht nicht freiwillig kampflos aufgeben (Gefahr der „Kontrerevolution" [12)], der Aufbau des Kommunismus erfordere eine massenweise Umerziehung, und der gewaltsame Umsturz kürze die leidvolle Übergangszeit vom Kapitalismus zum Kommunismus ab.

So konstatierten Marx und Engels in dem Aufsatz „Die deutsche Ideologie",

> *„daß sowohl zur massenweisen Erzeugung dieses kommunistischen Bewußtseins wie zur Durchsetzung der Sache selbst eine massenweise Veränderung der Menschen nötig ist, die nur in einer praktischen Bewegung, in einer Revolution vor sich gehen kann; daß also die Revolution nicht nur nötig ist, weil die herrschende Klasse auf keine andre Weise gestürzt werden kann, sondern auch, weil die stürzende Klasse nur in einer Revolution dahin kommen kann, sich den ganzen alten Dreck vom Halse zu schaffen und zu einer neuen Begründung der Gesellschaft befähigt zu werden".* [13]

Gemäß Marx und Engels ist ein Teil der Menschheit also befugt, in Verfolgung eines humanen und historisch notwendigen Zieles dem anderen Teil eine Veränderung gewaltsam aufzuzwingen, und sie geben offen zu, daß es sich bei jenem anderen Teil um „Massen" handeln kann, vielleicht sogar um die überwiegende Mehrheit.

Die im „Manifest der Kommunistischen Partei" genannten Maßregeln für die Herrschaft des Proletariats in fortschrittlichen Ländern beinhalten konkrete Zwangsmaßnahmen wie die „Expropriation des Grundeigentums", die „Konfiskation des Eigentums aller Emigranten und Rebellen", und den „gleichen Arbeitszwang für alle". [14]

Nicht Lenin, sondern bereits der junge Karl Marx prägte den Begriff „Diktatur des Proletariats" für die Phase nach der revolutionären Machtergreifung: Am 5. März 1852 schrieb er an den Sozialisten Joseph Weydemeyer in New York, sein Verdienst sei es, entdeckt zu haben, „daß der Klassenkampf notwendig zur Diktatur des Proletariats führt" und „daß diese Diktatur selbst nur den Übergang zur Aufhebung aller Klassen und zu einer klassenlosen Gesellschaft bildet". [15]

Auch Marx ging schon von einer Übergangsperiode zwischen der Revolution und dem endgültigen Sieg des Kommunismus aus, in der das Proletariat noch auf den Einsatz der Staatsmacht gegen allfällige Widerstände angewiesen sei. So schrieb er 1875 in seiner „Kritik des Gothaer Programmentwurfes" der Deutschen Sozialistischen Arbeiterpartei:

> *„Zwischen der kapitalistischen und der kommunistischen Gesellschaft liegt die Periode der revolutionären Umwandlung der einen in die andre. Der entspricht auch eine politische Übergangsperiode, deren Staat nichts andres sein kann als die revolutionäre Diktatur des Proletariats."* [16]

Die weitverbreitete Aussage, daß Marx ein Philosoph und kein Politiker gewesen sei und eine gewaltfreie Etablierung des Kommunismus erwartet habe, ist demnach falsch. Er selbst hatte bereits 1845 in seinen „Thesen über Feuerbach" die berühmten Worte geprägt: „Die Philosophen haben die Welt

nur verschieden interpretiert, es kömmt darauf an, sie zu verändern." [17] Lediglich die Tatsache, daß er, im Gegensatz zu seinem Nachfolger Lenin, relativ
wenige konkrete Rezepte zur revolutionären und nachrevolutionären Phase
vermittelte und selbst nicht in eine politische Machtposition gelangte, hat irri-
gerweise zur oben zitierten Ansicht beigetragen. [18]

Der Pragmatiker Wladimir Ilitsch Uljanow, genannt „Lenin", beschäftigte
sich schon zur Jahrhundertwende mit dem Einsatz von Terror. Wenngleich er
ihn zum damaligen Zeitpunkt aus taktischen Gründen ablehnte, hatte er ihn
aber bereits 1901 in seinem wichtigen Aufsatz „Womit beginnen?" prinzipiell
gerechtfertigt:

> *„Grundsätzlich haben wir den Terror nie abgelehnt und können wir ihn*
> *nicht ablehnen. Er ist eine Kampfhandlung, die in einem bestimmten Zeit-*
> *punkt der Schlacht, bei einem bestimmten Zustand der Truppe und unter*
> *bestimmten Bedingungen durchaus angebracht und sogar notwendig sein*
> *kann."* [19]

Nach dem Moskauer Dezemberaufstand von 1905 forderte er den Einsatz
von Massenterror:

> *„Der Partisanenkrieg, der Massenterror, der jetzt nach dem Dezemberauf-*
> *stand ausgeübt wird, wird zweifellos helfen, die Massen zu lehren, im Augen-*
> *blick des Aufstandes die richtige Taktik anzuwenden. Die Sozialdemokratie*
> *muß diesen Massenterror billigen und zum Bestandteil ihrer Taktik machen,*
> *dabei muß sie ihn natürlich organisieren und kontrollieren (...) Angriff, nicht*
> *Verteidigung muß die Losung der Massen sein, rücksichtslose Vernichtung*
> *des Feindes wird ihre Aufgabe sein (...)"* [20]

Lenin baute auf den Lehren von Marx und Engels auf, war jedoch im Lauf
der Zeit gezwungen, bestimmte Anpassungen vorzunehmen. Die Erwartung
von Marx und Engels, daß der Kapitalismus in den führenden Industrieländern
kurz vor dem Zusammenbruch stehe, schien sich nicht zu bestätigen. Im
Gegenteil: der Kapitalismus hatte sich zum Imperialismus fortentwickelt und
so an Macht hinzugewonnen. Auch die von ihnen postulierte Einheit der
Arbeiterklasse war nicht gegeben: Das Jahr 1914 hatte in doppelter Hinsicht
deren Spaltung offenbart, nämlich in nationaler wie in politischer: Entgegen
den kommunistischen Erwartungen stützte die große Mehrheit der Arbeiterschaft in den verschiedenen Ländern Europas die Kriegsanstrengungen ihrer
jeweiligen kapitalistischen Regierung, und in der Sozialdemokratie, die
einen Reformsozialismus vertrat, war dem revolutionären Kommunismus ein
ernst zu nehmender Konkurrent erwachsen. Durch das Ausgreifen des Kapitalismus zum weltumspannenden Imperialismus und die „Korrumpierung" der
einheimischen Arbeiterschaft durch Reformen wurden die Verschärfung der

Klassengegensätze und damit der Ausbruch der Weltrevolution offenkundig hinausgezögert.[21]

Lenin zog daraus zwei Konsequenzen: erstens den geschichtlichen Prozeß zu beschleunigen, zweitens in einem Land einen Anfang zu machen, um die Weltrevolution in Gang zu setzen. Hierfür erschien ihm während des Ersten Weltkrieges das autokratisch regierte und kriegsmüde Rußland mit seinen großen Gegensätzen zwischen Arm und Reich besonders geeignet, obwohl es weitgehend bäuerlich geprägt war und noch kaum über ein nennenswertes Proletariat verfügte. Da Rußland ein von bedeutendem ausländischen Kapital dominiertes, neokoloniales Land war, würden, so Lenins Einschätzung, nach einer erfolgreichen Revolution in Rußland auch die europäischen Industrieländer sowie das gesamte System des Imperialismus wie ein Kartenhaus zusammenbrechen.

Dem schon Marx und Engels immanenten Instrument des revolutionären Terrors kam bei Lenin daher eine gesteigerte Bedeutung zu: zur Beschleunigung der geschichtlichen Entwicklung im allgemeinen und zur massenweisen Umerziehung einer noch weitgehend feudal geprägten Bevölkerung in Sowjetrußland im besonderen.

Lenin entwickelte den bereits bei Marx vorhandenen Gedanken einer Übergangsphase zwischen Kapitalismus und Kommunismus weiter: Da mit einem schnellen „Absterben" des Staates nicht zu rechnen sei, sei eine längerdauernde Übergangsphase nötig, in der der Staatsapparat mit seinen Zwangsmitteln beibehalten werden müsse. Die Phase des Sozialismus würde den Zeitraum einer historischen Epoche umfassen.[22]

Während dieser Phase des Sozialismus müsse, wie von Marx schon vorgedacht, eine „Diktatur des Proletariates" herrschen. Lenin definierte diesen Begriff Ende 1918 folgendermaßen: „Die Diktatur ist eine sich unmittelbar auf Gewalt stützende Macht, die an keine Gesetze gebunden ist."[23] In einem Grußwort an die ungarischen Kommunisten schrieb er 1919:

„Diese Diktatur setzt die schonungslos harte, schnelle und entschiedene Gewaltanwendung voraus, um den Widerstand der Ausbeuter, der Kapitalisten, Gutsbesitzer und ihrer Handlanger zu brechen."[24]

Im Jahre 1920 stellte er dann zusammenfassend fest:

„Die Diktatur des Proletariats ist ein zäher Kampf, ein blutiger und unblutiger, gewaltsamer und friedlicher, militärischer und wirtschaftlicher, pädagogischer und administrativer Kampf gegen die Mächte und Traditionen der alten Gesellschaft."[25]

Lenin ging daher, wie bereits von Marx und Engels vorgedacht, von einem fortdauernden inneren wie äußeren Kriegszustand nach der Revolution aus,

16

der bis zur endgültigen weltweiten Verwirklichung des Kommunismus andauern würde. Martyn Latsis, in den zwanziger Jahren Chef der Geheimabteilung der Geheimpolizei Tscheka, meinte: „Wie die Israeliten müssen wir die Welt der Zukunft unter ständiger Furcht vor Überfällen des Feindes, unter seinem beständigen Beschuß erbauen." [26]

Diese Auffassung wurde auch von Lenins rechter Hand, Leo Trotzki, geteilt. Dieser sah in der Sowjetunion eine „belagerte Festung" [27] und schrieb in seiner Abhandlung „Terrorismus und Kommunismus": „Je erbitterter und gefährlicher der Widerstand des niedergeworfenen Klassenfeindes ist, desto unvermeidlicher verdichtet sich das System der Repressalien zu einem System des Terrors." [28]

In „Staat und Revolution" beschrieb Lenin das Wesen der Diktatur folgendermaßen:

„Zugleich (...) bringt die Diktatur des Proletariats eine Reihe von Freiheitsbeschränkungen für die Unterdrücker, die Ausbeuter, die Kapitalisten. Diese müssen wir niederhalten, um die Menschen von der Lohnsklaverei zu befreien, ihr Widerstand muß mit Gewalt gebrochen werden, und es ist klar, daß es dort, wo es Unterdrückung, wo es Gewalt gibt, keine Freiheit, keine Demokratie gibt." [29]

Der Einsatz staatlicher Zwangsmittel werde nach der Revolution nicht nachlassen, sondern müsse zunächst intensiviert werden, denn Lenin meinte: „Gerade nach dem Sturz der Bourgeoisie nimmt der Klassenkampf die schärfsten Formen an." [30] Mit dieser These Lenins von der „Verschärfung des Klassenkampfes nach der Revolution" rechtfertigte bezeichnenderweise später Stalin den Massenterror, den er Ende der zwanziger Jahre entfesselte. [31]

Erst in der kommunistischen Endgesellschaft, wenn der Widerstand der Kapitalisten für immer und ewig gebrochen sei und der Staat nicht mehr benötigt werde, könnten gemäß Lenin Freiheit und Gleichheit garantiert werden. [32] In der Übergangsphase des Sozialismus seien Zwangsmaßnahmen gegen Nichtproletarier jedoch unerläßlich. So könne es keine Versammlungs- und Pressefreiheit für die Minderheit der Ausbeuter, nur für die Mehrheit der Werktätigen geben. [33]

Lenin definierte die Aufgaben der Diktatur des Proletariats und der „Sowjetmacht" in der Phase des Sozialismus folgendermaßen:

„Nur der gewaltsame Sturz der Bourgeoisie, die Konfiskation ihres Eigentums, die Zerstörung des gesamten bürgerlichen Staatsapparates von unten bis oben, des parlamentarischen, gerichtlichen, militärischen, bürokratischen, administrativen, kommunalen Apparates usw., bis zur völligen Vertreibung oder Internierung der gefährlichsten und hartnäckigsten Ausbeuter,

ihre strenge Überwachung zwecks Bekämpfung der unausbleiblichen Versu-
che, Widerstand zu leisten und die kapitalistische Sklaverei wiedereinzu-
führen – nur solche Maßnahmen sind geeignet, die tatsächliche Unterwer-
fung der ganzen Ausbeuterklasse zu gewährleisten. " [34)]

Diese Zwangsmaßnahmen werden mit „revolutionärer Gerechtigkeit" legitimiert: In einer Übergangsphase seien eine positive Diskriminierung gegenüber
den bislang Benachteiligten und eine negative Diskriminierung gegenüber den
Profiteuren des alten Systems nötig. Da letztere Widerstand leisten würden, sei
Terror unabdingbar.

Im Jahre 1920 meinte Lenin vor Jugendvertretern: „Wir erklären, daß unsere Sittlichkeit vollkommen den Interessen des proletarischen Klassenkampfes
untergeordnet ist." [35)] An anderer Stelle formulierte er es noch prägnanter:
„Alles, was im Namen der proletarischen Sache geschieht, ist moralisch ver-
tretbar." [36)]

Es gibt demnach keine absoluten, sondern nur relative Bewertungen. So
kann denn auch Terror durchaus „gut" sein, und in aller Regel suchen Kommunisten seine Anwendung auch kaum zu kaschieren. Leo Trotzki meinte
1920 in seinem Aufsatz „Terrorismus und Kommunismus":

„Der Terror des Zarismus war gegen das Proletariat gerichtet. Die zaristi-
sche Gendarmerie würgte die Arbeiter, die für die sozialistische Ordnung
kämpften. Unsere Außerordentlichen Kommissionen erschießen die Guts-
herren, Kapitalisten, Generäle, die die kapitalistische Ordnung wiederher-
zustellen bestrebt sind. Erfaßt ihr diese... Nuance? Ja? Für uns Kommuni-
sten genügt sie vollkommen! " [37)]

Man vergleiche hierzu folgende, ein halbes Jahrhundert später im Februar
1976 getätigte Aussage der Theoriezeitschrift „Hoc Tap" der Kommunistischen Partei Vietnams:

„Die Unterwerfung unseres ganzen Volkes unter den Willen der fortschrittli-
chen Klasse, welche die Gesellschaft repräsentiert, ist nicht allein ein Erfor-
dernis, sondern eine Notwendigkeit für das Überleben und die Ordnung der
Gesellschaft. Sie erfordert in der Tat, daß unser Staat die Methode des
Zwanges auf seine Führungsaufgabe anwendet (...) Der Unterschied zwi-
schen unserem Staat und dem der Ausbeuterklasse liegt nicht in der Tatsa-
che, daß Zwang angewandt wird oder nicht, sondern darin, von welcher
Klasse und in wessen Interesse er angewandt wird. " [38)]

„Gut" und „böse" werden damit, wie so viele Begriffe, von Marxisten/Leni-
nisten anders definiert als von Nicht-Marxisten/Leninisten. Ähnlich verhält es

sich z.B. bei dem Gegensatzpaar „progressiv" und „reaktionär": Ersteres Wort bezeichnet eine Entwicklung zugunsten, letzteres zuungunsten des Wohles der Arbeiterklasse. Geschickt nutzen Marxisten/Leninisten im Diskurs mit Nicht-Marxisten/Leninisten die Möglichkeiten der Begriffsverwirrung mittels scheinbar bedeutungsgleicher Wörter.

Die Diktatur des Proletariats zeichnet sich gemäß Lenin dadurch aus, daß sie eine Mehrheit, nicht eine Minderheit der Bevölkerung repräsentiert:

> *„Der grundlegende Unterschied der Diktatur des Proletariates von der Diktatur der anderen Klassen (...) besteht darin, daß die Diktatur der Gutsherren und der Bourgeoisie eine gewaltsame Unterdrückung des Widerstands der überwiegenden Mehrheit der Bevölkerung, nämlich der Werktätigen war. Im Gegensatz dazu ist die Diktatur des Proletariats die gewaltsame Unterdrückung des Widerstands der Ausbeuter, d.h. einer verschwindenden Minderheit der Bevölkerung, der Gutsbesitzer und Kapitalisten."* [39]

Allerdings erwartet auch Lenin in der frühen nachrevolutionären Phase nicht sofort eine massenweise Unterstützung der Kommunistischen Partei, eher ein „Bündnis der standhaften Anhänger des Sozialismus mit dessen schwankenden Verbündeten, manchmal mit ‚Neutralen' ".[40] Die Revolution müsse deshalb beständig vorangetrieben werden.

Die Diktatur des Proletariats werde durch die Avantgarde der Kommunistischen Partei ausgeübt, die „heimlich, ausgewählt, professionell, zentralisiert und diszipliniert" sein müsse.[41] Bereits in seiner berühmten Exilschrift „Was tun?" von 1902 entwickelte er seine Theorie von der zentralen Rolle der Partei, in der Marx und Engels vornehmlich nur ein Propagandainstrument gesehen hatten. Die Partei formuliere die verbindliche Theorie und leite die Arbeiterschaft an. „Spontaneität der Massen" könne es nicht geben, genausowenig eine „Freiheit der Kritik": Damit würden bourgeoise Ideen und Elemente in den Sozialismus hineingetragen und dieser in Reformismus bzw. Opportunismus verwandelt.[42]

Bemüht man das oft zitierte Bild des Kommunismus als einer säkularen Ersatzreligion (die Parallelen zur Religion sind in der Tat zahlreich und offenkundig[43]), so hat Lenin gewissermaßen eine kommunistische Priesterkaste als allmächtige Mittlerinstanz zwischen Mensch und „Gott" geschaffen. Lenin legte damit die Grundlagen zum bürokratischen und zentralistischen Staat, der dann allerdings im realen Sozialismus keine Tendenz zeigte, abzusterben und, wie im „Manifest der Kommunistischen Partei" vorhergesagt, seine Herrschaft selbst aufzuheben. Im Gegenteil dazu verfestigte und perfektionierte er sein Herrschaftsmonopol immer mehr.

Im Unterschied zum Anarchismus, der die Macht von unten nach oben aufbaut und die sofortige Abschaffung des Staates vertritt, kommt im Marxismus/Leninismus die Macht von oben; notfalls, bei Auftreten konterrevolutionärer Tendenzen, muß sie nach Lenin auch gegen Vertreter der Arbeiterklasse ausgeübt werden:

> *„Die Geschichte hat gezeigt, daß es ohne revolutionäre Gewalt unmöglich ist zu siegen. Ohne revolutionäre Gewalt gegen die direkten Feinde der Arbeiter und Bauern kann man den Widerstand dieser Ausbeuter nicht brechen. Und anderseits ist die Anwendung revolutionärer Gewalt auch gegenüber den schwankenden, unbeständigen Elementen der werktätigen Massen selbst nicht zu umgehen.“* [44]

Sozialistische Theorien, die sich anstelle von Terror und Repression allein auf Überzeugung und Erziehung stützen, wurden von Lenin als kleinbürgerlich abgelehnt; sie würden die Umsetzung des Sozialismus aufhalten: „Weil lediglich rührselige Kleinbürger und Philister davon träumen können, das Joch des Kapitals abzuschütteln, ohne den Widerstand der Ausbeuter in einem langen und schwierigen Kampf zu unterdrücken“, könne man nicht direkt zur reinen Demokratie übergehen.[45]

Lenin meinte allerdings, daß in der Phase des Sozialismus nur ein begrenztes Maß an Gewalt notwendig sei, da das Proletariat in diesem Zeitabschnitt „einen im Vergleich zum Kapitalismus höheren Typus der gesellschaftlichen Organisation der Arbeit“ repräsentiere und verwirkliche, was die „Quelle der Kraft“ für den Sieg des Kommunismus sei.[46] Das kommunistische Gemeinwesen könne dann auf Polizei, Armee und Bürokratie verzichten.

Ob diese Aussage eine bewußte Täuschung der Öffentlichkeit darstellte oder ob es sich um persönliche Naivität handelte, ist umstritten. Sicherlich vollzieht sich für einen Marxisten/Leninisten die kommunistische Revolution als geschichtliche Notwendigkeit, weshalb er nur ein begrenztes Maß an Widerstand von seiten der historisch entmachteten Klassen erwarten wird. Für eine bewußte Täuschung spricht jedoch z.B., daß Lenin in den Sommermonaten des Jahres 1917 das Wort „Diktatur“ in seinen Reden bewußt zu vermeiden schien, jedoch sofort nach der Machtergreifung wieder offen davon redete.[47]

In der Tat kann es in einer späteren Phase des Sozialismus nach herrschender marxistisch/leninistischer Auffassung zu einer Verminderung von Terror und Repression kommen, was in realen kommunistischen Systemen wie der Sowjetunion auch festzustellen war. Die wesentlichen Bestandteile der sozio-ökonomischen Transformation sind dann verwirklicht, der Widerstand potentieller Gegner ist gebrochen. Der Kriegszustand ist damit gewissermaßen ausgesetzt, eine gewisse Normalität eingekehrt. Hinzu kommt aber auch, daß der Staat in dieser Phase das Leben seiner Bürger in nahezu allen Bereichen umfassend und monopolartig kontrolliert und auch über eine breite Palette anderer Sanktionsmöglichkeiten (z.B. soziale/ökonomische Existenzvernichtung) verfügt und daher auf direkten Terror weitgehend verzichten kann. Dies bedeutet aber kein grundsätzliches Abrücken von Terror und Repression, die weiterhin gleich Damoklesschwertern über der Bevölkerung schweben und diese einschüchtern.

An dieser Stelle sei bemerkt, daß gewisse Richtungen im Kommunismus, wie beispielsweise der Maoismus, von einem permanenten Kriegszustand und der daraus resultierenden Notwendigkeit der „permanenten Revolution" ausgehen. Derartige Systeme zeichnen sich folgerichtig durch kaum geminderten Terror aus.

Der Maoismus geht von einem dauernden inneren wie äußeren Kriegszustand aus und erwartet die Vollendung der Weltrevolution durch einen unvermeidlichen Weltkrieg zwischen kapitalistischen und sozialistischen Nationen.[48] Lenin war in seiner Prognose der Weltrevolution weniger festgelegt, vertrat jedoch grundsätzlich ebenfalls die These eines dauernden äußeren Kriegszustandes zwischen zwei unvereinbaren Welten:

„Die Ungleichmäßigkeit der ökonomischen und politischen Entwicklung ist ein unbedingtes Gesetz des Kapitalismus. Hieraus folgt, daß der Sieg des Sozialismus zunächst in wenigen kapitalistischen Ländern oder sogar in einem einzeln genommenen Lande möglich ist. Das siegreiche Proletariat dieses Landes würde sich nach Enteignung der Kapitalisten und nach Organisierung der sozialistischen Produktion im eigenen Lande der übrigen, der kapitalistischen Welt entgegenstellen, würde die unterdrückten Klassen der anderen Länder auf seine Seite ziehen, in diesen Ländern den Aufstand gegen die Kapitalisten entfachen und notfalls sogar mit Waffengewalt gegen die Ausbeuterklassen und ihre Staaten vorgehen." [49]

Insofern kann es nach marxistisch/leninistischer Auffassung keine dauerhafte „friedliche Koexistenz" von kapitalistischer und sozialistischer Welt geben, wie sie die kommunistische Seite unter Nikita Chruschtschow als Reaktion auf das Ausbleiben der Weltrevolution und die Verfestigung der Blöcke dem Westen gegenüber propagandistisch proklamiert hatte. So stand 1957 in der führenden Theoriezeitschrift „Kommunist" zu lesen:

„Die Existenz zweier sozialer Weltsysteme – des Kapitalismus und des Sozialismus – ist eine unbestreitbare historische Tatsache. Ihr kann man sich nicht entziehen. Daher darf es bei den Kommunisten auf dem Gebiet der Ideologie nicht die geringste Tendenz zur Versöhnung der antagonistischen Widersprüche geben. Daher schließen sich die sozialistische und die bürgerliche Ideologie gegenseitig aus; eine friedliche Koexistenz zwischen ihnen gibt es nicht und kann es nicht geben..." [50]

Lenin lehnte den Pazifismus ab, und der Krieg war ihm ein mögliches Mittel zum Zweck, das er, wie später Stalin und andere kommunistische Führer, bei der Expansion des Kommunismus im Umfeld Sowjetrußlands auch bereits selbst einsetzte.

An dieser Stelle sei angemerkt, daß es für Marxisten/Leninisten aufgrund ihres materialistischen Ansatzes, der im bestehenden Staatensystem nur einen Überbau sieht, ohnehin keine prinzipielle Trennung von Revolution und Krieg, von Innen- und Außenpolitik geben kann. Kriege zwischen der kapitalistischen und der sozialistischen Welt sind daher für Marxisten/Leninisten stets Weltbürgerkriege, sozialistische Außenpolitik ist zugleich Weltinnenpolitik. Wenn Lenin also den Bürgerkrieg mit den Worten rechtfertigt: „Wer den Klassenkampf anerkennt, der kann nicht umhin, auch Bürgerkriege anzuerkennen, die in jeder Klassengesellschaft eine natürliche, unter gewissen Umständen unvermeidliche Weiterführung, Entwicklung und Verschärfung des Klassenkampfes darstellen",[51] so rechtfertigt er damit auch zwischenstaatliche revolutionäre Kriege.

Revolutionäre Kriege sind gemäß Lenin „gerechte" Kriege, unter kapitalistischen Vorzeichen geführte hingegen „Räuberkriege". Der Sozialist kenne drei Formen gerechter Kriege: den antikolonialen Krieg, den revolutionären Bürgerkrieg und den zwischenstaatlichen Krieg „für den Sozialismus, für die Befreiung anderer Völker von der Bourgeoisie".[52]

Sozialisten müßten daher jeden Krieg exakt analysieren:

„Der Charakter eines Krieges (ob er ein reaktionärer oder ein revolutionärer Krieg ist) hängt nicht davon ab, wer der Angreifer ist und in wessen Land der ‚Feind' steht, sondern davon, welche Klasse den Krieg führt, welche Politik durch diesen Krieg fortgesetzt wird." [53]

Erst nach erfolgter Weltrevolution werde der Kriegszustand aufgehoben:

„Erst nachdem wir die Bourgeoisie in der ganzen Welt, und nicht nur in einem Land, niedergeworfen, vollständig besiegt und expropriiert haben, werden Kriege unmöglich werden." [54]

Die angebliche geschichtliche Notwendigkeit verleiht dem Terror nach marxistisch/leninistischer Vorstellung chiliastische Weihe. Die Machtergreifung der Arbeiterklasse und die sozio-ökonomische Transformation der Gesellschaft sind demnach unaufhaltsam; wer sich dieser Entwicklung widersetzt, stellt sich gegen die Geschichte und muß daher als Relikt der Vergangenheit ausgemerzt werden. Ein solcher Mensch kommt, um es mit den Worten Trotzkis auszudrücken, „auf den Kehrichthaufen der Geschichte".[55]

Der Kommunismus zählt zu den säkularen Utopien, und bei der Verwirklichung des zukünftigen Ziels kann und muß die Gegenwart geopfert werden. Auf den Trümmern der Vergangenheit baut die Jugend eine bessere Zukunft. In diesem Zusammenhang sprach Lenin zu Vertretern der Jugendorganisationen im Oktober 1920:

„Ihr müßt die kommunistische Gesellschaft aufbauen. Die erste Hälfte der Arbeit ist in vieler Hinsicht schon getan. Das Alte ist zerstört, wie es ja auch verdient hatte, zerstört zu werden; es ist ein Trümmerhaufen, wie es ja auch verdient hatte, in einen Trümmerhaufen verwandelt zu werden. Der Boden ist gesäubert, und auf diesem Boden muß die junge kommunistische Generation die kommunistische Gesellschaft aufbauen." [56]

Zweifelsohne ist der Kommunismus ein direkter Erbe jener anderen großen säkularen Utopie der Neuzeit, die ebenfalls auf den Trümmern der Vergangenheit aufgebaut und bereits Hunderttausende Opfer gefordert hatte: der Französischen Revolution, insbesondere in ihrer jakobinischen Phase 1793/94. In ihrem schrankenlosen Rationalismus und Utilitarismus, in ihrer Gleichsetzung von Politik und Moral, von politischer und persönlicher Freiheit war sie zweifelsohne eine Wegbereiterin des Kommunismus. Robespierres Rede „Über die Tugend und den Terror" vor dem Nationalkonvent am 7. Februar 1794 liest sich streckenweise wie eine Urschrift des Marxismus/Leninismus.[57]

Es verwundert daher nicht, daß die kommunistischen Theoretiker wie Marx, Engels und Lenin immer wieder mit einer gewissen Faszination das Vorbild der Französischen Revolution anführten.

So meinte Lenin:

„Darum wird auch die Französische Revolution die Große genannt, weil sie nicht durch die Laschheit und Halbheit, nicht durch das Phrasengedresch der vielen Revolutionen von 1848 gekennzeichnet war, sondern weil das eine Revolution der Tat war, die, nachdem sie die Monarchisten gestürzt hatte, ihnen völlig den Garaus machte. Genauso werden auch wir es verstehen, mit den Herren Kapitalisten umzugehen, denn wir wissen, daß man, um die Werktätigen vom Joch des Kapitals zu befreien, den Kapitalisten die Versammlungsfreiheit nehmen muß, daß man ihnen ihre ‚Freiheit' nehmen oder diese Freiheit beschneiden muß." [58]

Im Revolutionsjahr 1917 hatte Lenin die französische Jakobinerherrschaft des Jahres 1793 als sein Vorbild genannt, wenngleich er damals gemeint hatte, in Rußland auf die Guillotine verzichten zu können. Ein gewisses Maß an Terror sei aber bei jeder Revolution notwendig.[59] Trotzki war am 1. Dezember 1917 noch deutlicher geworden: „Nicht Festungshaft, sondern die Guillotine wird unsere Feinde erwarten." [60] Er bewunderte geradezu diese „Erfindung der Französischen Revolution, die den Menschen einen Kopf kürzer macht."[61]

Wie die vorangegangenen Ausführungen dargelegt haben, hatte Lenin die beiden wesentlichsten Elemente des angeblichen „Stalinismus" schon konzipiert: den allmächtigen Staatsapparat, kontrolliert von der Avantgarde der Kommunistischen Partei, und das Instrument des Terrors als vorrangiges Steuerungs- und Kontrollinstrument der Revolution. Insofern leitete Stalin keinen Kurswechsel ein, sondern er war ein legitimer Erbe Lenins, der seinerseits direkt an Marx und Engels angeknüpft hatte.

Bezeichnenderweise hatte Nikita Chruschtschow 1956 in seiner Geheimrede auf dem 20. Parteikongreß der KPdSU, die die „Entstalinisierung" einleitete, nur die Übertreibung des Terrors durch Stalin kritisiert, nicht aber den kommunistischen Terror an sich:

„Stalin benutzte die Partei und das NKWD für die Ausübung des Massenterrors zu einer Zeit, als die Ausbeuterklassen in unserem Lande bereits vernichtet und deshalb keine ernsthaften Gründe für die Anwendung des außergewöhnlichen Massenterrors gegeben waren." [62]

Grundsätzlich bekannte sich Chruschtschow auch danach, wie z.B. am 17. Januar 1957 beim Empfang für Tschou En-lai, zu Stalin, wenngleich er dessen „Fehler und Irrtümer" kritisierte:

„Ich mache nicht nur keinen Unterschied zwischen Stalin bzw. dem Stalinismus und dem Kommunismus, sondern ich bin auch der Ansicht, daß Stalin, der als Kommunist immer für die Klasseninteressen, für die Interessen einer bestimmten Klasse, nämlich der Arbeiterklasse kämpfte, ein vorbildlicher Kommunist gewesen ist. (...) Der Stalinismus war mit gewissen Ungerechtigkeiten verbunden, aber er bedeutete auch: unbeirrbaren, kompromißlosen Kampf bis zum Sieg der Arbeiterklasse auf der Basis des Marxismus/Leninismus." [63]

Der gebürtige Pole und US-amerikanische Politikwissenschafter Zbigniew Brzezinski meint: „Es war Lenin, der das System geschaffen hat, das Stalin hervorbrachte, und Stalin wiederum hat ein System geschaffen, das die Verbrechen des Stalinismus ermöglichte."[64] Und der konservative russische Regimekritiker Alexander Solschenizyn, ein Vertreter der Singularitätstheorie, kommt zu dem klaren Urteil:

„Einen ‚Stalinismus' hat es niemals gegeben, weder in der Theorie noch in der Praxis, auch kein solches Phänomen und keine solche Ära – dieser Begriff wurde nach 1956 von westlichen linken Theoretikern zur Rettung der ‚Ideale' des Kommunismus erfunden." [65]

24

Anmerkungen

1   Marx, Karl / Engels, Friedrich: Manifest der Kommunistischen Partei (1848). In: Marx / Engels 1989, Band I, 451

2   Marx, Karl: Ökonomisch-philosophische Manuskripte aus dem Jahre 1844 (Auszug). Die entfremdete Arbeit. In: Marx/Engels 1989, Band I, 90f. (Hervorhebungen im Original)

3   Marx, Karl / Engels, Friedrich: Die deutsche Ideologie. Kritik der neuesten deutschen Philosophie in ihren Repräsentanten Feuerbach, B. Bauer und Stirner, und des deutschen Sozialismus in seinen verschiedenen Propheten (Auszug) (1845/46). In: Marx / Engels 1989, Band I, 225

4   Diese Gedanken führte Karl Marx dann ausführlich in seinem 1867 verfaßten Hauptwerk „Das Kapital. Kritik der politischen Oekonomie" aus (Marx ⁴1890).

5   Engels, Friedrich: Die Entwicklung des Sozialismus von der Utopie zur Wissenschaft (1880). In: Marx / Engels 1989, Bd. V, 471 (Hervorhebungen im Original)

6   Wie Anm. 1), 436f.

7   O'Brien 1991, 13

8   Wie Anm. 1), 416, 419, 422f.

9   Wie Anm. 1), 438

10   Wie Anm. 1), 423

11   Wie Anm. 1), 451

12   Marx, Karl: Die Bourgeoisie und die Kontrerevolution (1848). In: Marx/Engels 1989, Band I, S. 497-525

13   Wie Anm. 1), 231 (Hervorhebungen im Original)

14   Wie Anm. 1), 438

15   Marx an Joseph Weydemeyer in New York, London, 5. März 1852. In: Marx / Engels, Band II, 523

16   Marx, Karl: Kritik des Gothaer Programmentwurfs (1875). In: Marx / Engels 1989, Band IV, 397 (Hervorhebungen im Original)

17   Marx, Karl: Thesen über Feuerbach (1845). In: Marx / Engels 1989, Band I, 200 (Hervorhebungen im Original)

18   O'Brien 1991, 13

19   Lenin, W. I.: Womit beginnen? (1901) In: Lenin 1918, Band I, 323

20   Lenin, W. I.: Die Lehren des Moskauer Aufstands (1906). In: Lenin 1918, Band II, 217f.

21   O'Brien 1991, 16f.

22   Meyer 1965, 203

23   Lenin, W. I.: Die proletarische Revolution und der Renegat Kautsky (1918). In: Lenin 1988, Band IV, 557

24   Lenin, W. I.: Gruß an die ungarischen Arbeiter (1929). In: Lenin 1988, Band V, 131

25   Lenin, W. I.: Der „linke Radikalismus", die Kinderkrankheit im Kommunismus (1920). In: Lenin 1988, Band V, 493

26   Zit. nach Medwedew 1992, Bd. 3, 150

27   Zit. nach Carmichael 1972, 22

28   Trotzki 1990, 54. Die Schrift entstand in Auseinandersetzung mit dem terrorkritischen „Renegaten" Karl Kautsky.

29   Lenin, W. I.: Staat und Revolution. Die Lehre des Marxismus vom Staat und die Aufgaben des Proletariats in der Revolution (1918). In: Lenin 1988, Band III, 550 (Hervorhebung im Original)

30   Lenin, W. I.: Rede über den Volksbetrug mit den Losungen Freiheit und Gleichheit. 19. Mai 1919. Lenin 1988, Band V, 105.

31   Conquest 1990, 477

32 Lenin, W. I. (wie Anm. 29), 550f.
33 Lenin, W. I.: Über ‚Demokratie‘ und ‚Diktatur‘ (1919). In: Lenin 1988, Band IV, 670
34 Lenin, W. I.: Thesen über die Hauptaufgaben des Zweiten Kongresses der Kommunistischen Internationale. In: Lenin 1988, Band 5, 612
35 Lenin, W. I.: Die Aufgaben der Jugendverbände (Rede auf dem III. Gesamtrussischen Kongreß des Kommunistischen Jugendverbandes Rußlands) 2. Oktober 1920. In: Lenin 1988, Band V, 689
36 Lenin gegenüber seiner Mitkämpferin Angelika Balabanoff in Zürich, zit. nach Voslensky 1989, 53
37 Trotzki 1990, 58
38 Zit. nach Will 1987, 36
39 Lenin, W. I.: Thesen und Referat über bürgerliche Demokratie und Diktatur des Proletariats 4. März (1919). In: Lenin 1918, Band IV, 735f.
40 Lenin, W. I.: Vorwort zur Publikation der Rede „Über den Volksbetrug mit den Losungen Freiheit und Gleichheit“ (1919). In: Lenin 1918, Band V, 149
41 Zit. nach O'Brien 1991, 15
42 Lenin, W. I.: Was tun? Brennende Fragen unserer Bewegung (1902). In: Lenin 1918, Band I, 363-390; 339-342
43 Man vergleiche in diesem Zusammenhang folgende Aussage in Chruschtschows Erinnerungen: „In meinen Augen war jeder, der den Parteiausweis hatte und ein echter Kommunist war, mein Bruder – ja noch mehr als das, wir waren durch das unsichtbare Band des Glaubens an die Erhabenheit unseres gemeinsamen Kampfes verbunden. Die Erbauung des Kommunismus war für mich beinahe etwas Heiliges. Wenn ich mal wie ein religiöser Mensch sprechen soll, so möchte ich sagen, ich sah in jedem Mitglied der kommunistischen Bewegung einen Apostel, der bereit war, sich für unsere gemeinsame Sache zu opfern.“ (Chruschtschow erinnert sich, 1992, 72)
44 Lenin, W. I.: Rede auf der IV. Konferenz der Außerordentlichen Kommissionen der Gouvernements (Gouvernements-Tschekas) 6. Februar 1920. In: Lenin 1988, Band V, 398
45 Lenin, W. I.: Über ‚Demokratie‘ und ‚Diktatur‘ (1919). In: Lenin 1988, Band IV, 671
46 Lenin, W. I.: Die große Initiative (Über das Heldentum der Arbeiter im Hinterland. Aus Anlaß der „kommunistischen Subbotniks“) (1919). In: Lenin 1988, Band V, 163
47 Service 1985, 221-225
48 Mommsen 1977, 50
49 Lenin, W. I.: Über die Losung der Vereinigten Staaten von Europa (1915). In: Lenin 1988, Band II, 619 (Hervorhebung im Original)
50 In: „Kommunist“, theoretische Zeitschrift des ZK der KPdSU, Moskau 1957, Nr. 1, zit. nach Bundesministerium für Gesamtdeutsche Fragen 1959, 14
51 Lenin, W. I.: Das Militärprogramm der proletarischen Revolution (1917). In: Lenin 1988, Band II, 773
52 772-774. Der dem christlichen Völkerrecht des Mittelalters entstammende Begriff des „gerechten Krieges“ wurde somit im Marxismus/Leninismus rezipiert und neu definiert.
53 Lenin, W. I.: Die proletarische Revolution und der Renegat Kautsky (1918). In: Lenin 1988, Band IV, 613
54 Lenin, W. I.: (wie Anm. 51), 773
55 Trotzki hatte den Menschewisten, die im Oktober 1917 den bolschewistischen Aufstand kritisierten, geantwortet: „Der Aufstand der Volksmassen bedarf keiner Rechtfertigung. Was geschehen ist, ist ein Aufstand, keine Verschwörung. (...) Unser Aufstand war siegreich. Jetzt sagen sie uns: Verzichtet auf eueren Sieg, schließt einen

Kompromiß. Mit wem? Mit wem, frage ich, sollen wir diesen Kompromiß schließen? Mit diesen armseligen Fraktionen, die gegangen sind, oder mit jenen, die derartige Vorschläge machen? Wir haben sie doch in ihrer ganzen Größe gesehen. Niemand in ganz Rußland hört auf sie, und da sollten die Millionen Arbeiter und Bauern in ihnen ebenbürtige Partner sehen und ein Abkommen mit ihnen eingehen? (...) Ihr seid elende, isolierte Leute. Ihr seid bankrott, ihr habt euere Rolle ausgespielt. Geht, wohin ihr gehört: auf den Kehrichthaufen der Geschichte!" (nach Carmichael 1974, 166f.)

56   Lenin, W. I. (wie Anm. 35), 687
57   Die „bürgerliche" Französische Revolution erfuhr denn auch große Beachtung in der marxistisch/leninistischen Geschichtsschreibung.
58   Lenin, W. I.: Rede über den Volksbetrug mit den Losungen Freiheit und Gleichheit. 19. Mai 1919. In: Lenin 1988, Band V, 103
59   Service 1985, 226f.
60   Zit. nach Service 1985, 290 (übersetzt vom Vf.)
61   Zit. nach Broido 1987, 31 (übersetzt vom Vf.)
62   Die Geheimrede (25. Februar 1956), abgedruckt in: Chruschtschow erinnert sich, 1992, 506
63   Zit. nach Bundesministerium für Gesamtdeutsche Fragen 1959, 27
64   Brzezinski 1989, 21
65   Solschenizyn 1981, 34

2. Institutionalisierter Terror in der Sowjetunion

Ergreifung und Verfestigung der Macht unter Lenin

Die eigentliche Revolution in Rußland war nicht die sogenannte „Oktoberrevolution", sondern die Revolution im März 1917, die die Monarchie beseitigte und eine demokratische Regierung unter Fürst Lwow, später unter dem Sozialisten Kerenski etablierte. Das Parlament, aus dem die Regierung hervorging, war das „Provisorische Dumakomitee", in dem neben bürgerlichen Demokraten auch die Menschewisten und Sozialrevolutionäre mitarbeiteten, nicht aber die Bolschewisten.

Parallel dazu war ein revolutionärer „Sowjet der Arbeiter- und Soldatendeputierten" (mit vielen örtlichen Sowjets) entstanden, der entgegen seinem Namen aber mehrheitlich Bauern aufwies. Dieses Räteorgan besaß aber lediglich Verfügungsgewalt über die Armee und ihre Waffen; in ihm waren Menschewisten, Bolschewisten und Sozialrevolutionäre vertreten.

Nur in dieser kurzen Zwischenphase zwischen März und November 1917 erlebte Rußland eine demokratische Staatsordnung: Politische Gefangene wurden im Rahmen einer Amnestie entlassen, Streik-, Presse- und Redefreiheit eingeführt. Die erste Republik war jedoch von Uneinigkeit und Organisationsproblemen gekennzeichnet.

Mit Hilfe der deutschen Obersten Heeresleitung war der bolschewistische Führer Wladimir Iljitsch Uljanow, genannt „Lenin", zusammen mit Hunderten weiterer Revolutionäre im April 1917 in Sonderzügen von der Schweiz über Deutschland und Schweden nach St. Petersburg gebracht worden. Im Gegensatz zur Regierung Lwow trat Lenin für einen Rückzug Rußlands aus dem Weltkrieg ein und sah erst im völligen Zusammenbruch Rußlands die unvermeidliche Grundbedingung für die bolschewistische Machtergreifung.

Lenin bekämpfte kompromißlos das Provisorische Dumakomitee und forderte alle Macht für die Räte. Mitte des Jahres war ein Stimmungsumschwung nach links zu erkennen: Die gescheiterten Offensiven des Generals Brussilow forderten hohe Verluste an der Front und riefen harte Entbehrungen in der Heimat hervor. Die Seeblockade der Mittelmächte verhinderte Weizenlieferungen und verursachte Hungerrevolten in Moskau und St. Petersburg. Zudem wurden die Gemüter durch den gescheiterten Rechtsputsch des Oberbefehlshabers der Armee General Lawr Kornilow, eines sibirischen Kosaken, aufgeheizt. Bei Wahlen zu den Sowjets von St. Petersburg und Moskau erzielten die Bolschewisten im September eine Mehrheit. Lenin sah seine Stunde gekommen und beschloß die bewaffnete Machtübernahme, womit er sich am 23. Oktober im Zentralkomitee der Bolschewistischen Partei durchsetzte. Aus dem eigentlich zur Abwehr konterrevolutionärer bzw. deutscher Angriffe gebildeten „Militär-Revolutionären Komitee der Sowjets" rekrutierte Leo Trotzki für diesen Zweck eine schlagkräftige Truppe.

Am 6./7. November 1917 erfolgte der berühmte Sturm auf den St. Petersburger Winterpalast.[1] Die Regierung Kerenski flüchtete und wurde abgesetzt. Es war dies der klassische Fall eines Staatsstreiches, durchgeführt von einer entschlossenen kleinen Minderheit. Vielen Einwohnern von St. Petersburg blieb er zunächst verborgen. Die Straßenbahnen fuhren weiter, und die Geschäfte blieben offen, als wäre nichts geschehen! Nicht einmal im revolutionären St. Petersburger Sowjet stieß das Unternehmen auf Begeisterung: Menschewisten und Sozialrevolutionäre zogen aus Protest gegen diesen Staatstreich aus.

Auf eine derartige Aktion durch eine kleine Minderheit entschlossener und professionell vorbereiteter Revolutionäre hatte Lenin seit der Jahrhundertwende hingesteuert. Er hielt es für aussichtslos, daß in absehbarer Zeit die breite Mehrheit der Bevölkerung in Rußland von revolutionärer Stimmung erfaßt werden würde. Nicht zuletzt in dieser Frage hatten sich die Bolschewisten (damals die „Mehrheitsleute" innerhalb der Partei) 1905 auf einem Kongreß der marxistischen „Russischen Sozialdemokratischen Arbeiterpartei" klar von den Menschewisten („Minderheitsleuten") distanziert, die sich für eine allmähliche Erziehung und Organisierung des Proletariats für die Revolution aussprachen und eine gewaltsame Machtübernahme in Form eines Staatsstreiches ablehnten; sie befürworteten zudem eine kollektive Führung der Partei anstelle einer Ein-Mann-Führung und wollten einen begrenzten Meinungspluralismus zulassen. Seither gab es de facto zwei locker miteinander verbundene marxistische Parteien.

Auch bei den von Lenin nur zögerlich betriebenen Wahlen zu einer Verfassunggebenden Versammlung im November 1917 konnten die Bolschewisten nur 25 % der Stimmen erreichen, neben 62 % für andere sozialistische Parteien (dabei mit absoluter Mehrheit die Sozialrevolutionäre) sowie 13 % für die Bügerlichen. Schließlich wurde das Zusammentreten der Konstituante im Januar 1918 von den Bolschewisten gewaltsam verhindert.

Die abgesetzte Regierung Kerenski organisierte den Widerstand, konnte aber St. Petersburg nicht zurückgewinnen. Dafür gelang den Bolschewisten am 15. November 1917 die Eroberung Moskaus. Der russische Bürgerkrieg zwischen „Weißen" und „Roten" sollte sich bis 1921 hinziehen. Auch die Alliierten griffen hier ab 1918 ein, allerdings eher symbolisch und mit nur geringen Kontingenten.

Im Bürgerkrieg begingen die Bolschewisten zahllose Gewalttaten. Sonja Margolina schreibt: „Die brutalen Erschießungen und Folterungen Tausender russischer Offiziere und Priester, die Geiselnahmen, die Vergewaltigungen adliger und bürgerlicher Frauen, die Gewalt gegen Kinder und Alte hatten keine Grenzen." [2] Kosaken, die sich gegen die Revolutionsregierung stellten, wurden am Oberen Don massenweise erschossen. Zwei Minister der Provisorischen Regierung, A. I. Schingarow und Fjodor Kokoschkin, wurden gelyncht.[3]

Ein Höhepunkt des roten Terrors war zweifellos die Erschießung der gesamten Zarenfamilie samt ihres Arztes und ihrer Diener am 17. Juli 1918 in Jekaterinburg (ab 1924 Swerdlowsk genannt), wo man sie interniert hatte. Wie neu aufgefundene Quellen besagen, wurden die Inhaftierung, Verschleppung und wahrscheinlich auch die Hinrichtung der Zarenfamilie sorgfältig von der obersten Kremlführung geplant; lediglich Zeitpunkt und Durchführung der Liquidation könnten angesichts der Belagerung Jekaterinburgs durch weiße Truppen von der örtlichen Führung allein beschlossen worden sein.[4]

Die Gewalttaten wurden in der kommunistischen Geschichtsschreibung durchaus offen gerechtfertigt. So schreibt der DDR-Historiker Dieter Wende:

„Die Bolschewiki waren gezwungen, zum roten Terror zu greifen, es war eine Überlebensfrage. Auch hier hat es einzelne Ungerechtigkeiten gegeben. Doch wir sollten nie vergessen, was Lenin dazu gesagt hat: Die Diktatur des Proletariats selbst mit ihrem roten Gegenterror war millionenfach gerechter als die Herrschaft der Krasnows, Schkuros und Denikins (weiße Generäle, Anm. d. Vf.)." [5]

Zweifelsohne kämpfte die Gegenseite mit denselben Mitteln: „Der weiße Terror hielt dem roten die Waage", schreibt der Historiker Stökl.[6] Die Bevölkerung auf dem Land sympathisierte deshalb in der Regel mit keiner der beiden Seiten und blieb passiv. Die Roten hielt man aber für das geringere Übel, da man bei einer weißen Machtübernahme die Rückkehr zum Großgrundbesitz fürchtete, während die Bolschewisten immerhin eine Landreform betrieben. In den nichtrussischen Teilen des Reiches rief auch Lenins „Deklaration der Rechte der Völker Rußlands" vom 15. November 1917, die das Selbstbestimmungsrecht ausdrücklich anerkannte, eine anfängliche Sympathie für die Bolschewisten hervor, von denen man sich die nationale Freiheit versprach, während die Weißen jegliche Sezessionsbestrebungen radikal bekämpften. Später sollte sich allerdings zeigen, daß auch die Bolschewisten weder für einen freien Bauernstand noch für die nationale Selbstbestimmung eintraten. Doch zu diesem Zeitpunkt war es für Alternativen bereits zu spät.

Innerhalb des ZK der Bolschewistischen Partei setzte sich Lenin mit seiner Vorstellung einer maximalen Kapitulation selbst unter härtesten Friedensbe-

dingungen letztendlich durch und unterzeichnete am 3. März 1918 den Frie-
densvertrag von Brest-Litowsk. Rußland mußte dabei wesentlichen territorialen Einbußen (Finnland, das Baltikum, die Ukraine, Weißrußland) zustimmen.
Lenin hatte die Friedenssehnsucht der russischen Bevölkerung jedoch richtig
eingeschätzt. Nur ohne die Belastung eines Krieges glaubte er, den Bürgerkrieg gewinnen und den Sozialismus aufbauen zu können. Zudem hoffte er,
mit diesem Friedensschluß und der russischen Revolution auch das Fanal für
baldige gleichartige Revolutionen bei den Mittelmächten und Alliierten zu
setzen.

Vorwiegend aus propagandistischen Gründen, nämlich zur Entfesselung der
Weltrevolution, hatte Lenin im November 1917 eine „Deklaration der Rechte
der Völker Rußlands" verkündet und in einem Friedensaufruf vom
22. Dezember 1917 das globale Selbstbestimmungsrecht der Völker beschworen, auch in den Gebieten der Alliierten. Doch als überzeugter Materialist hatte
er keinen echten Bezug zur Nationalitätenfrage und hatte bereits im Januar
1918 verkündet: „Aber kein Marxist kann, ohne mit den Grundsätzen des Marxismus und des Sozialismus überhaupt zu brechen, bestreiten, daß die Interessen des Sozialismus höher stehen als die Interessen des Selbstbestimmungs-
rechtes der Nationen."[7] Die Frage der Grenzen nannte Lenin „zehntrangig";
über kurz oder lang sollten alle Nationen in eine gemeinsame sozialistische
hineinwachsen.[8] Der zunächst unter Lenin den Nichtrussen eingeräumte
Spielraum wurde später unter Stalin nivelliert.[9]

Anfangs unter dem Patronat der Mittelmächte, später jedoch auch unter
eigener Verantwortung entstanden an den Rändern des Russischen Reiches
eigenständige Republiken: Finnland, Estland, Lettland, Litauen, Polen, die
Ukraine, Georgien, Armenien, Aserbeidschan und die Transkaukasische
Republik. Sie wurden von der bolschewistischen russischen Regierung
zunächst völkerrechtlich anerkannt. Einige dieser Staaten hatten bürgerliche
Regierungen (wie z.B. Finnland und die baltischen Staaten), andere sozialistische (so Georgien), die auf einen föderativen Bund mit dem bolschewistischen
Rußland hinarbeiteten. Die Bolschewisten blieben jedoch überall in der Min-
derheit und konnten nur in der Ukraine zeitweise die Macht übernehmen. Von
Rußland aus unterstützte bolschewistische Machtergreifungen in Finnland und
den baltischen Staaten wurden z.T. mit deutscher Hilfe zurückgeschlagen.

Moskau erkannte die Unabhängigkeit der neu entstandenen Nachbarstaaten
bis 1920 vertraglich an. Doch bis auf Finnland konnte keiner dieser Staaten
seine Selbständigkeit behaupten: Auch das bolschewistische Rußland blieb
dem zaristischen Imperialismus treu und zwang alle Randstaaten in z.T. blutigen Feldzügen unter Bruch der gegenseitigen Verträge in seinen Reichsver-
band zurück, zuletzt 1923 Georgien, 1940 die baltischen Staaten – und de
facto 1939/45 auch Polen.

Ideologisch rechtfertigte man dieses Vorgehen mit angeblich konterrevolutionären Bestrebungen der betreffenden Regierungen (auch bei sozialistisch orientierten!) sowie mit dem Wunsch der lokalen bolschewistischen Kräfte nach Anschluß. Am 31. Januar 1924 wurde die föderative „Union der Sozialistischen Sowjetrepubliken" (UdSSR) begründet; die föderalen Kompetenzen waren jedoch eng begrenzt.

In den von der Roten Armee kontrollierten Gebieten setzte Lenin von Anfang an kompomißlos Terror gegen alle „Volksfeinde" ein. Bereits zwei Tage nach der Machtergreifung wurde die Pressefreiheit abgeschafft. „Volksfeinde" wurden verhaftet bzw. als Geiseln interniert. Revolutionäre Schwadronen führten unorganisierte Säuberungen gegen „Spekulanten", Trinker, Obdachlose und politisch Passive durch. Kompetenzen wurden dabei direkt vom Innenministerium verliehen; das Militärisch-Revolutionäre Komitee hatte über diese Einheiten keine Kontrolle. Zu Mißhandlungen oder Erschießungen kam es in dieser Phase im November/Dezember 1917 aber noch selten.

Mit der bolschewistischen Machtergreifung wurden auch zahlreiche Kriminelle befreit. Sie konnten vielfach hohe Positionen in der neuen Hierarchie erringen. Als Beispiel sei der Schwerverbrecher Jefim Jewdokimow genannt, der 1937 zum Ersten Sekretär des Gebietskomitees Rostow aufstieg.[10] Die Bolschewisten hatten ihrerseits während der Kampfzeit im Untergrund bedenkenlos zu kriminellen Mitteln gegriffen, was Lenin ausdrücklich im Dienst der Sache gebilligt hatte. Stalin hatte z.B. als Bankräuber („Expropriateur") in Georgien die Finanzen der Partei verbessert. Diese Nähe zur Schwerkriminalität brachte Massenmörder in den Diensten des kommunistischen Systems hervor, wie beispielsweise den Geheimdienstchef Lawrentij Berija. Umgekehrt trugen kriminelle Methoden im Dienste der Partei auch dazu bei, den Charakter von Menschen zu deformieren und aus ihnen Kriminelle zu machen. Möglicherweise spielte beim Sieg des Kommunismus auch mit, daß er an niedere Instinkte wie Haß, Neid, Mißgunst appellierte und, legitimiert durch ein in seiner Einfachheit bestechendes Ideal, zu Erniedrigung, Bereicherung, Zerstörung und Liquidierung ermutigte.

Schon drei Wochen nach der bolschewistischen Machtergreifung schrieb der Schriftsteller Maxim Gorki enttäuscht in seiner Zeitschrift „Neues Leben":

„Lenin und Trotzki und ihre Mitarbeiter sind bereits von dem faulenden Gift der Macht verseucht, wovon ihr schändliches Verhalten gegenüber dem freien Wort, gegenüber der Persönlichkeit und im allgemeinen jeder Rechte zeugt, für deren Triumph die Demokratie gekämpft hat." [11]

Im November 1917 rief Lenin dann offen zum „revolutionären Terror" gegen „Volksfeinde", sprich Gutsbesitzer und Kapitalisten, auf [12]; er bezeichnete „Gewalt als die Hebamme aller erfolgreichen Revolutionen in der Geschichte".[13]

Am 20. Dezember 1917 wurde die staatliche Repression durch Schaffung einer Sondereinheit organisiert: der „Außerordentlichen Kommission für den Kampf gegen Konterrevolution, Spekulation und Sabotage" („WeTscheKa", bekannt unter dem Kürzel „Tscheka"). Ihre Aufgaben waren:

> *„1. Alle Taten der Konterrevolution und Sabotage in ganz Rußland zu verfolgen und zu verhindern, ohne Rücksicht auf deren Ursprung.*
> 2. *Alle Konterrevolutionäre und Saboteure vor das Revolutionäre Tribunal zu bringen und einen Plan zu deren Bekämpfung auszuarbeiten."* [14]

Die Tscheka gliederte sich in eine Aufklärungs-, eine Organisations- und eine Kampfabteilung; als Sanktionsmöglichkeiten wurden „Konfiskation, Inhaftierung, Entzug von (Lebensmittel-)Karten, Veröffentlichung der Namen der Volksfeinde etc." genannt.[15] Bis zum Mai 1918 hielt sich ihre Vorgehensweise in noch annehmbaren Grenzen. Bürgerkrieg und weißer Terror lösten dann jedoch eine massive Zunahme der Gewalt von seiten der Tscheka aus.[16]

Im August 1918 untergliederte sich die Tscheka in 40 Provinz- und 365 Distrikt-Tschekas. Es unterstanden ihr auch militärische Abteilungen, die schließlich sogar mit schweren Waffen ausgerüstet wurden. Am Ende des Bürgerkrieges waren es 68.300 Mann zuzüglich Sondertruppen.[17]

Erster Chef der Tscheka (1917-1926) war der Pole Felix Dzierzynski. Er war ein der Idee der Revolution ergebener, arbeitswütiger Fanatiker, beging keine Gewalttaten aus persönlichen Motiven und war nicht korrupt. An seiner revolutionären Unerbittlichkeit ließ er jedoch keinen Zweifel: „Man glaube nicht, daß ich eine Art revolutionärer Gerechtigkeit suche: Wir haben momentan kein Bedürfnis nach Gerechtigkeit." [18] Trotz aller Disziplinierungsbemühungen Dzierzynskis kam es vor Ort jedoch zu Mißhandlungen von Gefangenen wie auch zu Korruption: Reiche Adlige und Großgrundbesitzer konnten sich mancherorts aus dem Gefängnis freikaufen.

Lenin rechtfertigte die Aufstellung der Tscheka im Gedenken an die Worte Robespierres: „Die Basis der Volksherrschaft bei einer Revolution sind sowohl Tugend wie Terror",[19] und Dzierzynski meinte: „Proletarische Gewalt in all ihren Formen, beginnend mit Erschießungen, ist eine Methode zur Formung des kommunistischen Menschen."[20] Nach dem Motto „Jeder gute Kommunist ist auch ein guter Tschekist", rief Lenin die Bevölkerung zur gegenseitigen Bespitzelung auf, was sich bis auf die Ebene der Familie erstreckte. Gerade idealistische junge „Rote Pioniere" und „Komsomolzen" wurden zu Spitzeldiensten verführt und denunzierten nicht selten ihre Eltern.

Zum großen Vorbild der Jugend sollte später der Jungpionier Pawlik Morozow avancieren: Er hatte seinen Vater denunziert, der ursprünglich verdienter Präsident seines Dorfsowjets gewesen, dann aber angeblich unter konterrevolutionären Einfluß geraten war. Er wurde mit dem Tode bestraft, worauf am 3. September 1932 eine Gruppe von Bauern, darunter sein eigener Onkel, Pawlik töteten. Alle Beteiligten wurden daraufhin exekutiert, und der Moskauer Kulturpalast der Roten Pioniere wurde zu Ehren des jungen Märtyrers benannt.[21]

Die Tscheka ähnelte der „Ochrana", der berüchtigten zaristischen Geheimpolizei. Zum Teil wurden auch ehemalige Ochrana-Mitarbeiter für die Tscheka rekrutiert; in Petrograd etwa war das Tscheka-Gebäude das ehemalige Ochrana-Gebäude. Es ist eine Ironie der Geschichte, daß die Bolschewisten zahlreiche Mittel der Repression aufgriffen, die sie selbst am eigenen Leibe erfahren und als besonders charakteristisch für das zaristische Regime gebrandmarkt hatten: eine unkontrolliert arbeitende Geheimpolizei, die gegenseitige Bespitzelung der Bevölkerung, die Beschränkung der Binnenmobilität durch ein diffiziles System von Überwachungsmechanismen, die Bestrafung mit Arbeitslager und Verbannung nach Sibirien, die systematische Unterdrückung nationaler Minderheiten, schließlich auch diskriminierende Maßnahmen gegen Juden (wie z.B. ein Numerus clausus an den Universitäten).

Über das Verhältnis von Ochrana zur Tscheka schrieb der zeitgenössische deutsche Beobachter Theodor Seibert:

„Im alten Rußland gab es trotz Ochrana noch tausend Mittel und Wege, sich mit politisch Gleichgesinnten zusammenzufinden und auch aktiv eine Politik zu treiben, die zum herrschenden System im Gegensatz stand. Die alten Bolschewiki selbst sind lebendige Zeugen dafür, daß die Ochrana nicht so schonungslos mit ihren Opfern verfuhr wie die Tscheka. Ist nicht Stalin siebenmal in ihre Hände gefallen, sechsmal deportiert worden und immer wieder ausgerissen, ohne daß der Staat die letzte Konsequenz gezogen hätte?" [22]

Die Repression wurde staatlich institutionalisiert und für die fernere Zukunft als Element des Systems anerkannt. Sie verließ damit endgültig den Boden akzidentieller Gewalt im Gefolge von Revolution und Bürgerkrieg. Vera Broido schreibt: „Extreme Gewalt, weit über das vielleicht nötige Maß hinaus, wurde tief in die Struktur des Bolschewistischen Staates bewußt integriert (...)" [23] Vor diesen Entwicklungen hatten die ebenfalls marxistischen, jedoch einen allmählichen Übergang zur kommunistischen Herrschaft vertretenden und gewaltkritischen Menschewisten bereits vor der Revolution gewarnt.

Alle Gegner wurden global zu „Volksfeinden" erklärt und damit kriminalisiert. Der Staat übte „revolutionäre Legalität", und jeder gute Bürger mußte ein „revolutionäres Gewissen" zeigen. Verhaftung und Prozeß wurden als „administrative Maßnahmen" [24], der Aufenthalt im Zuchthaus als „Isolation von der Gesellschaft" und die Todesstrafe als „höchste Form der Bestrafung" sprachlich verharmlost.[25] Diese Semantik bot eine Legitimationshilfe bei der Akzeptanz des Terrors und der eigenen Mitwirkung daran. Man denunzierte und verfolgte keine politischen Dissidenten, sondern gleichermaßen Verbrecher, Kriminelle. An die Stelle der alten bürgerlich-christlichen Moral, die die Kommunisten als Klassenmoral verwarfen, war damit eine neue sozialistische Moral getreten.

Ein beliebtes Mittel des Systems war es auch, politischen Gegnern konkrete kriminelle Vergehen anzukreiden. So verstieß im Hungerjahr 1918 praktisch jeder Russe mit Schwarzmarktgeschäften gegen das „Spekulationsverbot", was es erleichterte, jeden unliebsamen Gegner als „Spekulanten" zu kriminalisieren. Nach einem Dekret Lenins vom Frühjahr 1918 konnte jeder „Spekulant" an Ort und Stelle erschossen werden![26] Zum Teil ging man auch zu dem praktischen Kunstgriff über, rein politische Taten im Strafgesetzbuch festzuschreiben. Das Verwischen zwischen kriminellen und politischen Straftaten ist ein Kennzeichen aller sowjetischen Systeme.

Karel Kaplan unterscheidet zwischen „formell gesetzloser", „gesetzwidriger" und „gesetzesmäßiger" Persekution in sowjetischen Systemen.[27] In die erste Kategorie fallen eklatante Fehlurteile, konstruierte Schauprozesse etc., in die zweite Kategorie Verfolgung gemäß gültiger Verordnungen oder Gesetze, die jedoch dem allgemeinen Rechtsbewußtsein, internationalen Vereinbarungen oder auch der eigenen Verfassung widersprechen, in die dritte Kategorie Verfolgung gemäß offenkundiger Straftatbestände.

Gerade letztgenannte Art, nämlich die „gesetzesmäßige" Persekution, verdeutlicht, wie der totalitäre Staat alle Lebensbereiche transformiert und dem einzelnen damit keine Chance beläßt, ohne Schuld zu bleiben. Der tschechische Dissident Dr. Milan Simecka schreibt mit Bezug auf die ČSSR der siebziger Jahre:

> „Im real existierenden Sozialismus müssen alle Bürgern stets bewußt sein, irgendein Vergehen gegen den Staat begangen zu haben, wenn nicht Verleumdung oder Provozierung des Systems, dann doch zumindest einen kleinen Betrug. Gezwungenermaßen haben sie sich zumindest mit einem Finger am Diebstahl an Staatseigentum beteiligt, haben sich oder anderen mit staatlichen Gütern geholfen, haben Bezahlung für nicht getane Arbeit angenommen oder sind verantwortlich für die Fälschung von wenigstens einem von Millionen Nachweiszetteln für geleistete Arbeitsstunden usw. Solch ein von Gewissensbissen erschüttertes Staatswesen ist sehr wichtig für die Aufrechterhaltung von Recht und Ordnung. Niemand kann wirklich sicher sein, daß er nie wegen irgend etwas verhaftet, angeklagt und überführt wird. Vor dem Staat ist niemand unschuldig."[28]

Der Staat macht damit jeden Bürger zu einer Art Komplizen, ob er will oder nicht.

Über den offenen Terror hinaus werden alle Bürger von einem System der zwangsweisen Kontrolle und Lenkung in allen Bereichen des sozialen Lebens erfaßt. Der Tscheche Zdenek Mlynar schreibt:

„Wir sind der Ansicht, daß von größter Bedeutung die Tatsache ist, daß in den Systemen sowjetischen Typs die Funktion der politisch-polizeilichen Aufsicht auf den ganzen Mechanismus der Lenkung der Gesellschaft und deren offizielle Organisation schlechthin übertragen wurde. Von der wirtschaftlichen Organisationen (die die Rolle des Arbeitgebers im weitesten Sinn übernommen haben) über alle Staatsorgane und gesellschaftlichen Organisationen bis zur Kommunistischen Partei, erfüllen alle Lenkungsgremien diese Funktion – wenn auch in unterschiedlichem Ausmaß und in spezifischer Form." [29)]

Überwachung und Verfolgung mußten nicht in den Gefängniskellern der Tscheka erfolgen, sondern fanden bereits am Arbeitsplatz, in der Schule und Universität, in der alltäglichen Lebensgestaltung statt.

Eine Minderheit, die den Staat erobert hatte, herrschte mit einem Dreiklang aus Terror, Furcht und Konformität. Die gezielte Propaganda und Erniedrigung der politischen Gegner taten ihr übriges: Das bolschewistische System beruhte nicht nur auf Furcht, sondern auch auf Haß.

Der englische Schriftsteller George Orwell hat in seinem utopischen, aber eigentlich die Gegenwart widerspiegelnden Roman „1984" den systematisch institutionalisierten staatlichen Terror mit all seinen Facetten meisterhaft dargestellt. Während des Spanischen Bürgerkrieges hatte er in Katalonien die stalinistische Hexenjagd am eigenen Leib erfahren und war ihr nur mit Mühe entkommen.

Die Systematisierung und Institutionalisierung des Terrors ist eines der typischsten Kennzeichen kommunistischer Staatsformen; es findet sich in anderen diktatorischen Herrschaften, die zum Teil durchaus ebenbürtige Gewalttaten hervorbrachten, nur ansatzweise.

Der Attentatsversuch auf Lenin durch die Sozialrevolutionärin Tanija Kaplan am 30. August 1918 und die vorhergegangene Ermordung des Petrograder Tscheka-Chefs Urizkij durch Sozialrevolutionäre leiteten eine Eskalation des staatlichen Terrors ein. Am 5. September 1918 verabschiedete der Rat der Volkskommissare dann das berüchtigte „Dekret über den Roten Terror": Alle Klassenfeinde sollten in Konzentrationslagern interniert, alle Personen mit Beziehungen zu weißgardistischen Organisationen, Verschwörungen und Rebellionen erschossen werden.[30)]

Der Volkskommissar für innere Angelegenheiten Grigori Petrowski telegrafierte im September 1918 an alle Sowjets:

„(...) mit dieser Laschheit und Gefühlsduselei muß man sofort Schluß machen. Alle rechten Sozialrevolutionäre, die den örtlichen Sowjets bekannt sind, sind unverzüglich festzunehmen. Unter der Bourgeoisie und ehemaligen zaristischen Offizieren ist eine beträchtliche Zahl von Geiseln zu nehmen. Wenn sich Widerstand oder auch nur die geringste Bewegung im weißgardistischen Milieu regt, muß bedingungslos die Methode der Massenerschießungen angewandt werden. Die Exekutivkomitees der Gouvernementssowjets haben in dieser Hinsicht besondere Initiative zu zeigen.“ [31]

Allein in Petrograd erschoß die Tscheka daraufhin fünfhundert Geiseln, darunter vier frühere zaristische Minister.

Lenin hatte auf die Abschaffung der Todesstrafe durch den Sowjetkongreß einen Tag nach der Machtergreifung erbost reagiert („Das ist Wahnsinn, wie sollen wir die Revolution ohne Erschießungen durchführen?“ [32]) und durchgesetzt, daß Exekutionen in Ausnahmefällen zugelassen wurden. Derlei Sonderverfügungen wurden dann in zunehmendem Maß erlassen.

Das „Dekret über den Roten Terror“ ermächtigte schließlich die Tscheka offiziell, unabhängig von der offiziellen Justiz gegen „Volksfeinde“ vorzugehen. Revolutionäre Tribunale der Tscheka fällten Urteile und vollstreckten sie selbst. Erschießungen konnten auf der Stelle durchgeführt werden, was aber schon vorher vorgekommen war. Auch durfte die Tscheka nun Gefangenenlager einrichten. Sie unterstand direkt Lenin, und ihre Tätigkeit wurde durch keinerlei Vorschriften gebunden. [33]

Der führenden Tschekist Martyn Latsis (alias Jan Sudrabs) meinte:

„Die Tscheka – das ist weder ein Nachrichtendienst noch ein Gericht noch ein Tribunal. Sie ist ein Kampforgan an der Binnenfront des Bürgerkrieges und nutzt im Kampf alle Mittel, die einem Nachrichtendienst, Gericht, Tribunal wie einer bewaffneten Macht zur Verfügung stehen. Sie beurteilt den Feind nicht, sondern trifft ihn; sie schont den Feind nicht, sondern verbrennt jeden zu Asche, der sich mit einer Waffe auf der anderen Seite der Barrikade befindet und uns nicht von Nutzen sein kann. Die Tscheka ist nur an der Gefährlichkeit bzw. Nicht-Gefährlichkeit einer bestimmten Person und dem Ausmaß ihrer Gefährlichkeit für die Sowjetmacht interessiert. Entweder ordnet sich die betreffende Person ihr unter oder sie wird vernichtet oder von der Gesellschaft isoliert. Damit wird sie neutralisiert und daran gehindert, weitere mögliche Aktionen gegen die Sowjetmacht durchzuführen.“ [34]

Lenin schränkte die Tätigkeit der Tscheka jedoch in einem Punkt ein: Sie durfte nur gegen Klassenfeinde, nicht gegen Bolschewisten vorgehen und war bis 1921 angewiesen, die konkurrierende Linke (Menschewisten, Sozialrevolutionäre, Anarchisten) schonend zu behandeln.

Die Tscheka betrieb ihre eigenen Lager und Gefängnisse, wie z.B. in Moskau die berüchtigte Lubjanka als zentrale Verhör- und Verwahranstalt, sowie das Lefortewo-Gefängnis. Die Gefängnisse waren bezeichnenderweise wesentlich ausgelasteter als in der Zarenzeit: Die Häftlinge waren auf engstem Raum in schmutzigen Zellen untergebracht, in denen das elektrische Licht nie gelöscht wurde. Erniedrigende Behandlung war an der Tagesordnung. Frauen wurden sexuell gedemütigt oder belästigt; nicht selten kam es zu Vergewaltigungen. Eine Kommunikation zwischen den Gefangenen war untersagt. Verhöre fanden grundsätzlich nachts und überraschend statt, womit die Moral der Befragten untergraben wurde. Dabei war das Vorgehen der Tschekisten durch eine charakteristische Mischung aus Drohung und Versuchung charakterisiert.[35]

Allein in Odessa wurden beispielsweise vom Februar 1920 bis Februar 1921 nicht weniger als 1.418 Exekutionen durchgeführt.[36] Insgesamt liquidierte die Tscheka vom Dezember 1917 bis 1922 etwa 100.000 Menschen.[37]

In zunehmendem Maße löste Lenin mit dem primären Mittel des Terrors nicht nur politische, sondern auch ökonomische und schließlich auch soziale, kulturelle und sonstige Probleme. Als ihm von Arbeitern Faulheit gemeldet wurde, befahl er, jeweils einen von zehn zu erschießen. Als Bauern sich weigerten, Schnee zu räumen, ordnete er die Aushebung von Geiseln an, die gegebenenfalls zu erschießen seien. Selbst das Nichtzustandekommen einer Telefonverbindung beantwortete er mit Terror: Man solle „dem Idioten, dem die Telefonvermittlung untersteht, drohen, ihn zu erschießen".[38]

Sinowjew forderte am 17. September 1918 vor der Leningrader Parteikonferenz die Vernichtung aller „Volksfeinde": „Wir müssen 90 von 100 Millionen der Bevölkerung in Sowjetrußland auf unsere Seite bringen. Mit dem Rest kann man nicht reden, ihn muß man vernichten..."[39]

In der ersten Ausgabe einer Wochenzeitschrift der Tscheka vom 22. September 1918 war zu lesen: „Indem wir tausend Leute, deren Hände noch nicht mit Arbeit in Berührung gekommen sind, zu Tode bringen, (...) werden wir die sozialistische Revolution verwirklichen."[40] Die Zeitungen des Landes riefen offen nach dem Blut der Volksfeinde.

Bei den Beratungen über das neue Strafgesetzbuch im Jahre 1922 sah Lenin im Terror ein legitimes Mittel revolutionärer Justiz: Er müsse lediglich gesetzlich verankert werden und dürfe nicht willkürlich sein: „Das Gericht soll den Terror nicht beseitigen – das zu versprechen wäre Selbstbetrug oder Betrug –, sondern ihn prinzipiell, klar, ohne Falsch und ohne Schminke begründen und gesetzlich verankern."[41]

Bereits das Aktionsprogramm Lenins vom Dezember 1917 hatte den kollektiven Terror gegen Klassenfeinde angekündigt:

„Mannigfaltigkeit ist hier eine Bürgschaft für Lebensfähigkeit, Gewähr für die Erreichung des gemeinsamen, einheitlichen Ziels: der Säuberung der

russischen Erde von allem Ungeziefer, von den Flöhen – den Gaunern, von den Wanzen – den Reichen usw. usf. An einem Ort wird man zehn Reiche, ein Dutzend Gauner, ein halbes Dutzend Arbeiter, die sich vor der Arbeit drücken..., ins Gefängis stecken. An einem andern Ort wird man sie die Klosetts reinigen lassen. An einem dritten Ort wird man ihnen nach Abbüßung ihrer Freiheitsstrafe gelbe Pässe aushändigen, damit das ganze Volk sie bis zu ihrer Bestrafung als schädliche Elemente überwache. An einem vierten Ort wird man einen von zehn, die sich des Parasitentums schuldig machen, auf der Stelle erschießen... Je mannigfaltiger, desto besser, desto reicher wird der Erfolg des Sozialismus sein." [42]

Der Tschekist Martyn Latsis brachte es auf den Punkt:

„Sucht nicht nach Beweisen, ob er sich mit Waffe oder Wort gegen den Sowjet erhob. In erster Linie müßt ihr ihn fragen, zu welcher Klasse er gehört, welcher Abstammung er ist, welche Bildung und welchen Beruf er hat. Die Fragen sollen über das Schicksal des Angeklagten entscheiden." [43]

Der kollektive Terror gegen ganze Bevölkerungsgruppen war dem nationalsozialistischen Vorgehen gegen die Juden nicht unähnlich. Lenin bejahte grundsätzlich die Vernichtung ganzer Klassen: „Dies ist genau das, was wir tun sollten (...), doch wir können dies nicht sagen." [44] Er gab einem pragmatischeren Vorgehen jedoch den Vorzug und wies die Tscheka an, nur individuell vorzugehen: „Sollten wir etwa dümmer sein als diese Kapitalisten und es nicht verstehen, ein solches 'Baumaterial' für den Aufbau des kommunistischen Rußland auszunutzen?" [45]

Nach der Revolution wurden zunächst „Klassenfeinde" verfolgt, d.h. Adlige, Großgrundbesitzer, Amtsträger des alten Regimes, bürgerliche Demokraten, orthodoxe Priester und Mönche. Sie wurden aus ihren Ämtern und Arbeitsstellen gejagt, ihres Besitzes beraubt und arrestiert, wenn sie nicht ins Ausland fliehen konnten. Dies lief unter dem Stichwort „revolutionäre Gerechtigkeit": Die früher Begünstigten sollten in der Aufbauphase der Revolution negativ diskriminiert, die früher Benachteiligten, wie Arbeiter, Kleinbauern und Landarbeiter, positiv diskriminiert werden, damit schließlich in einer späteren Phase die erwünschte Gleichheit hergestellt werden konnte. Daß man dabei auch Ungerechtigkeiten bei Unschuldigen in Kauf nehmen müsse, wurde von den Bolschewisten allgemein akzeptiert.

„Weiße" Gefangene wurden in den Lagern Verbrechern gleichgestellt und entsprechend schlecht behandelt. Zwei Dekrete vom Juli und Oktober 1918 ermöglichten es zudem, „Untätige" nach Augenschein zum Arbeitseinsatz aufzugreifen.

Damit wurde bereits 1918 das verhängnisvolle System der Zwangsarbeit eingeführt und nie mehr abgeschafft. Opfer dieser Dekrete wurden zunächst Angehörige der Mittel- und Oberschicht, denen man zu Erziehungszwecken vielfach eine besonders harte und schmutzige Arbeit zuwies; Zwangsarbeit wurde aber auch gegen Sozialisten angewendet.[46] Vielfach sollte sich „Umerziehung" aber nur als Propagandabegriff für die Absonderung und Vernichtung von „Klassenfeinden" erweisen. „Sozial-fremde Elemente" sollten mittels körperlicher Arbeit einer „Umerziehung" unterzogen werden; ihre „soziale Natur" sollte im Zuge der angestrebten Schaffung eines „neuen sozialistischen Menschen" verwandelt werden.[47] Zwangsarbeit war demnach „sozialistischer Humanismus", der den Menschen Gelegenheit gab, sich zu läutern.

Im Zusammenhang mit der Schaffung des neuen Sowjetmenschen suchte man die Psychologie und Biologie in den Dienst des Marxismus/Leninismus zu stellen (Verhaltenssteuerung über bedingte Reflexe und soziale Konditionierung); man scheute auch vor naturwissenschaftlichen Experimenten an Menschen nicht zurück, die beispielsweise von dem Literaten Gorki ausdrücklich bejaht wurden.[48] Schon in der frühen Phase der bolschewistischen Herrschaft waren jedoch Mißstände in den Arbeitslagern offenkundig.

Ein Geheimdekret der Partei im ausgehenden Mittelalter leitete 1919 eine „Entkosakisierung" ein: Die Kosaken waren ein aus freigelassenen und geflüchteten Leibeigenen zusammengewachsenes Volk. Als militärischer Stand hatten sie unter den Zaren in ihren Gebieten zwischen Dnjepr und Don sowie entlang der Transsibirischen Eisenbahn nach Wladiwostok weitgehende Freiheiten genossen. Der größte Teil der Kosakenregimenter kämpfte im Bürgerkrieg auf seiten der „Weißen". 65.000 retteten sich nach dem Ende des Bürgerkrieges durch Flucht ins Ausland.

Sie wurden von den Bolschewiki grausam verfolgt, ihre Herrschaftsstrukturen zerstört.[49] Sie wurden nicht als Völkerschaft oder Nation anerkannt – diesem Beschluß stimmte ein „1. Allrussischer Kongreß der arbeitenden Kosakenschaft" im Februar/März 1920 zu – und hatten mit der örtlichen Bauernschaft zu verschmelzen. Auch in der kommunistischen Literatur wird zugegeben, daß diese erzwungene Assimilierungspolitik noch Mitte der zwanziger Jahre zu Spannungen führte.[50]

Unter Lenin begann auch bereits die Agitation auf den Dörfern gegen das „Kulakenpack". Als „Kulaken" bezeichnete man Großbauern, die in der Realität vielfach aber eher mittlere Bauern waren. Lenin suchte damit in Ermangelung eines städtischen Klassenkampfes eine Art Klassenkampf auf dem Land zu stimulieren. Ein Dekret vom 9. Mai 1918 erklärte den Kulaken den schonungslosen Krieg. Der drohende wirtschaftliche Zusammenbruch der Regierung führte zu drastischen Maßnahmen, die mit dem Etikett „Kriegskommunismus" gerechtfertigt wurden. Strikte Ablieferungsquoten von Nahrungsmitteln und Getreide wurden festgesetzt, eine Bevorratung verboten. Von Tscheka-Hilfstruppen begleitete „Komitees armer Bauern" enteigneten damals neben den Ländereien des Adels, der Klöster und der Großgrundbesitzer auch bereits mehr als die Hälfte des Grundbesitzes der Kulaken und beschlagnahmten Vieh und Maschinen; das Konfiszierte wurde unter den kleineren Bauern und Landlosen aufgeteilt.[51] Getreide wurde requiriert; bei Nichtbefolgung der Regeln drohten die Auspeitschung, das Niederbrennen der Häuser und letztlich die Erschießung.

Auf Widerstand gegen die Entkulakisierung in der Provinz Penza im August 1918 reagierte Lenin mit folgender Anweisung:

„Kameraden! Die Revolte der fünf Kulakendörfer muß gnadenlos unterdrückt werden. Dies fordert das Interesse der gesamten Revolution, da nun unsere letzte, entscheidende Schlacht ,mit den Kulaken' bevorsteht. Wir müssen ein Beispiel setzen.
1) Ihr müßt mindestens 100 notorische Kulaken, Reiche und Blutsauger, hängen (hängen und nichts anderes, so daß es die Öffentlichkeit sieht).
2) Veröffentlicht ihre Namen!
3) Nehmt deren gesamtes Getreide weg!
4) Erschießt die Geißeln – wie in dem gestrigen Telegramm ausgeführt.
Diese Maßnahmen müssen derart vorgenommen werden, daß sie die Menschen in Hunderten von Meilen Entfernung sehen, daß sie zittern, daß sie wissen und schreien: Laßt uns die blutsaugenden Kulaken erwürgen und erdrosseln! Telegraphiert uns eine Bestätigung über Empfang und Ausführung dieser Anweisung!
Euer Lenin
PS: Zieht die zähesten Leute für diese Aufgabe heran!" [52]

Bis Mitte 1920 gab es in zwanzig Provinzen etwa 341 Aufstände. Nach Getreiderequirierungen rebellierten in der Schwarzmeerregion Tambow von August 1920 bis Juni/Juli 1921 etwa 40.000 Bauern. Sie wurden unter Einsatz von 100.000 Rotarmisten niedergekämpft, wobei es zu Grausamkeiten, zahlreichen Geiselerschießungen und sogar zum Einsatz von Giftgas kam. Von Mai bis September 1921 wurden über 50.000 Aufständische in neun Konzentrationslager des Gouvernements verschleppt; über 20.000 wurden in auswärtige Arbeits- und Straflager deportiert.[53] Seit 1919 propagierte die Regierung nicht mehr die Aufteilung des Landes, sondern den Zusammenschluß zu Kollektivwirtschaften (Kolchosen) bzw. die Schaffung von Staatsgütern mit Lohnarbeitern (Sowchosen). Im Gegensatz zu seinem Nachfolger plädierte Lenin in diesem Punkt jedoch für ein langsames Vorgehen und setzte diesen Prozeß auf ein bis zwei Dezennien an.[54]

In der Industrie bedeutete der „Kriegskommunismus" die Verstaatlichung der Betriebe aller wichtigen Sektoren mit einem Dekret vom 28. Juni 1918. Das Chaos der Arbeiterselbstverwaltung wurde zugunsten einer zentralen Leitung von oben aufgegeben, die man auch nach dem Ende des Bürgerkrieges beibehielt. „Spezialisten" als Leiter der Betriebe mit höherer Bezahlung wurden (wieder-)eingestellt. Schließlich gab Lenin sogar einer Ein-Mann-Betriebsleitung den Vorzug, anstatt noch länger auf eine kollektive Führung zu bauen. Den Erfordernissen des Krieges entsprechend, wurden den Arbeitern klare Vorgaben gemacht und diese mit drakonischen Maßnahmen durchgesetzt (Lenin: „Wer nicht arbeitet, soll auch nicht essen").[55] Ein Streikrecht wurde de facto nicht anerkannt; bei verschiedenen Streiks schoß die Tscheka erbarmungslos in die Menge. Die Gewerkschaften wurden entmachtet und zu staatlichen Instrumenten der Produktionsorganisation verwandelt. Ab 1920 hob man auch militärisch organisierte „Arbeitsbataillone" aus.

Die zunächst chaotische Rote Armee wurde vom Kriegskommissar Leo Trotzki zu einer schlagkräftigen Streitmacht organisiert. Er schaffte die revolutionäre Offizierswahl wieder ab und stellte 50.000 „Militärspezialisten" (Offiziere der früheren zaristischen Armee) ein, denen er jedoch Politkommissare zur Seite stellte. Nach Michail Michailowitsch Laschewitsch, dem Leiter der Militärsektion der Partei, waren sie „wie Zitronen auszuquetschen und dann fortzuwerfen".[56]

Die weiße Seite hatte unter der mangelnden Koordination ihrer Heerführer und Armeen zu leiden. Auch wirkte sich die ausländische Hilfe für sie in propagandistischer Hinsicht negativ aus. Im Jahre 1921 war der Bürgerkrieg beendet.

Während die linken Sozialrevolutionäre seit der Ermordung des Grafen Mirbach am 6. Juli 1918 und dem Attentatsversuch auf Lenin im August desselben Jahres schon dezidiert verfolgt und politisch mundtot gemacht wurden, ging man gegen Menschewisten und Anarchisten noch relativ schonend vor. Ihre Arbeit wurde behindert, und es kam zu individuellen Verhaftungen. Im Gefängnis genossen alle sozialistischen Inhaftierten jedoch einen Sonderstatus als „politische Gefangene". Sie wurden nicht mißhandelt, erhielten eine Art Selbstverwaltung zugestanden und durften Fortbildungsveranstaltungen durchführen. Die Bolschewisten mußten auf die Tatsache Rücksicht nehmen, daß die konkurrierenden sozialistischen Gruppierungen nach 1918 recht beliebt waren und vermehrt Zulauf erhielten, nicht zuletzt auch aufgrund ihrer Kritik am staatlichen Terror. Der einfache Bolschewik auf der Straße hatte zudem auch häufig Sympathie für seine sozialistischen Brüder, die er von der gemeinsamen Untergrundarbeit her kannte.

Die Kronstädter Matrosenrevolte vom März 1921 nahm Lenin jedoch zum Anlaß, fortan schonungslos gegen alle Konkurrenz von Linksgruppierungen vorzugehen. Im Kriegshafen Kronstadt bei St. Petersburg revoltierten 15.000

Matrosen ebenso wie Einwohner der Stadt gegen die drakonischen Bestimmungen des „Kriegskommunismus". In ihrem Manifest hieß es:

> „Die Macht der monarchistischen Polizeigendarmerie ist in die Hände der kommunistischen Usurpatoren übergegangen, die den Arbeitern anstelle von Freiheit die dauernde Furcht bieten, in die Folterkeller der Tscheka zu kommen, die die Gendarmerieorganisation des zaristischen Regimes an Grausamkeiten noch viele Male übertrifft. (...) Aber die hassenswerteste und kriminellste Erfindung der Kommunisten ist moralische Knechtschaft: Sie haben ihre Hände auch auf das Innenleben der Arbeiter gelegt und zwingen sie, ausschließlich im kommunistischen Sinne zu denken." [57]

Kriegskommissar Trotzki mobilisierte 50.000 Rotarmisten gegen die Aufständischen, die erst nach harten Kämpfen niedergeworfen werden konnten. Wochenlange nächtliche Massenerschießungen, auch von Frauen und Kindern, folgten. Der Anarchist Alexander Berkmann schrieb in sein Tagebuch: „Terror und Despotismus haben erstickt, was im Oktober geboren wurde. Die Losungen der Revolution sind verraten, ihre Ideale im Blut des Volkes ertränkt worden." [58]

Die Niederschlagung der Kronstädter Matrosenrevolte offenbarte, daß Lenin offenen Terror auch gegen die Arbeiterklasse einzusetzen bereit war. Der Freiheit des Menschen hatte er stets mißtraut und sich nach der Revolution zunehmend kritisch über die Zuverlässigkeit des Proletariats geäußert. Aus der Diktatur des Proletariates entwickelte sich eine Diktatur der Partei gegen das Proletariat. Lenin rechtfertigte dies mit dem Bildungsrückstand der breiten Massen in einem unterentwickelten Land wie Rußland. (Hierin stimmten die Menschewisten überein, nur forderten sie die Erziehung des Proletariats und die schrittweise Verwirklichung der Revolution.) Die Partei wurde unter Lenin zentralisiert und bürokratisiert: Die Ernennung der Funktionäre erfolgte nun von oben nach unten anstatt von unten nach oben. Der deutsche Beobachter Theodor Seibert sprach 1931 von einem „Räte-Theater":

> „Bei den Dorf- und Stadtsowjets gab es weder eine geheime noch direkte noch gleiche Wahl, sondern lediglich eine Massenabstimmung über die globale Annahme einer von oben vorgelegten Kandidatenliste. Die Sowjets der höheren Ebene wurden lediglich indirekt von der nächst unteren Instanz gewählt; das höchste Parlament, der „Allbundes-Rätekongreß", trat nur einmal alle ein bis zwei Jahre zusammen und hatte kaum Kompetenzen. Entschieden wurde im Zentralkomitee der Partei und seinem exklusiven Führungsorgan, dem Politbüro." [59]

Anarchisten hatten beim Kronstädter Aufstand mitgewirkt; sie forderten ein dezentrales, von unten organisiertes Rätesystem, die Wiederherstellung von

Freiheiten und die Zerschlagung der staatlichen Machtstrukturen. Beim Kronstädter Aufstand handelte es sich jedoch grundsätzlich um eine allgemeine Erhebung, an der auch Bolschewisten mitwirkten. Sozialrevolutionäre, Menschewisten und Anarchisten fielen nichtsdestoweniger unter das Verdikt „Konterrevolutionäre" und wurden in der Folge offen verfolgt. Lenin ordnete ein härteres Vorgehen an und meinte: „Für das öffentliche Bekenntnis zum Menschewismus müssen unsere Gerichte die Todesstrafe anordnen." [60]

In den Gefängnissen kam es zu Hungerstreiks und versuchten Selbstverbrennungen. Im Moskauer Butyrki-Gefängnis wurde am 26. April 1921 eine Prügelorgie unter Menschewisten und Sozialrevolutionären, Männern wie Frauen, veranstaltet, und 300 Gefangene wurden daraufhin bei Nacht und Nebel in der Unterwäsche an unbekannte Haftorte in die Provinz gebracht. Bis zum Winter 1921/22 waren praktisch alle menschewistischen Publikationsorgane eingestellt.[61] Tscheka-Chef Dzierzynski gab zu, daß nun in den Gefängnissen überwiegend Bauern und Sozialisten sitzen würden.

Gegen den Widerstand der Parteilinken (Trotzki) setzte Lenin im März 1921 die Abschaffung des „Kriegskommunismus" zugunsten der „Neuen Ökonomischen Politik" (NÖP) durch, die Elemente der Marktwirtschaft in begrenzter Form zuließ. Nicht zuletzt die Serie blutiger Bauernaufstände hatte Lenin zu diesem Schritt veranlaßt. Die Zahl der Aufstände ging im Zuge dieser Wirtschaftsreform zurück. Zahlreiche autoritative Maßnahmen des „Kriegskommunismus" blieben jedoch auch über den März 1921 hinaus erhalten.

Ironischerweise übernahm man mit der NÖP praktisch das Wirtschaftsprogramm der Menschewisten. Letztere hofften denn auch, daß bald eine „politische NÖP", sprich eine Liberalisierung und Duldung konkurrierender Parteien, folgen würde. Doch wie auch das Beispiel der Volksrepublik China in der jüngsten Gegenwart zeigt, bedeutet eine begrenzte wirtschaftliche Öffnung nicht zwangsläufig auch eine politische.

Parallel zur wirtschaftlichen Öffnung vollzog sich im Inneren des Staates eine Zementierung der politischen Diktatur: Im Jahre 1921 ließ Lenin, unterstützt von Trotzki, abweichende Meinungen innerhalb der Bolschewistischen Partei verbieten (Verbot der Fraktionsbildung). Ein Jahr später wies er die Gerichte an, schärfer gegen die Menschewisten vorzugehen, deren Unterstützung er nun nach dem Ende des Bürgerkrieges nicht mehr brauchte.[62]

Die Durchsetzung des Monopols der Kommunistischen Partei gegenüber konkurrierenden Linksparteien und Säuberungen innerhalb der KP zugunsten einer einheitlichen Parteilinie sind ebenfalls gängige Phänomene in kommunistischen Systemen.

Mit der Auflösung der Tscheka und der Umwandlung zur „Staatlich-Politischen Verwaltung" (GPU) im Jahre 1922 wurden große Hoffnungen auf eine Einschränkung der staatlichen Repression verbunden. Die GPU war nun dem Volkskommissariat des Inneren unterstellt und sollte nur noch staatsgefährdende Verbrechen verfolgen. Alle Festgenommenen wollte man nun vor ein offizielles „Revolutionstribunal" stellen, Verfahren nach spätestens zwei Wochen beginnen und Urteile nach spätestens zwei Monaten fällen. Darüber hinaus sollte die GPU Häftlinge nur mit staatlicher Erlaubnis inhaftieren dürfen.[63]

Doch allein die Tatsache, daß Felix Dzierzynski auch Chef der neugeschaffenen GPU wurde, ließ zu Recht wenig Hoffnung aufkommen. Bereits im Winter 1922/23 wurde die GPU zu einer selbständigen Institution, die quasi den Status eines Ministeriums (Volkskommissariates) verkörperte, und Ende der zwanziger Jahre hatte sie wieder die gleichen Befugnisse wie die einstige Tscheka an sich gezogen. Nach dem Tode Dzierzynskis wurde V.R. Menschinskij neuer GPU-Chef.[64] Stalin stützte sich bei seiner Machtergreifung wie beim Übergang zum Massenterror ab Ende der zwanziger Jahre auf eine enge Zusammenarbeit mit der GPU.[65]

Wenngleich der offene Terror auf dem Lande aufgegeben worden war, ging man insbesondere im Kaukasus weiterhin mit aller Grausamkeit gegen dissidente Völker vor. So wurde 1925 die Entwaffnung der tschetschenischen Bevölkerung durch das Erschießen von Dorfältesten und die Bombardierung mehrerer Dörfer erzwungen. In Georgien sollen 1924 nach einem Bauernaufstand über 12.000 Gefangene erschossen worden sein.[66]

Lenin litt an damals nicht heilbarer Arteriosklerose (Hirnarterienverkalkung). Bereits Ende 1921/Anfang 1922 machten sich die Vorboten seiner Krankheit verstärkt bemerkbar: Kräfteauszehrung, Erschöpfung, Müdigkeit, Schlaflosigkeit und Kopfschmerzen quälten ihn zusehends. Am 26. Mai 1922 erlitt er seinen ersten Schlaganfall. Im Juli 1922 war er wieder arbeitsfähig und kehrte nach Moskau zurück, war nun jedoch ein von der fortschreitenden Krankheit gezeichneter Mensch.[67] Ganz augenscheinlich verschärfte er den Terror, nun auch gegen Konkurrenten auf der Linken, und unterzeichnete eine große Anzahl von Todesurteilen. Für die Verschärfung des Terrors im Jahre 1922 zeichnete Lenin voll verantwortlich; möglicherweise suchte er damit auch sein Lebenswerk vor dem herannahenden Tod beschleunigt zu Ende zu führen.

Grundsätzlich handelte es sich bei den repressiven Maßnahmen des Staates nicht um bloße Exzesse von Untergebenen. Der staatliche Terror wurde zentral von oben organisiert, und seine Instrumente unterstanden der direkten Kontrolle Lenins.

Gegen prominente Sozialrevolutionäre wurde vom Juni bis August 1922 ein großangelegter Schauprozeß veranstaltet. Man warf ihnen Kollaboration mit dem Feind und Attentatsversuche auf Lenin und Trotzki vor. Die Strafen lauteten auf Gefängnis, Lagerhaft und Tod. Derartige Schauprozesse erfreuten sich dann vor allem unter Lenins Nachfolger Stalin großer Beliebtheit. Im Jahre 1924 wurde die Selbstauflösung des Kongresses der Sozialrevolutionäre von der GPU erzwungen.

Die recht populären Menschewisten wagte man erst 1931 in einem ähnlichen Schauprozeß zu verfolgen, wobei man nun auch Folterungen anwandte und öffentliche Schuldeingeständnisse erpreßte. Menschewisten wurden ab Mitte der zwanziger Jahre verstärkt verhaftet und ihre Parteiarbeit in Rußland praktisch unterbunden, wenngleich aus propagandistischen Gründen im Mai 1923 sogar eine Delegation zum „Internationalen Sozialistischen Kongreß" nach Hamburg reisen durfte, die dort recht offen über die Verfolgung von Sozialisten in der Sowjetunion berichtete.[68]

Gegen die schlecht organisierten und untereinander zerstrittenen Anarchisten bedurfte es keines koordinierten Vorgehens mehr. Bereits am 11./12. April 1918 war ein Schlag gegen anarchistische Klubs und Einrichtungen in Moskau sowie anderen Städten durchgeführt worden. Ihr Zentrum, wohin sich daraufhin auch viele Anarchisten zurückgezogen hatten, lag in der Ukraine: Hier hatte der Bauernführer Nestor Machno (1889-1935) um Guljai-Polje ein funktionierendes, syndikalistisches Gemeinwesen mit sich selbst verwaltenden Kommunen, Bauerngewerkschaften und lokalen Räten geschaffen. Unter der schwarzen Fahne standen mehr als 15.000 Mann, nach anderen Quellen sogar 50.000 Mann, unter Waffen. Unter Einsatz der Partisanentaktik kämpfte man zunächst erfolgreich gegen die deutsche Armee und gegen rechtsgerichtete ukrainische Kräfte, dann im Bürgerkrieg gegen die „Weißen". Mit Trotzki schloß man zeitweise ein Bündnis und leistete 1919/20 zum bolschewistischen Sieg einen wesentlichen Beitrag. Schließlich lud die Rote Armee jedoch die Offiziere der Machno-Armee zu einer militärischen Besprechung auf die Krim ein und verhaftete sie dort; nach neunmonatigem blutigem Kampf wurde die Machno-Republik 1921 niedergekämpft. Viele führende Anarchisten erschoß man auf Befehl Trotzkis standrechtlich. Tausende starben bei Massakern; auch Familienangehörige der Opfer wurden mißhandelt und getötet. Nestor Machno konnte mit wenigen Getreuen entkommen und starb 1935 im Pariser Exil.[69]

In einem Gespräch mit Leo Trotzki vor der Revolution im April 1917 in New York hatte der russische Anarchist Violine (eigentlich Wsewolod Michailowitsch Eichenbaum) eine derartige Entwicklung bereits prophezeit. Trotzki hatte dies damals energisch bestritten:

„(...) Was trennt uns denn im Augenblick eigentlich? Eine kleine Frage der Methode, die völlig nebensächlich ist. Ihr seid genau wie wir revolutionär; wir sind genau wie ihr schließlich und endlich Anarchisten. Nur wollt ihr eure Anarchie sofort ohne Vorbereitung und Übergang errichten, während wir Marxisten glauben, daß es nicht möglich ist, mit einem Satz ins libertäre Reich hinüberzuspringen. (...) Und selbst wenn wir nicht übereinstimmten, so übertreibt ihr wirklich, wenn ihr annehmt, wir Sozialisten würden rohe Gewalt gegen die Anarchisten anwenden! (...) Nein, wie könnt ihr nur einen einzigen Augenblick eine solche Absurdität annehmen!" [70]

Noch unter Lenin wurden 1922 besondere Gefängnisse für politische Häftlinge („Politisolatoren"; der Begriff Zuchthaus war abgeschafft worden) errichtet und die dreijährige Verbannungsstrafe eingeführt. Ein Jahr später ging man zum berüchtigten „Minus" über: Entlassenen Gefangenen bzw. Verbannten wurde das Wohnrecht in einer bestimmten Zahl von Städten, darunter in der Regel Metropolen wie Moskau oder Leningrad, entzogen; an ihrem Wohnort unterlagen sie fortan einer strengen Überwachung.[71] Lenin persönlich formulierte 1922 den berüchtigten § 58 des neuen Strafgesetzbuches über Zwangsarbeit.

Im Mai 1922 – also nach Überwindung des Bürgerkrieges und der ökonomischen Krisen – war die Todesstrafe „Bis zur Herstellung von Bedingungen, die der Sowjetmacht Sicherheit gegen konterrevolutionäre Anschläge bieten (...)" offiziell im neuen Strafgesetzbuch verankert worden, darunter auch als höchstes Strafmaß für politische Delikte gemäß dem berüchtigten § 58.[72]

Die große Hungersnot in den Jahren 1921/22[73] mit 4-5 Mio. Toten in Südrußland als Folge von Bürgerkrieg, organisatorischem Chaos und verfehlter Wirtschaftspolitik, bei der es sogar zu Fällen von Kannibalismus kam, nahm Lenin zum Anlaß, das Vermögen der orthodoxen Kirche zu beschlagnahmen und sie damit gleichzeitig zu entmachten. Unter dem Vorwand der Hungerhilfe werde man, so schrieb er in einem Geheimbrief, die Unterstützung der Bauernschaft für diesen Schritt erhalten: „Der Zeitpunkt ist nicht nur besonders günstig für uns, sondern er ist auch der einzige, der uns die 99%ige Chance gibt, dem Feind das Rückgrat zu brechen und uns die Position zu sichern, die uns für Jahrzehnte unerläßlich sein wird." Als Ziel dieser Aktion nannte er jedoch nicht die Unterstützung der Hungernden: „Wir müssen um jeden Preis diese Reserve von einigen hundert Millionen Goldrubel (vielleicht sogar von einigen Milliarden Goldrubel) in unsere Hände bekommen."[74]

Am 16. Dezember 1922 erlitt Lenin seinen zweiten Schlaganfall und war damit praktisch aus der Tagespolitik ausgeschieden. Danach diktierte er nur noch politische Briefe. Am 9. März 1923 folgte der dritte und schwerste Schlaganfall. Von Mai 1923 bis zu seinem Tod am 21. Januar 1924 weilte er, kaum mehr ansprechbar, in Gorki.[75]

Lenin setzte das Mittel des Terrors systematisch ein, wenngleich im Gegensatz zu seinem Nachfolger ausschließlich als Instrument für politische Zwecke. Terror als Selbstzweck lehnte er ab. Charakteristisch für die Persönlichkeit Lenins ist die Anekdote, daß er sein Steckenpferd, Musik zu hören, mit der Begründung aufgab, sie würde ihn zu weich machen.[76]

Persönlich war er ein anspruchsloser, pedantischer Mensch, der jeglichen Personenkult ablehnte. Angelika Balabanova bezeichnet ihn im Gegensatz zu Stalin als „impersonalen Diktator".[77]

Die Zahl der Todesopfer unter der Herrschaft Lenins ist nur schwer zu schätzen. Der russische Historiker Michael S. Voslensky berechnet eine ungefähre

Gesamtzahl von 13 Mio. Toten während der Herrschaftszeit Lenins;[78] sein Kollege Antonow-Owssejenko kommt sogar auf 18 Mio. Tote.[79] Sie fielen der Revolution, dem Bürgerkrieg, den gleichzeitigen Hungersnöten und Epidemien sowie dem staatlichen Massenterror zum Opfer. Die meisten von ihnen müssen kleine Bauern und Arbeiter gewesen sein: Die Gesamtzahl der Adeligen betrug damals etwa 2,5 Mio., diejenige der Großbauern („Kulaken") etwa 2 Mio.

Vor seinem Tod kam bei Lenin noch Mißtrauen gegenüber seinem potentiellen Nachfolger Stalin auf, den er selbst zum Generalsekretär ernannt hatte. In seinem politischen Testament vom 5. Dezember 1922 schrieb Lenin: „Genosse Stalin hat eine enorme Macht in seiner Hand konzentriert, und ich bin nicht sicher, daß er diese Macht immer in genügender Vorsicht zu gebrauchen versteht."[80] Er selbst bezeichnete Trotzki als fähigsten Nachfolger, doch sein baldiger Tod rettete Stalin, der die Bekanntgabe des politischen Testamentes Lenins auf dem 13. Parteikongreß verhinderte. Stalin wiederum berief sich jedoch während seiner gesamten Herrschaft stets auf seine enge Freundschaft mit Lenin und begründete eigene Anordnungen, so widersprüchlich sie auch sein mochten, vorzugsweise mit Leninzitaten.

Stalin als Nachfolger Lenins

Josef Stalin war 1922 Generalsekretär der Kommunistischen Partei geworden und baute diese Machtposition nach Lenins Tod zielstrebig zu einer unumschränkten Alleinherrschaft aus. Die Rolle des Staatschefs übernahm er erst während des Zweiten Weltkrieges.

Von seiner Abstammung her war Stalin kein Russe, sondern Georgier: Er wurde 1879 als Jossif Dschugaschwili in der Stadt Gori geboren, wo er noch heute Verehrung genießt und ihm zu Ehren ein Museum unterhalten wird, und besuchte später in der georgischen Hauptstadt Tiflis das orthodoxe Priesterseminar. Er fühlte sich zeit seines Lebens jedoch dem Russentum zugehörig, dem er auch die Führerschaft der Revolution zuschrieb. Seine Terrormaßnahmen mögen zu einem Teil auch in dem Bemühen begründet gewesen sein, den Makel seiner nichtrussischen Herkunft abzustreifen. Allen nichtrussischen Völkern mißtraute er in besonderem Maß. So hatte er den Wiederanschluß seiner Heimat Georgien mit unnachsichtiger Härte betrieben. Besonders grausam verfolgte er Ukrainer, Polen und Juden.

Zweifelsohne war Josef Stalin ein Mann mit brutalen Charakterzügen. Zeitzeugen aus seiner engeren Umgebung wie sein Nachfolger Chruschtschow schildern ihn als launischen Sadisten. Folterungen von Häftlingen ließ er sich in allen Details beschreiben und machte selbst entsprechende Vorschläge. Ein bevorzugtes Objekt seiner Späße war sein oberster Sekretär Alexander Poskrebyschew, den er „Prinzipal" nannte: Er machte ihn beispielsweise mit Vorliebe betrunken, tauchte sein Gesicht in Tintenpfützen oder stieß ihn hinterrücks ins Schwimmbad.[81] Für Zar Iwan den Schrecklichen (1547-84) zeigte er eine besondere Verehrung, fügte aber bezeichnenderweise hinzu, Iwan sei nicht schrecklich genug gewesen.[82]

Die selbstgewählte Einsamkeit trug sicherlich zur Verstärkung der genannten Charakterzüge bei. Nur zu wenigen Personen wie z.B. zu seiner Frau Nadeshda pflegte er ein menschlich nahes Verhältnis; ihr Selbstmord im November 1932 korreliert mit einem deutlichen Anstieg des Terrors. Stalin heiratete danach nicht mehr und zog sich immer öfter in seine Datscha am Stadtrand Moskaus zurück. Im Jahre 1951 soll er gesagt haben: „Ich bin am Ende, ich traue niemandem, nicht einmal mir selbst."[83]

Hervorstechend war auch sein extremes Machtstreben, das er unter Einsatz aller Mittel verfolgte. Sein Biograph Roy Medwedew schreibt: „Obwohl er bereits über große Macht verfügte, genügte ihm das nicht. Er wollte die absolute Macht und die grenzenlose Unterwerfung."[84]

Unter Stalin erreichte der kommunistische Terror in der Sowjetunion ungeahnte Ausmaße. Immer wieder betonte er, daß für die Verwirklichung eines großes Zieles, sprich der kommunistische Revolution, auch harte Opfer gebracht werden müßten, und es darf mit einiger Berechtigung angenommen werden, daß er an dieses Ziel auch selbst glaubte.

Den Einsatz des Massenterrors rechtfertigte Stalin mit seiner Theorie der „Verschärfung des Klassenkampfes" in der Endphase des Kapitalismus, der den Einsatz entsprechender Gegenmittel erfordere.[85] Er akzentuierte damit Lenins These vom Kriegszustand zwischen Kapitalismus und Sozialismus nach der Revolution. In Zusammenhang mit seinen Entkulakisierungsmaßnahmen von 1929 sprach er beispielsweise von „einem wütenden Klassenkampf, einem Kampf auf Leben und Tod, einem Kampf nach dem Prinzip: ‚Welcher von beiden wird gewinnen?'".[86]

Eine wesentliche Rolle beim Übergang zum Massenterror spielte auch das neue Konzept des „Sozialismus in einem Land", das Stalin 1924 annahm. Bis dahin war er der Konzeption der baldigen Weltrevolution, die Marx und Lenin prophezeit hatten, gefolgt. Als sich die diesbezüglichen Erwartungen, z.B. in Deutschland, nicht erfüllten, wurde die Lehre dahingehend korrigiert, daß man mit einer längerdauernden Übergangsphase rechnen und die Verwirklichung der sozialistischen Gesellschaft zunächst in einem Land, nämlich in der Sowjetunion, anstreben müsse.[87]

Schon Lenin und Trotzki waren allerdings mit dem Problem konfrontiert, daß die Sowjetunion ein agrarisch geprägtes Land war, das gemäß marxistischer Lehre noch nicht reif für den Kommunismus war. Trotzki hatte 1922 aus-geführt, daß zunächst eine „sozialistische ursprüngliche Akkumulation", sprich der forcierte Aufbau einer Schwerindustrie, zum Aufbau einer ökono-mischen wie geistigen Basis des Sozialismus erfolgen müsse. Hierzu könne die Arbeiterklasse „nur unter größten Opfern, indem sie die letzten Anstren-gungen macht und Blut und Nerven zusetzt", gelangen.[88] Dies bedeutete im Klartext potentieller Zwang der Arbeiter durch den Staat, was in der Praxis dann auch erfolgte.

Auf noch größeren Widerstand stieß das sozialistische Wirtschaftsmodell bei den Bauern, die in dem noch weitgehenden Agrarstaat an die 70 Prozent der Bevölkerung ausmachten. Zur Finanzierung und Arbeitskräfteversorgung der neuen Schwerindustrien, aber natürlich auch aus ideologischen Gründen war eine Kollektivierung der Landwirtschaft vorgesehen. Die große Mehrheit der Bauern, nicht nur die Großbauern, zeigten jedoch kaum Neigung, zu eigentumslosen Agrarproletariern zu werden. Stalin mußte das sozialistische Wirtschaftskonzept gegen die große Mehrheit der Bevölkerung durchsetzen, und dies bedeutete in der Tat eine Kriegserklärung an die Bauernschaft.[89]

Die Rückkehr zu einer Art „Kriegskommunismus" unter Stalin betraf aber nicht nur das Innen-, sondern auch das Außenverhältnis. Mit Bezug auf das neue Konzept des Sozialismus in einem Land ging Stalin davon aus, daß ein großer Krieg mit den kapitalistischen Staaten drohe, die das Exempel Sowjet-union vernichten wollten. Mit der Erwartung eines Weltkrieges verknüpfte Stalin auch die Hoffnung auf eine Weltrevolution, die dann infolge des Zusam-menbruches der kapitalistischen Staaten erfolgen werde. Kriegsphobie war demnach ein wesentliches Motiv für den Massenterror: Aus der Bevölkerung mußten maximale Arbeitsleistungen herausgepreßt werden, so daß die Sowjet-union für einen Überfall durch die kapitalistischen Länder gerüstet war. Wel-chen Stellenwert die Kriegsphobie bei Stalin hatte, ist in der Forschung umstritten; auch hier muß natürlich davon ausgegangen werden, daß er sie zu einem Teil instrumentalisierte.

Infolge des gewonnenen Zweiten Weltkrieges konnte Stalin dann in der Tat den Kommunismus auch in die Staaten Ostmittel- und Osteuropas exportieren, allerdings nicht primär über Revolutionen, sondern über den Oktroy der Besat-zungsmacht Rote Armee.

In Verbindung mit dem skrupellosen Machtstreben und der exzessiven Bru-talität der Person Stalins erfuhr die kommunistische Herrschaft zwischen 1924 und 1953 eine besondere Ausprägung. Der von ihm angeordnete Massenterror überschritt zweifelsohne bei weitem den von Lenin für notwendig gehaltenen Rahmen. Er war aber durchaus nicht irrational und allein in der persönlichen Brutalität Stalins begründet.

Permanenter staatlicher Terror kann als Herrschaftstechnik Stalins bezeich-net werden. Hierfür spricht auch die rationale Organisation des Terrors, der sich Stalin, wie neuere Forschungen zeigen, mit großem Fleiß widmete.[90] Die dauernde Furcht und Angst, verbunden mit einer exzessiven Propaganda, hielten die sowjetische Bevölkerung in stetiger Apathie und erstickten jeden Widerstand im Keim.

Mit der Schaffung immer neuer Sündenböcke wurden die Energien der Bevölkerung in eine bestimmte Richtung gedrängt; gleichzeitig wurde sie dadurch vom Widerstand gegen die Staatsführung abgelenkt. Viele Terrormaßnahmen der Regierung hatten damit auch eine Art Ventilfunktion. Eine Mehrheit des Volkes konnte sich im Kampf gegen eine Minderheit solidarisieren und mit dem Staat identifizieren. Stets wurden für die in Zusammenhang mit der forcierten Industrialisierung notwendigerweise auftretenden Mängel und Rückschläge bequeme Sündenböcke präsentiert.

Stalins Konzept des „permanenten Terrors" hatte durchaus Parallelen zu dem der „permanenten Revolution" seines persönlichen wie ideologischen Intimfeindes Trotzki: Beide suchten revolutionäre Energien dauernd freizusetzen, bei Trotzki im Sinne der Weltrevolution, bei Stalin zunächst im Sinne der „Revolution in einem Land". Eine Erstarrung und Verkrustung der Bürokratie gab es unter Stalin sicherlich nicht, wenngleich man darüber streiten könnte, ob es, wie behauptet, zu einem belebenden „Zirkulieren der Elite" kam.[91] Langfristig wirkte sich der permanente Terror eher lähmend aus.

Die ständig wechselnden offiziellen Anschauungen und Regierungsspitzen führten zu politischen Abnutzungserscheinungen, die einen Meinungsstreit überflüssig machten. Dies rief ein allgemeines Gefühl der Desorientierung und Unsicherheit hervor. Das sich rasch drehende, blutige Karussell der Führungseliten sorgte dafür, daß sich keine oppositionelle Gruppierung feste Machtpositionen schaffen und der Alleinherrschaft Stalins gefährlich werden konnte. Zudem machte Stalin neu kooptierte Eliten zu Komplizen bei der Beseitigung der vorhergegangenen und damit angreifbar.

Folgende Taktik war beim Vorgehen Stalins immer wieder zu beobachten: Auf eine besonders intensive Phase des Terrors folgte eine propagandawirksame Lockerung, verbunden mit der Kritik an einzelnen Exzessen, womit er zudem von der persönlichen Verantwortung ablenken konnte; sehr bald erfolgte dann aber wieder eine Verschärfung. Stalin kam damit in den Ruf des gütigen Herrschers, was auch in der Propaganda entsprechend herausgestellt wurde. Der einfache Mann auf der Straße war, wie einst im Falle der Zaren, der Meinung, daß Stalin von vielen Verbrechen nichts wüßte. Innerhalb der allgemeinen politischen Desorientierung und Unsicherheit war er zudem eine Art ruhender Pol, eine Identifikationsfigur, die in den Augen vieler Untertanen das Chaos noch einigermaßen zusammenhielt. Er war daher relativ beliebt.

Die ersten Jahre der Herrschaft Stalins sahen eine allmähliche Zunahme des Terrors, doch erst mit der forcierten Industrialisierung und Kollektivierung ab 1928/29 wurde er zum Massenterror fortentwickelt.

In den Jahren 1926-28 führte Stalin in der Tradition Lenins den Kampf gegen Rechtssozialisten fort. Die bis dahin in den Gefängnissen noch bevorzugt behandelten Menschewisten wurden nun in Lager am Polarkreis, in der Taiga und Tundra und nach Nordsibirien verbannt, wo das Klima menschliches Leben kaum zuließ. Vielfach erhielten sie keine Behausungen, sondern mußten sich Erdhütten oder Erdlöcher bauen. Sie genossen keinerlei Rechte oder Mitbestimmung in den Lagern und waren vollständig der Willkür der örtlichen GPU ausgeliefert. In der Regel kamen sie zusammen mit Kriminellen in gemeinsame Lager. Sie waren von sozialen Leistungen ausgeschlossen; ihre Kinder durften keine Schulen besuchen. Verwandte der Verbannten wurden mit Schikanen diskriminiert. Verbannungsstrafen dauerten nun im allgemeinen zwei bis drei Jahre (ab 1937 15-20 Jahre; ab 1947 25 Jahre). Die Opfer wurden wie Vieh in drei- bis fünfmonatigen Transporten in den Osten gebracht. Nach Verbüßung der Strafe wurde das „Minus" (siehe S. 48) verhängt.[92]

Vom 1.-9. März 1931 fand dann ein großangelegter Schauprozeß gegen die Führer der Menschewisten statt. Folter und Erpressung von Schuldbekenntnissen waren nun wesentliche Bestandteile. Die Angeklagten hatten halbnackt, stehend und ohne Schlaf Tag und Nacht in ihren eiskalten Zellen verbringen müssen. Immer wieder wurden sie mit Scheinexekutionen bedroht; ständig wechselnde Spezialisten setzten sie Dauerverhören aus. Diese beliebte Verhörmethode der GPU trug die Bezeichnung „Fließband". Sie wurden dabei gewürgt, man schlug ihnen auf Kopf und Genitalien und trampelte auf den wehrlos am Boden liegenden Körpern herum. Wenn der Widerstand der Angeklagten gebrochen war, prägte man ihnen penibel die Geständnisse und Selbstbezichtigungen ein. Vor Gericht wurde eine Verteidigung praktisch nicht ermöglicht. Alle Angeklagten wurden zu langen Haftstrafen verurteilt. Dieses Spektakel wurde zum Vorbild einer nicht abreißenden Serie weiterer Schauprozesse von 1934 bis zu Stalins Tod.[93]

In den Jahren 1926-28 ging Stalin aber auch gegen „Linksabweicher" in der eigenen Partei vor: Trotzki, Radek, Sinowjew und Kamenew wurden zunächst aus dem Politbüro, dann aus dem Zentralkomitee und schließlich auch aus der Partei ausgestoßen. Trotzki durfte 1929 ins Exil gehen (diesen Gnadenerweis bedauerte Stalin später); Sinowjew und Kamenew wurden schließlich wieder in die Partei aufgenommen, nachdem sie „bereut" hatten.

Als Stalin 1928 wieder von der NÖP abrückte und sich dagegen Kritik von seiten pragmatisch orientierter Kommunisten erhob, ging er in gleicher Weise gegen „Rechtsabweichler" vor: Bucharin, Rykow, Tomski. Nun gab es niemanden mehr in der Partei, der irgendwie Widerspruch geäußert hätte. Doch dies sollte nicht vor weiterer Verfolgung schützen, wie die spätere Entwicklung zeigte. Vollständige Oppositionslosigkeit war das Ziel Stalins, das er nun auch im Bereich der Kunst durchzusetzen suchte: 1930 verdammte das Charkower Kunstkonzil den künstlerischen Individualismus als kleinbürgerlich. 1934 wurde auf dem 1. Sowjetischen Schriftstellerkongreß von Maxim Gorki der „Sozialistische Realismus" zur verbindlichen Kunstform proklamiert. Kritische Künstler wurden verfolgt, ca. 200 fielen den kommenden Säuberungen Stalins zum Opfer.[94]

Getreu der marxistisch/leninistischen Lehre sollten Kunst und Wissenschaft der sozioökonomischen Transformation dienlich sein. Folgerichtig bezeichnete Stalin Schriftsteller als „Seeleningenieure".[95]

Auch gegen die Reste des bürgerlichen Rußlands, die beim Aufbau des Sozialismus als „Spezialisten" die Chance der Mitwirkung erhalten hatten, ging Stalin nun rücksichtslos vor. Der Schachty-Schauprozeß von 1928 richtete sich gegen bürgerliche Fachleute, die nun aus führenden Stellen verdrängt wurden. Es folgten Prozesse gegen Industrieangehörige (1930) und die britischen Metro-Vickers-Ingenieure (1933).[96] In den Betrieben erfolgten Massenentlassungen von den „faulenden und fremden Elementen" [97]. Allein in Moskau stieg die Zahl der des Wahlrechts Beraubten von 20.000 (1927) auf 80.000 (1. März 1929).[98] Damit einher ging der Entzug von Wohnungen, Lebensmittelkarten und Erwerbslosenhilfe. Betroffen waren Hunderttausende; Hungertod und Selbstmord waren bei ihnen häufige Todesursachen.

Stalins 1926 anlaufende Säuberungen hatten zweifellos den Effekt, Ideologen, Revolutionäre und „Kosmopoliten" (Funktionäre mit Auslandskontakten) auszuschalten und durch „Apparatschiks" (abhängige Funktionäre) zu ersetzen. Die KPdSU wurde bürokratisiert und zunehmend von Subalternen bestimmt. Das bereits 1921 von Lenin dekretierte Ende der Fraktionsbildung wurde durch Beseitigung der (potentiellen) Ideenträger verewigt.[99]

Ein Geheimdekret vom 13. Mai 1935 stellte schließlich „objektive" Kategorien von „Volksfeinden" auf: Überreste des bürgerlichen Rußland und ihre Kinder, alle Mitglieder antibolschewistischer Parteien sowie Links- und Rechtsabweichler in der KPdSU einschließlich deren Kinder, „Klassenfeinde" wie Kulaken, Geistliche der verschiedenen Bekenntnisse, frühere Oppositionelle (unabhängig von ihrem derzeitigen Status oder Bekenntnis), ehemalige „Nationalisten" der verschiedenen Sowjetrepubliken sowie Leute mit „antisowjetischen" Gefühlen. Gerade letztere Kategorie erlaubte es, praktisch jeden Sowjetbürger zu einem „Volksfeind" zu erklären.[100]

Als primäres Kontroll- und Säuberungsinstrument baute Stalin eine „Spezialabteilung" auf, die die Führung von Partei, Regierung, Armee und politischer Polizei kontrollierte und gegebenenfalls verfolgte. Sie verfügte über ein breites Netz von Unterabteilungen und Geheimagenten. Ihre „technischen Angestellten" legten Tausende und Abertausende von Personendossiers an. Erst 1934 wurde ihre Existenz bekannt.

Die Spezialabteilung war ein Bestandteil von Stalins „Privatsekretariat", das sich wesentliche Kompetenzen angeeignet hatte und beispielsweise die Parteisekretäre auf Gebiets- und Provinzebene sowie die Sekretäre der ZKs in den einzelnen Sowjetrepubliken ernannte. Stalin schuf sich damit eine Parallelstruktur zur bestehenden Parteihierarchie.[101]

Die Restaurierung eines Vielvölkerreiches in Form der 1924 gebildeten föderative „Union der Sozialistischen Sowjetrepubliken" erforderte eine erneute Beschäftigung mit der nationalen Frage: Wieviel Autonomie sollte es für die einzelnen Völker geben? Hier folgte Stalin dem Leninschen Konzept einer begrenzten Anerkennung nationaler und kultureller Unterschiede, wirkte jedoch auf eine zunehmende Vereinheitlichung der Kultur und Lebensweise hin, die dann ab Mitte der dreißiger Jahre auch mit physischem Zwang durchgesetzt wurde.

Die Sowjetunion wurde zentralistisch von Moskau aus verwaltet und gewährte den Unionsrepubliken, den autonomen Republiken und autonomen Kreisen nur eine eng begrenzte Autonomie, die vor allem auf kulturellem Gebiet lag. Alle wichtigen Kompetenzen behielt sich die Bundesregierung vor: Außen- und Verteidigungspolitik, Finanzpolitik, Außenhandel, Wirtschaftsplanung, Budgetrecht, Verkehrswesen, Geheimdienst und anderes mehr; zudem lag die Entscheidungsfindung ohnehin nicht beim Staat, sondern bei der hierarchisch von oben nach unten organisierten Partei (im Zentralkomitee, dem Genralsekretariat und vor allem im Politbüro). Theoretisch sah die Unionsverfassung ein Austrittsrecht vor, das jedoch von der Bundesexekutive genehmigt werden mußte und damit de facto ausgeschlossen war. Der Unionssowjet und der Nationalitätensowjet, in dem die Gliedrepubliken vertreten waren, hatten praktisch nur die Funktion von Akklamationsinstrumenten. Stalin prägte denn auch die Hybridbezeichnung „zentralistische Föderation".[102]

Recht willkürlich wurde entschieden, welche Völker den Status einer Unionsrepublik, einer „Autonomen Republik" oder nur eines „Autonomen Kreises" erhielten oder gar überhaupt keine Rechte zugestanden bekamen. Völlig unterschiedliche Völker wurden in manchen „Autonomen Republiken" bzw. „Kreisen" zusammengefaßt. Auch wurden die innersowjetischen Grenzen zwischen 1921 und 1980 etwa neunzigmal geändert. So machte z.B. Chruschtschow 1954 die infolge der Aussiedlung der Tataren vorwiegend russisch besiedelte und seit Jahrhunderten zu Rußland gehörige Halbinsel Krim bei einem Besuch spontan der Ukraine zum Geschenk.

In der Frühphase der Sowjetunion genossen manche Völker im kulturellen Bereich zweifelsohne eine gewisse Autonomie. Die nationale Kultur und das Bildungswesen wurden gefördert, insbesondere bei den unter der Zarenherrschaft vernachlässigten Völkern an der Peripherie. Diese Bemühungen gingen natürlich auch mit dem Bemühen um eine „fortschrittliche" sozialistische Erziehung einher.

Selbst wenn man der frühen Sowjetunion ein gewisses Bemühen um Autonomiegewährung nicht versagen will, so muß man jedoch anmerken, daß dem materialistisch-kommunistischen Denken die Anerkennung nationaler Unterschiede grundsätzlich fremd ist. Es sieht diese allenfalls für eine Übergangsphase als entscheidend an, die noch von überlieferten Traditionen und unterschiedlichen ökonomischen Voraussetzungen geprägt ist. Im Zuge der Verwirklichung der kommunistischen Endgesellschaft würden die nationalen Unterschiede zugunsten einer neuen sozialistischen Kultur verschwinden und ein neuer „Sowjetmensch" entstehen. So phantasierte noch 1982, kurz vor dem Auseinanderbrechen der Sowjetunion – nicht zuletzt aufgrund ihrer ungelösten nationalen Probleme – R. I. Kosolapow in seinem Leitartikel „Wir sind das Sowjetvolk" der von ihm herausgegebenen Theoriezeitschrift „Kommunist":

„Die Zukunft wird uns Kunde davon geben, wie jene vorgesehene Neuverschmelzung von Völkern verschiedener ethnischer und rassischer Zugehörigkeit aussehen wird, aber es erscheint vollkommen klar, daß es eine menschliche Gemeinschaft auf bislang unbekanntem hohen Niveau sein wird, da sie sich an der Schwelle der vollen Verwirklichung des größten humanistischen Ideals des Kommunismus herausbildet. " [103]

Seit den dreißiger Jahren setzte zudem unter Stalin wie unter seinen Nachfolgern durch Zuwanderung eine Russifizierungspolitik ein, sowohl bei der Besetzung wichtiger Positionen wie auch in den Bereichen der Sprache und Kultur. Sie stand natürlich in Zusammenhang mit dem neuen Konzept des „Sozialismus in einem Land", das zwangsläufig eine gewisse Nationalisierung bedingte. Unter Stalins Herrschaft wurde die internationale Komponente des Kommunismus zugunsten der national-russischen zurückgedrängt; manche Forscher sprechen sogar von „Nationalkommunismus". Der Emigrant Michail Agursky sieht in Stalins Politik der dreißiger Jahre eine national-russische Gegenreaktion auf die deutlich von Nichtrussen dominierte Frühphase des Bolschewismus.[104] Diese These hat einiges für sich, auch wenn sie bei antikommunistischen Russen ansonsten nicht beliebt ist, die in der Regel jede Verbindung zwischen Bolschewismus und russischen Traditionen strikt ablehnen. Wie weit damals ideologische Einflüsse des zeitgleichen deutschen Nationalsozialismus eine Rolle spielten, wird in der Forschung kontrovers diskutiert. Auch Hitler zeigte bezeichnenderweise bisweilen Sympathie für Stalin.[105]
    In Stalins offenkundiger Hinwendung zu Despotismus und Imperialismus wird von vielen Forschern eine gewisse Anknüpfung an die zaristische Tradition gesehen, was der Verfestigung der kommunistischen Herrschaft sicherlich auch dienlich war. Der Zweite Weltkrieg („Der Große Vaterländische Krieg") spielte für die Hinwendung zur nationalkommunistischen Ausrichtung sicherlich eine wichtige, jedoch nicht die entscheidende Rolle: Solche Tendenzen gab es bereits zuvor wie auch danach.
    Eine entscheidende Weichenstellung wurde auf dem 15. und 16. Parteikongreß (Dezember 1927 bzw. Dezember 1929) vorgenommen: Auf ersterem

wurde mit dem neuen Fünfjahresplan die Abschaffung der NÖP und die forcierte Industrialisierung und Kollektivierung beschlossen, auf letzterem die Anhebung der entsprechenden Normen sowie – anläßlich von Stalins 50. Geburtstag – die Einführung des Personenkults: Der „Genius Stalin" wurde auf allen Gebieten des Lebens verherrlicht und zur Norm erklärt. Gegen seinen Willen konnte es keinen Widerspruch mehr geben, er verkörperte die Partei.[106] Erstmals fand damit Personenkult um einen lebenden kommunistischen Führer statt. Der Kult um Lenin war nämlich erst nach dessen Tod eingeführt worden.

Der Fünfjahresplan für die Jahre 1928-32 sah nun, ganz in der ursprünglichen Linie Lenins („Kommunismus ist Sowjetmacht plus Elektrifizierung"), die forcierte Industrialisierung der Sowjetunion durch Ausbau der Schwerindustrie vor. Stalin meinte, daß die Sowjetunion nun die westlichen Industrieländer „einholen und überholen" und einen starken Schutzwall um ihren Sozialismus in einem Land aufbauen müsse.[107]

Die Arbeiter wurden einem drakonischen Zwangssystem unterstellt; Arbeitsverweigerung oder Absenzen konnten als Sabotage ausgelegt und mit hohen Haftstrafen geahndet werden. Der Lebensstandard wurde auf ein Minimum herabgeschraubt, und die Löhne wurden drastisch gesenkt.

In Zusammenhang mit dem forcierten Aufbau der Schwerindustrie stand auch die gleichzeitige Kampagne zur Kollektivierung der Landwirtschaft. Stalin benötigte Getreideüberschüsse zur Ernährung der Arbeiter in den aus dem Boden gestampften Industriezentren sowie gesteigerte Erlöse aus Getreideexporten zur Finanzierung der Industrialisierung. Ausländische Kredite als Alternative lehnte Stalin als mögliche Gefahr für die Revolution ab. Daneben förderte er natürlich auch die Anlage von Kolchosen wegen ihrer systematischen Erfassung und Disziplinierung der Arbeiter. Die gewachsene russische Dorfgemeinschaft sollte zerstört werden.

Nicht zuletzt wurzelte die Kollektivierungskampagne in den utopisch kommunistischen Vorstellungen Stalins: Er wollte auch die Landwirtschaft industrialisieren. An die Stelle der rückschrittlichen Dörfer sollten moderne Städte treten. Stalin träumte von riesigen Getreidefabriken von 50.000 bis 100.000 Hektar, in der Erwartung, „daß unser Land in, sagen wir, drei Jahren zu einem der getreidereichsten Länder, wenn nicht zum getreidereichsten Land der Welt werden wird".[108] Nüchterne Sowjetökonomen, die Zweifel an der Realisierbarkeit dieser Vorstellungen äußerten, wurden in den folgenden Jahren liquidiert.

Bereits auf dem 15. Parteikongreß im Dezember 1927 belebte Stalin daher den bereits von Lenin heraufbeschworenen Kampf gegen die „Kulaken". Die Ablieferungsquoten wurden drastisch heraufgesetzt. Stalin ordnete ein rücksichtsloses Vorgehen an. Wo die geforderte Menge nicht abgeliefert wurde, erfolgten gewaltsame Konfiskationen.

Der auf dem Parteikongreß beschlossene Fünfjahresplan war allerdings noch relativ gemäßigt: Nur zwanzig Prozent der Höfe sollten beschlagnahmt werden; die größeren Anwesen der „Kulaken" waren noch nicht für eine Kollektivierung vorgesehen. Im Jahre 1929 radikalisierte Stalin jedoch seinen Kurs: Das Produktionssoll des Fünfjahresplanes wurde sukzessive angehoben und schließlich die Liquidation der privaten Landwirtschaft durch sofortige und totale Kollektivierung verkündet.[109]

Am 27. Dezember 1929 kündigte Stalin die „Eliminierung des Kulakentums als Klasse" an, die die bisherige Eindämmungspolitik ablösen sollte. Mitleid bei deren Ausschaltung dürfe es nicht geben („Man bedauert einen Enthaupteten nicht, wenn er Haare lassen muß"), und der Vorschlag, enteignete Kulaken in Kollektivfarmen aufzunehmen, sei lächerlich.[110]

Stalins Rede war der offene Aufruf zur Vernichtung einer ganzen Bevölkerungsgruppe. Mit der Schaffung dieses Feindbilds wollte er sicherlich auch von wirtschaftlichen Schwierigkeiten bzw. dem Problem der ausbleibenden Weltrevolution ablenken und neuen revolutionären Elan entfachen. Aus Jugendlichen und Idealisten zusammengesetzte Stoßbrigaden gingen im Verbund mit der Geheimpolizei mit rücksichtsloser Härte gegen die „rückständigen" Kulaken vor.[111]

Die verbliebenen Kulaken sollten innerhalb eines Jahres fast vollständig kollektiviert werden. Durch systematische Diffamierung und Kriminalisierung der Opfer wurden noch vorhandene moralische Hemmungen bei den Akteuren der „Entkulakisierung" ausgeschaltet. Die Kulaken wurden zu Unmenschen, zu Objekten, zu Ungeziefer degradiert. Der britische Historiker Robert Conquest schreibt über das Kollektivierungsprogramm: „Tatsächlich war es nur durchführbar, indem man innerhalb der Partei eine hysterische Lynchstimmung erzeugte."[112]

Der jüdisch-russische Historiker Wassili Grossman beschrieb das Vorgehen folgendermaßen:

„Sie sind wie verrückt, wie bezaubert, sie drohen mit Gewehren, nennen die Kinder ‚kulakische Hurenbrut', schreien ‚Blutsauger!' (...) Wahrhaftig, bezaubert – sie haben sich so hineingesteigert, daß sie nichts mehr anfassen können: das Handtuch ist abscheulich, und an den Parasitentisch setzen sie sich nicht, und das Kulakenkind ist widerwärtig, und das Mädchen ist niedriger als eine Laus, und sie betrachten die Menschen, die entkulakisiert werden sollen, wie Vieh, wie Schweine, und alles ist abscheulich an den Kulaken – sie haben keine Persönlichkeit und keine Seele, und die Kulaken stinken, und alle haben sie Geschlechtskrankheiten, und die Hauptsache – sie sind Volksfeinde und beuten fremde Arbeitskraft aus. (...)"[113]

Die offenkundige Tatsache, daß die Zahl der Großbauern relativ gering war (etwa 20 % waren Großbauern, und sie besaßen etwa 40 % des Landes [114]), verschleierte Stalin mit Schaffung des zynischen Begriffes „Unterkulaken", den man unschwer auch auf mittlere und kleinere Bauern anwenden konnte. Stalin schuf drei Klassen von Kulaken, die unterschiedlich behandelt werden sollten: erstens regierungsfeindliche Kulaken, die mit Gefängnis oder Arbeitslager, evtl. mit Erschießung bestraft und deren Familien verbannt werden sollten, zweitens unpolitische Kulaken, die deportiert werden sollten, drittens Unterkulaken, die ebenfalls enteignet und fern der Heimat (meist in unwirtlichen Gegenden) neu angesiedelt werden sollten. Unter letztere Kategorie fielen dann auch zahlreiche arme Bauern, wenn sie beispielsweise reicheren Bauern Hilfe zu leisten versuchten. [115]

Spätestens bis zum 1. März 1931, in ärmeren Gegenden bis zum 1. März 1932, sollte die Kollektivierung beendet sein. GPU-Kommandos gingen mit unnachsichtiger Härte vor. Eine GPU-Agentin gab offen zu: „Wir sind keine Menschen mehr, wir sind Tiere." [116] Industriearbeiter und Stadtbewohner wurden für einen gewissen Zeitabschnitt aufs Land geschickt, um dort das Kommando zu übernehmen. In einer Instruktion hieß es: „Der Klassenkampf in den Dörfern hat seine schärfste Form angenommen. Dies ist nicht die Zeit für Zimperlichkeit oder verrottete Sentimentalität." [117]

Das Kollektivierungsprogramm stieß jedoch bei den Bauern auf großen Widerstand, und nicht nur bei den Großbauern. Allenfalls ein Teil der Kleinbauern und Landarbeiter war von der Kollektivierung angetan. Als Folge der Revolution im Jahre 1917 hatten viele Bauern die Zuteilung eigenen Landes begrüßt und wollten ihre Waren auf dem Markt selbst verkaufen. Auch Großbauern waren vielfach im Dorf geachtet, und die Dorfgemeinschaft suchte ihnen beizustehen. Insbesondere in der Ukraine, wo national motivierter Widerstand hinzutrat, aber auch unter den Kubankosaken kam es zu überregionalen Aufständen. Sie wurden von GPU-Einheiten und Armee-Einheiten brutal niedergeschlagen. Unzählige Selbstmorde waren zu konstatieren.

Im Zuge des Kollektivierungsprogrammes wurden über 15 Mio. Menschen entwurzelt: 2 Mio. wurden der Industrie zugeführt, der Rest wurde umgesiedelt, 2,5 Mio. in unbewohnte und unwirtliche Gebiete an der Peripherie der Sowjetunion deportiert (z.B. an den Polarkreis, nach Sibirien und Kasachstan). [118] Bereits während des Transports kamen 15-20 %, zumeist Kinder und Kleinkinder, auf den Gewaltmärschen und in den mit Menschen vollgepferchten Viehwaggons um. [119] Teilweise waren ganze Dörfer verpflanzt worden. Auch wenn sie nicht in Arbeitslager kamen, unterstanden die Sondersiedlungen doch der direkten Kontrolle der GPU. Die Ankunft deportierter Kulaken auf unbewohntem Gebiet zwischen Petropawlowsk und dem Baikal-See im hohen Norden schildert der russische Schriftsteller V. Tendryakow folgendermaßen:

„Es gab nur ein paar Pfosten im Boden mit kleinen Schildern, auf denen stand: Siedlung Nr. 5, Nr. 6 und so weiter. Man brachte die Bauern hierher und sagte ihnen, daß sie sich von jetzt an um sich selbst kümmern müßten. Sie gruben dann Löcher in den Boden. In den ersten Jahren starben viele vor Kälte und Hunger. " [120]

Heute geht man von ca. 750.000 sofort liquidierten Kulaken aus,[121] weitere Millionen starben infolge von Lagerhaft.

Der Anteil kollektivierten Landes von 4,1 % am 1. Oktober 1929 war auf 58 % am 10. März 1930 angestiegen.[122] Das Kollektivierungsprogramm erwies sich jedoch als Fehlschlag: Mit der Deportation, Ermordung bzw. dem Selbstmord vieler Kulaken fehlten die Fachkräfte auf den Kolchosen, weswegen Erträge und Tierbestand drastisch zurückgingen. Der russische Stalin-Biograph Prof. Wolkogonow schreibt: „Es traf die Fleißigsten, Fähigsten, Sparsamsten und Ideenreichsten." [123] Vielfach hatten die Bauern auch vor der Enteignung aus Trotz ihre Tiere geschlachtet und ihre Getreidevorräte vernichtet. Die Industrie zeigte sich erst 1933 in der Lage, den Kolchosen die für ihre Arbeit erforderlichen landwirtschaftlichen Maschinen in ausreichender Menge zur Verfügung zu stellen.[124]

Vielfach kam es zu Exzessen der örtlichen GPU-Kommandos. Nicht nur Getreide, sondern auch Geld wurde beschlagnahmt; willkürlich wurden Menschen erschossen. Dies gab Stalin im März 1930 die Gelegenheit, den Übereifer einzelner anzuprangern und eine langsamere Gangart anzuordnen. Er betonte den Gedanken der „Freiwilligkeit" und gestattete sogar den Wiederaustritt aus den Kolchosen, wozu sich nicht weniger als 9 Mio. Haushalte entschlossen. Doch bereits 1931/32 erfolgte wieder massiver Druck zur Kollektivierung.[125]

Die Folge der „Entkulakisierung" war 1932/33 eine Hungersnot in ungekanntem Ausmaß. Ein ehemaliger Aktivist schrieb:

„Der schlimmste Anblick waren die kleinen Kinder mit ihren skelettartigen Beinen, die an aufgeblähten Leibern hingen. Der Hunger hatte jede Spur von Jugend aus ihren Gesichtern gelöscht... Überall fanden wir Männer und Frauen am Boden liegen, die Gesichter und Bäuche aufgedunsen, ihre Augen völlig ausdruckslos. " [126]

In Kasachstan herrschten ähnliche Verhältnisse. Das Organ der dortigen KP schrieb lakonisch: „Kasachstan ist in die Kollektivierung mit einer Bevölkerung von zehn Millionen Menschen gegangen und hat sie mit einer Bevölkerung von acht Millionen Menschen beendet." [127] Auch im Nordkaukasus und im Wolgagebiet kam es zu grausamen Hungersnöten.

Offiziell wurde damals jede Form von Hunger abgestritten; diesbezügliche Berichte wurden als staatsfeindliche Agitation verfolgt. Als Studenten Stalins Frau Nadeshda Allelujewa von der Hungersnot erzählt hatten und diese ihren Mann informierte, warf er ihr „trotzkistisches Geschwätz" vor und befahl eine Säuberung unter allen Studenten, die an der Kollektivierung mitgewirkt hatten. Der kurze Zeit später erfolgte Selbstmord von Nadeshda Allelujewa könnte mit diesem Ereignis in Zusammenhang stehen.[128]

Zur gleichen Zeit exportierte die Sowjetunion jedoch Getreide ins Ausland. Hilfsmaßnahmen unterblieben, und auch ausländische Unterstützungsangebote wurden abgelehnt. Hungernde wurden von bewaffneten Straßenposten bzw. Patrouillen in den Zügen daran gehindert, Zuflucht in den Städten zu suchen.[129] Die Grenze zwischen Rußland und der Ukraine war praktisch abgeriegelt, so daß keine Getreidelieferungen mehr möglich waren. „Vergreifen an Volkseigentum", sprich Mundraub in den Kolchosen, wurde gemäß einem Gesetz vom 7. August 1932 mit zehn Jahren Lagerhaft oder Erschießen bestraft. Stalin forderte ein erbarmungsloses Durchgreifen; bis Anfang 1933 wurden nach dieser Bestimmung mehr als 50.000 Menschen verurteilt.[130] Als Folge des Hungers kam es zu Massendurchfall und Epidemien. Unbeschreibliche Tragödien wie Fälle von Kannibalismus ereigneten sich. Der jüdisch-russische Historiker Grossman schreibt:

„Manche wurden wahnsinnig... Es gab Leute, die Leichen zerschnitten und kochten, die ihre eigenen Kinder töteten und aufaßen. Ich habe eine solche Frau gesehen. Man hatte sie unter Bewachung zum Distriktzentrum gebracht. Ihr Gesicht war menschlich, aber ihre Augen waren die einer Wölfin. Das sind Kannibalen, sagten sie, und müssen erschossen werden. Aber sie selbst, die die Mutter in den Wahnsinn getrieben haben, ihre eigenen Kinder zu essen, sind offenbar nicht schuldig!" [131]

Die höhere Parteielite überlebte zur gleichen Zeit wohlgenährt.

Obwohl wie bei allen Stalinschen Terrormaßnahmen die russische Bevölkerung keineswegs verschont wurde, so ist die „Entkulakisierung" ein Beispiel dafür, daß gegen nichtrussische Völker besonders grausam verfahren wurde. Ein Schwerpunkt lag in der Ukraine, wo die Zahl der Todesopfer (ca. 6-7 Mio. Bauern) besonders hoch war. Zugleich mit der selbständigen Bauernschicht sollte dort auch der ukrainische Nationalismus ausgerottet werden.

Hierzu inszenierte man zur gleichen Zeit die Aushebung einer „nationalistischen Verschwörung". Es gab eine Hatz auf Intellektuelle; manche Institute verloren zwei Drittel ihres Personals. Im Juli 1930 wurden rund 5.000 Mitglieder einer angeblichen Untergrundorganisation „Union für die Befreiung der Ukraine" festgenommen. In einem Schauprozeß wurden 45 angebliche führende Mitglieder abgeurteilt, in erster Linie ehemalige Politiker nichtbolschewistischer Parteien, Akademiker und Priester. Weitere ukrainische Intellektuelle wurden 1931 bei verschiedenen Verhaftungswellen inhaftiert. Damit sollte die zweite Säule des ukrainischen Nationalismus, die geistige Führungsschicht, liquidiert werden.[132]

Allgemein geht man von einer gesicherten Zahl von insgesamt 6-7 Mio. Hungertoten in der Ukraine (3,5-4 Mio.), im Nordkaukasus (1 Mio.), in Kasachstan (1,8 Mio.) und im Wolgagebiet (0,5 Mio.) aus.[133] Der drastische Bevölkerungsrückgang war jedenfalls nicht zu verheimlichen, und auf Befehl Stalins fiel die Volkszählung von 1937 aus; Abtreibungen wurden für eine gewisse Zeit wieder verboten.[134]

In der offiziellen Geschichtsschreibung der Sowjetunion galt die Zwangskollektivierung der Jahre 1928-33 als großer Fortschritt auf dem Weg zum Sozialismus. Bereits Stalin hatte indes im Gespräch mit Churchill eingeräumt, daß die Zwangskollektivierung ein grausameres Ereignis gewesen sei als der Zweite Weltkrieg.[135] Sensationell wirkte daher bereits das begrenzte Schuldeingeständnis des früheren KPdSU-Chefs Chruschtschow in seinen zuerst 1970 in den USA erschienenen Memoiren: „(...) die Stalinsche Methode der Kollektivierung hat uns nichts als Elend und Brutalisierung gebracht (...)".[136] Hinzu tritt aber, daß die dadurch ausgelöste Hungerkatastrophe nicht nur das Ergebnis einer verfehlten Wirtschaftspolitik war: Sie war vielmehr von Stalin gebilligt und wahrscheinlich bewußt herbeigeführt worden. Erst von 1988 an wurde dieser Sachverhalt in vollem Umfang zugegeben und durch die Veröffentlichung entsprechender Dokumente untermauert.

Mit der Zerstörung der funktionierenden traditionellen Dorfgemeinschaft hatte Stalin langfristig die Landwirtschaft der Sowjetunion zerstört. Nach dem Zweiten Weltkrieg kam es wiederum zu Hungersnöten, beginnend 1946-47 in der Ukraine. In Moldawien starb 1951 fast die Hälfte der Bevölkerung.[137] Wiederholt mußte später um den Preis kostbarer Devisen und politischer Konzessionen Getreide aus dem Westen importiert werden – ein Schritt, der jedoch so lange wie möglich hinausgezögert wurde. Auch in den achtziger Jahren war die Landwirtschaft das Sorgenkind der sowjetischen Wirtschaft. Jede dritte Kolchose arbeitete 1987 mit Verlust. Am besten funktionierte noch die halboffizielle, private Lebensmittelproduktion für den Schwarzmarkt.[138]

Doch nicht nur die Landbevölkerung, auch die Arbeiter in den neuen Industrien mußten für Stalins gigantische Wirtschafts- und Sozialutopien bluten. Die Normen wurden in den dreißiger Jahren ständig heraufgesetzt, der Lebensstandard auf ein absolutes Minimum begrenzt. Bei Nichterreichen von Planzielen suchte man nach Sündenböcken, die „Sabotage" betrieben hätten und entsprechend bestraft wurden. Schuldige wurden zumeist auf der unteren Ebene gesucht.

Im Jahre 1930 wurden auch Schauprozesse gegen leitende Industrieführer, darunter zahlreiche ausländische „Spezialisten", betrieben. Hier fiel die Verknüpfung mit den Straftatbeständen des Verrates und der Agententätigkeit nicht schwer, und in Zusammenhang damit wurde der Haß gegen die Ausländer bewußt geschürt.

Zur Überwachung der Arbeiter wurden Arbeitsbücher und Inlandspässe eingeführt. In den Neubaugebieten im Umkreis der aus dem Boden gestampften Industriesiedlungen, wie z.B. Magnitogorsk, herrschten erbärmliche Verhältnisse. Viele Arbeiter mußten wegen Nichtfertigstellung von Wohnräumen lange Zeit in Erdlöchern oder Bruchbuden am Rande der Städte hausen.[139] Gesundheitsschäden wurden bewußt in Kauf genommen: So gab es zahlreiche Chemiefabriken, in deren Umkreis keinerlei Vegetation wuchs.[140] Die Klein- und Handwerksbetriebe wurden durch diese Entwicklung ruiniert.

Um zusätzliche Arbeitskräfte zu rekrutieren, gerade auch für unangenehme und ungesunde Arbeiten, wurden Freiwilligeneinheiten, so beispielsweise Frauen und junge Komsomolzen, rekrutiert. Aus städtischem Mob formierte man „Arbeiterbrigaden".

Auch Zwangsarbeit war nun nicht nur eine Form der Strafe, sondern wurde bewußt als billiges Instrument der Industrialisierung und Erschließung abgelegener Räume eingesetzt. Die bereits unter Lenin eingeführte Abhängigkeit der Lebensmittelrationen von der Arbeitsleistung wurde von Stalin zur immer höher gesteigerten Auspressung ausgenutzt.

Während in den zwanziger Jahren der pädagogische Aspekt bei der Zwangsarbeit wohl noch eine echte Rolle spielte, standen seit den dreißiger Jahren unter Stalin nur noch die ökonomische Ausbeutung sowie die physische Isolierung bzw. Vernichtung im Vordergrund, wenngleich der „Rehabilitierungsgedanke" propagandistisch weiterhin herausgestellt wurde. So gab es in Solowki am Weißen Meer ein Arbeitslager für berühmte Intellektuelle. Es verfügte über ein Theater und andere kulturelle Einrichtungen. Maxim Gorki drehte darüber einen Propagadafilm für das Ausland. Nichtsdestoweniger kam es in diesem sowjetischen Theresienstadt 1929 in einer einzigen Nacht zu 300 Todesfällen.[141] Der von der Realität abgeschirmte und zum kritiklosen Bewunderer des Systems gewandelte Gorki erhob 1936 nach dem Besuch eines Jugendlagers bittere Vorwürfe über die dort herrschenden Zustände und wurde deshalb aller Wahrscheinlichkeit nach von Stalin höchstpersönlich mit vergifteten Pralinen ermordet.[142]

In den zwanziger Jahren gab es nur eine relativ geringe Zahl von Lagerinsassen: Einschließlich Krimineller waren es 65.000 (1923), 104.000 (1926) und an die 200.000 (1929). Diese Werte entsprachen etwa 0,2 % der Gesamtbevölkerung.[143] Anfang der dreißiger Jahre gab es bereits über 1 Mio. Insassen.[144] Insgesamt zählte man weit über 100 Lager, die in Sibirien oft riesige Ausmaße hatten. Man geht heute von einer durchschnittlichen konstanten Belegungszahl von 8 Mio. Menschen in den sowjetischen Lagern zwischen 1936 und 1950 aus. Das bedeutet einen Inhaftierungsgrad von 2,9 % (1935)

bzw. 4,4 % (1953) der Gesamtbevölkerung. Damit stand die Sowjetunion weltweit an der Spitze. Zum Vergleich: Der durchschnittliche Anteil von Gefangenen gemessen an der Gesamtbevölkerung in den Staaten Westeuropas lag im Jahre 1986 bei 0,03-0,01 %, was man als Richtwert ansehen kann. Zu dieser Zeit hatte die Sowjetunion übrigens immer noch einen deutlich höheren Prozentsatz von Inhaftierten aufzuweisen: 0,57-0,95 % (1980).[145]

Die bisher verschiedenen Kompetenzen zugeordneten Lager wurden 1930 in einer zentralen Behörde zusammengefaßt: Im Volkskommissariat des Inneren wurde die GULag (Glawnoje uprawljenje isprawitelno-trudowych lagerej, d.h. Hauptverwaltung der Besserungs- und Arbeitslager) geschaffen. Ihr unterstand ein riesiges Lagersystem, das gleichzeitig ein ökonomischer Komplex von zentraler Bedeutung war. Der forcierte Aufbau der sowjetischen Holz-, Bergwerks-, Kohle-, Zink- und Bleiindustrie sowie zahlreiche Infrastrukturmaßnahmen wie Straßen-, Eisenbahn- und Kanalbau wurde in den dreißiger Jahren zu einem wesentlichen Teil mit Zwangsarbeitern durchgeführt.[146] Ein Anteil von 5 % der Staatsinvestitionen entfiel im Jahre 1941 auf den Archipel GULag.[147]

Ganze Industriekombinate und riesenhafte Bauprojekte kamen ausschließlich mit Zwangsarbeitern aus. Beim 1930 in Angriff genommenen Bau des Weißmeer-Ostsee-Kanals, der in mühsamer Handarbeit aus dem gefrorenen Erd- und Felsboden herausgehauen werden mußte, starben etwa 200.000 Zwangsarbeiter. Es war in erster Linie ein Prestigeobjekt. Nach seiner Fertigstellung erkannte man erst, daß er für den Schiffsverkehr viel zu flach konzipiert worden war.[148] Ab 1947 wurde der Bau der 850 km langen „Eisenbahn des Todes" nach Igarka am Arktischen Meer in Angriff genommen und nie fertiggestellt: Bei der Arbeit in sumpfigem, von Stechmücken verseuchten Gelände kamen Tausende von Zwangsarbeitern ums Leben.[149] Andere vergleichbare, in Fronarbeit gebaute Großprojekte waren der Moskau-Wolga-Kanal, die Baikal-Amur-Eisenbahn, das Hüttenwerk Magnitogorsk, die neue Stadt Komsomolsk am Amur und der Dnjepr-Staudamm. Auch die berühmte Moskauer Untergrundbahn wurde unter Mitwirkung von Strafgefangenen erbaut.

Ab 1937 verschlechterten sich die Bedingungen in den Arbeitslagern erheblich. Inspizierungen fielen praktisch weg. Es kam zu unkontrollierten Mißhandlungen. Frauen wurden vielfach von den Wachen vergewaltigt oder zum Geschlechtsverkehr gezwungen; wenn sie schwanger wurden, nahm man ihnen die Kinder in der Regel nach einem Jahr wieder weg.[150] Politische Gefangene wurden dort bis 1949 zusammen mit Kriminellen inhaftiert; erst danach fand wieder eine Trennung statt. Gearbeitet werden mußte nun 12-16 Stunden pro Tag. Auch die einfachsten Hilfsmittel wie etwa Pferde oder Traktoren fehlten: So mußten z.B. Männer wie Frauen schwere Baumstämme und Eisenbahnschienen selbst ziehen.[151] Hunger war weit verbreitet, und Kleidung war nur in ungenügendem Maß vorhanden. Eine ärztliche Betreuung fand praktisch nicht statt. Von der Kolyma-Goldmine sagte man beispielsweise, daß ein Monat Arbeit genügen würde, um aus einem gesunden Menschen ein Wrack zu machen. Die Arbeit wurde hier z.B. erst bei Erreichen eines Kältegrades von -50° C eingestellt. Zudem besuchten immer wieder Exekutionsschwadronen des Geheimdienstes unangemeldet die Lager und suchten sich nach Augenschein Opfer. Entlassungen erfolgten vielfach nur bedingt: Personalausweise wurden nicht ausgestellt, und die Betroffenen mußten am Lagerort oder sogar im Lager selbst wohnen bleiben. Im Zweiten Weltkrieg wurden die kargen Essensrationen noch stärker gekürzt. Als Folge stieg die Zahl der Hungertoten bis zu ihrem Höhepunkt 1947/48 deutlich an. Von den 1937/38 in die Lager eingelieferten Gefangenen überlebten nur zehn bis fünfzehn Prozent die Torturen und sahen die Freiheit wieder.[152]

Das gnadenlose System der Zwangsarbeit hat der russische Schriftsteller Alexander Solschenizyn, selbst von 1945-56 in verschiedenen Lagern inhaftiert, 1973/76 in seiner Romantrilogie „Archipel GULag" eindrucksvoll beschrieben.[153] Die russisch-jüdische Schriftstellerin Sonja Margolina nennt einen großen Teil der Arbeitslager „Vernichtungslager".[154]

Menschen wurden als Verbrauchsmaterial angesehen, und ein Aspekt der „Großen Säuberungen" ab 1936 (siehe unten) war möglicherweise die stetige Sicherung des Nachschubs von Arbeitskräften. Daneben diente das Lagersystem auch zur sozialen, kulturellen und ethnischen Nivellierung der sowjetischen Bevölkerung.

Die eklatanten Ausfälle ersetzte man ab 1939 durch Kriegsgefangene und deportierte Zivilpersonen aus den besetzten Gebieten (Ostpolen, Karelien, baltische Staaten). Kriegsgefangene wurden ohne Bedenken zu härtesten Arbeiten herangezogen: Die Sowjetunion hatte die Genfer Konvention nicht unterschrieben (Rotarmisten, die sich von den Deutschen gefangennehmen ließen, betrachtete Stalin ohnehin als Deserteure). Aus den besiegten Staaten verschleppte Stalin nach 1945 aber auch willkürlich unzählige Zivilisten, darunter Frauen und Kinder, zur Zwangsarbeit in die Sowjetunion. Sie hatten die Ehre, am „Aufbau des Sozialismus" mitzuwirken.

Gigantomanische Projekte entbehrten vielfach jedweder sinnvollen Grundlage: In Moskau wurde die kulturhistorisch wertvolle Erlöser-Kathedrale als „Tempel der Gutsbesitzer und Kaufleute" gesprengt, um einem Volkspalast Platz zu machen. Bei dessen Bau stellte man fest, daß der Untergrund hierfür nicht tragfähig war, und man legte nun inmitten der Stadt ein riesiges Freiluftschwimmbad „Moskau" an.[155] Im Jahre 1947 plante Stalin gar, die Basilius-Kathedrale – das Wahrzeichen Moskaus – und möglicherweise sogar den gesamten Kreml zugunsten einer völligen Neugestaltung des Regierungsviertels abzureißen.[156]

Der „große Stalinsche Plan zur Umgestaltung der Natur" beinhaltete Klimaveränderungen, die durch Massenanpflanzungen und Umleiten von Flüssen hervorgerufen werden sollten.[157] Stalins Tod verhinderte die Ausführung dieser Pläne, deren Wurzeln unverkennbar im utopisch-kommunistischen Fortschrittsglauben lagen.

Die Erfolge der Wirtschaftspolitik wurden bewußt gefälscht. Der Schriftsteller Boris Pasternak spricht von einer „Herrschaft der Lüge".[158] Mit gefälschten Zahlen wurde die Sowjetunion der Welt als industrielles Musterland und Arbeiterparadies präsentiert. So betrug beispielsweise der Produktionszuwachs bei der Industrie zwischen 1929 und 1941 nicht, wie offiziell angegeben, 560 %, sondern nur 150 %.[159] Die Propaganda bot die Gelegenheit, die Utopie der Zukunft bereits in der Gegenwart zu verwirklichen – die Realität mußte dann nur noch mit Gewalt der Wunschvorstellung angepaßt werden.

Das Kollektivierungsprogramm wurde auch dazu genutzt, in vielen Dörfern die Kirchen zu schließen; Geistliche wurden unter den verschiedensten Vorwürfen verfolgt. Wenn nötig, mobilisierte man hierfür ‚spontanen Volkszorn'. „In Archeljansk wurden sämtliche Kirchen geschlossen und als Transit-Gefängnisse benutzt, in denen man mehrstöckige Schlafebenen aufgebaut hatte."[160] Bereits im Zuge der Machtergreifung waren zahlreiche Kirchen und Klöster geschlossen und letztere vielfach in Gefängnisse umgewandelt worden, zunächst für Priester und Mönche, dann auch für andere politische Gefangene. Bis zum Ende des Jahres 1930 waren vier Fünftel der Kirchen auf dem Land zugesperrt.[161]

Im Jahre 1917 waren Staat und Kirche getrennt worden; Religions- und Gewissensfreiheit wurden jedoch offiziell garantiert. Im April 1927 kam es dann zu einem Modus vivendi zwischen Staat und Kirche; der Patriarch von Moskau hatte zwei Jahre zuvor eine Loyalitätserklärung abgegeben.[162] Stalin lockerte und verschärfte in stetem Wechsel den Druck auf die orthodoxe Kirche. Eine gewisse Entspannung bedeutete der Zweite Weltkrieg: Im Jahre 1941 wurde die orthodoxe Kirche in einem Abkommen in die gemeinsame Abwehrfront einbezogen und ihre Tätigkeit wesentlich erleichtert. Zur Stimulierung des Sowjetpatriotismus sah Stalin die orthodoxe Kirche wohl als unerläßlich an.

Außerdem ließ er den hohen Klerus bewußt unterwandern, um ihn auf dem internationalen Parkett in prokommunistischem Sinn einsetzen zu können, so z.B. unter dem Etikett der von Moskau gesteuerten „Friedensbewegung". Wie die in den achtziger Jahren bekannt gewordenen „Wasili-Furow-Dokumente" (W. Furow war der stellvertretende Vorsitzende des sowjetischen Kirchenrates) beweisen, stand die Kirchenleitung voll und ganz unter der Kontrolle des Staates, der ihre Entscheidungen und Ernennungen beeinflußte. Der Geheimdienst verfügte über zahlreiche Zuträger aus dem Bereich des Klerus.[163]

Wesentlich schärfer wurden jedoch die Kirchen der nichtrussischen Völker behindert und bekämpft, so auch der Islam in den transkaukasischen Republiken. Besonders hart ging der Staat in der Ukraine vor. Die 1918 begründete Autokephale (d.h. unabhängige) ukrainisch-orthodoxe Kirche wurde 1930 sogar verboten: Zahlreiche Geistliche wurden verhaftet, die Gläubigen und die Kirchengebäude der russisch-orthodoxen Kirche zugeschlagen. Die ukrainisch-orthodoxe Kirche lebte jedoch im Untergrund fort.

Bedeutend älter war die 1596 von der russisch-orthodoxen Kirche abgespaltene ukrainisch-katholische (Unierte) Kirche: Sie war dem Vatikan unterstellt, durfte jedoch am slawisch-byzantinischen Ritus festhalten. Stalin erzwang 1946 eine Wiedervereinigung mit der russisch-orthodoxen Kirche; wiederum gingen zahlreiche oppositionelle Gläubige in den Untergrund, soweit sie noch nicht inhaftiert oder ermordet worden waren.[164]

Die von der russischen Regierung ernannte Kommission für die Rehabilitierung der Opfer politischer Unterdrückung kam Ende 1996 zu dem Ergebnis, daß von 1917 bis 1985 rund 200.000 Geistliche ermordet und rund 300.000 weitere inhaftiert worden seien. Etwa 40.000 Kirchen seien zerstört worden.[165]

Die nächste Phase des Terrors leitete Stalin mit dem erprobten Mittel der propagandistischen Verschleierung ein: Die verhaßte GPU verschwand 1934 und wurde in das neugebildete, zentrale NKWD (Volkskommissariat der Inneren Angelegenheiten) in Form eines „Sonderkollegiums NKWD" für Sicherheitsfragen integriert (kurz NKWD genannt). Es wurde ab 1934 von dem gefürchteten Genrich Jagoda geleitet.[166]

Die Apotheose des Terrors:
Die „Großen Säuberungen" 1936-39

Die Ermordung des Leningrader Parteichefs Sergej Kirow am 1. Dezember 1934 leitete eine ungeahnte neue Terrorwelle ein: die „Großen Säuberungen". Kirow, ein Gefolgsmann Stalins, war von dem Attentäter Leonid Nikolajew, einem enttäuschten Kommunisten, erschossen worden. Bei dem darauf folgenden Prozeß kam man zu dem Urteil, daß der Mörder von Sinowjew, Kamenew und Trotzki gedungen worden sei und den Mord unter Mithilfe von örtlichen NKWD-Leuten (Saporoschez, Medwed) ausgeführt habe. Hunderte sowjetische Bürger wurden als angeblich Verantwortliche des Attentats hingerichtet, und den sich anschließenden „Großen Säuberungen" fielen über 1 Mio. Menschen zum Opfer. Conquest nennt den Kirow-Mord „das Verbrechen des Jahrhunderts" und das „Schlüsselereignis auf Stalins Weg zu absoluter Macht und totalem Terror".[167]

Schon bald nach dem Attentat kamen Gerüchte auf, daß Stalin persönlich dem damaligen Chef des NKWD-Sonderkollegiums Jagoda den Mord befohlen habe. Diese Version hatte auch Chruschtschow 1956 in seiner Geheimrede vor dem 20. Parteikongreß angedeutet; ob die von ihm 1961 angekündigte „gründliche Untersuchung" des Falles jemals stattfand, ist unbekannt.[168] Stalins Täterschaft ist bis heute nicht bewiesen; neueste Forschungsergebnisse bestätigen jedoch die These von der Verantwortung Stalins, wie Conquest dokumentiert[169]: So hatte Stalin den als Reaktion auf das Attentat folgenden Notstandserlaß nachweislich schon vor dem Attentat paraphiert. Die der Mithilfe überführten NKWD-Leute Saporoschez und Medwed bekamen auffällig geringe Lagerstrafen und waren in ihren Verbannungsorten genau genommen keine Sträflinge, sondern hatten dort Leitungsfunktionen inne. Der Bewacher Nikolajews wurde liquidiert, später auch dessen Mörder.

Stalin sprach damals von einer drohenden konterrevolutionären Verschwörung und verabschiedete noch am gleichen Tag den Notstandserlaß „Kampf gegen den Terror", den er nicht mit dem Politbüro abgesprochen hatte. Prozesse sollten demnach beschleunigt, Todesurteile nicht aufgeschoben und unmittelbar vollstreckt werden.

Die Affäre Kirow, in der Diskussion über die Urheberschaft wie in ihrem Stellenwert als Mittel zum Ausbau der Diktatur, weist übrigens verblüffende Parallelen zur deutschen „Reichstagsbrandaffäre" vom Februar 1933 auf. Ein wesentlicher Unterschied besteht allerdings darin, daß nach gegenwärtigem Forschungsstand die Nationalsozialisten diesen Anschlag wohl nur ausgenutzt, nicht jedoch selbst inszeniert hatten.[170]

Mit einer stetigen Säuberung (tschistka) der Partei von Abweichlern hatte bereits Lenin 1921 begonnen. Doch die Betroffenen wurden nur ausgestoßen und diskriminiert, jedoch nicht mit Gefängnis oder dem Tod bestraft.[171] Gerade Kirow hatte zusammen mit Ordschonikidze, Kalinin und anderen zu einer Gruppe gemäßigter Stalinisten gehört, die zwar den Massenterror gegen die Kulaken guthieß, ihn jedoch grundsätzlich begrenzen wollte, vor allem innerhalb der Partei.[172]

Gestützt auf seinen Notstandserlaß betrieb Stalin nun die offene Vernichtung seiner wirklichen oder vorgeblichen innerparteilichen Gegner. Er stützte sich dabei auf ein enges Bündnis mit dem NKWD-Chef Jagoda, der, anders als seine Vorgänger, eitel war und mit Ämtern und Auszeichnungen gefügig gemacht wurde. Bereits 1934 erhielt das NKWD die Erlaubnis, „sozial gefährliche" Individuen in geheimen Verhandlungen zur Verbannung an einen anderen Ort oder zu maximal fünfjähriger Zwangsarbeit zu verurteilen. Bis 1936 entwickelte sich das NKWD zu einem privilegierten, allmächtigen Staat im Staat, zum eigentlichen Herrscher in der Sowjetunion, dem ein umfangreicher organisatorischer und militärischer Apparat zur Verfügung stand. Zudem wurden NKWD-Angehörige als V-Leute in höchsten Funktionen in der Partei, Armee und Bürokratie eingeschleust.[173]

Stalin verlor jedoch nicht die Kontrolle über dieses Herrschaftsinstrument, denn er fuhr mehrgleisig: Er setzte auf mehrere Sicherheitsdienste, die miteinander konkurrierten und sich gegenseitig bespitzelten. Erstens unterstützte er den militärischen Geheimdienst GRU als rivalisierenden Dienst. Zweitens begründete er als eigene Leibgarde mit mehreren Tausend Mann die mächtige „Abteilung für besondere Operationen" im Volkskommissariat des Inneren unter dem Kommando von Karl Pauker. Drittens schuf er im ZK eine „Besondere Abteilung" unter Leitung seines Chefsekretärs Poskrebyschew, die den Auftrag hatte, das NKWD zu bespitzeln und zu unterwandern. Und viertens baute er im NKWD alternative Führungseliten mit Nikolaj Jeschow an der Spitze auf, die dann in der Tat 1937 die Macht im NKWD übernahmen und eine blutige Säuberung durchführten.[174]

Etwa 50 Schauprozesse wurden veranstaltet. Im August 1936 wurden die „Linksabweichler" Sinowjew, Kamenew u.a. der Teilnahme an der Verschwörung für schuldig befunden und zu langjähriger Haft verurteilt, schließlich dann aber hingerichtet. Im folgenden Jahr war u.a. der prominente Kommunist Karl Radek, ein treuer Gefolgsmann Stalins und einstiger Verbindungsmann zur deutschen KPD, ein Opfer der Schauprozesse, die diesmal im Zeichen von angeblicher Wirtschaftssabotage stattfanden; er ist in einem Lager Stalins verschollen.

Ein aufsehenerregender Prozeß fand im Juni 1937 gegen die Marschälle Tuchatschewski, Blücher, Jegorow und zahlreiche weitere prominente Offiziere der Roten Armee statt. Sie wurden wegen vorgeblicher Verschwörungspläne schuldig gesprochen und hingerichtet. Interessanterweise hatte hier, vielleicht zur Schwächung der Kampfkraft der Roten Armee, die deutsche Seite belastendes Material zugespielt. Der neueste Forschungsstand geht jedoch davon aus, daß dieses Material für den Schauprozeß keine große Rolle spielte, da Stalin den Schlag gegen die Führung der Roten Armee (35.000-40.000 Offiziere wurden verhaftet, viele von ihnen erschossen) schon wesentlich länger geplant hatte. Das deutsche Belastungsmaterial wurde denn auch beim Prozeß nicht verwendet. Beim sowjetisch-finnischen Krieg 1939/40 führte die Liquidierung der Armeeführung beinahe zu einem militärischen Desaster der Roten Armee. Für Stalin hatte die politische Zuverlässigkeit der Armee größere Bedeutung als ihre militärische Qualifikation – Hitler bedauerte noch, am 20. Juli 1944 nicht ebenso verfahren zu haben.

Im März 1938 kamen die „Rechtsabweicher" Bucharin und Rykow in die Reihe jener, denen die absurdesten Vorwürfe gemacht wurden, so z.B. – auf Stalins persönliche Initiative hin – die versuchte Ermordung Lenins. Ab 1938 wurde die Mehrheit der Opfer ohne Prozeß inhaftiert bzw. hingerichtet.

Mit NKWD-Chef Genrich Jagoda, dem Obersten Staatsanwalt Wyschinski (dieses Amt war 1933 geschaffen worden) und dem Vorsitzenden Richter Ulrich standen Stalin willfährige Vollstreckungsgehilfen zur Verfügung. Es handelte sich bei den führenden Vollstreckern des Terrors überwiegend um Zyniker mit gering ausgeprägter politischer Überzeugung; vielfach waren sie auch persönlich erpreßbar. Wyschinski tat sich besonders in der Schmähung der Angeklagten hervor, die er als „Abschaum und Auswurf", „Bestien in Menschengestalt", „gräßliche Schurken", „tollgewordene Hunde" u.a. bezeichnete.[175]

Wie einleitend ausgeführt, konnte es in einem marxistisch/leninistischen Staat keine unabhängige Justiz geben, sondern sie war ein Instrument des Klassenkampfes. Stalins Chefankläger Wyschinski führte hierzu theoretisch aus:

„Im Sowjetstaat ist das Recht in seinem ganzen Umfang gegen die Ausbeutung und gegen die Ausbeuter gerichtet. Das Sowjetrecht ist das Recht des sozialistischen Staates der Arbeiter und Bauern. Es ist sozialistisches Recht, das dazu bestimmt ist, dem Kampf gegen die Feinde des Sozialismus und dem Aufbau der sozialistischen Gesellschaft zu dienen." [176]

Einen Vorrang des Rechtes vor dem Staat wie den daraus im Westen abgeleiteten Begriff des unabhängigen „Rechtsstaates" erkannte Wyschinski nicht an: „Das Recht oder der juristische Überbau können und müssen aus der ökonomischen Struktur der Gesellschaft, aus den Produktionsverhältnissen erklärt werden." [177] Im sozialistischen Staat werde das Recht vom Willen der Arbeiterklasse geprägt:

„Die Normen des positiven Rechts, wie auch das gesamte positive Recht als Ganzes, müssen vielmehr in Übereinstimmung mit den Grundsätzen und Prinzipien aufgebaut werden, die von der Rechtstheorie aufgestellt werden, die sich ihrerseits wieder auf die Prinzipien des Sozialismus, der sozialistischen staatlichen und gesellschaftlichen Ordnung stützt." [178]

Im Jahre 1936 lief eine Terrormaschinerie an, die ihresgleichen in der Geschichte suchte und bis zum Tode Stalins nicht mehr abebben sollte. Die Statistik über die Gefangenenzahlen im Zarenreich bzw. der Sowjetunion spricht eine deutliche Sprache: Im Jahre 1910 waren es 168.000, 1923 nur noch 65.000, 1927 bereits wieder 122.000, schließlich maximal 12 Mio. – nahezu jeder zehnte Einwohner.[179]

Viele Verhaftete erfuhren ihre Anklage nie oder wurden mit grotesk-abenteuerlichen Beschuldigungen konfrontiert. „Sie wurden in ihrer Wohnung verhaftet, an ihrem Arbeitsplatz, aus einer Versammlung heraus oder mitten in einer Vorlesung." [180] Häufig waren Säuberungsopfer vor ihrer Verhaftung versetzt und damit aus ihrer gewohnten Umgebung herausgenommen worden und verschwanden unbemerkt. In den Städten lebten die Menschen in ständiger

Angst, selbst an die Reihe zu kommen. Ein falsches Wort konnte schon das Schicksal besiegeln. „Es war nicht selten, daß die Gefangenen in den wichtigsten Lagern und Gefängnissen früher oder später Menschen als Zellengenossen begegneten, von denen sie früher verhört worden waren." [181) Doch die Verhaftungen hatten auch positive Nebenaspekte, linderten sie doch die Wohnungsnot und machten Stellen frei.

Auch die Vollstrecker der „Großen Säuberungen" wurden ausgetauscht: So folgte 1937 auf NKWD-Chef Genrich Jagoda (1938 verurteilt und erschossen) Nikolaj Jeschow. Ca. 3.000 NKWD-Offiziere wurden eliminiert und zumeist auch liquidiert. Bereits 1938 wurde Jeschow (zwei Jahre später erschossen) durch den Georgier Lawrentij Berija ersetzt, der wiederum eine Säuberung des NKWD durchführte, die diesmal 500 Offiziere mit dem Leben bezahlen mußten. Die gesamte NKWD-Führung war damit ausgewechselt worden. Unter Berija war eine offenkundige „Georgisierung" des Dienstes zu beobachten.[182) Viele junge, unerfahrene Männer vom Land wurden 1937/38 NKWD-Offiziere; sie kannten die vorgefundenen Fälle der Angeklagten nicht, waren daher von deren Schuld überzeugt und gingen besonders brutal gegen diese vor.[183)

Ziel der Schauprozesse war nicht nur die Vernichtung des Gegners, sondern auch die öffentliche Vorführung von Schuldigen, von Sündenböcken. Die Bezichtigungen waren abstrus und grotesk: ein von Hitler unterstütztes trotzkistisches Komplott usw. Anklagen schwerster Verbrechen wurden auf allen Ebenen und in allen Regionen des Sowjetstaates in inflationärer Zahl erhoben: Jedes Dorf hatte seine konterrevolutionären Verschwörer, jede kleine Störung in einem Betrieb war Industriesabotage.[184)

Mit Unterstützung entsprechender Propaganda wurde eine Lynchstimmung wie zu Zeiten der „Entkulakisierung" erzeugt. Massendemonstrationen forderten die Eliminierung der „Verräter".[185) Das Denunziantentum blühte. Zweck der erpreßten Geständnisse und Selbtbezichtigungen war wohl – über die bloße physische Liquidierung hinausgehend – die völlige moralische und politische Zerstörung des Gegners.[186)

Dauerverhöre, Schlafentzug, Hunger, Durst, Hitze, Kälte und Schläge waren bereits in den Jahren zuvor üblich gewesen. Nun wurde auch exzessive Folter angewendet. Ein geheimgehaltenes Dekret vom 29. Juli 1936 ermächtigte die NKWD, alle Mittel, auch die physischer Art, anzuwenden.[187) Am 20. Januar 1939 sanktionierte dann ein offizielles Dekret Stalins, ausgestellt im Namen des Zentralkommitees der Kommunistischen Partei, alle Folterungen des NKWD rückwirkend ab 1937. Darin hieß es als Begründung:

„Es ist bekannt, daß alle bürgerlichen Geheimdienste Methoden physischen Zwanges gegen das sozialistische Proletariat anwenden, und sie tun dies auf schändlichste Weise. Die Frage entsteht, warum ein sozialistischer Geheimdienst humaner gegen die verrückten Agenten der Bourgeoisie, die Todfein-

de der Arbeiterklasse und der Kolchosarbeiter verfahren sollte. Das Zentralkomitee der Kommunistischen Partei kommt daher zu dem Schluß, daß physischer Zwang weiterhin obligatorisch angewendet werden soll, als exzeptionelles Vorgehen gegen bekannte und hartnäckige Feinde des Volkes, als eine Methode, die sowohl gerechtfertigt wie angemessen ist." [188]

Roy Medwedew zählt Foltermethoden auf, die nun in den Verhörkellern der NKWD zur Tagesordnung gehörten: Ausreißen der Finger- und Zehennägel, Durchstechen der Trommelfelle, Ausstechen der Augen, Brechen von Armen und Beinen, Verbrennen mit glühenden Eisen, Verstümmeln der Geschlechtsorgane, Anwendung von allseitig mit Nägeln besetzten Kisten, langzeitiges Stehen im Wasser.[189] Auf dem 1937 im Prozeß präsentierten Verhörprotokoll Marschall Tuchatschewskis waren Blutflecken deutlich erkennbar.[190]

Zum physischen Schmerz kam Erniedrigung hinzu: Man urinierte auf die Opfer oder tauchte ihren Kopf in Speichel.[191] Die Gefangenen wurden auch psychischem Druck ausgesetzt: Gegen Familienangehörige wurden Repressalien angedroht und diese als Geiseln genommen. Das Dekret Stalins vom 7. April 1935, das alle Jugendlichen voll strafmündig erklärte (bis hin zur Todesstrafe), hatte vor allem den Zweck, Eltern zu Geständnissen zu bewegen.[192] Bekannt ist ein Fall, wo ein Vater dann seinen Widerstand aufgab, als man begann, vor seinen Augen seine Tochter zu vergewaltigen.[193] Der prominente Angeklagte Nikolaj Bucharin gestand schließlich, als man auch seine Frau und seinen kleinen Sohn mit Folterung bedrohte, und unterschrieb „die schlimmsten Hirngespinste der Untersuchung".[194] Die Sippenverfolgung ist übrigens einer von zahlreichen Belegen für die Steigerung der Repression unter kommunistischer Herrschaft: Zur Zarenzeit hatte es derartiges nicht gegeben.[195]

Sobald die Gefangenen gestanden hatten, erhielten sie Zigaretten und andere Vergünstigungen und wurden auf ihren Prozeß vorbereitet. Nach Verkündung des Urteils waren Gnadengesuche nicht zugelassen; Todesurteile wurden sofort vollstreckt.

Folgender Ausschnitt aus einem Schauprozeß gibt die Atmosphäre jener Zeit wieder:

„Der Angeklagte Skorutto hatte seine Schuld von Anfang an bestritten. An einem Abend hieß es, er sei zu krank, um an der Sitzung teilzunehmen. Am nächsten Morgen war er wieder anwesend (‚eine aschfahle, zitternde Gestalt') und sagte aus, er habe in der vergangenen Nacht seine eigene sowie die Schuld anderer eingestanden. Da ertönte eine Stimme aus den Zuschauerrängen: ‚Kolja, Liebster, du darfst nicht lügen, das darfst du einfach nicht! Du weißt, daß du unschuldig bist!' Der Gefangene brach in Tränen aus und sackte auf seinem Stuhl zusammen. Nach einer zehnminütigen

Unterbrechung wurde er wieder in den Saal gebracht und erklärte, er habe zwar gestanden, aber das Geständnis schon heute früh widerrufen. Krylenko ging zum Angriff über. Schließlich sagte Skorutto aus, er habe seit acht Tagen nicht mehr geschlafen und schließlich über seine Freunde ebenso die Unwahrheit gesagt wie sie über ihn. Er habe gehofft, Milde beim Gericht zu finden, wenn er sich schuldig bekannte, obwohl er gar nicht schuldig sei. Am folgenden Tag jedoch bestätigte Skorutto erneut sein Geständnis und erklärte, nur der Zuruf seiner Frau habe seinen Entschluß, seine Schuld einzugestehen, ins Wanken gebracht. Eines Tages fehlte wieder einer der Angeklagten – er hatte sich umgebracht." [196]

Die Rache Stalins traf auch Frauen, Kinder und Verwandte von „Volksfeinden", die ebenfalls inhaftiert oder liquidiert wurden. Stalin schonte dabei auch seine engste Umgebung nicht. So ließ er die Ehefrauen von Molotow und Kalinin, den Bruder von Lasar Kaganowitsch und selbst seine eigene Tochter Ljudmilla verhaften.

Alle Schichten und Berufe wurden von der Säuberungswelle ergriffen. Häufig liest man in der Literatur, daß kein regionaler Schwerpunkt erkennbar war: „Es gab anscheinend ein ungeschriebenes Gesetz, demzufolge überall in der Sowjetunion ein bestimmter Prozentsatz der Bevölkerung mit Sicherheit aus Volksfeinden bestand.", schreibt Walter Laqueur.[197]

Zweifelsohne wurden die Säuberungen jedoch auch gezielt eingesetzt, um gegen den Nationalismus der nichtrussischen Völker vorzugehen. Um innerparteiliche Konkurrenten aus dem Wege zu räumen, konstruierte der Erste Sekretär der Aserbeidschanischen KP, Mir Dschafar Bagirow (ein Einheimischer), eine von diesen geführte „antisowjetische, konterrevolutionäre, aufständische, subversive, bürgerlich-nationalistische Organisation", die er angeblich aufgedeckt hatte. Im Juni 1937 ließ er seinen Konkurrenten Sultanow, dessen engste Mitarbeiter, 32 Sekretäre von Parteikomitees des Rayons Schemacha, 28 Vorsitzende von Rayon-Exekutivkomitees, 18 Volkskommissare und 88 Kommandeure und Politoffiziere der Roten Armee sowie Zehntausende unschuldiger Hirten verhaften:[198]

„Von nun an rasten Tag für Tag mit Planen verdeckte Anderthalbtonner aus Marasa, Tschuchur-Jurd, Sagijany, Chilmilja und anderen Dörfern des Rayons Schemacha und der Nachbarrayons nach Baku. Die nichtsahnenden Menschen wurden auf den Feldern und Weiden, auf Tennen und an Bewässerungsgräben, ja sogar nachts auf dem ihnen als Lager dienenden Schaffell festgenommen."

Mit diesen Worten beschrieb der sowjetische Reporter Wladimir Sinizyn 1989 im Zeichen von Glasnost im sowjetischen Magazin „Sputnik" den Terror jener Zeit.[199] Etwa 70.000 bis 100.000 aserbeidschanische Bauern wurden damals deportiert, 3.000 bis 5.000 von ihnen erschossen.

Stalin gefiel die Idee der nationalen Verschwörung, und er billigte den Vorgang nicht nur, sondern befahl ähnliche Aktionen in Tadschikistan, Usbekistan, Georgien, Armenien und der Ukraine.[200] Vor Beginn des sowjetischen Einmarsches in Ostpolen im September 1939 wurde die polnische Minderheit in der Sowjetunion östlich der gemeinsamen Grenze kollektiv nach Kasachstan verpflanzt und dabei nahezu alle Männer umgebracht.[201] Bekannt wurde jüngst ein persönlicher Befehl Stalins von 1938 an NKWD-Chef Jeschow, 30.000 Ukrainer liquidieren zu lassen; hierfür hatte Stalin selbst detaillierte Namensvorschläge gemacht. Der oben genannte russische Reporter Sinizyn schrieb 1989: „Wenn wir heute nach den tieferen Ursachen der nationalen Konflikte forschen, müssen wir den Sprengstoff im ideologischen Erbe des ‚Vaters aller Völker', Jossif Stalin, suchen." [202]

Wie einschneidend die Auswirkungen dieser Säuberungen waren, zeigen folgende Fakten: Von den Mitgliedern des ersten Politbüros (1917) starb nur Lenin eines natürlichen Todes. Alle anderen wurden, mit Ausnahme von Stalin selbst, Opfer der Säuberungen. Von den Mitgliedern des Zentralkomitees verloren 70 % ihr Leben.[203] Stalin tötete mehr hohe sowjetische Offiziere als Hitler: Drei von fünf Marschällen der Roten Armee, 15 von 16 Armeekommandeuren, 60 von 67 Korpskommandanten und 136 von 199 Divisionskommandanten fielen den Säuberungen zum Opfer. Viele von ihnen hatten zuvor selbst Todesurteile von Untergebenen unterzeichnet.[204] An einem einzigen Tag, dem 12. Dezember 1937, unterschrieb Stalin allein 3.167 Todesurteile. Danach sah er sich einen Film an.[205]

Zweifellos bewirkten die geschilderten „Großen Säuberungen" eine entscheidende Schwächung der Roten Armee und der sowjetischen Wirtschaft, was sich dann im Zweiten Weltkrieg bemerkbar machen sollte. Zu diesem Schluß kommt auch Chruschtschow in seinen Memoiren.[206]

Doch selbst für die Akteure des Terrors blieb dieser ein Geheimnis, ein Mysterium, und niemand konnte vor Verfolgung sicher sein. Ein Insasse des Arbeitslagers von Kolyma meinte in einem Gespräch zu seinem tschechischen Freund, daß es in der Sowjetunion absolute Gerechtigkeit gäbe: In diesem auf einer Halbinsel gelegenen Lager hätte eine Gruppe von Gefangenen Torf gestochen. Einige Monate später habe sich der Staatsanwalt, der sie angeklagt habe, hinzugesellt, und einige Jahre später sei auch der Richter gekommen, der sie verurteilt habe.[207] Selbst in den Reihen der NKWD gab es über 23.000 Opfer.[208]

Mittlerweile zugängliche Quellen belegen, daß allein 1937/38 rund 1,4 Mio. Menschen verhaftet und mindestens 680.000 Menschen erschossen wurden.[209] Stalin hatte damit die größte Kommunistenverfolgung der Geschichte betrieben.

Die Säuberungen Stalins erstreckten sich nicht nur auf die eigene Partei, sondern auch auf die befreundeten ausländischen KOMINTERN-Parteien. Bereits Ende der zwanziger, Anfang der dreißiger Jahre hatte er deren Führungen gleichgeschaltet und mit Gefolgsleuten besetzt.

Im Zuge jener Säuberung wurde auch die Mehrheit der im Moskauer Exil befindlichen deutschen KPD-Führer umgebracht [210]: So fielen ihr 15 Mitglieder des Zentralkomitees sowie fünf Mitglieder und zwei Kandidaten des Politbüros zum Opfer (zusätzlich wurde Willi Münzenberg wahrscheinlich von Stalins Geheimpolizei in Frankreich umgebracht). Nur drei Mitglieder des Politbüros überlebten in der Sowjetunion: Wilhelm Florin, Wilhelm Pieck und Walter Ulbricht. Sie hatten alle ideologischen Wendungen geschickt mitgemacht und ihr Leben retten können. Die Gesamtzahl der Opfer ging in die Hunderte; Stalin brachte mehr deutsche kommunistische Funktionäre um als Hitler. Gegenseitige Denunziation war an der Tagesordnung. Wie 1993 neu erschlossene Moskauer Akten offenbarten, war daran auch der damals im Moskauer Exil lebende Herbert Wehner beteiligt. So lieferte er 1937 seinen einstigen Mitkämpfer an der Saar, Hans Knodt, als „Parteifeind" ans Messer. [211]

Im Zuge des Hitler-Stalin-Paktes wurde eine Reihe gefangener Kommunisten nach Deutschland ausgeliefert und kam dort in Konzentrationslager. In der Sowjetunion inhaftierte KPD-Funktionäre wurden teilweise erst nach Stalins Tod 1953 freigelassen und in die DDR abgeschoben, wo ihr Schicksal tabu war.

Ähnlich verfuhr man auch mit den Exilführungen anderer kommunistischer Parteien. So verloren 600 von 3.000 bulgarischen Emigranten ihr Leben. Die Exil-KP Polens wurde 1938 sogar gänzlich aufgelöst und neu aufgebaut: Die 5.000 polnischen Kommunisten in der Sowjetunion waren 1937 verhaftet und mehrheitlich hingerichtet worden. [212] Prominentestes Opfer der Säuberungen unter Exilkommunisten war zweifelsohne der ungarische KP-Führer Béla Kun.

Auch im Ausland mordeten Stalins Schergen. Hierfür war im Dezember 1936 eine spezielle Abteilung im NKWD gegründet worden. [213] Sein Intimfeind Leo Trotzki wurde auf seinen Befehl hin am 20. August 1940 in Mexiko von dem gedungenen Mörder Ramon Mercader mit einem Eispickel erschlagen. Obwohl jegliche Verbindung geleugnet wurde, ist heute bewiesen, daß NKWD-Chef Berija das Attentat plante. Verbindungsstelle war das Sowjetische Generalkonsulat in New York; die drei für die Mordtat verantwortlichen NKWD-Agenten wurden nach 1945 zu Generälen befördert. Mercader erhielt heimlich den Lenin-Orden verliehen. Nach Verbüßung seiner Haftstrafe in Mexiko wurde er in der Sowjetunion aufgenommen; er starb 1978 in Kuba. [214]

In Spanien betrieb Stalin einen von Moskau gesteuerten gnadenlosen Krieg gegen Anarchisten, unabhängige Sozialisten und Trotzkisten. NKWD-Spezialisten hatten dort im Frühjahr 1937 den Geheimdienst „Servicio de Investigación Militar" (SIM) aufgebaut und dessen führende Kommandostellen teilweise selbst besetzt. Folterkeller wurden häufig in ehemaligen Klöstern und Konventen eingerichtet. Der prominente Führer der unabhängigen sozialistischen Partei POUM, Andrés Nín, wurde wochenlang als angeblicher Franco- und Hitleragent verhört und gefoltert, schließlich erschossen. „Unzuverlässige Elemente" in den Internationalen Brigaden wurden unter anderem von dem Sondergesandten Walter Ulbricht denunziert, der die Garnisonen Ende 1936/Anfang 1937 bereiste. Hunderte wurden ermordet. Nicht zuletzt aufgrund dieser stalinistischen Säuberungen wurde die Widerstandskraft der spanischen Republik erheblich geschwächt.[215]

Im Jahre 1938 hatte sich der Terror vielfach verselbständigt; die Entwicklung drohte außer Kontrolle zu geraten. Die Industrieproduktion war schon drastisch zurückgegangen. Der russische Stalin-Biograph Wolkogonow schreibt:

„Im Sommer 1938 beschloß Stalin, die Darsteller in seinem Drehbuch auszuwechseln. Er brauchte jetzt Verantwortliche für die ,Fehlschläge', ,Übergriffe', ,Machtüberschreitungen' usw. Er war fest entschlossen, den Untergebenen, die bislang seinen Willen ausführten, alle denkbaren und undenkbaren Vergehen anzulasten. " [216]

Auch der berüchtigte NKWD-Chef Jeschow wurde abgesetzt, 1939 verhaftet und 1940 erschossen. An seine Stelle trat der intrigante und nicht minder brutale Georgier Lawrentij Berija. Er machte den NKWD durch eine verbesserte Ausbildung professioneller und reduzierte ab 1939 den Terror, der sich jedoch in verfeinerter Form fortsetzte.[217] Berija war auch persönlich ein Sadist und nahm selbst an Verhören und Folterungen teil. Er ließ sich sogar Folteropfer in sein Privathaus bringen. Bei Bauarbeiten fand man 1980 in einem von seinem Moskauer Haus wegführenden unterirdischen Gang menschliche Skelette. Sie wurden stillschweigend bestattet.[218] Erneut fand man 1993 unter Berijas früherem Haus skelettierte Leichen. Berija soll auch Hunderte von Mädchen zu sich in sein Haus gelockt, dort vergewaltigt und umgebracht haben.[219]

In den Jahren 1988/89 wurden die Spuren eines der grausamsten Massaker aufgedeckt: In Kuropaty bei Minsk (Weißrußland) fand man Massengräber, die auf die Hinrichtung von mindestens 50.000 Menschen hinwiesen – maximale Schätzungen gehen bis zu 300.000:

„Die Exekutionen erfolgten ebenfalls gruppenweise, jedoch nicht mit Genickschüssen. Die Opfer wurden in einer Front vor der Grube aufgestellt,

jeder bekam einen Pfropfen in den Mund, der mit einem Lappen zugebunden wurde. Dann wurde aus dem Gewehr auf den Kopf der Person ‚an der Flanke' so geschossen, daß die Kugel zwei Menschen zugleich durchbohrte (...) Sie sparten Patronen." [220]

Zahlreiche weitere Massengräber aus der Zeit der „Großen Säuberungen" sind heute bekannt: zwischen Chabarowsk und Wladiwostok (ca. 50.000 Leichen), in Gorno-Altaisk, in Bykownya bei Kiew, in der Nähe von St. Petersburg (über 46.000 Leichen), bei Katyn nahe der späteren Erschießungsstelle polnischer Offiziere (siehe unten), bei Tscheljabinsk, bei Poltawa, in Donezk (1924-1961: Stalino), bei Woronesch. Ein Massengrab mit über 9.000 Toten hatten schon deutsche Truppen 1943 im ukrainischen Winniza entdeckt.[221] Immer neue grausige Funde kommen heute hinzu. Ob das gesamte Ausmaß des Terrors jemals bekannt wird, ist zweifelhaft.

Stalin hatte sich Mitte 1934 begeistert über Hitlers Niederschlagung des „Röhm-Putsches" geäußert: „Hitler, was für ein Kerl! Der weiß, wie man mit politischen Gegnern fertig wird." [222] Doch diese Säuberung sollte die einzige bis zur Niederschlagung der Offiziersverschwörung vom 20. Juli 1944 in Deutschland bleiben. Sie forderte etwa 120-150 Todesopfer; bis 1939 wurden einige tausend Menschen in Deutschland hingerichtet. In den deutschen Konzentrationslagern waren bis zum Kriegsbeginn max. 100.000 Gefangene inhaftiert.[223]

Unter Bezug auf neu erschlossene Quellen geht man heute von wesentlich höheren Opferzahlen aus. Laut dem Mannheimer Kommunismusforscher Hermann Weber, der an einem entsprechenden Forschungsprojekt mitarbeitet, habe man 1989 eine Zahl von 700.000 Todesopfern der Stalinschen Säuberungen angenommen, gehe inzwischen aber von 1,2 - 1,3 Mio. aus.[224] Höhere Zahlen nennt der britische Historiker Robert Conquest. Allein für die Jahre 1937/38 kommt er auf folgende Zahlen: 8 Mio. Verhaftungen, mindestens 1,5 Mio. sofortige Exekutionen, etwa 2 Mio. Todesfälle in den Lagern (nur 1937/38, spätere Todesfälle nicht eingeschlossen!), Gefängnisinsassen etwa 1 Mio., Lagerinsassen etwa 7 Mio.: Dies ergibt eine Gesamtzahl von an die 20 Mio. Betroffenen.[225] Weitere Korrekturen nach oben sind in den nächsten Jahren nicht ausgeschlossen.

Weitestgehende Geheimhaltung hatte es dem Regime erleichtert, die Säuberungen durchzuführen; sie kam gleichzeitig dem menschlichen Bedürfnis nach Meidung unangenehmer Wahrheiten entgegen. So schrieb der frühere Parteichef Chruschtschow – ähnlich vielen Deutschen, die nach 1945 über die Vorgänge in den nationalsozialistischen Konzentrationslagern befragt wurden – in seinen Memoiren: „Wohin diese Leute geschickt wurden, weiß ich nicht, danach habe ich nie gefragt. Bei uns galt die Regel, was man dir nicht sagt, brauchst du auch nicht zu wissen, und je weniger man davon wußte, desto besser." [226]

Terror unter Stalin in der Kriegs- und Nachkriegszeit

Der Krieg lenkte den Terror zunächst auf neue Personengruppen, nämlich auf Karelier, Esten, Letten, Litauer, Polen, deren Territorium annektiert oder besetzt wurde, auf vorgeblich illoyale Volksgruppen wie Wolgadeutsche und Krimtataren, auf glücklose Offiziere, auf Rotarmisten, die sich gegen den Befehl Stalins ergeben und damit „ihre Heimat verraten" hatten. Die großen Prozesse liefen 1941 aus; die letzten prominenten Gefangenen aus der Hochzeit der Schauprozesse wurden nun liquidiert, darunter auch fähige Offiziere. Doch nach dem Zweiten Weltkrieg lebten die Schauprozesse wieder kurzzeitig auf und wurden nun vor allem in die neuen kommunistischen Klientelstaaten des Ostblocks exportiert.

Am späteren Zweiten Weltkrieg hatte die Sowjetunion zweifelsohne einen erheblichen Anteil. Die Mehrzahl der in den zwanziger und dreißiger Jahren geschlossenen Nichtangriffspakte wurden von ihr gebrochen, so am 30. November 1939 mit dem Angriff auf Finnland. Im geheimen Zusatzprotokoll zum deutsch-sowjetischen Grenz- und Freundschaftsvertrag vom 28. September 1939 wurden der Sowjetunion neben Ostpolen auch die Kontrolle über die baltischen Staaten überlassen. Zunächst nötigte Stalin den drei kleinen Republiken Beistandspakte mit Einräumung von Stützpunkten auf; schließlich marschierte die Rote Armee im Juni 1940 ein, und kommunistisch gesteuerte Regierungen wurden unter sowjetischem Druck etabliert, die schließlich im August manipulierte Anträge auf Eingliederung in die Sowjetunion stellten.

Bereits im gleichen Monat wurden jeweils zehntausende führende Persönlichkeiten aus Estland, Lettland und Litauen in die Sowjetunion deportiert. Die Gesamtzahl der Verschleppten zwischen 1940 und 1945 wird auf mindestens 140.000 Esten, 155.000 Letten und 300.000 Litauer geschätzt; die wenigsten von ihnen sahen ihre Heimat wieder. Die Erinnerung an die einstige Unabhängigkeit wurde sogar auf den Friedhöfen ausgelöscht. Nach dem Zweiten Weltkrieg wurden zahlreiche Balten in die Emigration gedrängt: 1990 lebten ca. 115.000 Esten (etwa 10 % der Gesamtbevölkerung), 180.000 Letten (etwa 10 %) und fast 800.000 Litauer (über 25 %) im Ausland. In den strategisch und wirtschaftlich interessanten Republiken Estland und Lettland wurde eine gezielte russische Immigration und Russifizierung betrieben: Der russische Bevölkerungsanteil war Ende der achtziger Jahre in Estland auf 40 %, in Lettland gar auf über 50 % angestiegen. Starke Militäreinheiten mit russischen Soldaten wurden in den baltischen Staaten stationiert, während die Esten, Letten und Litauer ihren Wehrdienst fern der Heimat ableisten mußten.[227] Aus dem im März 1940 eroberten Karelien wurde die gesamte finnische Bevölkerung (über 420.000) deportiert.[228]

Nachdem die deutschen Truppen am 1. September 1939 in Polen einmarschiert waren, rückte die Rote Armee nach Verstreichen einer Schamfrist ab 16. September von Osten her bis an die vereinbarte Demarkationslinie nach. Der NKWD machte sofort Jagd auf sogenannte „Volksfeinde", zu denen insbesondere Intellektuelle zählten. Diverse Massenexekutionen fanden an Ort und Stelle statt; außerdem wurden unter Verantwortung des NKWD-Generals Iwan Serow zwischen 1939 und 1941 ca. 1,65-2,5 Mio. Menschen (Polen, Juden, Ukrainer, Weißruthenen) aus Ostpolen in Arbeitslager im Inneren der Sowjetunion verschleppt, wobei die Todesrate über 50 % betrug.[229]

Auch wurden mindestens 15.000 polnische Offiziere interniert und nach Osten verschleppt. Viele davon waren Reserveoffiziere und als Akademiker in führenden Positionen tätig, gehörten also zur Spitze der polnischen Intelligenz. Sie wurden in die Lager Ostaszków, Starobielsk und Kozielsk in der Sowjetunion gebracht. Ab April 1940 brach jeder Kontakt mit der Außenwelt ab. Stalin sagte 1941 die Freilassung zu, erging sich jedoch in Ausflüchten über den Verbleib der Internierten. Nur 48 von von ihnen wurden je wieder lebend gesehen.[230]

Im Zuge ihres Vormarsches entdeckten deutsche Einheiten dann im April 1943 in einem Waldstück von Katyn, 20 km östlich von Smolensk, ein riesiges Massengrab mit über 4.000 Toten. Es handelte sich unzweifelhaft um die früheren Insassen des Lagers Kozielsk. Alle Gefangenen waren mit gefesselten Händen durch die in der Sowjetunion übliche Methode des Genickschusses exekutiert worden. Alle aufgefundenen Gegenstände trugen kein späteres Datum als Mai 1940; auch die über den Gräbern gepflanzten Fichten waren entsprechend alt. Eine Internationale Untersuchungskommission unter Einschluß des Polnischen Roten Kreuzes bestätigte diese Feststellungen.[231]

Nichtsdestoweniger schrieb die „Prawda" den Deutschen die Schuld an dem Massaker zu. Nach Rückeroberung des Gebietes um Katyn durch die Rote Armee im Spätsommer 1943 präsentierte man die Leichen mit deutschen Projektilen und später datierten persönlichen Gegenständen. Eine unabhängige Untersuchung ließ Stalin aber nie zu.

Die polnische Exilregierung hörte jedoch nie auf, Moskau bohrende Fragen bezüglich dieses Komplexes zu stellen. Stalin nahm dies denn auch zum Anlaß, im Frühjahr 1943 die gegenseitigen Beziehungen abzubrechen. Beim „Warschauer Aufstand" im August 1944 blieb die Rote Armee tatenlos am östlichen Weichselufer stehen und verzögerte westalliierte Versorgungsflüge für die Aufständischen der nationalpolnischen „Heimatarmee"; der Aufstand wurde von der Waffen-SS niedergeschlagen. Führer der Heimatarmee wurden zu Besprechungen nach Moskau gelockt und dort verhaftet. Dieses Vorgehen erleichterte den Sowjets 1945 die Einsetzung einer kommunistischen Regierung in Polen.

Nach dem Kriegsende verhinderten die USA und Großbritannien aus Rücksicht auf den Verbündeten eine unabhängige Untersuchung der Vorgänge um Katyn. Nachgewiesenermaßen wußten sie allerdings um die wahre Urheberschaft Bescheid: Wie im Juni 1995 veröffentlichte britische Dokumente aussagen, hatte die britische Geheimdienststelle für Sonderoperationen 1943 empfohlen, die von den Deutschen behauptete sowjetische Urheberschaft als Propagandamanöver hinzustellen, da sonst der Eindruck entstehe, „daß wir uns mit einem Land verbündet haben, das die gleichen Verbrechen verübt hat wie die Deutschen".[232] Sieben deutsche Offiziere wurden 1945 wegen des Massakers in einem Moskauer Schauprozeß zum Tode verurteilt und anschließend gehängt, drei weitere zu 15 bzw. 20 Jahren Zwangsarbeit verurteilt. Die Sowjets wagten es sogar, Katyn als Anklagepunkt beim Nürnberger Prozeß einzubringen; vor dem abschließenden Urteil hatte man diesen Anklagepunkt jedoch wieder fallengelassen. Der rumänische Gerichtsmediziner Vasiliu und sein bulgarischer Kollege Prof. Markoff wurden nach 1945 wegen ihrer einstigen Beteiligung an der Internationalen Untersuchungskommission verhaftet und „verschwanden"; letzterer hatte zuvor seine einstige Aussage noch offiziell widerrufen.

Im Jahre 1980 fanden schließlich polnische Arbeiter beim Bau einer Erdgaspipeline in der Nähe der sowjetischen Staat Orenburg nach Hinweisen von Ortsansässigen Überreste von Leichen polnischer Offiziere. Man vermutete, daß es die Insassen aus dem Lager Starobielsk bei Charkow waren. Weitere polnische Offiziere wurden möglicherweise auf alten Frachtschiffen zusammengepfercht und bei Murmansk im Eismeer versenkt. Moskau blieb bei seiner Version und zwang noch 1985 den polnischen Staatschef Jaruzielski, auf einem Warschauer Friedhof ein Katyn-Denkmal mit der Inschrift: „Den polnischen Soldaten, Opfern des Hitler-Faschismus, die in der Erde von Katyn ruhen", zu errichten. Am 13. April 1990 bekannte schließlich die regierungsamtliche Nachrichtenagentur TASS, daß Katyn „eines der schlimmsten Verbrechen des Stalinismus" gewesen sei. Nach neuesten Erkenntnissen geht man von fast 26.000 zum Tode verurteilten polnischen Kriegsgefangenen aus, wovon 22.000 liquidiert wurden. Nach Aussage des Direktors der russischen Archive, Rudolf Pichoja, vom Februar 1995 sollen die Dokumente nun in Rußland und Polen publiziert werden.[233]

Der deutsche Regisseur Hartmut Kaminski erhielt 1992 bei den Recherchen zu seiner Stalin-Dokumentation Zugang zu Geheimakten des Moskauer Präsidentenarchivs, die die von Stalin unterzeichneten Todesurteile der polnischen Offiziere enthalten. Es ging auch daraus hervor, daß Chruschtschow, Andropow und auch Gorbatschow die Katyn-Akten eingesehen hatten – lange bevor letzterer die wahre Urheberschaft eingestand. Ein späterer Vermerk des Nachkriegs-Geheimdienstes KGB hatte die Vernichtung der Akten empfohlen, da

Polen inzwischen ja ein sozialistischer Bruderstaat geworden sei. Diese Anordnung war aber offensichtlich nicht befolgt worden.[234]

Vor dem Einmmarsch der deutschen Truppen führten NKWD-Einheiten in Lemberg, Riga, Winniza und anderen Orten Massenexekutionen durch.[235] Ein US-amerikanischer Untersuchungsbericht kam 1954 zu folgendem Ergebnis: „In den ersten Kriegstagen erschoß der NKWD in jeder Stadt in der westlichen Ukraine alle politischen Gefangenen mit Ausnahme von einigen wenigen, die wie durch ein Wunder überlebten." [236] Derartige NKWD-Massaker an politischen Gefangenen, die beim deutschen Vormarsch nicht rechtzeitig evakuiert werden konnten, sind auch von Minsk, Smolensk, Kiew, Charkow, Dnjepropetrowsk, Saporoschje und einer Reihe von Orten in den baltischen Republiken bekannt.[237]

So hatten die im Sommer 1941 in Lemberg einrückenden deutschen Truppen Tausende ermordeter Polen und Ukrainer im NKWD-Gefängnis und in der Umgebung der Stadt vorgefunden. Es kam danach jedoch auch zu Morden von seiten des deutschen SD und von SS-Einsatzgruppen sowie zu antijüdischen Pogromen von seiten der ukrainischen Bevölkerung. Im Nürnberger Prozeß wurden lediglich den Deutschen Massaker in Lemberg angelastet, eine Behauptung, die von sowjetischer Seite auch später noch aufrechterhalten wurde.

Auch die im Raubai-Wald bei Lettland (politische Gefangene) und in Bykownia bei Kiew (6.329 Rotarmisten) entdeckten Massengräber suchte Stalin den Deutschen anzulasten.[238] In den sowjetischen Opferzahlen des Zweiten Weltkrieges sind diese Massaker an eigenen Landsleuten jedoch enthalten.

Stalin erklärte während des Krieges ganze Bevölkerungsgruppen kollektiv zu Volksfeinden. Bereits ab 1934 waren „unzuverlässige" Minderheiten aus den Grenzgebieten deportiert worden (Deutsche, Polen, Finnen, Letten, Esten, Litauer, Tschechen, Bulgaren, Griechen, Koreaner). Nach dem deutschen Einmarsch im Jahre 1941 wurden die Wolgadeutschen, die hier 1924 eine autonome Sowjetrepublik zugestanden bekommen hatten und stets für ihren Fleiß gelobt worden waren, sowie Deutsche aus anderen Teilen der westlichen Sowjetunion (insgesamt ca. 1,5 Mio.) unter unmenschlichen Bedingungen nach Kasachstan, Tadschikistan, Kirgisien und Sibirien deportiert. Dort wurden sie in Arbeitslager gesteckt bzw. ohne jegliche Hilfsmittel in der lebensfeindlichen Steppe ausgesetzt. Viele Familien wurden dabei auseinandergerissen. Tausende, wenn nicht Zehntausende, wurden sofort erschossen; etwa 350.000 Wolgadeutsche kamen im Zuge der Deportation um. Viele von ihnen wurden erst 1956 aus den Lagern entlassen.

Die kollektive Bestrafung von Völkern entlarvte einmal mehr die kommunistische Versprechung nationaler Selbstbestimmung als leere Phrase. Vor ihrer Vertreibung hatten die Wolgadeutschen im von Erich Weinert gedichteten „Wolgadeutschen Lied" noch gesungen:

„Hier, wo befreit die Nationen,
sind auch wir Deutsche frei.
Dankbar begrüßen Millionen
Stalin und die Partei (...)" [240]

Auch zehntausende finnische Sowjetbürger, Kurden, Griechen sowie georgische und armenische Muslime wurden 1941 deportiert.[241] Das gleiche Schicksal widerfuhr 1943/44 den Kalmücken, Tschetschenen, Inguschen, Teilen der Kabardinier, den Karatschaiern, Balkaren und Krimtataren. Ihre autonomen Gebiete und Republiken wurden aufgelöst. Wie Chruschtschow 1956 ausführte, habe Stalin auch die Ukrainer verbannen wollen; sie seien diesem Schicksal nur entgangen, „weil sie zu zahlreich sind und kein Raum vorhanden war, wohin man sie hätte deportieren können".[242]

Die Krimtataren mußten beispielsweise Mitte Mai völlig überraschend ihr Gebiet verlassen. Betroffen waren vor allem Frauen, Kinder und alte Leute; die Männer standen vielfach an der Front und erfuhren nichts über das Schicksal ihrer Angehörigen. Die Betroffenen hatten fünf Minuten Zeit, in die Güterwagen zu steigen. Die strapaziöse Reise dauerte teilweise mehrere Wochen. An die 50 % der Krimtataren sollen an Hunger, Krankheit und Erschöpfung gestorben sein, zum Teil schon beim Transport.[243]

Insgesamt wurden zwischen 1941 und 1944 etwa 4-5 Mio. Menschen „verdächtiger" Volkszugehörigkeit deportiert, wovon etwa ein Drittel starb.[244] Am 26. November 1948 bestätigte ein Dekret ausdrücklich die Verbannung bestimmter Volksgruppen. Bei illegaler Rückkehr drohte man mit 20 Jahren Haft.

Von 1941-43 erhielt der Geheimdienst in Form des selbständigen „Volkskommissariates für Staatssicherheit" (NKG) wieder Ministerrang. Außerdem wurde 1943 der Frontgeheimdienst „SMERSH" begründet, der gegen Verrat, Desertion und Defätismus vorgehen sollte.[245]

Stalin hatte jedem Soldaten untersagt, sich in fremde Kriegsgefangenschaft zu begeben. Er würde sich damit zu einem „Verräter an seiner Heimat" machen. Der Befehl Nr. 270 vom 16. August 1941 gab die Weisung, Kriegsgefangene „als bösartige Deserteure anzusehen, deren Familien (...) zu verhaften seien." Letzteren wurden die Lebensmittelrationen entzogen; viele Ehefrauen begingen Selbstmord. Den Austausch seines in deutsche Kriegsgefangenschaft geratenen Sohnes Leutnant Jakob Dschugaschwili lehnte er kategorisch ab (ohne allerdings die Sanktionen für Angehörige von Kriegsgefangenen auf sich selbst anzuwenden...). Jakob Dschugaschwili seinerseits schlug jegliche Kollaboration aus und wurde schließlich bei einem verzweifelten Fluchtversuch von deutschen Wachposten erschossen. Aufgrund der Weigerung Stalins, die Haager Konvention zu unterzeichnen, kam den sowjetischen Kriegsgefangenen im deutschen Machtbereich keine Hilfe vom Roten Kreuz zu. Etwa drei von insgesamt fünf Millionen starben dort.

Nach Kriegsende wurden unzählige aus Gefangenenlagern zurückgekehrte Rotarmisten als „Verräter" erschossen bzw. wanderten in Zwangsarbeitslager. In den Westen entsandte sowjetische Offiziere hatten ihnen zuvor wahrheitswidrig eine Amnestie versprochen.[246]

Nach den katastrophalen sowjetischen Rückschlägen im ersten Kriegsjahr gab Stalin im Juli 1942 den berüchtigten Befehl: „Keinen Schritt zurück. (...) Panikmacher und Feiglinge müssen vor Ort ausgerottet werden."[247] Kommissare und besondere „Absperreinheiten" trieben von hinten die eigenen Truppen an. An der Front wurde eine NKWD-Organisation aufgebaut und betrieb Tag und Nacht Militärtribunale, auch zur Überwachung der Loyalität der Truppe. Strafbataillone, die z.T. unbewaffnet an die Front geschickt wurden, wurden beim Durchqueren von Minenfeldern oder ähnlichen Himmelfahrtsunternehmen verheizt.[248]

Stalin betrachtete die sowjetischen Soldaten als beliebig verfügbares Menschenmaterial, das er in immer neuen Angriffswellen verbluten ließ. Mitunter trugen Infanteristen nicht einmal einen Stahlhelm zu ihrem Schutz; Panzerbesatzungen mußten in von außen verschlossenen Panzern zum Kampf antreten. Die Verluste waren denn auch etwa fünfmal so hoch wie auf deutscher Seite.[249]

Der deusche Militärhistoriker Joachim Hoffmann spricht mit Bezug auf ein Stalin-Zitat vom 6. November 1941 von „Stalins Vernichtungskrieg" – gegen den deutschen Feind wie gegen die Sowjetbürger.[250] Zusammen mit anderen namhaften Historikern stellt Hoffmann auch, gestützt auf neu erschlossene zeitgenössische Dokumente, die These vom deutschen Überfall auf die Sowjetunion in Frage und spricht von einem detailliert vorgeplanten sowjetischen „Angriffskrieg".[251]

Auf der Konferenz von Teheran im November 1943 schlug Stalin beim Abendessen vor, 50.000 deutsche Offiziere zu liquidieren. Während Churchill sich über diesen Vorschlag entsetzt zeigte, meinte der US-amerikanische Präsident Roosevelt scherzend, man solle die Zahl vielleicht auf 49.000 beschränken.[252]

Am 16. Oktober 1944 überschritten sowjetische Einheiten beiderseits der Straße Insterburg – Königsberg die Reichsgrenze. Bei Wiedereroberung der Ortschaft Nemmersdorf bot sich den deutschen Truppen ein grauenhaftes Bild. Im Bericht eines Augenzeugen hieß es:

„An dem ersten Gehöft, links von der Straße, stand ein Leiterwagen. An diesen waren vier nackte Frauen in gekreuzigter Stellung durch die Hände genagelt. Hinter dem ‚Weißen Krug' in Richtung Gumbinnen ist ein freier Platz mit dem Denkmal des Unbekannten Soldaten. Hinter diesem freien Platz steht wiederum ein großes Gasthaus ‚Roter Krug'. An diesem Gast-

*haus stand längs der Straße eine Scheune. An den beiden Scheunentüren
waren je eine Frau, nackt in gekreuzigter Stellung, durch die Hände ange-
nagelt. Weiter fanden wir dann in den Wohnungen insgesamt 72 Frauen
einschließlich Kinder und einen alten Mann von 74 Jahren, die sämtlich tot
waren, fast ausschließlich bestialisch ermordet bis auf nur wenige, die
Genickschüsse aufwiesen. Unter den Toten befanden sich auch Kinder im
Windelalter, denen mit einem harten Gegenstand der Schädel eingeschlagen
war. In einer Stube fanden wir auf einem Sofa in sitzender Stellung eine alte
Frau von 84 Jahren vor, die vollkommen erblindet (gewesen) und bereits tot
war. Dieser Toten fehlte der halbe Kopf, der anscheinend mit einer Axt oder
Spaten von oben nach dem Halse weggespalten war. (...) Einstimmig wurde
dann festgestellt, daß sämtliche Frauen wie Mädchen von 8-12 Jahren vergewaltigt waren, auch die alte blinde Frau von 84 Jahren. Nach der Besich-
tigung durch die Kommission wurden die Leichen endgültig beigesetzt.* [253]

Ähnliches ereignete sich in zahlreichen anderen eroberten Ortschaften.
Panikartig floh daraufhin die deutsche Zivilbevölkerung aus Ostpreußen nach
Westen. Man kann davon ausgehen, daß die Rotarmisten zu diesen Taten
bewußt ermuntert wurden. Der Propagandist Ilja Ehrenburg hatte in zahlreichen Flugblättern die Rotarmisten zu Racheakten aufgerufen. Wie fast fünfzig
Jahre später in Kroatien und Bosnien sollte damit die Vertreibung der
ursprünglichen Bevölkerung eingeleitet werden.

Rund 100.000 deutsche Zivilisten wurden beim Einmarsch der Roten Armee
in Ostdeutschland getötet. Systematische Ausplünderungen, Ausschreitungen
und Massenvergewaltigungen waren im sowjetisch besetzten Mittel- und Ostdeutschland an der Tagesordnung. Man geht davon aus, daß ca. 2,0 Mio. deutsche Frauen und Mädchen von Rotarmisten vergewaltigt wurden, davon 1,4
Mio. in den Gebieten östlich von Oder und Neiße, 500.000 in der sowjetischen
Besatzungszone.[254] Viele deutsche Zivilisten begingen Selbstmord, im von
Ausschreitungen in besonderem Maß betroffenen Neubrandenburg sollen es
2.000 von 18.000 Einwohnern gewesen sein.[255] Erst als die Disziplin der Truppe gefährdet schien, wurden im September 1945 die zügellosen Plünderungen
und Vergewaltigungen beendet.

Nicht nur in eroberten Gebieten, sondern auch beispielsweise im verbündeten Jugoslawien verhielten sich die Sowjetsoldaten entsprechend. Auf Vorhal-
tungen des jugoslawischen KP-Führers Milovan Djilas antwortete Stalin:

*„Und was ist schon dabei, wenn er sich mit einer Frau amüsiert, nach all
den Schrecknissen? (...) Man muß den Soldat verstehen. Die Rote Armee ist
nicht ideal. Wichtig ist, daß sie die Deutschen bekämpft – und sie kämpft gut,
alles andere spielt keine Rolle.“* [256]

Nach dem Bruch Titos mit Stalin erstellte die jugoslawische Volksarmee ein Weißbuch über Kriegsverbrechen der Roten Armee in Jugoslawien. Die bereits gedruckten 8.000 Exemplare wanderten dann aber vor der Veröffentlichung auf höhere Weisung in den Reißwolf, und spätestens nach der Wiederannäherung beider Staaten Ende der fünfziger Jahre war das Thema endgültig tabu. Ein der Vernichtung entgangenes Exemplar wanderte in den Westen und wurde dort 1962 publiziert.[257]

Von Dezember 1944 bis Januar 1945 waren zahlreiche Volksdeutsche aus Rumänien, Ungarn und Jugoslawien in die Sowjetunion zum Arbeitseinsatz verschleppt worden; vom Februar bis April 1945 erfolgten dann Massenverschleppungen in den von der Roten Armee besetzten reichsdeutschen Gebieten.[258] In den Gebieten östlich von Oder und Neiße wurden etwa 250.000 deutsche Zivilisten in die Sowjetunion verbracht. Bereits auf dem Transport gab es Sterberaten von mitunter 10 %.[259]

Auf der Konferenz von Jalta im Februar 1945 hatte Stalin die Zusage zur Repatriierung aller sowjetischen Staatsangehörigen von den Alliierten eingehandelt. Insgesamt 5,5 Mio. Sowjetbürger wurden repatriiert, davon 2,27 Mio. gegen ihren Willen.[260] Rund 2 Mio. Menschen fielen der Rache Stalins zum Opfer, so z.B. die Angehörigen der Armee des auf die deutsche Seite übergelaufenen sowjetischen Generals Wlassow oder 50.000 Kosaken, die ebenfalls auf deutscher Seite gekämpft hatten. Als britische Einheiten entgegen früherer Zusagen Anfang Juni 1945 gewaltsam 20.000 Kosaken (Soldaten mit Frauen und Kindern) von Lienz in Osttirol über die sowjetische Grenze transportierten, spielten sich Tragödien ab. Unzählige Kosaken stürzten sich in die eiskalten Fluten der Drau, da sie den Selbstmord der Repatriierung vorzogen.[261] Stalin hatte sogar 4.000 russische Emigranten mit Versprechungen zur freiwilligen Rückkehr bewogen; die meisten von ihnen verschwanden ebenfalls in Lagern oder wurden liquidiert.[262]

Auf der Potsdamer Konferenz der Siegermächte (17. Juli bis 2. August 1945) wurden die Gebiete östlich von Oder und Neiße vorbehaltlich eines endgültigen Friedensvertrages unter polnische bzw. sowjetische Verwaltung gestellt. Art. VIII der Abschlußerklärung beinhaltete die „Überführung deutscher Bevölkerungsteile" aus Polen, der Tschechoslowakei und Ungarn. Sie sollte „in ordnungsgemäßer und humaner Weise" erfolgen.[263] Die Vertreibung der Deutschen wurde von Oktober 1945 bis 1948 durchgeführt; dies obwohl der Text der Potsdamer Erklärung keine Legitimation bot, um die Oder-Neiße-Gebiete als Teil Polens zu behandeln, aus dem die deutsche Bevölkerung zu „überführen" wäre. Auch aus dem sowjetisch besetzten nördlichen Ostpreußen wurden die Deutschen vertrieben, obwohl hier eine Ermächtigung nicht einmal indirekt formuliert war. Bereits in den Monaten zuvor war es zu wilden Austreibungen gekommen.

Es ist in diesem Zusammenhang allerdings zu betonen, daß im Falle der Tschechoslowakei die gesamte Vertreibung noch unter der Verantwortung der demokratischen Regierung Benesch durchgeführt wurde; als Exil-Präsident hatte er die Vertreibung der Sudetendeutschen bereits zu Kriegsbeginn gefordert. Nichtsdestoweniger suchte die Tschechoslowakei in der Folgezeit den Sowjets die alleinige Verantwortung zuzuschieben, die die Aussiedlung im Artikel XIII des Potsdamer Abkommens vom 2. August 1945 festgelegt hätten.

Insgesamt wurden ca. 11,73 Mio. Deutsche aus Ostdeutschland, Ost- und Südeuropa vertrieben, wobei mindestens 2,1 Mio. umkamen bzw. vermißt werden, direkt infolge von Verbrechen oder indirekt infolge von Hunger, Seuchen und Erschöpfung.[264]

Über 2,5 Mio. deutsche und österreichische sowie rund 2 Mio. Kriegsgefangene aus anderen Ländern (ohne Japaner) wurden nach 1941 gefangengenommen und in die Sowjetunion verschleppt. Bis zu 40 % der Gefangenenkontingente überlebten bereits die erste Zeit nach der Festnahme nicht. In der Sowjetunion waren sie Teil des riesigen Lagerkomplexes der GUPVI, der im Dienst des vierten Fünfjahresplanes (1946-50) zum Wiederaufbau der zerstörten Wirtschaft stand. In Arbeitsbataillonen wurden die vielfach entkräfteten Kriegsgefangenen rücksichtslos ausgebeutet. Insgesamt gab es über 400.000 registrierte Todesfälle; die Zahl der nicht festgehaltenen schätzt man auf eine halbe bis eine Million.[265] Die letzten konnten erst nach Stalins Tod 1955/56 als Gegenleistung für die diplomatische Anerkennung der Sowjetunion durch die Bundesrepublik Deutschland heimkehren.

Die durch den patriotischen Kampf und den Sieg der Roten Armee mobilisierten Energien drängten auf die Verwirklichung einer besseren Sowjetunion nach dem Krieg. Man hoffte auf eine Lockerung der Repression und auf einen Anstieg des Lebensstandards.

Stalin leitete nun auf dem Höhepunkt des Sieges, den er vor allem seiner Person zuschrieb, ein kleines „Tauwetter" ein. Das Geheimdienstwesen wurde wieder einmal optisch durch eine organisatorische Umbildung reformiert: 1946 wurde aus dem 1941 begründeten Volkskommissariat für Staatssicherheit (NKGB) und dem SMERSH das MGB begründet.[266] Nur wenige Todesurteile wurden in den ersten Nachkriegsjahren vollstreckt, einige Gefangene aus den Arbeitslagern entlassen. Ökonomische Erleichterungen für die Bevölkerung wurden vorgenommen. Dieses „Tauwetter" sollte zweifelsohne auch den von der Roten Armee eroberten Gebieten im Osten und Südosten Europas, die Stalin zu sowjetisieren beabsichtigte, das Bild eines menschlichen Kommunismus vermitteln.

Doch Stalin fürchtete die durch den Zweiten Weltkrieg freigesetzte Eigeninitiative und intensivierte bald wieder den Terror. Im Januar 1950 wurde die Todesstrafe wieder eingeführt, und die Bedingungen in den Lagern wurden verschärft (so z.B. Einführung von Kettenhaft). Auch begann das MGB nun damit, mit Giften und Drogen zu experimentieren.[267] Gefangene, die nach dem Krieg entlassen worden waren, wurden wieder inhaftiert. Bei Stalins Tod hatte die Zahl der Insassen in den Arbeitslagern ihren wahrscheinlichen Höchststand von 12 Mio. erreicht.[268] Nach neuesten Forschungen des sowjetischen Historikers Wolkogonow waren zwischen 1929 und 1953 rund 21,5 Mio. Menschen in den Arbeitslagern interniert. Ein Drittel sei dort hingerichtet, ein Drittel infolge der unzumutbaren Lebensbedingungen gestorben, ein Drittel lebend nach Hause zurückgekehrt (wobei die meisten von ihnen aber an den Folgen der Lagerhaft gestorben seien).[269]

Daß der permanente Terror ein Herrschaftsinstrument Stalins gewesen ist, zeigt seine Anordnung vom Januar 1948 an den Innenminister, konkrete Maßnahmen zur Schaffung neuer Lager und Gefängnisse in die Wege zu leiten – auf dem Höhepunkt der sowjetischen Macht.[270]

Gerade in der Roten Armee ließ Stalin ab 1946 wieder Säuberungen durchführen. Einige hunderttausend Soldaten wanderten in Straflager, darunter viele erfolgreiche Kommandeure. Hier mag auch ein gewisses Maß an persönlichem Neid eine Rolle gespielt haben, wollte Stalin doch als alleiniger „Vater des Sieges" gelten. Selbst gegen den prominentesten Heerführer, Marschall Schukow, war ein Spionageprozeß geplant; er wurde schließlich jedoch nur nach Odessa strafversetzt.[271]

Die führende Stelle der Russen in der Sowjetunion wurde nach 1945 noch stärker herausgestellt, und die Verfolgung „illoyaler" Bevölkerungsgruppen dauerte an: Alle Armenier wurden beispielsweise aus Georgien deportiert. Die Abchasier wurden in ihren Rechten eingeschränkt und zwangsweise unter die Oberhoheit der mit ihnen traditionell verfeindeten Georgier gestellt – daraus entstand Ende der achtziger Jahre beim Zerfall der Sowjetunion ein blutiger Bürgerkrieg.[272]

Antikommunistische Partisanen führten in der Ukraine („Waldwölfe") und in den baltischen Staaten („Waldbrüder") bis Anfang der fünfziger Jahre einen blutigen Krieg gegen die sowjetische Herrschaft; vereinzelte Widerstandskämpfer wurden dort noch in den sechziger Jahren verhaftet. Viele von ihnen waren zur Deportation bestimmt und deshalb in den Untergrund gegangen. Sie fanden Unterstützung von seiten der Bauern. Selbst offizielle Quellen gaben Ende der vierziger Jahre zu, daß die Regierung in den betreffenden Gebieten noch keine vollständige Kontrolle auf dem Land besitze. Allein in Litauen forderte der Partisanenkrieg von 1944-48 etwa 40.000-60.000 Opfer.[273]

In den von der Roten Armee eroberten Ländern im Osten Europas wurden von 1945-1948 kommunistische Regierungen etabliert, wobei die Sowjetunion Hilfestellung gegeben und entsprechenden Druck ausgeübt hatte. In der Sowjetunion ausgebildete Kader wurden dort an die Macht gebracht, zunächst auch eine große Zahl sowjetischer „Leihfunktionäre"; insbesondere in der Armee, bei der Polizei und innerhalb der Geheimdienste war der sowjetische Einfluß dominierend.

Nach dem Krieg äußerte sich Stalin positiv darüber, daß die Länder einen eigenen nationalen Weg zum Sozialismus einschlagen müßten. Mit einer betont nationalkommunistischen bis chauvinistischen Agitation, z.B. bei der Vertreibung der deutschen Minderheiten, konnten die kommunistischen Parteien denn auch erhebliche Mitglieder- und Stimmengewinne verbuchen.[274]

Doch Ende der vierziger Jahre änderte sich dies. Bei einem Treffen der kommunistischen Parteien im polnischen Szklarska Poreba vom 22.-27. September 1947 wurde die Aufteilung der Welt in zwei feindliche Lager, nämlich in das demokratische und in das imperialistische, proklamiert und eine übergreifende Organisation aller kommunistischen Parteien, die Kominform, mit Sitz in Belgrad gegründet. Sie war Nachfolgerin der 1943 aufgelösten Komintern. Mit Hilfe der Kominform konnten die kommunistischen Parteien des Ostblocks in der Folge gleichgeschaltet und auf moskautreuen Kurs gebracht werden.

Wiewohl Stalin selbst in bezug auf die Sowjetunion als russischer „Nationalkommunist" erschien, verwarf er nun jegliche diesbezügliche Ansätze in den Nachbarländern und ließ „bourgeoise Nationalisten" verfolgen. Er besetzte deren Führungen mit sowjetfreundlichen und ihm ergebenen Kommunisten. Die jeweiligen Geheimdienste waren bereits während des Zweiten Weltkrieges vom NKGB bzw. der SMERSH aufgebaut worden und blieben eng an Moskau gebunden. Angesichts des sich zuspitzenden Kalten Krieges wollte Stalin sowohl innen- wie auch außenpolitisch einen monolithischen Block in Osteuropa unter straffer Führung der Sowjetunion schaffen.

Ein weiteres Motiv für die Säuberungen war, ähnlich wie in den dreißiger Jahren, die Präsentation von Sündenböcken bei der nun auch im kommunistischen Ausland forcierten Industrialisierung, die viele Entbehrungen forderte.[276] Die Wirtschaften der sozialistischen Bruderländer waren vollständig auf die Bedürfnisse der Sowjetunion ausgerichtet worden, und die massive ökonomische und militärische Aufrüstung der Sowjetunion im Zeichnen des Kalten Krieges forderte ihnen in den Jahren 1948-1953 erhebliche Opfer und Entbehrungen ab.[277] Das Sündenbock-Motiv erklärt wohl auch, warum die Säuberungen in manchen Ländern Osteuropas auch noch über Stalins Tod im Jahre 1953 hinaus fortgesetzt wurden.

In allen kommunistischen Staaten des Ostblocks wurden mehr oder weniger umfangreiche Säuberungen durchgeführt. Als Vorbild konnte jene der exilkommunistischen Parteiführungen Ende der dreißiger Jahre in Moskau dienen. Schauprozesse nach bekannter Manier wurden vielfach in Moskau vorbereitet und inszeniert.

Nur in Jugoslawien konnte sich der Nationalkommunist Marschall Tito seit 1948 gegen alle Stalinschen Säuberungsversuche behaupten und erkärte sogar seinen Austritt aus dem sowjetischen Block. Seine nationalkommunistische Unbotmäßigkeit war der eigentliche Grund für den erbitterten Dissens; ideologische Unterschiede, z.B. in der Wirtschaftspolitik, entdeckte Tito erst später. Die erfolgreiche Loslösung der jugoslawischen Kommunisten erboste Stalin und führte zu einer Intensivierung der schon zuvor begonnenen Säuberungen der Kommunistischen Parteien des Ostblocks.

Diese „Reinigungen" wurden von Moskau aus durch Berija und Abakumov gelenkt; als Reisekader fungierte General Bielkin, der in dem jeweiligen Satellitenstaat ein provisorisches Hauptquartier aufschlug und die Säuberungen in enger Kooperation mit den örtlichen Staatssicherheitsdiensten leitete.[278] Zusätzlich wurden 1948, nach dem Bruch mit Tito, besondere, Moskau direkt unterstellte Geheimdienste, die sogenannten „Zehnten Büros", in den jeweiligen Sicherheitsministerien in Konkurrenz zu den bestehenden Diensten etabliert. Diese organisierten die Hetzjagd gegen „Titoisten".[279]

Vier Musterprozesse mit großer Öffentlichkeitswirkung gegen prominente Kommunisten der „Bruderländer" wurden zeitgleich inszeniert: die Schauprozesse gegen Rajk in Ungarn, gegen Slánsky in der ČSR, gegen Kostov in Bulgarien und gegen Dzodze in Albanien.[280]

In der Tschechoslowakei forderten die Säuberungen 27.000 verurteilte Opfer (Herbst 1949 bis Ende 1952), in Bulgarien etwa 100.000 (Oktober 1948 bis Ende 1952), in Ungarn gar 387.000 (Oktober 1948 bis Ende 1952).

Sowjetische Agenten wurden in hohe Positionen in Armee, Polizei, Geheimdiensten, Partei und Massenorganisationen der Ostblockstaaten gebracht, Kritiker Moskaus jedoch entfernt. Systematisch tauschte Stalin die ihm potentiell gefährlichen Vorkriegsführungen aus und ersetzte sie durch junge, unerfahrene bzw. handverlesene „Apparatschiks". Wenn diese das Vertrauen bei der Bevölkerung völlig verspielt hatten, kehrten gestürzte Parteiführer in einigen Fällen wieder in Amt und Würden zurück, so 1956 János Kádár in Ungarn und Wladyslaw Gomulka in Polen. Durch Jahre der Inhaftierung mürbe geworden, stellten sie nun die sowjetische Vormachtstellung nicht mehr ernsthaft in Frage.

Auch in der Sowjetunion stützte sich Stalin nun auf jüngere Kräfte und wechselte die Führungsschicht erneut aus: Im Jahre 1948 wurde die Parteispitze wieder einmal gesäubert. Im Gefolge des Prozesses gegen die Leningrader Parteiführung liquidierte man einige Tausend örtlicher Kommunisten. Die blutige Säuberung der georgischen KP im Jahre 1951 zielte offenkundig gegen Berija, dessen Machtbasis sie darstellte. Es wird vermutet, daß Stalin die Eliminierung prominenter Politbüro-Mitglieder wie Berija, Molotow und Woroschilow plante, die ihm zu stark geworden waren.[282]

Grundsätzlich gab es stets auch Gewinner bei Stalins Säuberungen: Langfristig wurden damit z.B. die traditionellen städtisch-bolschewistischen Eliten ausgerottet. Aufsteiger waren vom Lande kommende Funktionäre, die die neue Klasse der „Nomenklatura" (privilegierte Bürokratenschicht) bildeten. Diesen Aspekt hat Sheila Fitzpatrick in ihren Untersuchungen herausgearbeitet: Stalin förderte demnach mit seinen Säuberungen eine Art soziale Mobilität, was bis zu einem bestimmten Punkt eine gewisse Beliebtheit Stalins verständlich macht.[283] Ähnlich hat der exilrussische Historiker Michael Voslensky argumentiert: Die Schaffung der „Nomenklatura" ist seiner Ansicht nach auch für den zunehmenden Niedergang des Kommunismus in den vergangenen Jahrzehnten verantwortlich, da diese neu entstandene Aufsteigerklasse den gestellten Aufgaben nicht gewachsen gewesen und zudem in Privilegien und Korruption erstarrt sei.[284]

Stalin begann nach dem Zweiten Weltkrieg zudem eine Kampagne gegen „Intelligenzler", „Westler" und „Kosmopoliten". Sie spiegelte zum einen wohl die sich verschlechternden Beziehungen zu den Westalliierten wider, zum anderen aber dürfte es auch Stalins Ziel gewesen sein, sein Prinzip der völligen Einstimmigkeit und Oppositionslosigkeit nun auch im Bereich der Wissenschaften zu vollenden, wo bislang noch ein gewisser Freiheitsspielraum geherrscht hatte.

Die Kampagne gegen „Intellektuelle" richtete sich eindeutig auch gegen die sowjetischen Juden. In der ausgehenden Zarenzeit waren die russischen Juden in besonderem Maße diskriminiert und verfolgt worden, weswegen viele von ihnen mit linken Parteien sympathisierten. Eine Assimilation fand in Rußland erst nach 1917 statt. Die bolschewistische Revolution bot den Juden erstmals Aufstiegschancen und hatte gleichzeitig das traditionelle städtische Leben und damit die bisherige Existenz der Juden (selbständiger Handel und Gewerbe) zerstört, weshalb sie sich nun dem Staatsapparat zuwendeten. In Rußland gelangten sie damit erstmals in höhere Ämter, die sie in auffällig hoher Zahl bekleideten. An der Krim erhielten sie im Zuge der Landreform bevorzugt fruchtbares Siedlungsland.[285]

Im russischen Bürgerkrieg hatten die „Weißen" aus Rache eine Reihe blutiger Pogrome an Juden verübt; es hatte aber auch antisemitische Ausschreitungen von seiten der Bolschewisten gegeben.[286] Lenin und insbesondere Gorki waren jedoch judenfreundlich und sahen die Juden als Verbündete gegen das rückständige „asiatische" Rußland und als Träger des westlichen Rationalismus. Stalin neigte hingegen eher der asiatischen Tradition zu und sah in den Juden Exponenten des verhaßten Westlertums sowie kapitalistischer Tendenzen. Insbesondere Chruschtschow wirft ihm in seinen Memoiren unverhüllten Antisemitismus vor, den er in seinen theoretischen Schriften aber bewußt verschleiert habe.[287]

Bei der Revolution, bei Kirchenkampf und Kollektivierung taten sich die Juden vielfach in besonderem Maß hervor. Möglicherweise suchten die Bolschewisten auch den in der Vergangenheit aufgestauten Haß der Juden auf ihre Unterdrücker zu instrumentalisieren. Maxim Gorki stellte sogar die kühne These auf, viele Bolschewisten hätten in bewährter Manier die prominente Beteiligung von Juden bei unangenehmen Aktionen forciert, um Sündenböcke zu schaffen.[288]

Stalin hat sich zwar in offiziellen Verlautbarungen stets vom Antisemitismus distanziert; in auffälliger Weise waren jedoch bereits in den zwanziger und dreißiger Jahren die in der frühen bolschewistischen Führerschaft recht zahlreich vertretenen Juden (wie auch Vertreter anderer nichtrussischer Minderheiten) verschwunden, so z.B. Lew Davidowitsch Trotzki (eigentlich Bronstein), Adolf Abramowitsch Joffe, Grigori Sinowjew (eigentlich Radomyslski), Lew Kamenew (eigentlich Rosenfeld), Nikolaj Krestinskij, Karl Radek (eigentlich Sobelson), Grigorij Sokolnikow (eigentlich Brilliant), Jakow Abramowitsch Lifschitz.[289] Der zeitgenössische deutsche Beobachter Theodor Seibert schrieb bereits 1931: „Mit Lenins Tod tritt in der Einstellung der bolschewistischen Partei zum Antisemitismus eine Änderung ein. Ganz allmählich beginnen die jüdischen Bolschewiki von den weithin sichtbaren Posten zu verschwinden." [290]

Zwar waren Ende der zwanziger Jahre unter Stalin noch Juden emporgestiegen, wie Lasar Moissejewitsch Kaganowitsch als Organisator vieler Säuberungen, Genrich Jagoda als Verantwortlicher für die Kulaken-Deportierungen und danach als erster NKWD-Chef (1934-36), Maxim Litwinow (eigentlich Max Wallach) als Volkskommissar des Äußeren (1930-39), Jakow Jakowlew (eigentlich Epstein) als Volkskommissar für Landwirtschaft während der Kollektivierung (1929-34) und Mitwirkender bei den ersten Säuberungen, doch auch sie selbst wurden relativ schnell zu Opfern, was möglicherweise Gorkis Komplizen- und Sündenbockthese stützen würde.

Mit finanzieller Unterstützung aus den USA wies Stalin 1928 den sowjetischen Juden ein Gebiet im fernen Osten mit der Hauptstadt Birobidschan zu, das 1934 zur „Birobidschanischen Autonomen Jüdischen Region" gemacht wurde. Offizielle Sprache dort war Jiddisch. Stalin stellte diese Tat propagandistisch als große Errungenschaft heraus und ermutigte auch ausländische Juden, dorthin zu ziehen. Das 8.000 km östlich von Moskau an der chinesischen Grenze gelegene Gebiet war jedoch unwirtlich und wenig attraktiv, so daß nur wenige Juden freiwillig dorthin gingen. Ab 1937 wurde es von den Säuberungen erfaßt, die sich insbesondere gegen ausländische Juden richteten.[291]

Schon während der kurzfristigen Phase der Kooperation mit Hitler (1939 bis 1941) hatte Stalin antisemitische Agitation nach deutschem Vorbild betrieben.[292] Nach 1945 griff die Sowjetunion das Thema nationalsozialistischer Verbrechen an Juden kaum auf; als Sprachregelung galt, daß alle Sowjetbürger in gleicher Weise unter den Faschisten gelitten hätten.

Stalin war wohl zu einem gewissen Teil von dem traditionellen russischen Antisemitismus geprägt; möglicherweise instrumentalisierte er ihn aber auch einfach im Dienst der von ihm beabsichtigten Säuberungen. Im Zuge des entstehenden „kalten Krieges" mißtraute Stalin vielleicht in der Tat den jüdisch-amerikanischen Kontakten, doch es bleibt dahingestellt, ob diesbezügliche

Anschuldigungen von ihm wirklich ernst gemeint waren. Stalin dürfte jedoch ein grundsätzliches Mißtrauen gegen alle nichtrussischen Völker gehegt haben, wozu die Juden, mit ihrem stark ausgeprägten nationalen und religiösen Selbstbewußtsein, sicher in besonderem Maß zählten.

Ab 1946 wurden das Zentralkomitee und sonstige Partei- und Staatsstellen von Juden gesäubert. Der einzige an führender Stelle verbliebene Jude war das Politbüromitglied Lasar Kaganowitsch. Er wirkte bei der Organisation der antisemitischen Kampagne mit. Die Juden wurden vom diplomatischen Dienst und vom Richteramt ausgeschlossen, und an den Universitäten wurde ein Numerus clausus für Juden eingeführt. In der „Autonomen Jüdischen Region" wurden die jüdischen Schulen, Bibliotheken und das Theater geschlossen; selbst die auf Jiddisch übersetzten Werke Lenins wurden verbrannt.

Das neugebildete „Jüdisch-Antifaschistische Komitee" unter Führung des ZK-Mitgliedes S. A. Losowski hatte den Vorschlag gemacht, auf der Krim eine Jüdische Sowjetrepublik zu begründen, da hier zahlreiche Juden lebten, während die dort seit langer Zeit ansässigen Tataren ja vor kurzem nach Sibirien deportiert worden seien. Stalin erkannte in diesem Vorschlag jedoch Bestrebungen des US-amerikanischen Zionismus, sich in der Sowjetunion einen Vorposten zu schaffen. Prominente jüdische Funktionäre wurden 1947 festgenommen und vielfach, wie Losowski, liquidiert.[293] Ein Jahr später wurde das Jüdisch-Antifaschistische Komitee aufgelöst, und alle seine Mitglieder kamen in Haft; gleichzeitig begann ein Rundumschlag gegen jüdisch-zionistisches Kultur- und Gedankengut. Wiederum machte Stalin auch in seiner engsten Umgebung nicht halt: 1948 wurde die jüdische Frau des Politbüromitglieds und Volkskommissars des Äußeren Wjatscheslaw Molotow verhaftet. Im Jahre 1951 wurde die tschechoslowakische Parteiführung von Juden gesäubert (Slánsky-Schauprozeß).[294] Auch in Polen setzte eine von Moskau gesteuerte, antisemitische Kampagne ein.[295] Hunderte von jüdischen Intellektuellen wurden im Jahre 1952 und Anfang 1953 in der Sowjetunion liquidiert; in der Ukraine fanden von der Partei stimulierte Pogrome statt.[296] Im Januar 1953 begannen auch in Ungarn Massenverhaftungen von Juden. Die geplanten antisemitischen Schauprozesse in Polen und Ungarn dürften dann infolge von Stalins Tod gestoppt worden sein.[297]

Kurz vor seinem Tod wurde ein großangelegter Schauprozeß gegen führende Ärzte vorbereitet. Bei zahlreichen Ärzten handelte es sich um Juden, und sie wurden in Zusammenhang mit einem angeblichen zionistisch-internationalistischen Komplott gebracht, das die Vergiftung Stalins geplant habe. Die Ärzte sollten im Mai 1953 auf dem Roten Platz öffentlich hingerichtet werden. Durch den Tod Stalins fand der Prozeß aber nie statt.[298]

Das jüdische Politbüromitglied Lasar Kaganowitsch hat ausgesagt, daß Stalin 1952 im Zentralkomitee geäußert haben soll, es bestünde Pogromgefahr für die Juden. Am besten bringe man die Juden an einen sicheren Ort; sie sollten selbst um ihre Aussiedlung bitten. „Und denen, die mit Erlaubnis des ZK in Moskau bleiben dürfen, werden gelbe Sterne an den Ärmel genäht."[299]

Doch Stalin starb am 5. März 1953 an einem Schlaganfall. Gerüchte, daß die NKWD-Führung hier durch unterlassene Hilfeleistung bzw. aktive Manipulation ihre Hand im Spiel gehabt hätte, kamen auf, wurden jedoch nie bestätigt.[300]

Roy Medwedew errechnete im Jahre 1989, als noch unter Gorbatschow die Aufarbeitung des „Stalinismus" begann, eine Gesamtzahl von 35-38 Mio. Opfern (Inhaftierte, Deportierte, Entrechtete, Vertriebene)[301]:

vor 1937	17-18 Mio. (davon 10 Mio. Tote)
1937/38	5-7 Mio. (davon 700.-800.000 Tote)
1939/40	2 Mio.
1941-46	mind. 10 Mio.
1947-53	1 Mio.
Gesamt	rd. 35-38 Mio.

Die Zahlen waren im Vergleich zu anderen russischen Forschern (z.B. Anton Antonow-Owssejenko[302]) und westlichen Forschern ausgesprochen niedrig. Neuere Erkenntnisse weisen auf wesentlich höhere Zahlen hin. Jüngste Archivfunde nach dem Ende des Kommunismus korrigieren derartige Zahlen deutlich nach oben.

Warum gegen Stalins Herrschaft kaum Widerstand geleistet wurde, wurde immer wieder kontrovers diskutiert. Eine überzeugende Erklärung dürfte darin bestehen, daß bürgerliche Widerstandskräfte bereits unter Lenin mundtot gemacht, liquidiert oder vertrieben worden waren. Stalin verfolgte in großer Zahl kommunistische Gesinnungsgenossen, die von ihrer Unschuld überzeugt waren und vielfach nicht an eine Bedrohung glauben mochten bzw. hofften, daß sich der Irrtum aufklären würde. Was die breite Masse der Bevölkerung angeht, so war nach dem Terror von Bürgerkrieg und „Kriegskommunismus" Mitte der zwanziger Jahre sicherlich eine Art Ermüdung und Apathie eingetreten, die durch Stalins politische Wechselbäder nur noch verstärkt wurde. Erst die sowjetischen Niederlagen gegen die deutsche Wehrmacht und ihre Verbündeten 1941/42 hatten dem Widerstand gegen die bolschewistische Herrschaft einen entscheidenden äußeren Anstoß gegeben; so meldeten sich z.B. 300.000 Russen zur Armee des übergelaufenen Generals Wlassow, die für ein freies Rußland kämpfen wollte. Doch von deutscher Seite ging man aufgrund ideologischer Scheuklappen erst viel zu spät darauf ein.

Außerdem wurde auf die „Atomisierung" der Gesellschaft durch den sich ständig reproduzierenden Massenterror hingewiesen, der sich gegen Individuen aus allen Bevölkerungsgruppen, nicht gegen einzelne, fest umrissene Gruppen gerichtet habe. Durch das Prinzip der Individualität wie auch der völligen Willkür habe weder bei den Opfern noch bei den neu aufgestiegenen Eliten eine Solidarisierung einsetzen können, wozu auch die vom Staat geschürte „Spitzelfurcht" entscheidend beigetragen habe.[303]

Über die Motive für Stalins Massenterror wurde viel gerätselt. Recht unterschiedliche Erklärungen wurden herangezogen, die sich folgendermaßen klassifizieren lassen:

a) akzidentelle
b) strukturell-funktionale
c) ideologiebezogene
d) persönlichkeitsbezogene

Erklärungsmuster.[304]

Akzidentelle Erklärungen sehen im „Großen Terror" der dreißiger Jahre eine eher zufällige Entwicklung. Das System gegenseitiger Denunziation habe beispielsweise einen Automatismus der Verfolgung freigesetzt. Bei der Geheimpolizei sei es zur Übererfüllung des „Produktionssolls" gekommen. Angesichts des Ausmaßes des Terrors erscheint dieser Erklärungsansatz aber nicht sehr überzeugend.

Strukturell-funktionale Ansätze erklären den „Großen Terror" als situationsbedingtes, problemlösendes Handeln. Stalin sei beispielsweise als „Volkskommunist" im Bund mit der Parteibasis gegen die sich verfestigende Clique der oberen Parteiränge aktiv geworden. Durch ständige Elitenzirkulation habe er Machtmißbrauch und Korruption zu verhindert gesucht. Mittels Massenverhaftungen seien Arbeitskräfte für die gigantischen ökonomischen Transformationsprojekte rekrutiert worden. Angesichts der zahllosen, dabei entstandenen Engpässe habe der Terror darüber hinaus dazu gedient, Sündenböcke zu präsentieren. Der großen Masse der sowjetischen Bevölkerung sei damit ein Ventil zur Abreagierung ihrer Haßgefühle, Frustrationen und Aufstiegswünsche eröffnet worden.

Ideologiebezogene Erklärungen betonen die Kontinuität von Lenin zu Stalin. Massenterror werde durch die Ideologie des Kommunismus bzw. durch die Widersprüche zwischen ideologischen Prämissen und realer Wirklichkeit hervorgerufen.

Personenbezogene Erklärungen unterschiedlicher Art sehen im Diktator den Alleinschuldigen: Stalin als skrupelloser Machtpolitiker, der kritisch gesinnte Kommunisten systematisch durch Apparatschiks und Aufsteiger ersetzt habe, Stalin als ehemaliger Bourgeois, der sich symbolisch mit Terror von seiner Vergangenheit gereinigt habe, Stalin als Geisteskranker. Eine bemerkenswerte, jedoch eher entlegene personenbezogene Erklärung verweist auf eigentliche Schuldige an den Terrormaßnahmen wie z.B. Karrieristen, Abenteurer und ausländische Agenten im NKWD. Stalin sei getäuscht worden bzw. habe den Terror allenfals geduldet, nicht aber persönlich angeordnet.[304a]

Auch manche akzidentelle und funktionale Erklärungen sind bemüht, Stalin zu entlasten. Wesentlich häufiger ist allerdings das Bemühen, mit persönlichkeitsbezogenen Erklärungen Stalin als alleinigen Verantwortlichen am Massenterror darzustellen und damit den Kommunismus von diesem Verbrechen freizusprechen. Ein entarteter „Stalinismus" wird dem angeblich „humanen Marxismus/Leninismus" entgegengestellt. Vertreter jener recht populär gewordenen Denkrichtung heben denn auch besonders hervor, daß Lenin selbst in seinem unterdrückten Testament vor der Nachfolgeschaft Stalins gewarnt habe (siehe oben). Der Mythos von der „falschen Wendung"[305] der Revolution im Jahre 1923 wurde immer wieder beschworen. So schrieb Professor Robert Tucker im Jahre 1979 anläßlich des 100. Geburtstages von Stalin, daß die Wurzeln seiner Terrorherrschaft nicht im Sozialismus, sondern im Russentum (verkörpert z.B. in Iwan dem Schrecklichen und Peter dem Großen) liegen würden. Stalin habe im Gegenteil den Bolschewismus zerstört.[306] In der ansonsten recht lesenswerten aktuellen Stalin-Biographie von Prof. Dimitri Wolkogonow (Generaloberst der Roten Armee und KPdSU-Mitglied von 1950-90) ist zu lesen, daß unter Stalin „die gerade entstandenen Anfänge der Volksmacht deformiert wurden"; eine kollektive Führung unter Personen wie Trotzki und Bucharin hätte einen akzeptablen und attraktiven Sozialismus garantiert.[307]

Nicht selten wird Stalin als die sowjetische Verkörperung eines Faschisten gesehen. So interpretierte Waleri Tschalidse die „Großen Säuberungen" der Jahre 1936-39 z.B. als Schlag Stalins gegen den Kommunismus.[308] Eine Verschwörungstheorie vermutet in Stalin sogar einen 1917 nicht enttarnten zaristischen Agenten, der mit seinem Massenterror den Kommunismus diskreditieren sollte.[309]

Auch Geisteskrankheit wurde bisweilen angenommen und als Entschuldigung für seinen Massenterror herangezogen. Einen solchen Verdacht hatte bereits 1927 der Psychiater Bechterew aufgestellt. Man schrieb ihm Paranoia zu, eine Krankheit, die häufig mit Verfolgungs- und Größenwahn einhergeht.[310]

Stalins wesentliche Biographen, so z.B. Roy Medwedew [311] und Robert Conquest [312], kommen jedoch zu dem Ergebnis, daß er voll zurechnungsfähig und verantwortlich für seine Taten gewesen sei. Sie halten ihn zwar möglicherweise für verhaltens- und persönlichkeitsgestört, jedoch nicht für geisteskrank.

Was das politische Bekenntnis Stalins betrifft, so war in der Tat für seine Herrschaft ein häufiger, ja fast beliebiger Austausch der Anschauungen und Eliten, auf die er sich stützte, charakteristisch. Nicht selten übernahm er die Thesen seiner gerade von ihm gestürzten innerparteilichen Gegner! Dieses Karussell geriet nach der Ermordung des Leningrader Parteisekretärs Kirow im Jahre 1934, die die Welle der „Großen Säuberungen" auslöste, in immer schnellere Fahrt.

Stalin darf jedoch nicht als ideologiefreier Diktator oder gar als „Renegat" und „Faschist" gesehen werden, wie von kommunistischer Seite aus apologetischen Gründen teilweise versucht wird. Einen wirklichen Bruch mit der leninistischen Periode gab es nie, darin ist sich die Mehrheit der Forscher einig.[313] Einige Bolschewisten der ersten Stunden konnten sich halten. Das Werk Lenins wurde nicht zerschlagen. Zweifellos baute Stalin den Sozialismus in Einklang mit marxistisch/leninistischen Prinzipien weiter auf, wenngleich ihm als Pragmatiker die Herrschaftssicherung vordringlicher als die Verwirklichung ideologischer Ziele war. Er selbst gab sich zeit seines Lebens als getreuer Marxist/Leninist und reicherte seine Reden bevorzugt mit Leninzitaten an.[314] Stalin teilte die utopischen Vorstellungen dieser Ideologie, vor allem die Schaffung eines neuen „Sowjetmenschen" (wofür er auch naturwissenschaftliche Experimente unterstützte), das materialistische Fortschrittsdenken, das Ziel der Verwirklichung einer kommunistischen Endgesellschaft und das Bekenntnis zum Internationalismus. Russische Kommunisten sehen heute wieder in Stalin den Höhepunkt der kommunistischen Macht und präsentieren sein Bild immer häufiger in der Öffentlichkeit.

Die Mehrheit der Forscher geht auch davon aus, daß das diktatorische Terrorsystem trotz der unzweifelhaften quantitativen und qualitativen Steigerung unter seinem Nachfolger bereits unter Lenin angelegt war, wie z.B. der Aufbau eines zentralisierten und normativen Parteiapparats, die Ausschaltung von Fraktionsbildung, die Aufstellung einer Geheimpolizei mit umfangreichen Befugnissen und Machtmitteln, die Zwangskollektivierung der Landwirtschaft und die Einrichtung von Arbeitslagern. Der Historiker Stökl führt aus, „daß Lenin die Stufen gebaut hatte, auf denen Stalin emporstieg." Daß „die Entwicklung der Sowjetunion unter einem länger lebenden Lenin grundsätzlich anders verlaufen wäre", müsse füglich bezweifelt werden.[315]

Joel Carmichael erkennt die Wurzeln des stalinistischen Terrors in Lenins Entscheidung zur Durchführung der kommunistischen Revolution in einem rückständigen Land: Gerade die Tatsache, daß der Terror bei den „Großen Säuberungen" überwiegend nicht von Sadisten, sondern von pflichtbewußten Kommunisten ausgeübt worden sei, spreche für seine ideologische Verankerung und verliehe ihm dadurch singulären Charakter:

„In vieler Hinsicht aber zeigt sich hierin schon das Ungeheuerliche der Säuberung. Sie war nicht der Ausdruck irgendeiner Neurose, sondern die Säuberung wurde durch eine Art politischer Logik hervorgerufen, die durch die Entwicklung des Sowjetstaates aus seinen eigenen Prämissen als einem Staat, der seinen Ursprung in einer Verschwörung hatte, entstand. Als sich die bolschewistische Partei aufgrund ihrer eigenen ideologischen Vorurteile und starren Ansichten entwickelte und auf ihrer Basis ad hoc – innerhalb eines bestimmten Rahmens – Lösungen der wichtigen Probleme der Regie-

rung schuf, bewirkte die Logik, die der Anwendung solcher im wesentlichen unberechenbaren Thesen, die als Prinzipien herausgestellt wurden, innewohnt, ganz einfach ihren eigenen Gang der Ereignisse. Deshalb können die Scharaden und Massaker nicht aufgrund von Gefühlsströmungen erklärt werden, sondern müssen vor dem Hintergrund der politischen Entwicklung der sowjetischen Diktatur unter dem Einfluß der dritten Revolution (Industrialisierung und Kollektivierung) gesehen werden. Im Fall der vielen Beamten innerhalb der politischen Polizei, die sich gegenüber den Gefangenen grausam verhielten, ohne sadistisch oder selbst grausam von Natur aus zu sein, lag die Quelle ihrer persönlichen Integrität in der Tatsache, daß sie an die Parteilinie glaubten, sowohl was deren wissenschaftliche Gültigkeit als auch deren moralische Erhabenheit betraf." [316]

Einen „Stalinismus" als Variante des Kommunismus lehnt Carmichael entschieden ab:

„Stalins Unternehmen spiegelte die Logik des Sowjetsystems, wie es sich aufgrund seiner eigenen Prämissen entwickelte. Nicht Stalins Launen brachten die Greuel der Scharaden und der Großen Säuberung hervor, sondern die Besonderheit des Bolschewismus, die durch Stalin voll zum Tragen kam. Als Chruschtschow 1956 Stalin ganz unvermittelt als den eigentlich Schuldigen an den Schrecken der dreißiger Jahre herausstellte und zugab, daß das Land sich ein Vierteljahrhundert in den Händen eines Ungeheuers befunden hatte, machte er den ‚Personenkult' und Stalins persönliche Eigenschaften dafür verantwortlich. Diese Erklärung war erforderlich, um einmal das Sowjetregime an sich und zum anderen zumindest die Person Lenins als Mittelpunkt sowjetischer Orthodoxie zu retten. Und doch hatte die beispiellose Machtfülle, die sich in der Diktatur Stalins konzentrierte, ihre Wurzeln in dem Entschluß, den Lenin und der bolschewistische Führungskern getroffen hatten, nämlich ein rückständiges Land auf dem Weg der Alleinherrschaft in eine bestimmte Richtung zu führen. Dieser Entschluß rief die politische Polizei ins Leben, deren Genealogie von dem heutigen KGB über den MWD, MGB, NKWD, die OGPU und Tscheka auf Lenin zurückreicht, der sie in einem persönlichen Dekret vom 20. Dezember 1917 geschaffen hatte. (...)" [317]

Auch Alexander Solschenizyn betont, daß die wesentlichen Elemente der Stalinschen Gewaltherrschaft (Polizeiapparat, Zwangsarbeitslager, roter Terror und Unterdrückung des Bauerntums) bereits von Lenin und Trotzki geschaffen und theoretisch formuliert worden seien:

„Alle diese Instruktionen hat Stalin getreulich ausgeführt, eingeschränkt nur durch seine geistigen Fähigkeiten. Der einzige Punkt, in dem er sich

erkühnte, von Lenin abzuweichen, bestand in der Vernichtung der Spitze der Kommunistischen Partei (zur Stärkung der eigenen Macht). Aber auch damit vollzog er lediglich das allgemeine Gesetz der großen Revolutionen: sie fressen unweigerlich ihre Urheber. In der UdSSR hieß es zu Recht: ,Stalin ist der Lenin von heute.' In der Tat ist die Stalinsche Epoche die direkte Fortsetzung der Leninschen, eine lediglich etwas reifere Fortsetzung, was die Ergebnisse und die langdauernde Leichtigkeit der Entwicklung angeht. Einen ,Stalinismus' hat es niemals gegeben, weder in der Theorie noch in der Praxis, auch kein solches Phänomen und keine solche Ära (...)" [318]

Zweifelsohne erreichte der Terror unter der Verantwortung Stalins ungeahnte Dimensionen, wobei die von übersteigertem Ehrgeiz, Verfolgungswahn und Sadismus geprägte Persönlichkeit des allmächtigen Diktators sicherlich eine wesentliche Rolle spielte. Doch die Errichtung eines kommunistischen Systems beinhaltet strukturellen Terror, was die Theoretiker des Marxismus/Leninismus von Anfang an auch offen zugegeben und postuliert haben.

Der eigenständige Beitrag Stalins bestand aus der Etablierung eines völlig auf eine einzige Person zugeschnittenen Machtapparates, in der Herausbildung einer besonderen Ästhetik der Macht sowie in der ungeheuren quantitativen Steigerung und Perfektionierung des Terrors.

Die Sowjetunion von Chruschtschow bis Gorbatschow

Stalin hatte keine klare Nachfolgeregelung hinterlassen. Zunächst bildete sich eine „kollektive Führung" mit Nikita Chruschtschow, der zum Ersten Sekretär des Zentralkomitees ernannt wurde, mit Gregori Malenkow, der Vorsitzender des Ministerrates wurde, und mit Innenminister Lawrenti Berija. Chruschtschow konnte sich jedoch sehr schnell durchsetzen: Berija wurde zwar im März 1953 Chef des Geheimdienstes NKWD, jedoch bereits im Juli 1953 seines Amtes enthoben und im Dezember wegen schwerer Verbrechen erschossen. Im Februar 1955 wurde Malenkow von dem schwächeren Bulganin als Vorsitzender des Ministerrates abgelöst, und ab März 1958 vereinte dann Chruschtschow wie einst Stalin die beiden wichtigsten Ämter von Partei und Staat in einer Person.

Die Abberufung des Stalin-Handlangers Berija bedeutete die Entmachtung des übermächtig gewordenen Geheimdienstes. Zwischen 1953 und 1956 wurde er konsequent gesäubert: Alle oberen Geheimdienstfunktionäre, die 1952 im Amt gewesen waren, wurden in diesen Jahren erschossen. Allein dadurch verringerte sich die Allmacht des Terrors. Im Jahre 1954 wurde eine völlig neue Geheimdienstorganisation mit weitgehend neuem Personal aufgebaut: Das „Komitet Gosudarstwennoji Bezopasnosti" (KGB), das zunächst unter der Leitung des NKWD-Veteranen Iwan Serow stand. Er wurde jedoch bald von schwachen Nachfolgern abgelöst, die nicht aus dem Geheimdienstmilieu stammten: 1958 Alexander Schelepin, 1961 Wladimir Semitschastnyi. Der KGB hatte wiederum den Rang eines selbständigen Volkskommissariates, wurde jedoch von Chruschtschow in seinen Machtbefugnissen erheblich beschnitten.[319]

Nach neuesten Erkenntnissen des russischen Historikers Wolkogonow haben zur Stalin-Zeit bis zu 11 Mio. (5 % der Bevölkerung) Menschen für den sowjetischen Geheimdienst gearbeitet. Auf dem Höhepunkt der Überwachung sei auf achtzehn Bürger ein Informant gekommen. In jedem Produktionsteam, in jeder Militäreinheit, in jeder Studentenvereinigung habe es Spitzel gegeben. Nach dem Tod Stalins habe man die Zahl der Informanten reduziert.[320]

Ebenso sprach sich Malenkow umgehend gegen einen übertriebenen Personenkult aus. Die inhaftierten Ärzte wurden freigelassen und die antisemitische Kampagne abgebrochen.

Der Tod Stalins und die zunächst unklare Nachfolgefrage lösten zwischen 1953 und 1956 die erste gesellschaftliche Krise in den angegliederten Staaten des Ostblocks aus und bedrohte die neu errungene Machtstellung der Sowjetunion. Die Krise hatte verschiedene Ursachen. Die Wirtschaften der Bruderländer hatten erhebliche Opfer für die wirtschaftliche und militärische Aufrüstung der Sowjetunion bringen müssen, was nun in Streiks und Arbeiterunruhen mündete. Die in allen Ländern mit unterschiedlicher Intensität betriebenen Säuberungen hatten einen sich steigernden Massenterror ungeahnten Ausmaßes hervorgebracht und provozierten nun, anders als in der Sowjetunion mit ihrer durch jahrzehntelangen Terror in Apathie versetzten Bevölkerung, offenen Widerstand. Schließlich war die aufkeimende Opposition auch stark nationalistisch gefärbt: Die politisch-ökonomischen Beziehungen zur Sowjetunion gestalteten sich nicht auf der Basis der Gleichrangigkeit, sondern es handelte sich um eine strikte Unterordnung. In vielen Gebieten des politischen und gesellschaftlichen Lebens gaben sowjetische Berater und nicht einheimische Kräfte den Ton an. In den meisten Ostblockländern (mit Ausnahme der ČSR und Bulgariens) waren sowjetische Einheiten stationiert geblieben. Und auch in den neuen kommunistischen Führungen waren die nationalorientierten Politiker durch willfährige sowjetfreundliche Handlanger ersetzt worden. So fanden bezeichnenderweise beim ungarischen Aufstand im Herbst 1956 Nationalkommunisten und nationalistische Antikommunisten zusammen.

Chruschtschow leitete dann auf seiner berühmten Geheimrede am 25. Februar 1956 auf dem 20. Parteikongreß die „Entstalinisierung" ein.[321] Er nannte darin diverse Verbrechen Stalins offen beim Namen, und in den Folgejahren wurden weitere Enthüllungen publiziert. Außerdem relativierte er bei dieser Gelegenheit die These von der notwendigen Verschärfung der Klassengegensätze in der Phase des Aufbaues des Sozialismus. Bürgerliche Schichten könnten auch allmählich auf friedlichem Weg in den Sozialismus hineinwachsen.[322]

Die Lockerung wurde fortgesetzt: Am 19. April 1956 wurde das „Dekret über den Roten Terror" von 1934 annulliert. Zahlreiche Geheimdienstoffiziere wurden entlassen und z.T. wegen Verbrechen bestraft; viele blieben jedoch in ihren Ämtern und wurden nicht verfolgt. Im Jahre 1958 trat ein neues Gesetz über Verbrechen gegen den Staat in Kraft. Es kannte verschiedene Sanktionen wie z.B. Sippenverfolgung nicht mehr, war aber weiterhin drakonisch.[323] Sozusagen war nun ein gewisses Maß an Ruhe und Berechenbarkeit in der Strafverfolgung eingekehrt, jedoch kannte das sozialistische Rechtssystem weiterhin nur eine eingeschränkte Form von Rechtsstaatlichkeit. Die Ziele des sozialistischen Staates waren der Justiz stets übergeordnet.

Die Anklagen der „Großen Säuberungen" wurden teilweise als unwahr bezeichnet. Es gab offizielle Rehabilitierungen wie beispielsweise im Falle der Offiziere um Marschall Tuchatschewski. Andere, wie Sinowjew, Kamenew oder Bucharin, erfuhren diese Gunst nicht. Auch die während des Zweiten Weltkrieges deportierten Völker wurden rehabilitiert; eine genügende Wiedergutmachung ihrer materiellen oder territorialen Verluste erfolgte jedoch nicht.

In internationalen Konventionen wurde ein menschenwürdiger Strafvollzug garantiert. Im Jahre 1956 gab Chruschtschow die Auflösung der Zwangsarbeitslager offiziell bekannt. Etwa 70 % der Insassen wurden entlassen und teilweise auch rehabilitiert. Dem vorausgegangen war eine Welle blutig niedergeschlagener Streiks in Lagern in der gesamten Sowjetunion. So hatten die Gefangenen, unter denen sich unzählige Kriegsteilnehmer befanden, im Sommer 1953 die Lager Workuta, Inta und Norilsk, im Frühjahr 1954 das in Kingir zum Teil mehrere Wochen in ihrer Hand. Zur Niederschlagung der Aufstände wurden Panzer eingesetzt. Bei der Rückeroberung der Kupfermine von Kingir starben innerhalb einer einzigen Stunde 500 Frauen unter Panzerketten.[324]

Nichtsdestoweniger blieb das Lagersystem in reduziertem Umfang prinzipiell erhalten, auch für politische Gefangene. Die Dokumente über die Reform des Strafvollzugs blieben im Lande selbst geheim.[325] Die Bestimmungen in den Lagern wurden später sogar zum Teil verschärft: So wurde 1961 für Akte der Aggression gegen die Lagerverwaltung erstmals die Todesstrafe eingeführt.[326] Auch die propagandawirksam bekanntgegebene Schließung von Gefängnissen erwies sich bei näherem Hinsehen oft als Augenwischerei: So hatte man 1957 offiziell den aus 25 Einzelgefängnissen bestehenden Moskauer Zuchthauskomplex Butyrki geschlossen – doch in Wirklichkeit war davor nur ein die Sicht verdeckendes Haus errichtet worden.[327]

Der symbolische Höhepunkt der Chruschtschowschen Reformen war die Entfernung der an der Seite Lenins ruhenden Stalin-Mumie aus dem Mausoleum am Roten Platz im Jahre 1961. Seine Büste an der Kremlmauer blieb aber stehen.

Zweifellos erfolgte unter Chruschtschow eine augenfällige Verminderung des Terrors. Für Solschenizyn war es das „Chruschtschowsche Wunder" von 1955-1956 – „das nicht vorausgesagte unglaubliche Wunder der Entlassung von Millionen unschuldig Inhaftierter, das mit bruchstückhaften Ansätzen einer menschlichen Gesetzgebung verbunden war." [328] Diese Entwicklung war allerdings nicht nur auf moralische Bedenken und Einsichten zurückzuführen. „(...) in anderen Bereichen, von anderer Hand gelenkt, häufte sich gleichzeitig Gegenteiliges", meint Solschenizyn.

Alexander Dallin und George W. Breslauer unterscheiden drei Phasen der Verfestigung kommunistischer Systeme: Machtergreifung, Mobilisierung und Post-Mobilisierung. [329] Insbesondere in der zweiten Phase der Mobilisierung sei Terror ein beherrschendes Organisationsprinzip: Alle Ressourcen würden zur Verwirklichung eines Zieles mobilisiert. Außerdem würden in dieser Phase alle rivalisierenden Autoritäten und Wertsysteme mittels Terrors ausgerottet. Nach Verwirklichung des gesetzten Zieles werde jedoch eine Modifikation der Methoden notwendig. Man könne eine Bevölkerung nicht in einen permanenten Zustand der Revolution versetzen; massiver, unkalkulierbarer Terror erweise sich schließlich als zu teuer, kontraproduktiv und ökonomisch ineffektiv. Es müsse sich eine Phase der Beruhigung und Berechenbarkeit anschließen. Diese Post-Mobilisierungs-Phase könne nach Verwirklichung einer sich selbst tragenden Wirtschaft sowie eines freiwilligen Konformitätsstrebens der Bevölkerung einsetzen. Auch positive Anreize in Form ökonomischer Belohnungen könnten nun gegeben werden. Begrenzter Terror als Drohung und Ultima ratio, zur Erreichung genau definierter Einzelziele sowie gegen eine eng begrenzte Gruppe von Dissidenten, reiche nun aus; er sei zwar weniger brutal, aber mindestens so umfassend und oft subtiler. Totalitäre Herrschaft sei immer eine der jeweiligen Situation angepaßte Mischung aus verschiedenen Komponenten.

So waren bereits unter Stalin um 1950 die Bedingungen in den Arbeitslagern wieder erleichtert worden, da die zu starke Repression sich als ökonomisch ineffizient erwiesen hatte. Es erscheint zweifelhaft, ob Stalin sein System permanenten Terrors überhaupt ohne das Ereignis des Zweiten Weltkriegs so lange hätte durchhalten können. Chruschtschow vollzog demnach lediglich die ökonomisch wie systemtheoretisch überfällige Wende. Man darf dabei auch nicht übersehen, daß in der frühen Chruschtschow-Ära in verschiedenen Warschauer-Pakt-Staaten, wie beispielsweise Polen, Ungarn und der DDR, noch mit sowjetischer Unterstützung jene von massivem Terror begleitete Mobilisierungs-Phase ablief.

Zudem handhabt ein totalitäres System, wenn es eine bestimmte Ausbaustufe erreicht hat, eine derart weitreichende Kontrolle aller Lebensbereiche seiner Einwohner, daß massiver Terror unnötig ist. Der tschechische Dissident Simecka schreibt: „Der totalitäre Staat hat weit mächtigere Waffen zu seiner Verfügung: Alle Bürger sind seine Angestellten, und es stellt überhaupt kein Problem dar, sie entlang einer Skala von Anreizen nach oben wie nach unten zu bewegen – die Guten zu belohnen, die Schlechten zu bestrafen." [330]

Auch der britische Historiker Conquest weist darauf hin, daß die Entstalinisierung „unvollständig und sporadisch" gewesen sei. [331] Grundsätzlich seien der Stalinsche Apparat, die von ihm geschaffene Klasse der „Nomenklatura" und der Machtapparat des Geheimdienstes intakt geblieben. Die offizielle Kritik habe sich mehr an Stalins Personenkult als an seinen Verbrechen entzündet, wo nur bestimmte Exzesse verworfen wurden. Moralisch war bekanntlich, um es mit Lenins Worten auszudrücken, was der Revolution nützt. Kritik an Stalin offenbarte denn auch kaum moralische Bedenken, sondern man warf ihm strategische Fehler etc. vor.

Chruschtschow hatte sich denn auch in seiner Geheimrede auf dem 20. Parteikongreß am 25. Februar 1956 nicht grundsätzlich von Terror und Gewalt distanziert. So sei Stalins Vorgehen gegen Konterrevolutionäre und Abweichler bis etwa 1934 durchaus „positiv" gewesen. Erst danach, als der Sozialismus etabliert und ungefährdet gewesen sei, habe Stalin seine Macht mißbraucht und eine ungerechtfertigte, massenweise Repression eingeleitet, die sich auch gegen zahlreiche aufrechte Kommunisten gerichtet habe. Den von ihm geprägten Begriff „Volksfeinde" habe er in beliebiger Weise und inflationär gehandhabt. Die „revolutionäre Gerechtigkeit" sei dadurch vergewaltigt worden. Letztendlich habe Stalin aufgrund seiner schon von Lenin attestierten Charakterfehler die ihm zukommende Machtfülle nicht vertragen. In der Geheimrede wurde vor allem der „Persönlichkeitskult" Stalins verdammt, erst in zweiter Linie sein Massenterror. [332]

Wolfgang Strauß zählt fast in jedem Jahr seit 1959 Arbeiterstreiks auf. In der Industriemetropole Nowotscherkask im ukrainischen Donbas brachten die Streikenden im Juni 1962 gar die gesamte Stadt unter ihre Kontrolle; unter den zur Niederschlagung eingesetzten Soldaten kam es zu Meutereien. Die Niederwerfung forderte schließlich den Tod von rund fünfhundert Arbeitern und Studenten. [333] Trotz harten Vorgehens der Polizei konnte die Streikwelle, die sich gegen unzumutbare Arbeitsbedingungen und schlechte Lebensmittelversorgung richtete, bis zum Ende der Sowjetunion nicht zum Erliegen gebracht werden.

Auch außenpolitisch kam es nicht zu einer Lockerung des sowjetischen Machtmonopols im Ostblock: Zwar mußte Chruschtschow 1956 eine „friedliche Koexistenz" zwischen dem sowjetischen und dem jugoslawischen System Titos anerkennen, billigte jedoch den Ostblockstaaten keinen eigenen Weg zum Sozialismus zu: Das ZK der KPdSU warnte angesichts der Reformbestrebungen in Polen und Ungarn am 30. Juni 1956, daß die internationalen sozialistischen Interessen den nationalen übergeordnet seien, und erteilte damit einer „Jugoslawisierung" Osteuropas eine klare Absage.[334] Anfang November 1956 intervenierte die Rote Armee in Ungarn (übrigens in Absprache mit Tito), und auch den polnischen Kommunisten hatte man zwei Wochen zuvor wahrscheinlich unverhüllt mit Intervention gedroht.[335]

Im Jahre 1963 wurde Chruschtschow durch Leonid Iljitsch Breschnew gestürzt. Der wegen seiner strikten Reglementierung unzufriedene KGB war daran beteiligt. Unter Breschnew erfolgte dann eine erneute Förderung des KGB als privilegiertes Organ im Sowjetstaat. Im Jahre 1967 stürzte Yuri Andropow den bisherigen Geheimdienstchef Semichastny und baute den KGB wieder zu einem allmächtigen Staat im Staat aus, mit eigenen Truppen in einer Zahl von mehreren Hunderttausend Mann, eigenen Gefängnissen, psychiatrischen Sonderanstalten etc.[336]

Die Ära Breschnew leitete auf vielen Gebieten eine gewisse Restalinisierung ein, sowohl in der Wahl der Methoden wie auch in der Beurteilung von dessen Person. Der repressive Charakter des Systems wurde wieder verstärkt, und zweimal, 1969 und 1979, soll Breschnew gar eine offizielle Rehabilitierung Stalins geplant, schließlich jedoch mit Rücksicht auf die kontraproduktive Wirkung im Ausland darauf verzichtet haben. Allenfalls eng begrenzte innere Reformen waren im Ostblock möglich, wenn sie den Moskauer Primat nicht in Frage stellten.

Insbesondere die Rolle des Geheimdienstes wurde unter Breschnew wieder aufgewertet. Unter Chruschtschow inhaftierte Geheimdienstoffiziere wurden entlassen. Neue Strafbestimmungen für staatsfeindliche Aktivitäten wurden 1966 dem Strafgesetzbuch hinzugefügt.[337] In den Lagern wurden die Bestimmungen verschärft, so z.B. die maximale Isolationshaft von drei Monaten auf ein Jahr ausgedehnt.[338] Nun richtete sich der Terror auch wieder vermehrt gegen Gruppen, wie z.B. Christen oder nationale Minderheiten, anstatt nur gegen Individuen.

In den siebziger und frühen achtziger Jahren wurden die gesetzlichen Bestimmungen weiter verschärft: Zu nennen sind das neue Religionsgesetz (1975), das Grenzgesetz (1982) und das Staatsschutzrecht (1984). Auch wurden die Paß-, Melde- und Aufenthaltsbestimmungen für Inländer verschärft.[339] Peter Hübner spricht von einer „strukturelle(n) Verankerung von Menschenrechtsverletzungen im sowjetischen Rechtssystem".[340]

Ebenfalls in den siebziger und achtziger Jahren fand in der Sowjetunion ein Kirchenkampf statt. Die russisch-orthodoxe Kirche genoß eine gewisse privilegierte Stellung: In Rußland selbst wurde weiterhin die Schließung von Kirchen betrieben, in nichtrussischen Teilen der Sowjetunion wurde ihre Ausbreitung jedoch gestattet, da man sich dadurch eine Unterstützung der Russifizierung versprach. Gläubige mißtrauten denn auch vielfach der offiziellen Russisch-Orthodoxen Kirche und begründeten Untergrundgemeinden. Wesentlich stärker wurde jedoch gegen andere Religionsgemeinschaften (wie z.B. die katholische Kirche in Litauen) und gegen nichtregistrierte Sekten wie z.B. die Baptisten vorgegangen.[341] So wurden zwischen 1975 und 1985 etwa 6.000 Christen und andere weltanschauliche Dissidenten verhaftet und zu durchschnittlich dreieinhalb Jahren Haft verurteilt.[342]

Unter Breschnew verstärkte sich auch der Russifizierungsdruck. Im Zuge einer Politik der „Verschmelzung der Völker" sollte das Russische nun nicht nur als Behörden- und Geschäftssprache, sondern auch in der Öffentlichkeit, in den Bereichen Kultur und Bildung auf Kosten der einheimischen Sprachen vorherrschend werden.[343]

Kritiker des Systems setzten seit Ende der sechziger Jahre vermehrt an der Frage der Menschenrechte an. Die Sowjetunion hatte sowohl die Allgemeine Menschenrechtsdeklaration von 1948 wie die Internationalen Menschenrechtspakte von 1966 und 1975 ratifiziert. Sie instrumentalisierte dieses Thema aber vorwiegend in außenpolitischer Hinsicht, wenn sie z.B. Menschenrechtsverletzungen kapitalistischer Staaten in der dritten Welt geißelte. In der Innenpolitik war das Thema jedoch weitgehend ein Tabu. Die Menschenrechtsgruppen wurden mit besonderer Härte verfolgt, rekrutierten sie sich doch zumeist aus Kreisen von Akademikern, die auch im Ausland bekannt waren.[344]

Nach kommunistischem Verständnis werden allerdings universal gültige Menschenrechte strikt abgelehnt. So schrieb in der DDR 1954 zu diesem Thema Franz Nowack:

„Alle Versuche bürgerlicher ‚Wissenschaftler', die in der Aufstiegsperiode der Bourgeoisie proklamierten Grundrechte und Grundpflichten als allgemein menschlich anzupreisen, sind betrügerische Machenschaften, dazu bestimmt, in den Köpfen der werktätigen Massen Verwirrung zu schaffen. Diese Grundrechte und Grundpflichten, deren Klassencharakter man zu vertuschen versucht, sind lediglich bürgerlich menschliche Rechte, Rechte der Bourgeoisie, deren Bedeutung in der Verfallsperiode der kapitalistischen Gesellschaft aber keinesfalls unterschätzt werden darf. Allgemein menschlich, das heißt im Interesse der gesamten Menschheit, war erstmalig die ‚Deklaration der Rechte der Werktätigen und des ausgebeuteten Volkes' der jungen Sowjetmacht (1918), in der die Aufhebung des Privateigentums an den Produktionsmitteln und damit die Beseitigung der Ausbeutung des Menschen durch den Menschen verkündet wurde." [345]

Gegen Dissidenten wurde nun im Rahmen sozialistischer Legalität vorgegangen. Deren führende Köpfe wurden systematisch von ihrer Basis isoliert:

In Prozessen wurden sie zu Gefängnis- oder Lagerhaft verurteilt bzw. in die Emigration gezwungen.[346]

Es kam nicht mehr zu Massenterror wie unter Stalin; die Methoden der Repression waren verfeinert. So ging man in der späten Sowjetunion gegen Dissidenten vielfach nicht mit Schauprozessen und spektakulären Strafen, sondern durch eine Kombination verschiedener Einzelmaßnahmen vor. Dazu konnten z.B. Entlassung am Arbeitsplatz, Verweigerung ärztlicher Hilfeleistung und ähnliches zählen. Auch suchte man Oppositionelle durch Beschuldigung mit Rowdytum, Zoll- und Devisenvergehen zu gewöhnlichen Kriminellen abzustempeln. Hinzu trat die gezielte publizistische Diffamierung von Dissidenten in den Medien.[347] Bisweilen räumte man unbequeme Dissidenten auch stillschweigend aus dem Weg, wie den ukrainischen Jugend-Rebellen Wolodymyr Iwasjuk. Er wurde am 23. April 1979 letztmals lebend in einem Polizeiauto gesehen; seine entstellte Leiche wurde am 18. Mai 1979 in einem Waldstück gefunden.[348]

Nichtrussische Dissidenten wurden in der Regel härter als russische verfolgt und erhielten wesentlich höhere Gefängnisstrafen.[349] In den nichtrussischen Republiken war der Widerstand auch besonders stark: Zur individuellen Vergewaltigung kam hier die nationale hinzu. Um 1980 waren z.B. etwa 40 % der politischen Häftlinge Ukrainer, die nur 18 % der Bevölkerung der Sowjetunion ausmachten. Auch der Anteil der Esten, Letten und Litauer war in den Gefängnissen und Lagern überproportional hoch.[350]

Gemäß dem Oppositionellen Juri Orlow gab es im Sommer 1979 fünf Millionen Zwangsarbeiter (rund 2 % der Bevölkerung), die wegen ihrer politischen oder religiösen Überzeugung inhaftiert wurden.[351] Laut dem jüdischen Bürgerrechtler Shifrin waren im Jahre 1986 2.480 Straflager namentlich bekannt, die mit 6 Mio. Insassen belegt waren (politische Häftlinge wie Kriminelle). Für Frauen wie für Kinder gäbe es spezielle Lager. So müßten beispielsweise Frauen, darunter auch stillende Mütter, in einem Lager bei Nowosibirsk in der Nähe des Flughafens Tolmatschenko schwerste körperliche Arbeiten bei der Herstellung von Eisenbetonplatten verrichten. In Nowosibirsk befände sich auch ein Kinderlager. Wärter würden dort „Erzieher" genannt, erzögen aber vornehmlich mit Prügeln und Essenskürzungen. Erzwungene sexuelle Handlungen mit den Kindern sollen dort häufig vorgekommen sein.[352]

Shifrin bezeichnete zahlreiche Gefangenenlager als „Vernichtungslager". In über fünfzig Lagern in Kasachstan, Usbekistan, Tadschikistan, Kirgisien und Sibirien müßten die Gefangenen über und unter Tage Uran fördern. In einem solchen Lager, 100 km abwärts des Jenissej von Krasnojarsk entfernt, würden 20.000 Gefangene Uran in der Taiga abbauen. Sie lebten in unterirdischen Stollen und würden der Strahlung praktisch schutzlos ausgesetzt. Das Lager sei großräumig eingezäunt und würde nur von außen bewacht. Unter entsprechenden Bedingungen finde die Reinigung der Düsen atomgetriebener U-Boote in der Bucht Rakuschka (Bezirk Primorski), in der Bucht Paldinski (Estland), in der Bucht Tarja (Halbinsel Kamtschatka), in Mirny und Sewerodwinsk (bei Archangelsk) statt. In drei Lagern, darunter auch Frauenlager, im Gebiet von Irkutsk würde gesundheitsschädliche Spaltung von Glimmer betrieben. Glasschleifarbeiten ohne Saugventilation fänden in den Lagern Sosnowka und Dubrowlag, beide in der Mordwinischen Autonomen Sowjetrepublik gelegen, statt.[353]

Zwangsarbeiter leisteten einen wesentlichen Beitrag zur sowjetischen Rüstungs- und Erdölindustrie. Sie produzierten „Volkskunst" und Matrjoschki-Puppen für Touristen wie auch Lebensmittel, die an den Westen verkauft würden.[354]

Die Mittel zur Disziplinierung der Häftlinge wurden im Lauf der Jahre verfeinert: Elektroschocks, nasse Zwangsjacken, die beim Trocknen schrumpfen und den Körper wie einen Schraubstock zusammenpressen, Blinklampen, deren hohe Blinkfrequenz vom bloßen Auge nicht wahrgenommen wird, jedoch nach 60-90minütiger Anwendung hysterische Ausbrüche bewirkt. Kriminelle Mitgefangene wurden häufig zu Schikanierung, Verprügeln oder homosexueller Vergewaltigung politischer Gefangener ermuntert.[355]

Politische Häftlinge wurden in vielen Fällen in den Selbstmord getrieben bzw. durch unterlassene medizinische Hilfeleistung indirekt zu Tode gebracht. In den Lagern, psychiatrischen Verwahranstalten und Gefängnissen wurden zwischen 1975 und 1985 mindestens 49 unnatürliche Todesfälle von Häftlingen bekannt. Die Dunkelziffer war wohl wesentlich höher, da man in solchen Fällen Häftlinge todkrank zu entlassen pflegte.[356]

Der Rechtsweg wurde vielfach zugunsten willkürlicher „Telefonjustiz" umgangen. Ein spektakuläres Beispiel war die nicht von einem Gericht, sondern vom Obersten Sowjet 1980 ohne jede Rechtsgrundlage angeordnete Deportation des Regimekritikers Prof. Sacharow nach Gorki und seine dortige völlige Isolierung. Da es sich nicht um eine gerichtliche Maßnahme handelte, war auch kein Einspruch möglich. Prof. Sacharow wurde seiner Persönlichkeitsrechte beraubt und z.B. erniedrigt, indem er bei ärztlichen Untersuchungen ohne sein Wissen gefilmt wurde.

Ein besonders dunkles Kapitel war der Mißbrauch der Psychiatrie:[357] Die Erklärung eines Dissidenten für geisteskrank entzog ihn der Anwendung der gesetzlichen Bestimmungen, ermöglichte eine unbegrenzte Verwahrdauer und nahm ihm wie seinen Angehörigen auch jegliche Möglichkeit der Berufung. Auskünfte wurden unter Verweis auf die ärztliche Schweigepflicht abgelehnt. In den Gefangenenstatistiken tauchten die Insassen der Nervenkrankenhäuser nicht auf. Unter dem vorgeblichen Ziel der Heilung wurden willkürlich schmerzhafte wie persönlichkeitsverändernde Medikamente verabreicht. Gerade letzteres empfanden viele Insassen wesentlich erniedrigender als körperliche Folterungen.

Die dahinter stehende zynische Haltung kennzeichnet sehr gut die Aussage der sowjetischen Psychiaterin Dr. A. P. Filatowa: „Kein normaler Mensch kann in Opposition zu dem Staat der Arbeiter und Bauern stehen."[358] Terrormaßnahmen wurden in der Sowjetunion euphemistisch zur staatlichen Fürsorge uminterpretiert: „Unbelehrbaren" bot der Staat die Chance der Läuterung durch Zwangsarbeit, „Kranken" bot er die Möglichkeit der Heilung.

Seit 1945 hatte der Geheimdienst in enger Zusammenarbeit mit dem Innen- und Gesundheitsministerium die Psychiatrie in seine Dienste gestellt. Vom KGB lizensierte Psychiatrie-Professoren fungierten vor Gericht als Gutachter und erklärten Angeklagte als „Psychopathen" (70 % der Fälle) oder „Schizophrene" (30 %) für nicht zurechnungsfähig, worauf sie in Krankenhäuser eingewiesen wurden. Entlassungen konnten jedoch nur von den Gerichten, nicht von den Ärzten, rechtskräftig angeordnet werden. Nahezu alle psychiatrischen Krankenhäuser erhielten im Lauf der Zeit geschlossene Verwahrabteilungen; der KGB betrieb auch selbst zahlreiche dem Innenministerium unterstellte Sonderanstalten. Der gesamte Komplex der Psychiatrie wurde als Staatsgeheimnis betrachtet und unterlag strenger Geheimhaltung.

Verabreicht wurden in Form von Tabletten wie Injektionen vor allem Sedativa (Tranquilizer) und Neuroleptica, letztere ebenfalls zur Ruhigstellung, aber auch zur Schmerzverursachung. Sedativa und Neuroleptica kommen in der Tat bei der Behandlung von Geisteskranken zur Anwendung. In hoher Dosis und ohne vorherige Untersuchung möglicher Nebenwirkungen an zweifelsohne geistig Gesunden eingesetzt, riefen sie indes in vielen Fällen schmerzhafte Bewegungsverlangsamung, Muskelsteifheit (z.B. Unfähigkeit, den Mund zu schließen, Heraushängen der Zunge), Ruhelosigkeit, zwanghafte Veränderungen der Körperstellung und damit Schlafstörungen, Angstgefühl, Unsicherheit und starke Erhöhung der Libido hervor. Mit der Drohung der zwangsweisen Verabreichung derartiger Mittel wurden Insassen eingeschüchtert und gefügig gemacht. Nicht selten rief man bei den Opfern auch ein Suchtverhalten hervor.

Auch mit Elektro- und Insulin-Schocks wurde fallweise gearbeitet; letztere führten zu Bettlägrigkeit und einer Verschlimmerung vorhandener Herz- und Nierenerkrankungen. Beliebt war die langdauernde Isolationsverwahrung, was man als „Mauer-Therapie" bezeichnete. In manchen Anstalten wurden die Insassen anscheinend auch geschlagen oder wochenlang im Bett festgebunden.

Das Sacharow-Komitee hatte bereits 1973 den Mißbrauch der Psychiatrie angeprangert. Gegen den Protest der sowjetischen Wissenschaftler verurteilte der Weltverband für Psychiatrie auf seinem Kongreß in Honolulu im August 1977 scharf die Zwangsbehandlung geistig Gesunder; die sowjetische Sektion trat daraufhin 1983 aus. Psychiatrische Sonderanstalten des Innenministeriums wurden seit 1977 an die Peripherie der Sowjetunion verlegt, um sie der Öffentlichkeit zu entziehen. Mitte der achtziger Jahre gab es solche psychiatrischen Sonderanstalten z.B. in Dnjepropetrowsk, Sytscherosk, Orel, Kasan, Leningrad und Tschernjachowsk (dem früheren Insterburg/Ostpreußen).

Nach dem Tod Breschnews rückte 1982 der bisherige KGB-Chef Juri Andropow zum Generalsekretär der Partei auf, starb aber bereits zwei Jahre später. Mit Generalsekretär Konstantin Tschernenko kam im Februar 1984 wieder ein Mann der Breschnew-Ära an die Macht, doch er starb noch schneller als sein Vorgänger und konnte seiner Regierungszeit keinen Stempel mehr aufprägen.

Unter dem letzten sowjetischen Generalsekretär Michail Gorbatschow (1985-91) wurden Reformen durchgeführt, die mit der Freilassung des Regimekritikers Sacharow und dessen Ernennung zum Abgeordneten im neugeschaffenen Volkskongreß im Jahre 1986 eingeleitet wurden. Die Menschenrechtsbewegung wurde offiziell anerkannt. Politische Häftlinge ließ man im Rahmen von Amnestien frei. Im Zuge von „Glasnost" (Öffentlichkeit, Transparenz) wurden die Verbrechen der Stalin- und Breschnew-Zeit in den Medien nun offen behandelt und kontrovers diskutiert.

Doch Gorbatschows Liberalismus war selektiv: Glasnost stieß an Grenzen, wenn das übergeordnete Interesse des Systems betroffen war. Dies zeigte sich beispielsweise bei der versuchten Verschleierung der Nuklearkatastrophe von Tschernobyl im Jahre 1986, wo Gorbatschow erst nach 19 Tagen einige Todesfälle infolge der „Havarie" zugab. Löschmannschaften der Feuerwehr und Armee waren zunächst ohne jegliche Schutzkleidung an den Unglücksort entsandt worden, um eine Panik unter der Bevölkerung zu vermeiden. Viele der Ersthelfer sind inzwischen an den Folgen der extremen Strahlenbelastung verstorben.[359] Zensur und Bespitzelung wurden unter Gorbatschow zwar abgebaut sowie die Willkür der Staatsorgane eingeschränkt, aber die Machtstellung des KGB und seiner Sondereinheiten blieb erhalten und überlebte selbst das Ende der Sowjetunion.

Die fehlende Bereitschaft Gorbatschows, vom kommunistischen Zentralismus und Imperialismus abzugehen, war ein wesentlicher Grund für den späteren Zerfall der Sowjetunion. Nicht zuletzt ermuntert durch Glasnost, begannen die Völker der Sowjetunion in den achtziger Jahren über den Verlust ihrer Sprache und Kultur und die Fälschung ihrer Geschichte offen nachzudenken.

Eine weitere Sünde des sowjetischen Systems machte sich jetzt bemerkbar und stimulierte gerade in den nichtrussischen Republiken den nationalen Widerstand: die Vergewaltigung der Umwelt im Zuge eines grenzenlosen utopischen Wachstumsdenkens. 20 % der Sowjetunion konnten als ökologische Krisen- oder Katastrophengebiete eingestuft werden. Gerade an der Peripherie waren die Umweltschäden oft besonders prekär. Zum Verlust der Sprache, der Kultur und der Geschichte trat nun noch der drohende Verlust der Heimat.

Die Ukraine umfaßte z.B. 3 % des Territoriums der Sowjetunion, erzeugte jedoch 25 % der Industrieproduktion und 40 % der Atomenergie, und dies in

einem wegen der hohen Bevölkerungsdichte, der karstiger Böden und erdbe-
bengefährdeten Regionen für die Nuklearenergie wenig geeigneten Gebiet.
Der Atomunfall im ukrainischen Tschernobyl (1986) verseuchte 12 % der
landwirtschaftlichen Nutzfläche in der Ukraine (und 20 % im benachbarten
Weißrußland). 4 Mio. Menschen, davon die meisten in der Ukraine, wurden
gesundheitsgefährdender radioaktiver Strahlung ausgesetzt. In 21 Städten
überschritt die Konzentration toxischer Stoffe der Luft die zugelassenen Normen um das fünfzehnfache. Aus ideologischen Gründen hatte man „sozialistische Städte" in direkter Nachbarschaft der Schwerindustrien angesiedelt. Die
Gewässer der Ukraine sind verseucht; 20.000 kleine Flüsse wurden zwischen
1981 und 1991 vernichtet.[360]

In den zentralasiatischen Republiken und in Kasachstan hatte die Baum-
wollmonokultur eine Wasserkrise unvorstellbaren Ausmaßes ausgelöst. Durch
massive Ausdehnung der künstlichen Bewässerung bei oft dilettantisch ange-
legten Kanälen, in denen das Wasser größtenteils nutzlos versickerte, erfolgte
eine Austrocknung und Versalzung des an der Grenze von Usbekistan und
Kasachstan gelegenen Aral-Sees. Seine Wasseroberfläche sank seit 1960 um
fast 60 %; der Salzgehalt hat sich verdreifacht. Hafenstädte liegen inzwischen
bis zu 100 km vom Seeufer entfernt in einer Salzwüste, und Fischfang ist nicht
mehr möglich. Das Klima hat sich dramatisch verändert: Aufgrund der Ver-
steppung kommt es zu Sand- und Salzstürmen, und am freigelegten Grund des
Sees werden nun angeschwemmte Nitrate, Pestizide, Entlaubungsmittel und
andere Chemikalien frei und verseuchen die Felder. Die Lebensgrundlagen der
Anwohner, der Karakalpaken, sind zerstört. Erkrankungen sind häufig, die
Säuglingssterblichkeit liegt weltweit an der Spitze.[361]

In Kasachstan gab es im Umkreis des streng geheimen Nukleartestgeländes
von Semipalatinsk hohe radioaktive Umweltbelastungen mit entsprechenden
Folgeerscheinungen. Seit 1949 fanden 120 oberirdische und 347 unterirdische
Explosionen statt. Die in unmittelbarer Nähe lebenden 1,3 Mio. Menschen
wurden über die Risiken nicht aufgeklärt und zum Schweigen verpflichtet.
Einheiten der Roten Armee wurden als Versuchsobjekte im Explosionsgebiet
eingesetzt und erlitten in den Folgejahren hohe Verluste aufgrund nuklearer
Verseuchung. In der Öffentlichkeit wurde dies verschwiegen.

Ähnlich verhält es sich im Umkreis der russischen Plutoniumindustrie zwi-
schen Tscheljabinsk und Swerdlowsk (heute wieder Jekaterinburg) am Ural,
wo es bereits in der Anfangszeit zwischen 1947 und 1952 zu einer Serie von
Unfällen kam. Bei einem vertuschten, jedoch besonders schweren Unfall in
Kyschtym im Jahre 1957 wurden hier 2 Mio. Curie freigesetzt: Hunderte Menschen starben, und ganze Landstriche wurden unbewohnbar.[362] Auf der Insel
Nowaja Semlja und in anderen Gebieten wurden ober- und unterirdische
Kernexplosionen durchgeführt. Zahlreiche Seen und Gewässer sind durch
radioaktive Abfälle verseucht, die im Westen Rußlands, im Polarkreis, im

Uralgebiet und in Südsibirien abgelagert wurden. Vor Murmansk versenkte man 135 Reaktoren aus 71 stillgelegten Atom-U-Booten im Meer bzw. lagerte sie auf Schiffen.[363]

Hunderte von Toten forderte am 3. April 1979 auch die Explosion einer Fabrik für bakteriologische Bomben in Kaschino am Ural; ein ähnliches Unglück ereignete sich im gleichen Jahr in Nowosibirsk.[364] Die Bodenschätze werden ohne Rücksicht auf Mensch und Umwelt ausgebeutet: So ist auf der russischen Halbinsel Kola in einem Durchmesser von 30 km um die Stadt Nikel herum eine Schwefelwüste entstanden. Bei der Verwandlung von Nickeloxid zu Nickel entstehen Schwefeloxidgas, Schwermetalle, Arsen, Antimon und Cadmium. Die durchschnittliche Lebenserwartung der dort lebenden Menschen sank innerhalb von drei Jahrzehnten von 62 auf 50 Jahre.[365]

Undichte Erdölleitungen verseuchten das Grundwasser und die Flüsse insbesondere in den nördlichen Gebieten, die nur über eine geringe Regenerationsfähigkeit verfügen. Sibirien ist durch die rücksichtslose Ausbeutung seiner Bodenschätze in weiten Teilen ökologisch vergiftet (Böden, Gewässer, Klima). Riesige Flußumleitungsprojekte drohten unvorhersehbare ökologische Folgeerscheinungen hervorzurufen. Experten gehen davon aus, daß Rußland wahrscheinlich die weltweit größte Umweltzerstörung erlitt. Russische Dissidenten griffen in den achtziger Jahren die ökologische Problematik auf.

In Estland löste der gefahrenträchtige größte Brennschieferabbau der Welt unvorhergesehene chemische Reaktionen im Boden wie in den Gewässern aus, und die unbegrenzte Phosphorytförderung drohte aus einem Drittel des Landes eine Umweltwüste zu machen.[366] In Lettland hatte die von Moskau verordnete extensive Industrialisierung ohne ausreichende Schutzvorrichtungen zu außerordentlichen Umweltbelastungen geführt. 90 % der Betriebe unterstanden der direkten Leitung Moskaus. Gigantische Staudammbauten zerstörten die Landschaft. Der Druck der Öffentlichkeit konnte immerhin Ende der achtziger Jahre den Bau eines Wasser-Großkraftwerkes bei Daugavpils (Dünaburg) verhindern.[367] Die litauische Volksfront „Sajudis" kämpfte für entschlossene Maßnahmen gegen die enorme Umweltverschmutzung und gegen den Ausbau des riesigen Atomkraftwerkes von Ignalina.[368]

Die 1987 von den baltischen Republiken vorgeschlagene Umwandlung der Sowjetunion in eine Konföderation lehnte Gorbatschow ab. Das Jahr 1988 bedeutete dann einen Wendepunkt: Im Konflikt zwischen Armenien und Aserbeidschan versagte erstmals die Macht der Zentrale. In den baltischen Staaten traten die „Volksfronten" mit nationalen Fahnen und Emblemen offen auf, und die Souveränitätserklärung des estnischen Obersten Sowjet vom 16. November 1988 gab den Auftakt zum Zerfall des Imperiums. Gorbatschows Argumentation, daß allein die enge wirtschaftliche Verflechtung der Republiken den Fortbestand der Sowjetunion erzwinge, fiel auf keine positive Aufnahme, sondern wurde im Gegenteil als Erpressungsversuch empfunden. Erst als es zu spät war, griff Gorbatschow 1990 den Gedanken einer Konföderation auf.

Gorbatschow war nicht bereit, den Völkern der Sowjetunion nationale Selbstbestimmung zuzugestehen, sondern wollte das sowjetischen Imperium mit allen Mitteln zusammenhalten. Eine friedliche Demonstration in der georgischen Hauptstadt Tiflis wurde am 9. April 1989 von sowjetischen Truppen mit Pionierspaten und möglicherweise Einsatz von Giftgas brutal auseinandergejagt. Nach offiziellen Angaben gab es zwanzig Tote; inoffizielle Schätzungen gehen weit darüber hinaus. Über die Zusammensetzung des verwendeten Giftgases verweigerte das Militärkommando jegliche Auskunft.[369] Eine ähnliche blutige Niederschlagung einer Demonstration erfolgte 1990 in Baku/Aserbeidschan. In Armenien billigte Gorbatschow die Verhaftung von Führern der national-demokratischen Karabach-Bewegung.

Im Frühjahr 1990 erklärten die baltischen Republiken ihre Unabhängigkeit, und Gorbatschow verkündete daraufhin eine Wirtschaftsblockade. KGB-Sondereinheiten versuchten im Januar 1991, die Regierungen der baltischen Republiken zu stürzen, und ermordeten dabei in Wilna (Litauen) und Riga (Lettland) vierzehn bzw. fünf Zivilisten. Möglicherweise hat Gorbatschow diese Vorgänge nicht persönlich initiiert, aber doch zumindest gebilligt: Es erscheint kaum glaubhaft, daß er davon nichts gewußt haben soll.

In Afghanistan führte die Rote Armee seit 1979 einen blutigen Kolonialkrieg und setzte dort heimtückische Mittel wie als Spielzeug getarnte Minen ein. Sie beging zahlreiche Massaker wie am 20. April 1980 in Karala, wo 1.170 unbewaffnete Jungen und Männer erschossen wurden.[370] Noch vier Jahre lang führte Gorbatschow nach seinem Amtsantritt den Afghanistan-Krieg weiter und zog erst 1989 die Rote Armee zurück, nachdem sich die militärische Lage dort verschlechtert und die Wirtschaftskrise in der Sowjetunion drastisch verschärft hatte.

Im Gegensatz zur im Westen vorherrschenden Ansicht gehen die meisten Russen davon aus, daß Gorbatschow durch seine Reformen das kommunistische System nicht demokratisieren, sondern modernisieren und stabilisieren wollte und den Niedergang des Systems eher unwillentlich einleitete. Auch nach der Wende bilden die Kommunisten in Rußland eine ernstzunehmende Kraft, bei den Duma-Wahlen vom Dezember 1995 wurden sie sogar wieder zur stärksten Fraktion, und in weiten Teilen des früheren Ostblocks sind „Reformkommunisten" entweder an der Macht geblieben bzw. – unterstützt durch ihren überlegenen organisatorischen und finanziellen Apparat – wieder durch Wahlen an die Macht gekommen. Der erste Präsident der 1991 unabhängig gewordenen Republik Litauen, Vytantas Landsbergis, meinte vor einigen Jahren, der Kommunismus solle tot sein, doch seine Leiche habe noch niemand gesehen ...

Anmerkungen

1   Der Name „Oktoberrevolution" kommt noch vom alten russischen Kalender (dem-nach fand der Sturm auf den Winterpalast am 24./25. Oktober statt). Er wurde dann von den Bolschewisten zugunsten des europäischen Kalenders abgeschafft.
2   Margolina 1992, 54
3   Medwedew 1992, Bd. 3, 159
4   Siehe hierzu Buranow / Chrustaljow 1993
5   Wende ²1990, 251
6   Stökl ⁵1990, 677
7   Lenin, W. I.: Thesen über den Abschluß eines annexionistischen Separatfriedens (1918). In: Lenin 1988, Band IV, 135
8   Nach Solschenizyn 1990, 9f.
9   Halbach 1992, 32-48
10 Antonow-Owssejenko 1983, 208f.
11 Zit. nach Voslensky 1989, 54
12 Voslensky 1989, 55
13 Zit. nach Service 1985, 289 (übersetzt vom Vf.)
14 Rat der Volkskommissare: Dekret über die Einrichtung einer Außerordentlichen Kom-mission für den Kampf gegen Konterrevolution, 8. (20.) Dezember 1917. In: Daniels 1993, 70f. (übersetzt vom Vf.)
15 Ebda., 71
16 Adelman, Jonathan R.: Soviet Secret Police. In: Adelman 1984, 83
17 Ebda., 87
18 Zit. nach Broido 1987, 30 (übersetzt vom Vf.)
19 Ebda., 31
20 Ebda.
21 Conquest 1992, 528
22 Seibert 1931, 217f.
23 Broido 1987, 29 (übersetzt vom Vf.)
24 Chruschtschow erinnert sich, 1992, 86
25 Broido 1987, 87
26 Voslensky 1989, 64
27 Kaplan 1983, 6
28 Simecka 1984, 100f. (übersetzt vom Vf.)
29 Zdenek Mlynar in Kaplan 1983, 3
30 Voslensky 1989, 60
31 Zit. nach Medwedew, 1992, Bd. 3, 160
32 Zit. nach Voslensky 1989, 54
33 Adelman 1984, 84
34 Ebda., 81
35 Broido 1987, 90-93
36 Broido 1987, 35 bzw. 131
37 Adelman, Jonathan R.: Soviet Secret Police. In: Adelman 1984, 87. Für Adelman, einen Anhänger der strukturell-funktionalistischen Terrortheorie, ist diese Zahl, die nur ca. 0,1 % der Sowjetbevölkerung und nur 1 % der 8-13 Mio. Bürgerkriegstoten entspräche, eine relativ niedrige Zahl!
38 Zit. nach Brzezinski 1989, 20
39 Zit. nach Voslensky 1989, 61
40 Zit. nach Broido 1987, 35 (übersetzt vom Vf.)
41 Lenin am 17. Mai 1922 an den Justizkommissar D. Kurski.
    Zit. nach Voslensky 1989, 70

42 Zit. nach Voslensky 1989, 56 (Hervorhebungen im Original)
43 Ebda., 62
44 Zit. nach Broido 1987, 34 (übersetzt vom Vf.)
45 Zit. nach Medwedew 1992, Bd. 3, 151
46 Broido 1987, 53
47 Margolina 1992, 76
48 Ebda., 74
49 Küppers, Bernhard: Die Kosaken - wieder im Kommen. In: Süddeutsche Zeitung, München, 24. Februar 1992. Ausführlich Kormann 1985
50 Wende ²1990, 254-258
51 Wolkogonow 1993, 242
52 Daniels 1993, 81 (Übersetzt vom Vf.; Hervorhebungen im Original)
53 Wehner, Markus: Stalinistischer Terror. Genese und Praxis der kommunistischen Gewaltherrschaft in der Sowjetunion 1917-1953. In: Aus Politik und Zeitgeschichte, B 37-38/96, 6. September 1996, 17.
54 Medwedew 1992, Bd. 1, 219
55 Carr 1980, 30-32
56 Zit. nach Carmichael 1974, 189
57 Für was wir kämpfen. In: Nachrichten des Vorläufigen Kronstädter Revolutionskomitees, 8. März 1921. In: Daniels 1993, 107f.
58 Zit. nach Wittkop 1989, 221
59 Seibert 1931, 52
60 Zit. nach Broido 1987, 123 (übersetzt vom Vf.)
61 Broido 1987, 124f., 131
62 Voslensky 1989, 80f.
63 Adelman 1984, 90
64 Torke 1993, 90
65 Adelman 1984, 90
66 Wehner (wie Anm. 53), 18
67 Bankl 1989, 108f.
68 Broido 1987, 144
69 Wittkop 1989, 210-221
70 Zit. nach Wittkop 1989, 210f.
71 Antonow-Owssejenko 1983, 135
72 Voslensky 1989, 70
73 Torke 1993, 112
74 Zit. nach Voslensky 1989, 72
75 Bankl 1989, 110f.
76 Broido 1987, 8
77 Ebda., 9
78 Voslensky 1989, 63f.
79 Antonow-Owssejenko 1983, 375
80 Zit. nach Stökl ⁵1990, 691
81 Voslensky 1989, 138
82 Carmichael 1972, 220
83 Zit. nach Conquest 1991, 381
84 Medwedew 1992, Bd. 3, 73f.
85 Conquest 1990, 477
86 Stalin, J.: Probleme der Landwirtschaftspolitik in der Sowjetunion (= Rede auf der Konferenz marxistischer Studenten der Landwirtschaftsfrage, 27. Dez. 1929). In: Daniels 1993, 178. (übersetzt vom Vf.)

113

87   Carmichael 1972, 15
88   Zit. nach Carmichael 1972, 13
89   Ebda., 11
90   Conquest 1991, 255
91   Carmichael 1972, 219
92   Broido 1987, 100-105
93   Ebda., 163-165
94   Kersten 1957, 19
95   Ebda., 20
96   Torke 1993, 284
97   Seibert 1931, 224
98   Ebda., 224
99   Carmichael 1972, 22-25
100   Ebda., 186f.
101   Ebda., 27f.
102   Stökl ⁵1990, 693
103   Kosolapov, R. I.: Wir sind das Sowjetvolk. In: Kommunist, (1982) 12, abgedruckt in Daniels 1993, 325 (übersetzt vom Vf.)
104   Zit. nach Medwedew 1992, Bd. 3, 43, 49f.
105   Laqueur 1990, 297f.
106   Carmichael 1972, 29-31
107   Ebda., 306
108   Zit. nach Conquest 1991, 211
109   Carmichael 1974, 305
110   Stalin, J.: Probleme der Landwirtschaftspolitik in der Sowjetunion (= Rede auf der Konferenz marxistischer Studenten der Landwirtschaftsfrage, 27. Dez. 1929). In: Daniels 1993, 178f. (übersetzt vom Vf.)
111   Carmichael 1974, 306
112   Conquest 1991, 213
113   Ebda., 213f.
114   Medwedew 1992, Bd. 1, 235
115   Ebda., 237f.
116   Zit. nach Stökl, ⁵1990, 719
117   Zit. nach Conquest, Robert: Und für die Bauern bolschewikische Härte. In: Die Welt, Hamburg, 5. Februar 1987
118   Conquest 1991, 213
119   Ebda., 214
120   Zit. nach Conquest, Robert: Menschen wurden wie Ungeziefer ausgerottet. In: Die Welt, Hamburg, 3. Februar 1987
121   Kurganow, I. A., zit. nach Solschenizyn, A.; Die russische Frage am Ende des 20. Jahrhunderts, München 1994, 115
122   Stökl ⁵1990, 718
123   Wolkogonow 1993, 248f.
124   Stökl⁵1990, 720
125   Conquest 1991, 215. Hierzu ausführlich: Conquest 1988
126   Conquest, Robert: Als der Schnee schmolz, kam die Hungersnot. In: Die Welt, 6. Februar 1987
127   Zit. nach Antonow-Owssejenko 1983, 257
128   Conquest, Robert: Stalins eigene Frau bat um Gnade. In: Die Welt, Hamburg, 7. Februar 1987
129   Medwedew 1992, Bd. 1, 249

130 Wolkogonow 1993, 254f.
131 Zit. nach Conquest, Robert: Als der Schnee schmolz, kam die Hungersnot. In: Die Welt, Hamburg, 6. Februar 1987
132 Ebda.
133 Wehner (wie Anm. 53), 21
134 Antonow-Owssejenko 1983, 258-260
135 Adelman 1984, 95
136 Chruschtschow erinnert sich, 1992, 82
137 Antonow-Owssejenko 1983, 351
138 Laqueur 1990, 49-52
139 Conquest 1991, 215, 222
140 Antonow-Owssejenko 1983, 93
141 Laqueur 1990, 106
142 Landmann, Salcia: Gorkis Leben. Brief. In: Die Welt, Hamburg, 7. April 1983
143 Adelman 1984, 90
144 Conquest 1991, 213. Ausführlich zum „Archipel GULag: Stettner 1996.
145 Domenach 1995, 438 bzw. 459
146 Torke 1993, 106
147 Adelman 1984, 108
148 Conquest 1991, 242
149 Ebda., 373f.
150 Conquest 1992, 364-366
151 Ebda., 365
152 Medwedew 1992, Bd. 2, 508-510; Adelman, Jonathan R.: Soviet Secret Police. In: Adelman 1984, 100, 115
153 Solschenizyn 1974
154 Margolina 1992, 77
155 Conquest 1991, 248f.
156 Ebda., 376f.
157 Medwedew 1992, Bd. 3, 314
158 Zit. nach Conquest 1991, 215
159 Ebda., 247
160 Conquest, Robert: Menschen wurden wie Ungeziefer ausgerottet. In: Die Welt, Hamburg, 3. Februar 1987
161 Medwedew 1992, Bd. 1, 235
162 Stökl ⁵1990, 733f.
163 Puddington 1988, 9f.
164 Urban, Thomas: „Beziehungen, wie sie Christen nicht würdig sind" (= SZ-Gespräch mit dem Kiewer Metropoliten Filaret). In: Süddeutsche Zeitung, München, 10. Oktober 1991
165 Experte: In der Stalin-Ära rund 200.000 Priester getötet. In: Süddeutsche Zeitung, München, 30. Januar 1996
166 Torke 1993, 90f.
167 Conquest 1992, 51 bzw. 67
168 Die Geheimrede (25. Februar 1956), abgedruckt in: Chruschtschow erinnert sich, 1992, 503-507. Siehe auch 85, Anm. 7
169 Siehe hierzu ausführlich Conquest 1989 sowie Conquest 1992, 51-68 („Der Mord in Leningrad")
170 Siehe hierzu: Backes, Uwe / Janßen, Kest-Heinz / Jesse, Eckhard / Köhler, Henning / Momansen, Hans / Tobias, Fritz: Reichstagsbrand. Aufklärung einer historischen Legende, München 1986

171 Torke 1993, 283f.
172 Adelman 1984, 94
173 Ebda., 95-98
174 Ebda., 96f.
175 Zit. nach Carmichael 1972, 136
176 Wyschinski, A. J.: Die Hauptaufgaben der Wissenschaft vom sozialistischen Sowjetrecht. In: Sowjetische Beiträge zur Staats- und Rechtstheorie 1953, 38
177 Ebda., 37
178 Ebda., 66
179 Antonow-Owssejenko 261f.; Conquest 1992, 520
180 Laqueur 1990, 129
181 Ebda., 133
182 Adelman 1984, 105
183 Carmichael 1972, 191
184 Ebda., 180 bzw. 221
185 Adelman 1984, 106
186 Conquest 1992, 156
187 Laqueur 1990, 111
188 Stalin, J.: Telegramm an die Regional- und Republiksekretäre der Komitees der Kommunistischen Partei, an die Volkskommissare des Inneren und an die Führer der NKWD-Organisationen, 20. Januar 1939. In: Daniels 1993, 216f. (übersetzt vom Vf.)
189 Medwedew 1992, Bd. 2, 490f.
190 Conquest 1991, 259
191 Conquest 1992, 147
192 Ebda., 153
193 Medwedew 1992, Bd. 2, 490f.
194 Wolkogonow 1993, 393
195 Conquest 1992, 153
196 Conquest 1991, 206
197 Laqueur 1990, 136
198 Nyary, Josef: Der schreckliche Fall Schemacha. In: Welt am Sonntag, Hamburg, 7. Mai 1989
199 Ebda.
200 Ebda.
201 Brzezinski 1989, 24
202 Zit. nach Nyary, Josef: Der schreckliche Fall Schemacha. In: Welt am Sonntag, Hamburg, 7. Mai 1989
203 Weber ²1990, 15
204 Laqueur 1990, 127
205 Conquest 1991, 262
206 Chruschtschow erinnert sich, 1992, 96 bzw. 157f.
207 Simecka 1984, 85 (übersetzt vom Vf.)
208 Wolkogonow 1993, 18
209 Wehner 1996, 21. Andere Forscher gehen von über 1 Mio. Liquidierten aus (Kurganow, zit. in Solschenizyn 1994, 115)
210 Hierzu Weber ²1990
211 Busche, Jürgen: Der Verrat in Stalins Moskau. Neue Dokumente zu Herbert Wehners Biographie in den Jahren der Bedrohung. In: Süddeutsche Zeitung, München, 19. Februar 1993. Was die historische Erkenntnis über diesen Komplex angeht, bringen die sensationsträchtigen „Erinnerungen" des DDR-Geheimdienstchefs Markus Wolf nichts Neues.

212 Laqueur 1990, 148
213 Adelman 1984, 110
214 Conquest 1991, 294
215 Kogelfranz / Plate 1989, 359-388
216 Wolkogonow 1993, 433
217 Ausführlich zu Berija: Nekrassow 1997
218 Voslensky 1989, 171
219 Massengrab bei Berijas Haus? In: Die Welt, Hamburg, 7. April 1993
220 Weber ²1990, 13
221 Conquest 1992, 334
222 Zit. nach Conquest 1991, 231
223 Laqueur 1990, 152, 172
224 Stalin und seine Erben wollten willige Genossen. In: Süddeutsche Zeitung, München, 2./3. Oktober 1996
225 Conquest 1992, 550f.
226 Chruschtschow erinnert sich, 1992, 86f.
227 Rauch ³1990, 197-220
228 Nawratil 1987b, 19
229 Nawratil 1987b, 18f.
230 Conquest 1992, 507
231 Bereits 1949 war die erste umfangreiche Dokumentation von Josef Mackiewicz zum Komplex Katyn erschienen (Mackiewicz 1949). Als aktuelle Bestandsaufnahme: Kadell 1991
232 Briten waren über Morde in Katyn informiert. In: Süddeutsche Zeitung, München, 13. Juni 1995
233 Moskau: Katyn-Dokumente werden veröffentlicht. In: Süddeutsche Zeitung, München, 14. Februar 1995
234 „Es weiß niemand genau, was da alles liegt". Der Filmer Hartmut Kaminski über seine Recherchen zu einer vierteiligen Stalin-Dokumentation. In: Süddeutsche Zeitung, München, 23. Februar 1993
235 Nawratil 1987b, 20
236 Zit. nach de Zayas 1987, 348
237 Siehe hierzu Hoffmann, ³1996, 171ff.
238 Laqueur 1990, 136
239 Eisfeld 1992, 118-132; Nawratil 1987a, 73-75
240 Zit. nach „Lieder der Internationalen Brigaden" o. J., 114
241 Medwedew 1992, Bd. 3, 281
242 Zit. nach Bundeszentrale für politische Bildung 1990, 33
243 Medwedew 1992, Bd. 3, 284
244 Ebda. Conquest geht von einer Zahl von 2 Mio. aus (Conquest 1991, 329)
245 Adelman 1984, 112
246 Conquest 1991, 307; Medwedew 1992, Bd. 3, 289
247 Conquest 1991, 323f.
248 Nawratil 1987b, 20
249 Hoffmann ³1996, 117 bzw. 115
250 Ebda.
251 Ebda., 17-26. Weitere Vertreter der These eines sowjetischen Angriffskrieges sind Topitsch 1990 und Post 1995.
252 Conquest 1991, 334f.
253 Bundesministerium für Vertriebene, Flüchtlinge und Kriegsgeschädigte 1984, 7f.
254 Sander / Johr 1992, 59

255 Nawratil 1987b, 53
256 Djilas 1962, 141f.
257 van Bergh 1962
258 Nawratil 1987a, 24f.
259 Nawratil 1987b, 49
260 Ebda., 21
261 Bethell 1978, 187-244
262 Antonow-Owssejenko 1983, 341
263 Mitteilung über die Dreimächtekonferenz von Berlin (Potsdamer Protokoll) vom 2. August 1945.
264 de Zayas ²1981, 24
265 Hierzu ausführlich Karner 1995. 30.000 Kriegsgefangene wurden 1949/50 als „Kriegsverbrecher" zum Tod bzw. zu langjähriger Zwangsarbeit verurteilt, da Stalin gegenüber der neubegründeten BRD ein Druckmittel haben wollte. 1956 kehrten die letzten Überlebenden zurück.
266 Torke 1993, 91
267 Conquest 1991, 342f.
268 Conquest 1992, 520
269 21,5 Millionen Menschen in Stalins Arbeitslagern. In: Süddeutsche Zeitung, München, 9. August 1995 (bezieht sich auf eine Meldung der russischen Nachrichtenagentur Interfax)
270 Wolkogonow 1993, 689
271 Conquest 1991, 345f.
272 Medwedew 1992, Bd. 3, 314
273 Vardys, Stanley V.: Litauen: Sowjetrepublik mit Widerwillen. In: Meissner 1990, 175
274 Hacker 1983, 211-214. Siehe hierzu auch: Foitzik, Jan: Sowjetische Hegemonie und Kommunismus in Ostmitteleuropa nach dem Zweiten Weltkrieg in: Aus Politik und Zeitgeschichte B 37-38/96, 6. September 1996, 29-37
275 Kersten 1991, 404-406
276 Mehls, Eckart: Einführung. In: Siska 1991, 23-40. Zu den Schauprozessen aktuell Mählert, Ulrich: Schauprozesse und Parteisäuberungen in Osteuropa nach 1945. In: Aus Politik und Zeitgeschichte B 37-38/96, 6. September 1996, 38-45
277 Kaplan 1983, 12
278 Vali, Ferenc: Hungarian Secret Police. In: Adelman 1984, 184f.
279 Checinski, Michael: Polish Secret Police. In: Adelman 1984, 34
280 Molnár 1990, 146
281 Mehls, Eckart: Einführung. In: Siska 1991, 7f.
282 Adelman 1984, 118f.
283 Fitzpatrick 1978
284 Voslensky 1987
285 Seibert 1931, 43
286 Margolina 1992, 19-67
287 Chruschtschow 1992, 236-247
288 Margolina 1992, 71-74
289 Bereits im Zuge des Bürgerkrieges ums Leben kamen Moisej Wolodarski (eigentlich Goldstein), Mojsej Solomonowitsch Uritzki, siehe Kurzbiographien der genannten Personen in Wolkogonow 1993, 781-832
290 Seibert 1931, 45
291 „Bürokratische Farce" im Sumpfland des Amur. In: Süddeutsche Zeitung, München, 25. Januar 1992
292 Margolina 1992, 85

293 Chruschtschow erinnert sich, 1992, 236-238
294 Conquest 1991, 369-371, 384f.
295 Checinski, Michael: Polish Secret Police. In: Adelman 1984, 36-38
296 Medwedew 1992, Bd. 3, 318-320
297 Vali, Ferenc: Hungarian Secret Police. In: Adelman 1984, 185
298 Conquest 1991, 387-390
299 Zit. nach Antonow-Owssejenko 1983, 355
300 Adelman 1984, 119
301 Medwedew, Roy: Wer kennt die Opfer, nennt die Zahlen? In: Moskau News, Deutsch-
     sprachige Ausgabe (1989) Nr. 1
302 Antonow-Owssejenko 1983, 375. Er errechnete 1983 für die Lenin- und Stalinära eine
     Gesamtzahl von 100 Mio. Stalinopfern (Tote inkl. Kriegstote, Inhaftierte, Entrechtete,
     Deportierte): 18 Mio. im Bürgerkrieg Gefallene, Verhungerte und von Zwangsmaß-
     nahmen Betroffene, 22 Mio. Opfer der Kollektivierung, „Entkulakisierung" und der
     großen Hungersnot, 19 Mio. Opfer der „Großen Säuberungen", 32 Mio. sowjetische
     Tote des Zweiten Weltkrieges, 9 Mio. Opfer von Zwangsmaßnahmen während und
     nach dem Zweiten Weltkrieg.
303 Carmichael 1972, 177 bzw. 165 f.
304 Siehe hierzu Carmichael 1972, 211-235 (Kapitel „Warum?")
304a Medwedew 1992, Bd. 3, 20f.
305 Laqueur 1990, 302
306 Tucker, Robert in: New York Times, 21. Dezember 1979
307 Wolkogonow 1993, 22
308 Medwedew 1992, Bd. 3, 57
309 So der Menschewist Noi Shordania und der Dissident Alexander Orlow, siehe
     Medwedew 1992, Bd. 3, 60-63, 70f.
310 Medwedew 1992, Bd. 3, 28f.
311 Ebda., 29-37
312 Conquest 1991, 399f.
313 So z.B. Laqueur 1990, 312-315; Medwedew 1992, Bd. 3, 89; Wehner 1996, 27f.
314 Deutscher 1967, 366f.
315 Stökl ⁵1990, 711
316 Carmichael 1972, 175
317 Carmichael 1972, 234
318 Solschenizyn 1981, 34
319 Adelman 1984, 122f.
320 21,5 Millionen Menschen in Stalins Arbeitslagern. In: Süddeutsche Zeitung, Mün-
     chen, 9. August 1995 (bezieht sich auf eine Meldung der russischen Nachrichten-
     agentur Interfax)
321 Die Geheimrede (25. Februar 1956), abgedruckt in: Chruschtschow erinnert sich,
     1992, 489-546
322 Kersten 1957, 184
323 Conquest 1992, 542
324 Strauß 1982, 121
325 In Sibirien wird es bald keine „Chimiki" mehr geben. In: Süddeutsche Zeitung, Mün-
     chen, 11. Mai 1993
326 Conquest 1992, 543
327 Shifrin ³1987, 52f.
328 Solschenizyn 1974c, 5f.
329 Dallin, Alexander / Breslauer, George W.: Political Terror in the Post-Mobilization
     Stage. In: Dallin 1992, 393-415

330 Simecka 1984, 71 (übersetzt vom Vf.)
331 Conquest 1992, 440-445
332 Die Geheimrede (25. Februar 1956), abgedruckt in: Chruschtschow erinnert sich, 1992, 489-456
333 Strauß 1982, 122-124
334 Hacker 1983, 551
335 Ebda., 554
336 Adelman 1984, 125
337 Conquest 1992, 547
338 Shifrin ³1987, 422
339 Hübner 1987, 4
340 Ebda., 7
341 Ebda., 67
342 Internationale Gesellschaft für Menschenrechte 1985, 2
343 Levits, Egil: Lettland unter sowjetischer Herrschaft. In: Meissner 1990, 144
344 Internationale Gesellschaft für Menschenrechte 1985, 3f., 25-27, 39
345 Nowack 1954, 9
346 Adelman 1984, 125f.
347 Hübner 1987, 5, 54, 69
348 Strauß 1982, 65
349 Hübner 1987, 65
350 Strauß 1982, 55, 63
351 Ebda.
352 Shifrin ³1987, 20-24
353 Ebda., 41-45, 434f.
354 Ebda., 367, 373
355 Ebda., 57, 427
356 Hübner 1987, 54
357 Hierzu Internationale Gesellschaft für Menschenrechte 1986
358 Zit. nach Internationale Gesellschaft für Menschenrechte 1986, 66
359 Elke Windisch: „Ungeeignet für alle Lebensformen". In: Kölner Stadt-Anzeiger, Köln, 10. April 1996
360 Glasowoj, Andrej: Tschernobyl nimmt kein Ende. In: Das Parlament, Bonn 41 (1991) 30/31 vom 19./26. Juli 1991, 14
361 Neubert, Miriam: Im Todeshauch des verlorenen Meeres. In: Süddeutsche Zeitung, München, 18. September 1995
362 Weißenburger, Ulrich: Der ökologische Notstand – ein Erbe der Planwirtschaft. In: Das Parlament, Bonn 41 (1991) 30/31 vom 19./26. Juli 1991, 14
363 Gemeinschaft Unabhängiger Staaten 1995, 40f.
364 Strauß 1982, 183
365 Saller, Walter: Und die Luft schmeckt nach Schwefel. In: taz. die tageszeitung, Berlin, 22. November 1994
366 Esten suchen den Platz an der Sonne. In: Stuttgarter Zeitung, Stuttgart, 17. Dezember 1988
367 Levits, Egil: Lettland unter sowjetischer Herrschaft. In: Meissner 1990, 142f., 146f.
368 Vardys, Stanley V.: Litauen: Sowjetrepublik mit Widerwillen. In: Meissner 1990, 180
369 Voslensky 1989, 463f.
370 Strauß 1982, 49

3. Die Sowjetisierung Europas – ausgewählte Exempel

DDR

Schon vor der endgültigen Niederlage des Deutschen Reiches traten Stalins deutschlandpolitische Absichten zutage. Bereits seit März 1945 bemühte er sich, die Einheit des Landes zu bewahren, um das vorwiegend im Westen liegende Industriepotential nicht den Westmächten in die Hände fallen zu lassen und um das Wiedererstehen eines starken, auf seiten der Alliierten stehenden West-Deutschlands zu verhindern. Gleichzeitig betrieb er jedoch eine immer offener zutage tretende Sowjetisierung der kommunistischen Besatzungszone im Osten. Dadurch vertiefte er die politische, gesellschaftliche und ökonomische Spaltung Deutschlands, wie sie schließlich 1949 auch de jure besiegelt wurde.[1]

Unter der Parole des „Antifaschismus" verschwanden seit Jahresende 1945 zahlreiche Deutsche in Mitteldeutschland in Internierungslagern für Zivilisten. Grundlage bildete vor allem die Direktive Nr. 38 des Alliierten Kontrollrates, die die „vollständige und endgültige Vernichtung des Nationalsozialismus und des Militarismus durch Gefangensetzung oder Tätigkeitsbeschränkung von bedeutenden Teilnehmern oder Anhängern dieser Lehren" proklamierte.[2] Für eine Verhaftung gemäß dieser Direktive genügte es schon, wenn man „ohne bestimmter Verbrechen schuldig zu sein, als für die Ziele der Alliierten gefährlich" eingestuft wurde.[3]

Bereits im eroberten Ostdeutschland hatten die Sowjets bis Ende 1945/Anfang 1946 Zivilinternierungslager (Graudenz, Landsberg an der Warthe, Posen, Oppeln, Tost) eingerichtet. Aufgrund schlechter Behandlung starben dort über 9.000 Gefangene. In Tost sollen Gefangene gezwungen worden sein, sich gegenseitig totzuschlagen.[4]

Überlebende Häftlinge verschleppte man in die Sowjetunion oder in die in Mitteldeutschland neu eingerichteten Internierungslager („Sonderlager"), deren Installierung Berija am 18. April 1945 befohlen hatte.[5] Ab April wurden hier die Lager Ketschendorf, Frankfurt/Oder, Jamlitz, Weesow, Frankfurt/Oder, Torgau, Bautzen, Berlin-Hohenschönhausen, Sachsenhausen, Fünfeichen, Buchenwald, Torgau und Mühlberg an der Elbe (hier wurden 34 Richter des Leipziger Reichsgerichtes 1945 ermordet)[6] eingerichtet. Im Falle von Sachsenhausen, Buchenwald und Jamlitz führte man einfach nationalsozialistische Konzentrationslager fort.

Von den Verhaftungen waren in der SBZ jedoch von Anfang an nicht nur nationalsozialistische Funktionsträger betroffen – und unter diesen fanden sich auch zahlreiche „kleine Fische"wie Blockleiter, Zellenwarte, RAD-, Hitlerjugend-, BDM- und Jungvolk-Führer. Man dezimierte gezielt die bürgerliche Elite, um Widerstände beim gesellschaftlich-ökonomischen Transformationsprozeß abzubauen.

Klonovsky und von Flocken schreiben hierzu: „Die Mehrheit der Lagerinsassen war also unschuldig im juristischen, wiewohl oftmals ‚feindlich' im ideologischen Sinne."[7] Verhaftet wurden Beamte, Verwaltungsangestellte, Juristen, Journalisten, Ärzte, Geistliche, Lehrer, Wissenschaftler, Kaufleute, Unternehmer und Grundbesitzer. Deren Festnahme unter dem Vorwand des Antifaschismus lieferte gleichzeitig die ideologische Rechtfertigung für die gesellschaftlich-ökonomischen Eingriffe.

Wie der mit der Rehabilitierung von 1945-1949 unschuldig verurteilten Deutschen beschäftigte russische Oberstaatsanwalt Oberst Waleri Wolin im Jahre 1995 ausführte, seien in vielen Fällen Verhaftungen und Verurteilungen ohne näheren Grund erfolgt. So habe jeder Angehörige von Einheiten, die Kriegsverbrechen an sowjetischen Zivilisten begangen hätten, automatisch als „Kriegsverbrecher" gegolten, selbst wenn er nachweisen habe können, daß er zur fraglichen Zeit im Lazarett oder auf Heimaturlaub gewesen sei.[8]

Auch parteipolitisch schwächte man durch diesen Aderlaß das bürgerliche Lager. Von dem Einschüchterungseffekt abgesehen, durften Internierte selbstverständlich nicht wählen, in der Regel auch noch lange nach ihrer Entlassung nicht. Ab 1946 kamen dann zunehmend unbequeme Christdemokraten, Liberale und Sozialdemokraten in die Internierungslager. Bei der ersten Entlassungsaktion im Jahre 1948 wurden lediglich ehemalige Nationalsozialisten bevorzugt freigegeben (per Dekret hatte die SMAD die Entnazifizierung damals pauschal für abgeschlossen erklärt und die NDPD als Auffangbecken begründet), während die als wesentlich gefährlicher eingestuften bürgerlichen und sozialdemokratischen Regimegegner noch bis 1950 und zum Teil darüber hinaus in den Lagern zurückgehalten wurden.

Auch zahlreiche Jugendliche mußten als angebliche „Werwölfe" die Torturen der Internierung über sich ergehen lassen. Schwangeren Frauen wurden häufig nach der Entbindung die Kinder weggenommen. Die Angehörigen informierte man in vielen Fällen nicht von der Verhaftung und dem Verbleib der Internierten; auch nicht bei deren Tod. Aus kooperationswilligen deutschen Häftlingen wurden Helfershelfer rekrutiert, die sich oft durch besondere Brutalität auszeichneten.

Nur ein kleiner Teil der Internierten wurde vor ein Gericht gestellt und verurteilt; die Mehrheit sah nie einen Richter. Die „Sowjetischen Militärtribunale (SMT)" waren alles andere als rechtsstaatlich. Gemäß dem von 1945-1955 geltenden Ausnahmezustand fällten sie Urteile nach dem Kriegsrecht.[9] In der

Regel handelte es sich um nichtöffentliche Schnellverfahren. Wenn die Anklage „genügend bewiesen" war, wurde kein Verteidiger zugelassen. Teilweise kam es auch zu Fernurteilen von MWD-Sonderkollegien in Moskau. Zugrunde gelegt wurden die sowjetischen Strafgesetze mit all ihren dubiosen politischen und ökonomischen Straftatbeständen. Mehrheitlich lautete das Urteil auf 25 Jahre Zwangsarbeitslager in der Sowjetunion; es wurden auch Todesurteile verhängt. Die Mehrheit der Zivilinternierten wurde jedoch nie einem Richter vorgeführt.[10]

Systematischer Hunger und das Fernhalten von jeglicher Beschäftigung führten zu hohen Todesraten: Tausende Häftlinge starben an Dystrophie (völlige Auszehrung und Abmagerung). Bis Ende 1947 gab es vorwiegend Brot und Wassersuppe; Fett und Fleisch fehlten fast völlig. Die Rationen gingen herunter auf ein Minimum von 300 Gramm pro Person und Tag. Daneben begünstigten die katastrophalen hygienischen Verhältnisse die Entstehung von Infektionskrankheiten und Lungenentzündungen sowie von Epidemien wie Tuberkulose, Typhus und Ruhr. Hinzu traten die Auswirkungen der Kälte in den harten Wintern 1945/46 und 1946/47 aufgrund nicht oder kaum beheizter Baracken und unzureichender Kleidung.

Man muß davon ausgehen, daß die hohen Sterblichkeitsraten billigend in Kauf genommen, wenn nicht sogar absichtlich herbeigeführt wurden. Ein Geheimdienstmajor in Sachsenhausen soll das Massensterben mit folgenden Worten kommentiert haben: „Die Ernährung ist so gehalten, daß es täglich weiter abwärts geht, dem Ende zu. Für uns sind Sie Verbrecher."[11] Ein sowjetischer Luftwaffenmajor sagte zu deutschen Häftlingen im Lager Landsberg/Warthe: „Die Deutschen haben immer geschrieben von Genickschuß. Wir geben den Gefangenen dünne Suppen und schicken sie von Lager zu Lager. Da kriegen sie dicke Beine, dicke Bäuche und verrecken. Da brauchen wir keinen Genickschuß."[12]

In diesem Zusammenhang ist anzumerken, daß im Zuge von propagandawirksamen Reformen in der Sowjetunion von 1947 bis 1950 die Todesstrafe abgeschafft war – doch die hohen Todesraten in den Internierungslager sorgten auch auf andere Weise für die erwünschte Dezimierung.

Nach Angaben des sowjetischen Innenministeriums vom Juli 1990 waren von 1945-1950 insgesamt 122.671 Deutsche in Sonderlagern auf dem Territorium der SBZ. Davon seien 42.889 verstorben und 12.770 in die Sowjetunion gebracht worden. Die Zahlen dürften, mit Bezug auf die Angaben von Tatzeugen, jedoch eher zu niedrig sein.[13]

Westliche Schätzungen, die auf Angaben von Überlebenden zurückgehen, gehen von mindestens 180.000 Häftlingen aus, wovon 60.000 - 90.000 den Tod fanden. Die höchsten Todesraten wiesen die ehemaligen NS-Konzentrationslager Sachsenhausen (13.000 bis über 20.000) und Buchenwald (6.000 bis

13.200) sowie das ehemalige Zuchthaus Bautzen (4.100-16.700) auf.[14] Die von den Häftlingen angefertigten Totenlisten hatten die Sowjets 1947 vernichtet.

> „Rund 28.500 Menschen wurden von 1945 bis 1950 auf dem Gelände des faschistischen Konzentrationslagers Buchenwald bei Weimar von den Sowjets im Speziallager 2 interniert, ohne Prozeß, ohne Kontakte nach draußen, unter extrem elenden Bedingungen. Das Speziallager war kein gezieltes Vernichtungslager, aber etwa 7.000 der Insassen starben dort an Hunger und Krankheit.
> Nach langen Querelen wurde am Sonntag eine Gedenkstätte für das Speziallager 2 auf dem Gelände des Konzentrationslagers eröffnet. 40 Jahre lang war die Geschichte des Lagers in der DDR totgeschwiegen worden, auch in der Bundesrepublik wurde sie kaum wahrgenommen. Ein elend grauer, vollends schmuckloser Betonbau erinnert nun auf 300 Quadratmetern an die Opfer des Stalinismus.
> Bereits 1992 hatte eine namhafte Historikerkommission entschieden, daß diese Gedenkstätte zwar auf dem Lagergelände des Konzentrationslagers errichtet werden, dem Gedenken an die Opfer der NS-Zeit aber nachgeordnet werden sollte. ‚Denn das nationalsozialistische Konzentrationslager war zuerst da‘, erinnerte der Vorsitzende des wissenschaftlichen Kuratoriums für Buchenwald, Eberhard Jäckel. ‚Ohne nationalsozialistische Diktatur hätte es keine sowjetischen Speziallager gegeben.‘ "
> Aus: In Buchenwald. Dokumentation über Speziallager. Süddeutsche Zeitung, 26. Mai 1997, S. 13

In Sachsenhausen starb 1946 der berühmte deutsche Schauspieler Heinrich George. Zuvor hatte er das sowjetische Lagerpersonal mit seiner Schauspielkunst unterhalten müssen. Er war der einzige Häftling in Sachsenhausen, dem ein individuelles Begräbnis zugestanden wurde.

Die Leichen wurden in der Regel spätabends oder frühmorgens unweit der Lager verscharrt. Die Massengräber wurden durch Aufforstung oder Überbauung unkenntlich gemacht. Die in der Umgebung wohnende Bevölkerung sollte davon nichts erfahren. Die Begräbniskommandos wurden später versetzt, teilweise auch nach getaner Arbeit erschossen. Als DDR-Arbeiter in den fünfziger Jahren an verschiedenen Orten auf Massengräber stießen, durfte darüber nichts berichtet werden. In Buchenwald wurden sogar Gebeine von Sowjetopfern bei der Errichtung des KZ-Mahnmals in die neuangelegten Ringgräber eingebracht.[15]

Im März 1990 wurden bei Fünfeichen, nach Hinweisen des ehemaligen Revierförsters, und im Juni bei Sachsenhausen Massengräber entdeckt und der Komplex damit wieder in die öffentliche Diskussion gerückt.

Das sowjetische Außenministerium bestritt noch im Juli 1990 die zielgerichtete und massenweise Vernichtung von Gefangenen: In den Internierungslagern hätten „erträgliche Bedingungen" geherrscht.[16]

Im Gefolge der Sowjets wurden als getreue Helfershelfer deutsche Kommunisten, die von 1933-1945 im Moskauer Exil gewesen waren, eingeflogen: Walter Ulbricht, Wilhelm Pieck, Rudolf Herrnstadt, Johannes R. Becher, Erich Weinert, Erich Mielke, Willi Stoph und andere. Sie wurden von der Besatzungsmacht mit dem umgehenden Wiederaufbau der KPD und der Übernahme wichtiger Positionen in Verwaltung und Wirtschaft betraut.

Erich Mielke war 1945 zum Leiter der „Politischen Polizei" ernannt worden, die ein willfähriges Hilfsinstrument der sowjetischen Besatzungsmacht war. Daraus entstand 1950 das von dem zum Generalmajor beförderten Mielke geleitete „Ministerium für Staatssicherheit (MfS)" mit Hauptquartier in der Normannenstraße in Berlin-Lichtenberg, einer der größten geheimpolizeilichen Apparate überhaupt. Das MfS betrieb eigene Untersuchungshaftanstalten und Gefängnisse, ja sogar eine eigene juristische Hochschule bei Potsdam, die akademische Grade verlieh, deren Tätigkeit jedoch streng geheim war.

Die Zahl der festen Mitarbeiter der „Stasi", wie sie im Volksmund genannt wurde, wuchs zuletzt auf 85.000 an. Ein Netz von mehreren hunderttausend Spitzeln („informelle Mitarbeiter") bei 16 Mio. Einwohnern überzog die gesamte DDR.[17] In den letzten vier Jahren vor der Wende gab es gemäß Auskunft der Gauck-Behörde in Berlin nachgewiesenermaßen 260.000 inoffizielle Mitarbeiter (IM) des MfS.[18] So befanden sich z.B. in allen Postämtern Mitarbeiter des MfS, die die Post kontrollierten (Auslandspost ausnahmslos, Inlandspost stichprobenweise). Geldsendungen aus dem Westen wurden grundsätzlich einbehalten, womit ein über Jahrzehnte einmaliger Postraub begangen wurde. Auch nahm man Fälschungen von ein- oder ausgehender Post vor.

Die Allgegenwart des MfS schuf ein Klima permanenter Einschüchterung und grundsätzlichen Mißtrauens, das noch über das formelle Ende der DDR hinaus fortwirkte. Akteneinsicht von Betroffenen nach der „Wende" ergab, daß selbst vermeintliche Freunde oder gar Ehepartner inoffizielle Mitarbeiter des MfS mit Aufklärungsauftrag gewesen waren.

Alle MfS-Angehörigen wurden militärisch ausgebildet und geführt. Sie verfügten über Pistolen, Gewehre, Maschinengewehre und Chemiewaffen. Mit seinem in Berlin stationierten Wachregiment, dem 1967 der Ehrenname „Felix Dzierzynski" nach dem berüchtigten sowjetischen Tscheka-Chef verliehen wurde (nicht zu verwechseln mit dem „Wachregiment Friedrich Engels" der NVA, das an der Neuen Wache Dienst tat), verfügte das MfS über eine ihm direkt unterstellte, 6.000 Mann starke Truppe mit sechs Bataillonen. Zur Ausrüstung gehörten Schützenpanzer, Panzerabwehrkanonen (85 mm und 100 mm), Granatwerfer (120 mm), Fla-Kanonen und Hubschrauber.[19]

Generalmajor Erich Mielke war ein getreuer Ziehsohn seines sowjetischen Vorbilds. Vor MfS-Angehörigen führte er aus:

„Ich kenne nichts Autoritäreres als eine Revolution, und wenn man seinen Willen den anderen mit Bomben und Gewehrkugeln aufzwingt wie in jeder Revolution, dann scheint mir, daß man Autorität ausübt. Es war der Mangel an Zentralisation und Autorität, der der Pariser Kommune das Leben gekostet hat." [20]

Und am 19. Februar 1982, zur Hoch-Zeit der „Entspannung", meinte er:

„Wir sind nicht davor gefeit, daß wir mal einen Schuft unter uns haben. Wenn ich das schon jetzt wüßte, würde er ab morgen nicht mehr leben. Kurzer Prozeß. Weil ich Humanist bin. (...) Das ganze Geschwafel. Von wegen nicht hinrichten und nicht Todesurteil. Alles Käse, Genossen. Hinrichten, wenn notwendig, auch ohne Gerichtsurteil." [21]

Die Sowjetische Besatzungs-Zone (SBZ) wurde von der „Sowjetischen Militär-Administration" (SMAD) in Berlin-Karlshorst zentralistisch verwaltet. Noch 1945 wurde eine durchgreifende ökonomische Transformation in die Wege geleitet: Bodenreform, Verstaatlichung von Industrie, Banken und Versicherungen.

Unter dem Schlagwort „Junkerland in Bauernhand" wurde bereits im September 1945 mit einer Bodenreform begonnen. Aller Grundbesitz über 100 Hektar wurde enteignet: 7.000 „Großagrarier" (wie auch alle früheren Nationalsozialisten) verloren entschädigungslos insgesamt 2,5 Mio. Hektar. Der größte Teil davon wurde an „Neubauern" verteilt. Doch sie sollten keine langdauernde Freude an ihrem neuen Eigentum haben: Ab 1952 begann die staatlich forcierte Bildung von „Landwirtschaftlichen Produktionsgenossenschaften (LPG)"; der Eintritt wurde mit Zuckerbrot und Peitsche durchgesetzt.

Durch die Industriereform vom Oktober 1945 wurden zahlreiche Großbetriebe verstaatlicht. Zum Teil wurden sie in „Volkseigene Betriebe (VEB)", zum Teil in „Sowjetische Aktien-Gesellschaften (SAG)" umgewandelt. In Sachsen bestätigte am 30. Juni 1946 ein – propagandistisch intensiv vorbereiteter – Volksentscheid die „Enteignung der Betriebe von Naziverbrechern, Kriegsverbrechern und Naziaktivisten" [22] – Begriffe, die sehr großzügig ausgelegt werden konnten. In den anderen Ländern wurden die Enteignungen auf dem Verordnungsweg vollzogen. Zahlreiche Prozesse auch gegen Kleinunternehmer folgten, womit generell der Mittelstand eingeschüchtert werden sollte. Die 1947 von der Besatzungsmacht ins Leben gerufene „Deutsche Wirtschaftskommission (DWK)" gestaltete die Wirtschaftsordnung zentralistisch um. Verstöße gegen ihre Direktiven wurden seit 1948 als kriminelle Straftat geahndet.[23]

Von 1945 bis 1953 wurden durch Demontagen und Reparationen Lieferungen und Leistungen im Wert von vielen Milliarden Mark in die Sowjetunion transferiert, und auch danach war die Wirtschaft der DDR ganz überwiegend nicht auf die eigenen Bedürfnisse, sondern auf diejenigen der Sowjetunion eingestellt. Dies waren wesentliche Gründe für den strukturellen Rückstand der DDR gegenüber der Bundesrepublik Deutschland.

In politischer Hinsicht taktierte man vorsichtiger und ließ die Wiederbegründung bürgerlicher und sozialdemokratischer Parteien (CDU, LDPD, SPD) zu, auch im Hinblick auf die gesamtdeutschen Aspirationen der Sowjetunion. Alle zugelassenen Parteien mußten jedoch gemäß Weisung der SMAD seit 14. Juli 1945 in einer „Einheitsfront" (später „Antifaschistischer Block") zusammenarbeiten, und die KPD wurde von Anfang an von der SMAD bevorteilt. Zur Schwächung der nichtkommunistischen Parteien wurden zudem konkurrierende „Massenorganisationen" wie Gewerkschaften, Bauern-, Frauen- und Jugendorganisationen aufgebaut, die politisch agierten und an Wahlen und an der Besetzung von politischen Gremien beteiligt wurden.[24]

Von Anfang an machten die Kommunisten deutlich, daß es keine wirklich freien Wahlen geben würde. Walter Ulbricht verkündete im März 1946 auf der 1. Parteikonferenz der KPD:

„Wir sind der Meinung, daß Demokratie nicht bedeutet, daß alle Kräfte die Möglichkeit haben, sich zu organisieren. Man fragt: ‚Werdet ihr in der sowjetisch besetzten Zone auch Wahlen durchführen?' Wir sagen: ‚Jawohl ... wir werden sie so durchführen, daß unter Garantie in allen Städten und Orten eine Arbeitermehrheit zustande kommt.'" [25]

Durch Bildung einer vereinigten Arbeiterpartei suchte man die größte Konkurrenz, die in Mitteldeutschland (Berlin, Sachsen, Thüringen) traditionell starke SPD, auszuschalten: Unter dem Druck der Besatzungsmacht fand am 21./22. April 1946 im Berliner Admiralspalast die „freiwillige" Begründung der „Sozialistischen Einheitspartei Deutschlands" (SED) mit dem willfährigen Sozialdemokraten Otto Grotewohl als Gallionsfigur statt. Er bekam später bei Gründung der DDR im Jahre 1949 den eher unwichtigen Posten des Ministerpräsidenten: Die wirkliche Macht lag beim 1. Sekretär des ZK der SED Walter Ulbricht. Alle Machtpositionen in der neubegründeten SED wurden in der Folgezeit von Kommunisten besetzt.

Lediglich in West-Berlin hatte eine freie Urabstimmung der SPD-Mitglieder stattfinden können: Hier hatten zwar 63 % für ein Aktionsbündnis mit der KPD, aber nur 13 % für eine Verschmelzung votiert. Der Sprecher der SPD in den Westzonen Kurt Schumacher hatte sich eindeutig gegen ein solches Vorgehen ausgesprochen. Die sowjetische Besatzungsmacht hatte allen Sozialde-mokraten, die sich der Vereinigung widersetzten, Redeverbot erteilt. Zahlreiche Sozialdemokraten wurden verhaftet, kaltgestellt oder mußten in die Westzo-nen flüchten. Bei einer großen Säuberung in den Jahren 1950/51 wurden dann 150.000 frühere Sozialdemokraten aus der SED ausgeschlossen.[26]

Bei den ersten Kommunalwahlen sorgten Manipulationen der SMAD für einen Sieg der SED. Bei den ersten (und einzigen) Landtagswahlen im Herbst 1946 übte die SMAD wiederum starken Druck zugunsten eines Wahlsieges der SED aus, doch können sie noch als relativ frei bezeichnet werden. Die SED wurde zwar überall stärkste Partei, konnte jedoch nirgends die absolute Mehrheit erreichen. Unter dem Druck der SMAD mußten Allparteienregie-rungen gebildet werden. Die SED stellte – mit einer Ausnahme – alle Mini-sterpräsidenten, Landtagspräsidenten, Innen- und Volksbildungsminister und kontrollierte zahlreiche weitere Schlüsselressorts. Lediglich in Sachsen-Anhalt amtierte bis zu seiner Amtsenthebung im Jahre 1949 ein LDPD-Mini-sterpräsident.

Anfänglich nährte die Sowjetunion bei den deutschen Kommunisten und kooperationswilligen Sozialdemokraten Hoffnungen auf einen „eigenen deut-schen Weg zum Sozialismus". Doch ab Herbst 1947 wurde die Sowjetisierung und Gleichschaltung der SBZ vorangetrieben. Die SED übte Selbstkritik und rückte von diesen Theorien ab. Anton Ackermann meinte am 24. September 1948 im Zentralorgan der SED, daß sie sich „als unbedingt falsch und gefähr-lich erwiesen" hätten.[27]

Die gegen „Titoisten" und Nationalkommunisten gerichtete Säuberungswel-le erfaßte Ende der vierziger Jahre auch die DDR, zeigte sich hier jedoch am wenigsten radikal, da die deutschen Kommunisten sich als die willfährigsten Handlanger Moskaus erwiesen. Zudem war die SBZ bzw. DDR ein durch und durch besetztes Land, wo ein von Moskau grundsätzlich abweichender Kurs kaum denkbar war. Öffentliche Schauprozesse wie in Bulgarien, Ungarn und der DDR waren zwar vorbereitet, wurden aber nie durchgeführt.[28] Die SED vollzog 1950 eine Selbstreinigung. Prominentestes Opfer war das Mitglied des Politbüros Paul Merker, dem Verbindungen mit US-Agenten unterstellt wur-den. Er und weitere Spitzenfunktionäre wurden zu Gefängnisstrafen verurteilt. Eine zweite Selbstreinigung erfolgte 1953, vor und nach dem 17. Juni. Im Durchschnitt wurde damals jedes vierte Mitglied aus der SED ausgeschlos-sen.[29]

Die Tätigkeit der bürgerlichen Parteien hatte die SMAD von Anfang an erheblich behindert. Unbequeme Parteifunktionäre wurden abgesetzt (wie Ende 1947 die beiden Vorsitzenden des CDU-Hauptvorstandes Jakob Kaiser und Ernst Lemmer), verhaftet oder zur Flucht gedrängt. Das Gewicht von CDU und LDPD wurde im Frühjahr 1948 durch Gründung zweier weiterer „Blockparteien", der „Demokratischen Bauernpartei Deutschlands (DBD)"

und der als Auffangbecken für kollaborationswillige Ex-Nationalsozialisten
konzipierten „National-Demokratischen Partei Deutschlands (NDPD)", weiter vermindert. Beide akzeptierten voll und ganz den Führungsanspruch der
SED.

Bald nach Gründung der „Deutschen Demokratischen Republik (DDR)" am
7. Oktober 1949 war die Dominanz der SED institutionalisiert. Die „Blockparteien" kandidierten auf von der SED dominierten Einheitslisten und akzeptierten die von ihr aufgestellten Leitlinien.

Die nationalliberale Opposition in der LDPD um den Jurastudenten Arno
Esch, die sich gegen das Führungsmonopol der Kommunisten, für einen
Abzug der Besatzungstruppen und die Wiedervereinigung Deutschlands ein-
setzte, wurde 1951 liquidiert: Zusammen mit sechs weiteren LDPD-Führungs-
mitgliedern aus Mecklenburg und Vorpommern wurde er am 24. Juli 1951 im
Zuchthaus von Brest-Litowsk erschossen. Einigen wenigen, darunter dem spä-
teren F.D.P.-Generalsekretär Karl-Hermann Flach, war die Flucht nach West-
Berlin gelungen.[30]

Die DDR hatte nun das Stadium stalinistischer Oppositionslosigkeit auf
allen Gebieten erreicht. Der bald darauf selbst gestürzte Ernst Wollweber
schrieb 1956 im „Neuen Deutschland": „Es ist selbstverständlich, daß in der
DDR keine sogenannte 'freie' Diskussion geduldet werden darf, die zur Ein-
schmuggelung fremder antidemokratischer und antisozialistischer Ideologien
führt."[31]

Das „Gesetz zur Demokratisierung der deutschen Schule" schuf die Ein-
heitsschule; der Einfluß der SED auf die Bildungspolitik wuchs seit 1948
immer mehr. Den „Jungen Pionieren" und der „Freien Deutsche Jugend
(FDJ)" kam eine wichtige Kontroll- und Sozialisierungsfunktion bei der Erziehung zu. Die Zulassung zu höherer Bildung hing in der DDR von der Herkunft
(Söhne von Akademikern wurden vielfach davon ausgeschlossen) wie von
politischem Wohlverhalten ab (wer sich der „Jugendweihe" zugunsten der
Konfirmation verweigerte, wurde vielfach benachteiligt).

Ebenso kam es nach sowjetischem Vorbild zu einer Gleichschaltung der
Kulturpolik als Bestandteil der sozialistischen Wirtschaftsordnung. Hans
Lauter führte 1951 in seinem Referat auf der 5. Tagung des ZK der SED aus:
„Die Kunst hat doch die Aufgabe, die Menschen zur Vollbringung großer Lei-
stungen reif zu machen, d.h. für die Erfüllung des Fünfjahrplanes zu begei-
stern."[32]

Nach Gründung der DDR verstärkte sich auch der Druck auf die evangelische Kirche. Im Jahre 1953 wurden zahlreiche kirchliche Einrichtungen in
ihrer Arbeit behindert bzw. geschlossen; insbesondere die regierungskritische
„Junge Gemeinde" wurde verfolgt und Repressalien ausgesetzt.[33] Gleichzeitig arbeitete man an einer Unterwanderung der einflußreichen Evangelischen
Kirche, die man als „Kirche im Sozialismus" zu funktionalisieren suchte.

Nicht wenige Pfarrer und Kirchenarbeiter entschlossen sich zu einer mehr oder weniger weitgehenden Kooperation bis hin zu nachrichtendienstlicher Tätigkeit.

Nach Gründung der DDR lösten die Sowjets die verbliebenen Lager Sachsenhausen, Buchenwald und Bautzen auf und entließen zahlreiche weitere Gefangene, insbesondere solche, die niemals verurteilt worden waren. Für sie hörte der Leidensweg allerdings nicht auf: Es erfolgte keinerlei Rehabilitation oder Wiedergutmachung; die Internierungszeit blieb ein Tabu. Vielfach waren sie auch noch längere Zeit in ihren bürgerlichen Rechten beschnitten. Wegen „besonders große(r), gegen die Sowjetunion gerichtete(r) Verbrechen" verblieben 649 Häftlinge in den Händen der Sowjets.[34] In ausgewählten Fällen waren die SMAD-Tribunale noch bis 1955 parallel zur DDR-Gerichtsbarkeit tätig.

Insgesamt 10.513 Häftlinge, die von sowjetischen Militärtribunalen verurteilt worden waren, wurden deutschen Behörden zur weiteren Inhaftierung übergeben. Die Internierungslager hießen nun „Untersuchungshaftanstalten (UHA)", „Strafvollzugsanstalten (StA)" und „Haftarbeitslager", ohne daß sich in der Praxis viel änderte. Vor allem in den Strafvollzuganstalten Bautzen,[35] Torgau, Untermaßfeld sowie Hoheneck (für Frauen) blieben die politischen Häftlinge noch bis in die zweite Hälfte der fünfziger Jahre inhaftiert, einige sogar noch bis 1964. Die DDR-Behörden weigerten sich, die Zahl und die Namen der in den Lagern Verstorbenen bekanntzugeben: Innenminister Hans Warnke (SED) meinte am 17. Januar 1950, für die Hinterbliebenen „eines in Haft verstorbenen Verbrechers" sei es nicht angenehm, „wenn dessen Name veröffentlicht würde".[36]

Berüchtigt war die Frauenhaftanstalt Hoheneck im Erzgebirge. Dorthin waren im Februar 1949 rund 1.200 Mädchen und Frauen – eingepfercht in Viehwaggons, kaum für den Winter bekleidet und unter unbeschreiblichen sanitären Bedingungen – eingeliefert worden. Sie waren wegen „Mitgliedschaft in Werwolf-Organisationen", „Spionage", „antisowjetischer Propaganda" oder „Mitwisserschaft" zu insgesamt 23.000 Jahren Zuchthaus verurteilt worden. Die nur für 700 Häftlinge ausgelegte Haftanstalt war von 1951-1953 mit der dreifachen Zahl belegt. Die Sterbequote, z.B. aufgrund von Tuberkulose, war hoch. Die Leichen wurden namenlos verscharrt; vielfach wurden die Angehörigen nicht einmal benachrichtigt. In der Haft geborene Kinder wurden den Frauen in der Regel weggenommen. Erste Verbesserungen der harten Haftbedingungen wurden 1952 vorgenommen: So wurde die Heizung repariert. Auch zu dieser Zeit hatte ein Teil der Frauen noch keine eigenen Betten, sondern mußte auf Strohsäcken schlafen. In den Jahren 1954-56 wurden die verurteilten Frauen schließlich entlassen. Doch auch die DDR betrieb die Frauenhaftanstalt Hoheneck weiter.[37]

Insgesamt 3.432 Internierte hatten die Sowjets den DDR-Behörden „zur Untersuchung ihrer verbrecherischen Tätigkeit und Aburteilung durch Gerichte der DDR" übergeben. Sie waren als „Belastete", „Militaristen" oder „Nutz-nießer" des NS-Systems eingestuft worden und wurden in die Strafvollzugs-anstalt Waldheim in Sachsen, eine ehemalige Burg, gebracht. In der über-großen Mehrheit handelte es sich um niedrige Funktionäre der NSDAP oder anderer nationalsozialistischer Organisationen und Gliederungen, um kleinere Staatsbeamte, Richter-, Staats- und Rechtsanwälte, Wirtschaftsfunktionäre und Verleger bzw. Redakteure. Gemäß dem zugrunde gelegten Kollektiv-schuldprinzip konnte man im Prinzip jedermann für mitschuldig an NS- und Kriegsverbrechen erklären.[38]

Die Untersuchung oblag offiziell der Großen Strafkammer beim Landge-richt Chemnitz – tatsächlich handelte es sich um ein hierfür eigens zusam-mengestelltes Sondergericht. Es führte von April bis Juni 1950 Schnellverfah-ren durch. Verhandlungen dauerten oft nur eine halbe Stunde; das Urteil stand vielfach schon vorher fest. Nur Kandidaten für ein Todesurteil hatten Anrecht auf einen Pflichtverteidiger. Entlastungszeugen waren nicht zugelassen. Die Anklagen waren in der Regel kollektiver Art (Zugehörigkeit zu NSDAP, Wehr-macht, SS, SA, Polizei, Justiz o.ä.). Die SED kontrollierte den Prozeßverlauf und nahm in einer Reihe von Fällen auch direkten Einfluß auf das Urteil. Nur zehn Fälle von offenkundigen nationalsozialistischen Kriegsverbrechern wur-den öffentlich verhandelt. Sie sollten stellvertretend für alle stehen. Wolfgang Eisert schrieb in der neuesten Untersuchung über den Komplex Waldheim: „Es handelte sich in den meisten Fällen nicht um Prozesse gegen schwerbela-stete Nazi- oder Kriegsverbrecher."[39]

Die „Waldheimer Prozesse" hatten erstens den Zweck, das erfolgreiche Bemühen der DDR um Entnazifizierung nach außen zu demonstrieren, zwei-tens Feindbilder für das Vorgehen gegen interne Oppositionelle aufrechtzuhal-ten und drittens die Internierung von über zweihunderttausend Deutschen durch die Sowjets nachträglich zu rechtfertigen. Auch boten sie der neuge-gründeten DDR einen willkommenen Anlaß, ihre neugewonnene Eigenstaat-lichkeit zu demonstrieren.

Der bundesdeutsche „Untersuchungsausschuß freiheitlicher Juristen" sprach vom „größten Justizverbrechen der Neuzeit".[40] Die Protokollantin Ger-trud Mielke meinte später in der Bundesrepublik Deutschland: „Die Prozesse waren eine abscheuliche Komödie. Während vor unseren Augen unschuldige Menschenleben willkürlich vernichtet wurden, saß ein Teil der weiblichen Mitglieder des Gerichts teilnahmslos dabei und manikürte sich die Fingernä-gel."[41]

Auch offensichtliche Verwechslungen von Taten oder Personen änderten an einer Verurteilung nichts. Die Sondergerichte verhängten langjährige Haftstra-fen; 31 Personen wurden zum Tode verurteilt und davon schließlich 24 hinge-richtet. Die Revisionsanträge erbrachten in vielen Fällen sogar eine Verschär-fung des Strafmaßes; Gnadengesuche wurden oft nicht einmal beantwortet.

Der Staatssekretär im Justizministerium Dr. Helmut Brandt und der Stellvertretende DDR-Ministerpräsident Otto Nuschke (beide Ost-CDU) wagten,
gegen die eklatante Rechtsbeugung zu protestieren, was einen Eklat auslöste.
Dr. Brandt wurde daraufhin im September 1950 verhaftet und 1954 zu zehn
Jahren Zuchthaus wegen „schweren Verrats an den nationalen Interessen des
deutschen Volkes" verurteilt und bis 1958 inhaftiert. Auf die CDU wurde massiver Druck ausgeübt, und Nuschke schwieg in der Folgezeit. Ulbricht gestand
dafür die Begnadigung von gerade zwei Fällen zu, die im Februar 1951 entlassen wurden. Anläßlich verschiedener Amnestien zwischen 1952 und 1956
kamen dann aber über 3.000 „Waldheimer" vorzeitig frei; nur wenige mußten
noch länger in Haft bleiben.

Torturen wie Spießrutenlaufen und Prügelstrafe setzten sich in den DDR-
Haftanstalten fort bzw. wurden gar noch intensiviert. Die Haftbedingungen
verschlechterten sich in der Regel, so daß es zu blutig niedergeschlagenen
Aufständen kam, wie z.B. am 13. und 31. März 1950 in Bautzen.[42] Als Volkspolizisten in den Strafvollzugsanstalten und Haftarbeitslagern wurden nicht
selten ehemalige Kriminelle und Schläger rekrutiert. Besonders berüchtigt
waren Volkspolizeirat Gustav Schulz („Hunde-Schulz") in Bautzen oder der
Karzerkommandant und Hauptwachtmeister Gustav Werner („Eiserner
Gustav") in der StA Torgau, der im Dritten Reich als Krimineller im KZ geses-
sen hatte: Mehrere politische Häftlinge schlug er Anfang der fünfziger Jahre
so brutal zusammen, daß sie an den Folgen verstarben. Werner wurde vom
Regime hoch ausgezeichnet.[43]

In Übereinstimmung mit dem Beschluß der II. Parteikonferenz der SED
wurden in der DDR weiterhin Verhaftungen von wirklichen oder vermeintlichen Regimegegnern in großer Zahl vorgenommen:

> *„Das Hauptinstrument bei der Schaffung der Grundlagen des Sozialismus*
> *ist die Staatsmacht. Deshalb gilt es, die volksdemokratischen Grundlagen*
> *der Staatsmacht ständig zu festigen. Die führende Rolle hat die Arbeiter-*
> *klasse, die das Bündnis mit den werktätigen Bauern, der Intelligenz und*
> *anderen Schichten der Werktätigen geschlossen hat. Es ist zu beachten, daß*
> *die Verschärfung des Klassenkampfes unvermeidlich ist und die Werktätigen*
> *den Widerstand der feindlichen Kräfte brechen müssen."* [44]

Häufig waren Jugendliche von Verfolgung betroffen. Allein in den ersten
Monaten des Jahres 1951 wurden 463 Jugendliche wegen politischer Vergehen
verurteilt; 60 % der anhängigen politischen Strafverfahren richteten sich in
diesem Jahr gegen Jugendliche.[45]

Dem 18jährigen Oberschüler Hermann Joseph Flade aus Obernhau wurde
vorgeworfen, bei den Wahlen im Oktober 1950 antikommunistische Flugblät-
ter angeschlagen und bei seiner Verhaftung einen Polizisten niedergestochen

zu haben (dieser hatte eine leichte Verletzung am Oberschenkel während des Handgemenges erlitten). Flade wurde zum Tode verurteilt. Nachdem sein Fall international bekanntgeworden war und zu harschen Protesten geführt hatte, wurde die Strafe auf 15 Jahre Zuchthaus vermindert.[46] Zur gleichen Zeit verhaftete man acht Tage vor dem Abitur 19 Schüler und Schülerinnen der Alexander-von-Humboldt-Schule in Werdau (Sachsen) wegen angeblicher Bildung einer Widerstandsgruppe. Ursprung ihrer Opposition war die heimliche Beschaffung staatlich unerwünschter Literatur wie beispielsweise Bücher des damals verfemten Karl May; sie mündete in dissidente Gespräche und in die Herstellung von Flugzetteln. Am 3. Oktober 1951 wurden sie unter Ausschluß der Öffentlichkeit zu Zuchthausstrafen von bis zu 15 Jahren verurteilt.[47] Auch Bagatellen wie z.B. das Eintreten für englischen statt russischen Sprachunterricht konnten bereits zur Zerstörung des persönlichen Lebensweges führen.

Eine Rundverfügung des Justizministeriums vom Oktober 1951 untersagte die Verwendung des Begriffes „politischer Häftling": Man sollte nur von kriminellen Gefangenen sprechen.[48] Alle denkbaren politischen Vergehen wurden denn auch strafrechtlich erfaßt, man denke in diesem Zusammenhang an den 1957 eingeführten Straftatbestand „Republikflucht" sowie „Verleitung zum Verlassen der DDR" (d.h. Fluchthilfe).

Gemäß der „Verordnung über die Beschäftigung von Strafgefangenen vom 3.4.1952" wurde in der DDR das Zwangsarbeitssystem sowjetischen Vorbilds eingeführt. Für zwei Arbeitstage mit hundertprozentigem Soll wurden drei Hafttage angerechnet. Beim kargen Nettoverdienst wurden 75 % Haftkosten abgezogen.[49] Etwa 80 „Volkseigene Betriebe (VEB)" verlegten ihre Produktion teilweise oder ganz in Strafvollzugsanstalten bzw. Haftarbeitslager,[50] und zahlreiche Reisende, die die DDR besuchten, ahnten nicht, daß sie in den Intershops oder auch in der Bundesrepublik Deutschland von politischen Gefangenen hergestellte DDR-Waren kauften.

Der nächste größere Schub von Gefangenen formierte sich nach der Niederschlagung des Volksaufstandes vom 17. Juni 1953. Auslöser hierfür war die am 28. Mai beschlossene Erhöhung der Normen um weitere 10 % bis zum 30. Juni gewesen – bei reduzierten Lohnzahlungen. Sie war eine Folge der forcierten Militarisierung, die dem Wirtschaftsleben zahlreiche Arbeiter als Rekruten der im Aufbau befindlichen Armee (Kasernierte Volkspolizei) entzogen hatte und auch erhebliche materielle Anforderungen auf Kosten von Sozialleistungen und Konsumgütern stellte. Bereits zu diesem Zeitpunkt stand, wie jüngst eingesehene Akten belegen, die DDR am Rande eines Staatsbankrotts. Auf dem Lande wurde damals die Kollektivierung mit zahlreichen Schikanen und Zwangsmaßnahmen forciert. Die Gefängnisse waren voll mit „Wirtschaftsverbrechern".[51]

Am 16. Juni streikten die Bauarbeiter an der Berliner Stalinallee (heute: Karl-Marx-Allee), und ein auf 10.000 Menschen anwachsender Demonstrationszug marschierte zum Alexanderplatz. Auch die spontane Rücknahme der Normenerhöhungen rettete die Regierung schließlich nicht mehr: Gefordert wurden nun freie und geheime Wahlen. In Görlitz wurde gar das Rathaus gestürmt und eine neue Stadtverordnetenversammlung gewählt.

Am 17. Juni wurde in der ganzen DDR der Generalstreik ausgerufen, und nach neuester Aktenauswertung kam es in mindestens 373 Groß-, Mittel- und Kleinstädten zu vergleichbaren Demonstrationen und Streiks, an denen sich mindestens 500.000 Bürger beteiligten.[52] Diese Kundgebungen führten vielerorts zu offenem Aufstand, Demolierung von kommunistischen Emblemen, Ausschreitungen an öffentlichen Gebäuden sowie zur Befreiung von 1.317 politischen Gefangenen. Nun wurden auch freie Wahlen in ganz Deutschland und der Abbau der Zonengrenzen gefordert. Die bundesdeutsche Fahne wurde geschwenkt, und es ertönte das Deutschlandlied. Die Regierung und die gesamte SED-Führung waren in den Schutz der Roten Armee geflüchtet.

Doch unter den Schüssen von drei mobilisierten Divisionen der Roten Armee wurde der Volksaufstand am 17./18. Juni auf Befehl des Berliner Stadtkommandanten General Dibrowa niedergeschlagen: Er hatte den Ausnahmezustand ausgerufen und sich dabei auf das in der DDR noch bis 1955 (in der BRD bis 1951) geltende Kriegsrecht berufen. Auch in anderen Städten der DDR rückten sowjetische Panzer ein; es kam vielfach zu Kampfhandlungen mit Demonstranten, die sich dagegen unbewaffnet zur Wehr setzten. Die Zahl der deutschen Todesopfer in der DDR betrug wohl über 250; nachgewiesen sind bei der zentralen Ermittlungsstelle Regierungs- und Vereinigungskriminalität (ZERV) 125 Todesopfer, wovon 48 gemäß Ausnahmezustand standrechtlich erschossen wurden.[53] Unter diesen befanden sich Volkspolizisten, die den Gehorsam verweigert hatten; aus ähnlichen Gründen wurden auch etwa 40 Rotarmisten erschossen (hierüber liegen keine Akten mehr auf).[54] Ganze Einheiten der Volkspolizei kamen wegen Passivität oder gar Sympathie ins Zuchthaus.[55]

Der gescheiterte Volksaufstand entbehrte nicht einer gewissen Tragik, war den Genossen in der DDR doch in den Wochen zuvor aus Moskau eine „Entstalinisierung" befohlen worden. Ähnlich wie Ende der achtziger Jahre hatten die Ost-Berliner Genossen die Wende in Moskau nicht wahrhaben wollen und treu am alten Kurs festgehalten.

Am 11. Juni gab das Politbüro der SED dann allerdings im „Neuen Deutschland" in einem sensationellen Communiqué „viele Fehler" beim Aufbau des Sozialismus zu. Man proklamierte einen „Neuen Kurs" und nahm zahlreiche repressive Maßnahmen zurück. Dies löste, einhergehend mit dem Tod Stalins drei Monate zuvor, weitgesteckte Erwartungen in der Bevölkerung aus. Die SED verweigerte sich jedoch dem Druck nach Rücknahme der Normenerhöhung, aus prinzipiellen Gründen wie aufgrund der angespannten wirtschaftlichen Situation. Dies war eine wesentliche Fehleinschätzung der Lage gewesen.

Möglicherweise hatte der damals im Kreml mächtige Berija gar mit dem Plan einer Entmachtung Ulbrichts und Wiedervereinigung Deutschlands gespielt und über den Berliner Stadtkommandanten Semjonow diesbezügliche Verbindungen mit dem DDR-Minister für Staatssicherheit, Wilhelm Zaisser, und dem Chefredakteur des „Neuen Deutschland", Rudolf Herrnstadt, angeknüpft. Beide galten als gesamtdeutsch orientierte Kommunisten. Diesbezügliche Theorien gründen vor allem in einer entsprechenden Aussage Nikita Chruschtschows über Berija am 8. März 1963. Immerhin wurde Berija bald nach dem 17. Juni gestürzt: Vielleicht hatte dabei der Vorwurf, er habe mit seinen Wiedervereinigungsplänen den deutschen Volksaufstand gefördert, eine Rolle gespielt. Es ist aber auch möglich, daß derartige Gerüchte im nachhinein zur Rechtfertigung seines Sturzes ausgestreut wurden.[56] Zaisser und Herrnstadt sowie der Justizminister Max Fechner wurden jedenfalls nach dem 17. Juni 1953 aus dem Zentralkomitee der SED ausgestoßen und ihrer Posten enthoben.

Der Aufstand beendete die anstehenden Reformen und stabilisierte indirekt die staatliche Existenz der DDR. Fortan suchte die Sowjetunion die DDR als eigenen Staat zu etablieren und rückte von Offerten eines neutralisierten Gesamtdeutschland ab. Hierfür hatte es allerdings auch, das ist hervorzuheben, keinerlei Kompromißbereitschaft von seiten des Westens gegeben. Nun war die Sowjetunion daran interessiert, die an der Nahtstelle zwischen Ost und West gelegene DDR geradezu als Bollwerk auszubauen, und hielt damit bis 1989/90 eines der kompromißlosesten kommunistischen Regime an der Macht.

Die Ereignisse des 17. Juni ermöglichten der Regierung von Walter Ulbricht, an einem relativ autoritären Kurs festzuhalten und das eigene Überleben zu sichern. Jens Hacker meint, daß der gelehrige Stalin-Schüler Ulbricht es verstanden habe, „verbal am schärfsten zu ‚entstalinisieren', ohne in der Praxis Entstalinisierung zu treiben".[57] Zweifelsohne paßte Ulbricht nicht in die Chruschtschow-Ära, doch Moskau hatte damals in der DDR kaum personelle Alternativen und wollte keine weiteren Experimente wagen. Anfang 1958 entledigte sich Ulbricht mit Billigung Chruschtschows der letzten verbliebenen potentiellen Gegner: Karl Schirdewan, Ernst Wollweber und andere hohe Funktionäre wurden aus ihren Partei- und Staatsämtern entfernt.[58]

Die Zahl der nach dem 17. Juni 1953 als „Rädelsführer der Streiks, Verräter, Agenten, Mörder und Saboteure" in Untersuchungshaft Eingelieferten betrug etwa 20.000.[59] Gegen etwa 5.600 von ihnen wurden nach neuester Akteneinsicht Ermittlungsverfahren eingeleitet. Die Mehrheit erhielt zum Teil langdauernde Gefängnisstrafen; es kam zu zwei Todesurteilen.[60]

Im Zuchthaus Bautzen erfuhren alle wegen des 17. Juni einsitzenden Gefangenen eine Sonderbehandlung: Auf ihrer Häftlingskleidung wurden sie mit einem weißgefärbten X gekennzeichnet, und sie mußten jeden Morgen beim Essensempfang mit den Worten „Ich bin ein großes Schwein! Ich bin ein Verräter!" niederknien. Von den Mithäftlingen wurden sie isoliert; sie wurden wie Aussätzige behandelt und waren sadistischen Strafen und Mißhandlungen ausgesetzt.[61]

Den hohen Anteil politischer Gefangener verdeutlicht allein folgender Zahlenvergleich: Im Jahre 1953 gab es in der DDR insgesamt 60.000 Häftlinge aller Kategorien, in der wesentlich größeren Bundesrepublik Deutschland nur 40.000.[62]

Der DDR-Justizminister Max Fechner, der für eine milde Bestrafung plädiert hatte, wurde am 15. Juli verhaftet, aller Parteiämter enthoben und bis 1956 ins Zuchthaus gesteckt.[63] Seine Nachfolgerin wurde Hilde Benjamin (genannt „Rote Hilde"), die sich bereits als Staatsanwältin durch ihre ideologisch gespeiste Rachsucht ausgezeichnet hatte. In der April-Ausgabe der Zeitschrift „Neue Justiz" hatte sie 1951 unter dem Titel: „Grundsätzliches zur Methode und zum Inhalt der Rechtsprechung" folgendes ausgeführt:

„Dem Klassenkampf als objektiver Erscheinung des politischen und gesellschaftlichen Lebens entspricht unsere Parteilichkeit der ideologischen Haltung. Das muß auch in der Prozeßführung zum Ausdruck kommen und kann nicht dazu führen, daß der Richter passiv ,objektiv' Angeklagte, Verteidiger und Staatsanwalt als gleichberechtigte Parteien behandelt (...)" [64]

Diverse politisch motivierte Straftatbestände wie Staatsverrat (§ 13), Spionage (§ 14), Diversion (§ 22) sowie Schädlingstätigkeit und Sabotage (§ 23) konnten laut dem 1957 verschärften Strafgesetzbuch der DDR in schweren Fällen mit lebenslangem Zuchthaus oder Todesstrafe geahndet werden.[65]

Von 1954-1957 wurden verschiedene Entlassungsaktionen durchgeführt; daneben erfolgten jedoch weitere Verhaftungen, insbesondere nach dem „Mauerbau" am 13. August 1961. Maßnahmen staatlicher Repression konnten nun auch, den Blicken der internationalen Öffentlichkeit entzogen, ungestörter vorgenommen werden. Gab es vor diesem Datum etwa 10.000 politische Häftlinge, waren es danach 12.000 bis 16.000.[66]

In Westberlin unternahmen Einsatzkommandos der Staatssicherheit seit Herbst 1949 bis 1961 insgesamt 276 Entführungen von Regimegegnern – die Dunkelziffer dürfte noch wesentlich höher liegen. Der bundesdeutsche Generalbundesanwalt von Stahl hielt es im Juni 1993 für möglich, daß DDR-Killerkommandos in der Bundesrepublik Deutschland operiert hätten; zahlreiche diesbezügliche Hinweise seien bei Ermittlungen gegen MfS-Angehörige gefunden worden.[67] Dokumentiert sind außerdem 26 Fälle von Verschleppungen von DDR-Bürgern im Auftrag der Staatssicherheit.[68] So entführte die Staatssicherheit 1955 in der Operation „Lump" den ins hessische Heubach geflüchteten ehemaligen Stasi-Major Sylvester Murau. Er wurde 1956 in Dresden zum Tod verurteilt und mit dem Fallbeil hingerichtet. Als Lockvogel hatte seine Tocher Brigitte („IM Honett") gedient. Sie heiratete später ihren Führungsoffizier Stasi-Generalmajor Albert Schubert.[68a]

Die Grenze zum Westen Deutschlands wurde seit Anfang der fünfziger Jahre immer undurchlässiger. Bereits Ende 1946 hatten die Sowjets mit dem Aufbau einer „Deutschen Grenzpolizei (DGP)" als Teil der Volkspolizei begonnen.[69] Sie sollte den illegalen Grenzübertritt verhindern. Ab 1948 wurde sie kaserniert und militärisch ausgebildet; seit Ende 1948 gab es einen Schießbefehl. Nichtsdestoweniger schnellte die Zahl der Westflüchtlinge empor. Bei Gründung der DDR im Oktober 1949 zählte die Grenzpolizei bereits 18.000 Mann; sie wurde direkt dem Innenministerium unterstellt. Bis zu diesem Zeitpunkt war bereits eine halbe Million Menschen nach Westen geflüchtet.

Im Jahre 1952 wurde die „Deutsche Grenzpolizei" (DGP) als eigenständige Einheit verselbständigt und direkt dem Ministerium für Staatssicherheit unterstellt (vom 27. Juni 1953 bis 1955 unterstand sie zwischenzeitlich noch einmal dem Innenministerium, um bei weiteren Aufstandsversuchen schnell einsetzbar zu sein). Durch eine Verordnung vom 26. Mai 1952 wurden die Abschottungsmaßnahmen ausgeweitet: Im Grenzgebiet wurde eine fünf Kilometer breite Sperrzone eingerichtet, woraus unzuverlässige Bevölkerungselemente ausgesiedelt wurden. Ein Streifen von zehn Metern Breite unmittelbar hinter der Demarkationslinie wurde abgeholzt und umgepflügt; die 500-Meter-Zone dahinter durfte nur mit einem besonderen Berechtigungsausweis der Grenzpolizei betreten werden. Der Schienenverkehr wurde weitgehend unterbrochen; 174 Durchgangsstraßen, darunter drei Autobahnen, und tausende öffentliche und private Wege wurden geschlossen. Es verblieben lediglich sechs Eisenbahn- und fünf Autobahn-/Straßenübergänge für den Interzonen- und Berlinverkehr, die mit entsprechenden Kontrolleinrichtungen versehen wurden. Man begann mit dem Aufbau eines Stacheldrahtzaunes. Damit war die innerdeutsche Grenze traurige Realität geworden. Auch in West-Berlin wurden 1952/53 zahlreiche Straßen gesperrt und Straßenbahn- und Omnibuslinien unterbrochen, wenngleich hier die Trennung noch ungleich weniger perfekt war.[70]

Die „alleinige Bewachung und Kontrolle der Staatsgrenze" ging 1955 in DDR-Verantwortung über; die Sowjets behielten sich aber weiterhin entscheidende Hoheitsfunktionen vor.[71] Die „Deutsche Grenzpolizei" wurde personell ausgebaut und militärisch strukturiert; 1958 erhielt sie schwere Waffen. Ende 1960 zählte sie 48.000 Mann in acht Grenzbrigaden.

Dennoch hielt die Fluchtwelle auch in den fünfziger Jahren an und wuchs aufgrund der erzwungenen Vollkollektivierung der Landwirtschaft und „Entprivatisierung" von Handel und Gewerbe zum Ende des Jahrzehnts dramatisch an: Im Jahre 1960 wurde die Zahl von 200.000 überschritten. Die Flüchtlinge nutzten dabei insbesondere die weiche Stelle West-Berlin.

Der Vorsitzende des Staatsrates und Erste Sekretär des ZK der SED Walter Ulbricht hatte noch am 15. Juni 1961 unzweideutig verkündet: „Niemand hat die Absicht, eine Mauer zu errichten."[72] Dennoch begann schon in der Nacht zum 13. August die Sperrung aller Grenzübergänge in Berlin und die Errichtung des „Antifaschistischen Schutzwalles", wie die Mauer im offiziellen Sprachgebrauch bezeichnet wurde. Bei verzweifelten Sprüngen aus Fenstern in Richtung Westen vor Fertigstellung starben vier Menschen. Insgesamt wurde eine aus Betonplattenwänden bestehende, 3,5 bis 4 m hohe Mauer auf einer Länge von 120 km angelegt; hinzu kamen 55 km Metallgitterzaun.

Bereits am 25. August wurde der erste Mensch bei dem Versuch, die Sperranlagen in Berlin zu überwinden, erschossen. Bis zum Jahre 1990 waren es 77, davon der letzte Anfang 1989. Zum Symbol für die Unmenschlichkeit des DDR-Regimes wurde die Ermordung des 18jährigen Peter Fechter am 17. August 1962: Von einem Lungenschuß getroffen, fiel er von der Mauer auf die Ostseite herunter. Erst nach 50 Minuten kümmerten sich die Grenzsoldaten um den tödlich Getroffenen und transportierten ihn erst ab, nachdem er tot war. Westdeutsche Polizisten mußten dem Drama hilflos zusehen.

Nach dem Mauerbau wurde die Deutsche Grenzpolizei am 15. September 1961 in die Verantwortung des Verteidigungsministeriums überführt und gehörte damit als „Kommando Grenze" zur Nationalen Volksarmee (NVA), der 1956 aus der „Kasernierten Volkspolizei" hervorgegangenen Armee der DDR. Im Jahre 1974 wurden die nunmehrigen „Grenztruppen der DDR" (ca. 50.000 Mann) wieder verselbständigt, unterstanden jedoch weiterhin dem Verteidigungsministerium. Auch Wehrpflichtige mußten hier ihren Dienst ableisten, waren aber eng an politisch ausgesuchte Berufssoldaten angebunden. Alle Einheiten waren von Angehörigen des MfS durchsetzt. Verstöße gegen Dienstvorschriften wurden mit hohen Gefängnisstrafen geahndet.[73]

Ab 1966 wurde auch die 1.393 km lange innerdeutsche Grenze durch starke und wirksame Pionieranlagen befestigt: eine 5 km tiefe Sperrzone mit obligatorischen Aufenthaltsgenehmigungen und zahlreichen Beschränkungen für die Bewohner, ein 500 m breiter Schutzstreifen hinter der Grenze, ein 10 m breiter Kontrollstreifen direkt an der Grenze, ein Metallgitterzaun bzw. Betonsperrmauern, ca. 750 Wachtürme, ca. 800 Erdbunker, Minenfelder, Hundelaufanlagen, Kolonnenwege, KfZ-Sperrgraben, Lichtsperren. Es war eine der am stärksten befestigten Grenzanlagen der Welt. Der Militärexperte Forster schrieb 1983: „Dieses umfangreiche Sperrsystem dient ausschließlich der Fluchtverhinderung und hat kaum militärischen Wert."[74]

Im Jahre 1970 wurden die ersten der später insgesamt 54.000 Selbstschußanlagen Typ SM 70 am Metallgitterzaun angebracht. Dadurch wurde der Versuch der Grenzüberwindung vollends zu einer tödlichen Falle. Die Selbstschußanlagen enthielten 100 g Sprengstoff, der bei einer Detonation insgesamt 90 scharfkantige Eisenstücke trichterförmig abschoß und fast immer tödliche Wirkung hatte. Zahlreiche von Minen oder Selbstschußanlagen ausgelöste Verletzungen führten zum Verbluten der Opfer. Befanden sie sich noch auf DDR-Gebiet, so unterblieb nicht selten eine rechtzeitige Hilfeleistung von seiten der Grenztruppen. Derlei Ausbaumaßnahmen liefen unter dem Stichwort „Moderne Grenze".[75]

Minen und Selbstschußanlagen verschwanden 1984/85 auf Drängen der Bundesrepublik Deutschland in Zusammenhang mit der Gewährung von Milliardenkrediten. Durch tiefe Staffelung der Überwachungsanlagen war das Sperrsystem allerdings auch perfekter ausgebaut worden, so daß nun viele Flüchtlinge, vom Westen unbemerkt, bereits im Vorfeld festgenommen wurden und die eigentlich Grenze gar nicht mehr erreichten. Mitte der neunziger Jahre sollten die Grenzanlagen für 160 Mio. DM perfektioniert werden: Mikrowellenschranken, seismische Warngeräte, Vibrationsmelder.[75a] Der Schießbefehl als „äußerste Maßnahme der Gewaltanwendung" (DDR-Strafgesetzbuch von 1982) zur Verhinderung eines Fluchtversuches blieb indes bis zum Ende der DDR gültig. Auch in der täglichen Vergatterung der Posten hieß es ausdrücklich, daß Grenzverletzer „aufzuspüren, festzunehmen oder zu vernichten" seien.[76] Ein „verhinderter Grenzdurchbruch" wurde mit Auszeichnungen, Geldprämien, Sachleistungen und Urlaub belohnt.[77]

Gemäß neuesten, im Vergleich zu früher wesentlich höheren Zahlen der „Zentralen Erfassungsstelle Salzgitter" für Gewaltakte des DDR-Regimes (für deren Auflösung die SPD-Landesregierungen Ende der achtziger Jahre plädierten und die sie nicht mehr finanziell unterstützten) wurden 899 Menschen an der innerdeutschen Grenze ermordet: 255 an der Berliner Mauer, 371 an der innerdeutschen Grenze, 189 im Bereich der Ostsee.[78]

Die Zentrale Erfassungsstelle Salzgitter registrierte bis Ende 1988 eine Zahl von 38. 418 Gewaltakten der DDR-Führung, darunter 4.387 Tötungsdelikte, 27.901 politische Verurteilungen sowie 613 schwere Mißhandlungen im Strafvollzug.[79] Nach der Wende sind diese Zahlen wesentlich nach oben zu korrigieren.

Das neue Strafrecht der DDR (StEG) vom 1. Juli 1968 emanzipierte sich vom alten, sowjetisch beeinflußten. In vielen Fällen bedeutete es aber keine Verminderung, sondern eine Verschärfung der Bestimmungen. Zahlreiche politische Vergehen wurden in den §§ 96–111 („Verbrechen gegen die Deutsche Demokratische Republik") als kriminelle Tatbestände mit hohen Strafen geahndet, deren höchste „Tod durch Erschießen" war.[80] Man schätzt heute eine Gesamtzahl von 150.000-200.000 politische Verurteilungen von DDR-Strafgerichten.[81]

Der den Sowjets unbequem gewordene Walter Ulbricht wurde 1971 durch den willfährigeren Erich Honecker als Staatsratsvorsitzender und 1. Sekretär des ZK der SED abgelöst. Unter Honecker wurden die letzten halbstaatlichen und privaten Betriebe zwangsweise verstaatlicht, und die letzten Bezüge auf die „Deutsche Nation" zugunsten der „DDR-Nation" (Zwei-Staaten-Theorie) gestrichen.

Im Vorfeld des im Dezember 1972 zwischen der Bundesrepublik Deutschland und der DDR abgeschlossenen „Grundlagenvertrages" waren bereits über 25.000 Häftlinge, darunter etwa 6.000 politische Gefangene, im Rahmen einer Amnestie entlassen worden. Doch die staatliche Repression sorgte bald für ein Wiederauffüllen der Gefängnisse mit „Politischen". Nach Abschluß des Vertrages wandte die Bundesregierung in zunehmendem Maße Mittel für den Freikauf von politischen Häftlingen auf. Gezahlt wurden pro Fall DM 50.000 und mehr. Ende der achtziger Jahre saßen immer noch ca. 3.000 politische Häftlinge in den Strafanstalten der DDR.

Ein besonders trauriges Kapital waren Zwangsadoptionen, die unter der Verantwortung von Volksbildungsministerin Margot Honecker, der Frau des Staatsratsvorsitzenden, standen: Versuchten „Republikflüchtlingen" oder anderen politisch unzuverlässigen Personen wurde das Sorgerecht aberkannt, und die Kinder wurden zuverlässigen Parteimitgliedern übergeben. Die eigentlichen Eltern wurden über den Verbleib ihrer Kinder nicht verständigt, bei den Kindern nach Möglichkeit jegliche Erinnerung an ihr früheres Zuhause ausgelöscht: Hierfür wurden selbst Papiere wie z.B. Geburtsurkunden gefälscht. Erst nach der Wiedervereinigung fanden viele Eltern und Kinder nach Jahren zueinander.

Unter der Verantwortung von Margot Honecker stand auch der „geschlossene Jugendwerkhof Torgau" in Sachsen: Die SPD-Abgeordneten der Enquete-Kommission des Bundestages zur geschichtlichen Aufarbeitung der SED-Diktatur bezeichneten ihn als ein „KZ-ähnliches Jugendlager", mit „psychischem und physischem Terror schlimmster Art", und erstatteten Strafanzeige. Rund 5.000 Jugendliche im Alter von 14-16 Jahren, die den Normen der „sozialistischen Persönlichkeitsentwicklung" nicht entsprachen, seien hier zwischen 1965 und 1989 eingewiesen worden.[82]

Zwei evangelische Pfarrer suchten in den siebziger Jahren gegen die Unterdrückung von Glauben und Gewissen durch ihre Selbstverbrennung zu protestieren: Pfarrer Oskar Brüsewitz am 18. August 1976 in Zeitz, Pfarrer Rolf Guenter am 17. September 1978 in seiner Kirche in Falkenstein.[83] Ihr Fanal wurde totgeschwiegen, auch von der Evangelischen Kirche in der DDR, die – wie neuere Erkenntnisse zeigen – mit der „Stasi" in erschreckendem Maße verfilzt war, bis hinein in die Führungspositionen: So war z.B. der frühere Magedeburger Konsistorialpräsident Detlef Hammer seit seinem Dienstantritt 1974 bis zur Wende 1989 als Offizier im besonderen Einsatz (OibE) unter dem Decknamen „IM Günther" Stasi-Mitarbeiter, wie erst nach seinem Tod bekannt wurde. Der Sachverhalt wird von einer 200seitige Dokumentation der

Evangelischen Kirche Sachsens ausführlich belegt. Auf sein Amt sei er von der Stasi „perfekt vorbereitet worden".[84] Auch der frühere evangelische Landesbischof Ingo Braecklein soll von der Stasi in sein Amt gebracht und als „IM Ingo" geführt worden sein.[85] Gemäß einem Bericht der Evangelischen Kirche in Deutschland sollen 1-2 % der Pastoren in der DDR Stasi-Mitarbeiter gewesen sein.[85a]

Der wirtschaftliche Niedergang, die nicht zu verschweigenden Reformen in der Sowjetunion, aber auch die Informationen aus dem Westen über persönliche Kontakte oder Rezeption westlicher Medien führten in den achtziger Jahren zu zunehmender Unruhe gerade in der jungen DDR-Bevölkerung. Es kam zu Fluchtversuchen in bundesdeutsche Botschaften, insbesondere außerhalb der DDR (Warschau, Prag, Budapest). Ihr massives Anschwellen im Sommer 1989 wie der gleichzeitige Abbau des „Eisernen Vorhangs" in Ungarn seit Mai brachte das DDR-Regime, unterstützt von gewaltlosen Großdemonstrationen („Wir sind das Volk!"), in Bedrängnis.

Generalmajor Erich Mielke befahl im Oktober 1989 allen MfS-Angehörigen, ihre Waffen ständig zu tragen und Zusammenrottungen notfalls gewaltsam zu unterbinden. Die fehlende Rückendeckung durch die Sowjetunion trug schließlich dazu bei, daß ein mögliches Blutbad unterblieb und leitete das Ende der DDR ein.[86]

Erich Honecker trat als Generalsekretär des ZK der SED zurück und wurde zunächst von dem ideologisch ähnlich ausgerichteten Egon Krenz, dann von dem „Reformkommunisten" Hans Modrow ersetzt. Der eher unklare Beschluß vom 9. November, zukünftig an jeden DDR-Bürger Reisedokumente auszuhändigen, führte zu einem ungeahnten Menschenandrang an den Grenzen und zu einem Zusammenbruch staatlicher Autorität. Am 13. November verkündete Verteidigungsminister Heinz Keßler, daß er den „Schießbefehl offiziell aufgehoben" habe[87] – und bestätigte damit indirekt, daß dieser in den Jahrzehnten zuvor existiert hatte.

Auf den „Montagsdemonstrationen", die nicht nur in Leipzig, sondern auch in vielen kleineren Städten der DDR stattfanden, wurde zur Jahreswende immer deutlicher die Wiedervereinigung Deutschlands („Wir sind ein Volk!") gefordert. Am 18. März 1990 wurden freie Wahlen erzwungen, die die „Allianz für Deutschland" (CDU, DSU, Demokratischer Aufbruch) gewann. Die SED-Nachfolgepartei PDS (Partei Demokratischer Sozialisten) war in den Wahlen auf ganze 15 % gekommen. Lothar de Maizière (CDU) bildete als Ministerpräsident eine Übergangsregierung bis zum Vollzug der bilateral wie international vertraglich ausgehandelten vollen staatlichen Einheit am 3. Oktober 1990.

Es war eine Ironie der Geschichte, daß Erich Honecker nach dem Ende der DDR selbst zum „Botschaftsflüchtling" wurde – in der chilenischen Botschaft in Moskau. Nach seiner Überstellung in die Bundesrepublik Deutschland konnte er sich, als „nicht verhandlungsfähig" befunden, nach Chile absetzen, zusammen mit seiner Ehefrau Margot Honecker, die wohl ebenfalls für ihre Straftaten nicht mehr zur Verantwortung gezogen werden wird.

Ohne den inzwischen verstorbenen Erich Honecker dauert der „Mauerschützenprozeß" gegen die Führungsriege der ehemaligen DDR wegen ca. 200 Tötungsdelikten an der innerdeutschen Grenze an. Im Juni 1997 bestätigte der Bundesgerichtshof die Verurteilung von fünf früheren Kommandeuren der Grenztruppen zu Haftstrafen von durchschnittlich drei Jahren. Im Prozeß hatten die Angeklagten eine Schuld bestritten und Berliner Mauertote mit verunfallten „S-Bahn-Surfern" verglichen.[87a] Auch einfache Soldaten und Unteroffiziere wurden inzwischen wegen Totschlags bzw. Beihilfe zum Totschlag verurteilt. Die Prozesse gegen die Politbüromitglieder dauern an.

Polen

Der erst infolge des Ersten Weltkrieges wiedererrichtete polnische Staat verschwand bereits zwei Jahrzehnte später erneut von der Landkarte: Die vierte polnische Teilung war am 23. August 1939 durch den von den Außenministern Ribbentrop und Molotow abgeschlossenen deutsch-sowjetischen Freundschafts- und Nichtangriffsvertrag besiegelt worden, enthielt er doch ein geheimes Zusatzabkommen über die Aufteilung Polens in zwei Interessensphären.

Als die deutsche Wehrmacht am Morgen des 1. September 1939 ohne Kriegserklärung in Polen einmarschierte, verhielt sich die Sowjetunion zunächst passiv. Erst am 17. September besetzte sie die ihr zugedachten Gebiete, nachdem vorher dem polnischen Botschafter in Moskau gegenüber der polnische Staat als nicht mehr existent bezeichnet worden war. Der Einmarsch in Ostpolen erfolgte angeblich zum Schutz der dortigen ukrainischen und weißrussischen Bevölkerung.

Am Tag des sowjetischen Einmarsches setzten sich der polnische Präsident und seine Regierung ins Exil ab. In einer deutsch-polnischen Vereinbarung erfolgte am 28. November 1939 die endgültige Aufteilung Polens; die Grenze beider Interessensphären bildete nun der Bug. Die sowjetische Westgrenze entsprach damit im wesentlichen dem Stand von 1920 (Curzon-Linie).

Rund 1,2-1,5 Mio. Ostpolen bzw. nach Osten geflüchtete Westpolen wurden von den Sowjets nach ihrem Einmarsch verschleppt bzw. liquidiert.[88] Die eingeschüchterte Bevölkerung wählte in Scheinwahlen eine Nationalversammlung, die um Aufnahme in die Sowjetunion bat. Polen hatte als eigenständiger Staat zu bestehen aufgehört.

Ungefähr 200.000 polnische Kriegsgefangene fielen in die Hände der Sowjets, wovon 22.000 liquidiert wurden; diese Vernichtungsaktion wurde in

Zusammenhang mit dem Katyn-Komplex bereits im Kapitel über die Sowjetunion beschrieben.

Auf Druck der Westmächte, deren Hilfe Stalin zur Abwehr des deutschen Angriffs auf die Sowjetunion benötigte, erkannte er am 30. Juli 1941 die polnische Exilregierung an und erklärte die territorialen Absprachen mit dem Deutschen Reich für nichtig. Ungeachtet dessen betrieb er von Anfang an die Etablierung eines kommunistischen Satellitensystems in Polen.

Im Januar 1942 wurde auf sowjetische Initiative hin eine kommunistische „Polnische Arbeiterpartei" (PPR) gegründet, zu deren Generalsekretär 1943 Władysław Gomułka bestimmt wurde. Die alte polnische KP war 1938 aufgelöst, ihre meisten Mitglieder in Moskau liquidiert worden.

Bohrende Nachfragen der Londoner Exilregierung zum Fall Katyn nutzte man zum Abbruch der Beziehungen (26. April 1943). Deren Präsident Sikorski kam am 4. Juli 1943 bei einem rätselhaften Flugzeugunglück ums Leben; bis heute wollen die Gerüchte über ein sowjetisches Attentat nicht verstummen.

Auf der Konferenz von Teheran (November 1943) erreichte Stalin eine grundsätzliche Zustimmung Roosevelts und Churchills über eine „Westverschiebung" Polens und eine Aussiedlung der Deutschen aus den abzutrennenden Gebieten.

Am 1. Januar 1944 rief die PPR einen Landesnationalrat ins Leben, gefolgt von einer am 22. Juli 1944 in Lublin begründeten Satellitenregierung („Polnisches Komitee der nationalen Befreiung").

Die Rote Armee bekämpfte die ebenfalls gegen die Deutschen streitende und unter Londoner Kommando stehende „Heimatarmee", die Stalin als „Verbrecher" beschimpfte. Nach kommunistischer Propaganda war die Heimatarmee von deutschen Agenten verseucht.[89] Soldaten, die der Roten Armee in die Hände fielen, wurden entwaffnet bzw. zum Dienst in der polnisch-kommunistischen Division „Kościuszko" gezwungen.

Die von Graf „Bór" Komorowski geführte Heimatarmee erkannte die sowjetische Bedrohung und suchte in den noch nicht von der Roten Armee eroberten westpolnischen Gebieten Fuß zu fassen. Am 1. August 1944 begann sie in Warschau den Aufstand gegen die deutsche Besatzungsmacht. Er wurde von den Deutschen blutig niedergeschlagen; am 2. Oktober erfolgte die Kapitulation. 166.000 polnische Soldaten und Zivilisten waren ums Leben gekommen. Stalin hatte die Rote Armee am anderen Weichselufer tatenlos warten lassen und bis kurz vor Schluß auch noch westalliierte Hilfsflüge für die Heimatarmee unterbunden.

Während Stalin zunächst auf erobertem polnischen Gebiet eine Politik der „Offenen Tür" und eine Regierung auf möglichst breiter, „populistischer" Basis verfolgt hatte, traf er Anfang Oktober 1944 die Entscheidung zu härterem Vorgehen: Vor international überwachten Wahlen sollte die Opposition liquidiert und die Gesellschaft in ihren Grundzügen bereits sozialistisch transformiert sein.

Stalin war zunächst bei repressiven Maßnahmen in Polen vorsichtig vorgegangen und hatte die Reaktion des Westens abgewartet. Doch sehr bald zeigte sich, daß kein ernsthafter Widerstand aus dieser Richtung zu erwarten war: In London war man beispielsweise der Ansicht, daß Stalin in Polen nur die Wiederherstellung der Curzon-Linie anstrebte, nicht jedoch eine Sowjetisierung.[90] Erst nach der Konferenz von Jalta änderte Churchill seine Meinung: In einem Brief an Roosevelt bezeichnete er Polen als „Testfall" in den Beziehungen zur Sowjetunion bei der Etablierung eines freien, unabhängigen Europa.[91]

Die PPR verkündete nach ihrem Besuch bei Stalin die sozialistische Umgestaltung der Landwirtschaft, die unter Führung von „Agitationsbrigaden" und der Armee betrieben wurde.

Die Repression gegen die Bevölkerung verschärfte sich: Ein drakonisches Gesetz gemäß Kriegsrecht verbot z.B. mit schwerer Strafandrohung den Besitz von Radiogeräten.[92] Gomulka sagte am 9. Dezember 1944 auf einer Sitzung des ZK der PRP:

„Sie (die Reaktion, Anm. d. Vf.) weiß nur zu gut, daß der Brennpunkt nicht außerhalb, sondern innerhalb des Landes liegt. Genau deshalb beschleunigt sie ihre Propagandaanstrengungen und intensiviert ihre aufrührerische und kriminelle Tätigkeit. (...) Das demokratische Lager und die PKWN (die Lubliner Regierung, Anm. d. Vf.) werden nicht zögern, alle Mittel, die nötig sind, anzuwenden, um diese kriminellen Bestrebungen ein für alle Mal zu liquidieren." [93]

Auch verschärfte man nun das Vorgehen gegen die Angehörigen der Heimatarmee, insbesondere gegen Offiziere: Sie wurden als „Banditen", „Mörder" und „Faschisten" diffamiert, teilweise bereits an Ort und Stelle erschossen. Rund 50.000 von der Roten Armee gefangengenommene Angehörige der Heimatarmee wurden in die Sowjetunion deportiert. Tausende verschwanden in Lagern, wobei es sich, wie in Majdanek, auch um frühere deutsche Konzentrationslager handelte.[94] Oberst Zak berichtete an sein Oberkommando nach London: „Der Terror des NKWD entspricht genau dem der Gestapo." [95]

Die Londoner Exilregierung verbot der nach dem gescheiterten Warschauer Aufstand geschwächten Heimatarmee, Widerstand zu leisten, da sie ansonsten eine Verschärfung der sowjetischen Repression befürchtete. Die Heimatarmee löste sich auf; aus ihr ging jedoch die im Untergrund tätige Auffangorganisation „Wolność i Niezawisłość" (WiN, zu Deutsch: Freiheit und Unbhängigkeit) hervor. Daß der Oppositionsführer Mikołajczyk am 14. März 1945 alle Polen zu loyaler Zusammenarbeit mit den Sowjets aufrief, nutzte nichts: Stalin zeigte sich an den bürgerlichen Kräften nicht interessiert.

Wladimir Iljitsch Ulja-
now, genannt "Lenin"
(1870-1924), war nicht
nur ein begnadeter Red-
ner und Agitator: Kom-
promißlos ordnete er
Terrormaßnahmen zur
Ausschaltung politi-
scher Gegner und zur
Transformation von
Staat und Gesellschaft
an.

Nicht erst Lenin und
Stalin, sondern bereits
Karl Marx (1818-1883)
und Friedrich Engels
(1820-1895) riefen zu
Gewalt und Repression
gegen "Klassenfeinde"
auf. Auch nach der deut-
schen Wiedervereini-
gung ist im Zentrum
Berlins ihr Denkmal ne-
ben dem einstigen "Pa-
last der Republik" zu
bewundern (links Marx,
rechts Engels).

FÜHRENDE BOLSCHEWIKI DER ZWANZIGER JAHRE
V. l. n. r.: Leo Trotzki(1879-1940), Volkskommissar des Äußeren und Kommissar für Verteidigung, Schöpfer der Roten Armee;
Felix Dzierzynski (1877-1926), Leiter der "Außerordentlichen Kommission zur Bekämpfung der Konterrevolution" (Tscheka);
Grigori Sinowjew (1883-1936), Vorsitzender der Dritten Internationale (KOMINTERN) und Politbüromitglied;
Trotzki, der in Mexiko ermordet wurde, und der in Moskau hingerichtete Sinowjew fielen den Säuberungen Stalins zum Opfer.

EXPONENTEN DES SOWJETISCHEN MASSENTERRORS ENDE DER DREISSIGER JAHRE
V. l. n. r. Jossif Wissarionowitsch Dschugaschwili, genannt "Stalin" (1879-1953), Generalsekretär der KPdSU, Marschall und Generalissimus;
Andrej Wyschinski (1883-1954), Generalstaatsanwalt der Sowjetunion und Chefankläger bei den Schauprozessen;
Lawrentij Berija (1899-1953), ab 1938 Leiter des Geheimdienstes NKWD.

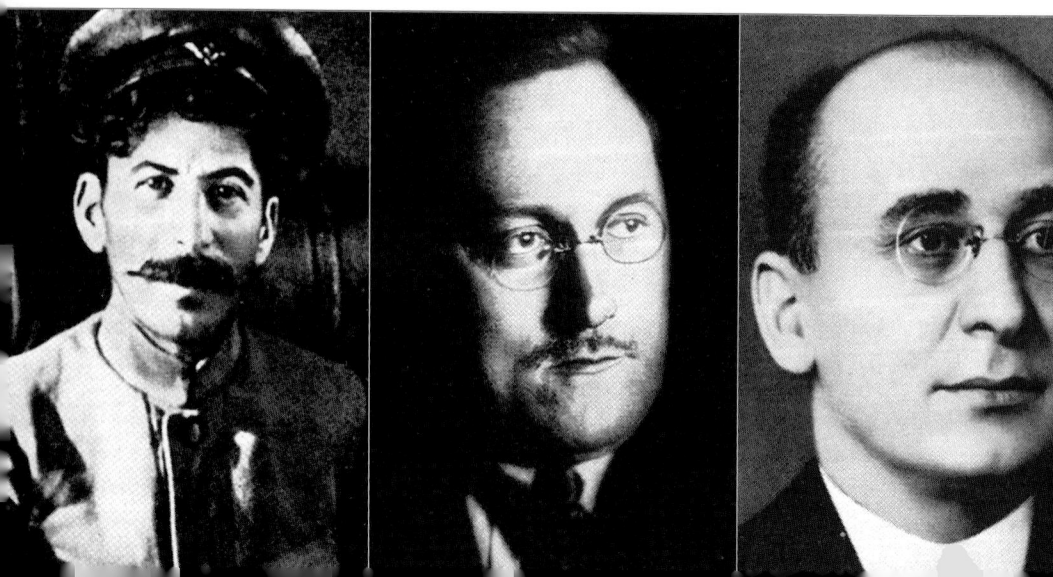

Wo immer auch sich die Rote Armee zurückziehen mußte, wurden Gefangene getötet und Angehörige besitzender Klassen, derer man habhaft werden konnte, erschossen, so 1917-21 im russischen Bürgerkrieg, 1919 im Baltikum oder 1939 in Finnland (im Bild ermordete Gefangene im Gefängnis von Viipuri, dem heutigen Wiborg).

Bereits unter Lenin kam es in der Sowjetunion infolge Getreiderequirierung, verfehlter Wirtschaftspolitik und Bürgerkrieg zu Hungerkatastrophen mit Millionen von Toten.

FÜHRENDE KOMMUNISTISCHE FUNKTIONÄRE IM SOWJETISIERTEN OST-BLOCK

V. l. n. r.: Wladyslaw Gomulka (1905-1982) in Polen;
János Kádár (1912-1989) in Ungarn ;
Klement Gottwald (1896-1953) in der ČSSR;
Gomulka und Gottwald führten ihre Länder nach dem Krieg in den Kommunismus; sie zählen auch zu den Hauptverantwortlichen für die nahezu vollständige Vertreibung der Deutschen. Kádár war in Ungarn eine Schlüsselfigur, als er nach der Niederschlagung des Aufstandes 1956 Generalsekretär des ZK wurde.

V. l. n. r.: Josip Broz Tito (1892-1980), Partisanenführer und "Vater" Jugoslawiens, sowie für die DDR Walter Ulbricht (1893-1973) und Stasi-Chef Erich Mielke (geb. 1907).

Blutig schlug die Rote Armee 1956 den Aufstand der Ungarn gegen den Sowjetkommunis-
mus nieder. Die Heftigkeit der Kämpfe und das Ausmaß der durch den Einsatz von schweren
Geschützen, Panzern und Flugzeugen bewirkten Zerstörungen werden in diesem Bild deutlich.

Von einem Lungen-
schuß getroffen, fiel
der 18jährige Peter
Fechter am 17. Au-
gust 1962 von der
Berliner Mauer auf
die Ostseite hinun-
ter.
50 Minuten ließen
die Grenzsoldaten
den Schwerver-
letzten unversorgt
liegen, erst dann
trugen sie den Ster-
benden weg.

Sowjetische
Panzer machten
am 17./18. Juni
1953 in zahlrei-
chen Städten
der DDR – wie
hier in Leipzig
– dem Volksauf-
stand ein Ende.

1980 auf der Danziger Lenin-Werft errichtetes Gedenkkreuz für den Aufstand von 1970, der 200 Tote und 400 Verletzte gefordert hatte.

Kurzzeitige Lockerung des kommunistischen Zwangssystems in der ČSSR während des "Prager Frühlings" im Jahre 1968, dann aber rollten auch in der "Goldenen Stadt" die Panzer.

VERTRETER KOMMUNISTISCHEN TERRORS IN ASIEN

Links oben: Mao Zedong (1893-1976) bei seinem Einzug in Peking;
daneben der Vietnamese Ho Tschi Minh (1890-1969) und *darunter* der Kambodschaner Pol Pot (geb. 1928).

Unten: Ein "Klassenfeind" vor einem chinesischen "Volksgericht".

Ende Februar 1945 wurden die im Untergrund tätigen Repräsentanten der Exilregierung zu einem Treffen mit dem sowjetischen General Serow aufgerufen, wobei ihnen bei Nichterscheinen Gewalt angedroht wurde. Bei dieser Zusammenkunft wurden sie verhaftet. Sechzehn militärische bzw. politische Führer wurden in das Moskauer Lubjanka-Gefängnis des NKWD überstellt und wegen „Vorbereitung eines bewaffneten Aufstandes gegen die Sowjetunion in Zusammenarbeit mit den Deutschen", wegen Terror, Sabotage und Spionage angeklagt. Zwölf von ihnen wurden schließlich am 21. Juni 1945 in Moskau schuldig gesprochen und zu Gefängnisstrafen von 18 Monaten bis zehn Jahren verurteilt.[96]

Am 17. Januar 1945 hatte die Rote Armee die deutschen Truppen aus Warschau vertrieben. Damit hatte Stalin bereits vor der Konferenz vor Jalta (Februar 1945) in bezug auf Polen vollendete Tatsachen geschaffen. In Jalta erreichte Stalin, daß die Westmächte die Exilregierung fallenließen und als einzige die Lubliner Regierung anerkannten. Als alleiniges Zugeständnis erklärte sich Stalin bereit, einige Exilpolitiker in die Regierung aufzunehmen, wozu es – bezeichnenderweise in Moskau – am 28. Juni 1945 kam: In der erweiterten „Regierung der nationalen Einheit" waren 16 „Lubliner" und nur drei Exilpolitiker aus dem Westen vertreten.

Der Kommunist Gomułka wurde 1945 „Minister für die wiedergewonnenen Gebiete" und organisierte die Vertreibung der Deutschen aus den gemäß Potsdamer Abkommen Polen zur Verwaltung übertragenen deutschen Ostgebieten. Über 13 Mio. Deutsche (aus den deutschen Ostgebieten und aus Altpolen) verloren dabei ihre Heimat, davon rund 1,5 Mio. auch ihr Leben. Bereits am 4. November 1944 hatte die kommunistische polnische Regierung ein Dekret verabschiedet, das die Deutschen in (Alt-)Polen entrechtete und in „Zentralarbeitslager" einwies.[97]

Der gefürchtete Kommunist Stanisław Radkiewicz wurde zum Sicherheitsminister und Chef der geheimen Polizei ernannt. Mit seiner tatkräftigen Unterstützung verstärkte die PPR zwischen 1945 und 1947 den Druck auf die nichtkommunistischen Parteien. An die Stelle der bisherigen nationalsozialistischen Konzentrationslager auf polnischem Territorium traten nun „Arbeitslager".[98] Gefangene Führer des Untergrunds wurden zum Tode verurteilt. Nichtkommunistische Oppositionspolitiker wurden von „Unbekannten" ermordet, was dann vom Sicherheitsapparat dazu genutzt wurde, die Repression zum Schutz vor „Banditen" zu verstärken. Wo der neugeschaffene Polizeiapparat nicht ausreichte, trat die Rote Armee hinzu, von der starke Einheiten im Lande verblieben.

Selbst Gomułka beschwerte sich am 20. Mai 1945 über eine Überziehung des Terrors:

„Ein zweiter Staat im Staat beginnt sich nun, über unsere Köpfen zu erheben. Die Sicherheitsorgane folgen einem bestimmten Vorgehen, bei dem nie-

mand mitreden kann. Bisweilen ist die Reaktion zu ihrer Politik durch unsere Sicherheitsorgane gebracht worden. Die Aktivitäten der Sicherheitskräfte schließen zahlreiche Beispiele enger, sektiererischer Maßnahmen ein. (...) Menschen werden in unseren Gefängnissen unter bestialischen Bedingungen gehalten (...) Dies ist ein Abstieg auf einem falschen Weg, der uns schadet. " [99]

Der „Populist" Gomułka war nicht grundsätzlich gegen staatliche Repression bei der Einführung des Sozialismus, strebte jedoch so weit als möglich eine Einführung auf dem Prinzip der Freiwilligkeit an.

In der Tat dürfte die massive Repression den Widerstand des Untergrunds gestärkt haben. Die große Mehrheit der polnischen Bevölkerung war jedoch aufgrund von Furcht eher apathisch. Die sowjetische Besatzungsmacht konnte zudem gegenüber der deutschen den Bonus genießen, daß sie wenigstens den polnischen Staat wiederhergestellt hatte und eine Mitarbeit der Polen am politischen Leben ermöglichte. Auch war bei Kollaboration ein schneller sozialer Aufstieg möglich, in Betrieben und Fabriken, im Erziehungswesen, vor allem auch in den besetzten deutschen Ostgebieten.

Die Politik der Repression setzte sich durch. Auf der ZK-Sitzung vom Oktober 1945 meinte Jakub Berman: „Eine harte Hand in Sicherheitsfragen kann uns sehr helfen." [100] Am 16. November 1945 wurde ein Dekret über besonders schlimme Verbrechen gegen den Staat beschlossen. Harte Strafen, darunter auch die Todesstrafe, wurden für den Besitz von Waffen, illegaler Literatur u.a. angedroht; die Verfahren oblagen Militärgerichtshöfen. Das Dekret blieb bis Ende der sechziger Jahre in Kraft. [101]

Armee und Sicherheitskräfte führten 1946 in drei Provinzen großangelegte „Befriedungsaktionen" gegen „Banditen" durch. Angeblich stand dahinter der Plan, einen landesweiten Aufstand der WiN zu provozieren, der dann ein massives Eingreifen der Roten Armee und eine Ausschaltung Mikołajczyks ermöglicht hätte. Derartige Gerüchte sickerten jedenfalls in den Westen durch, und die „Befriedungsaktionen" wurden abgebrochen. [102]

Die Kommunisten bemühten sich darum, möglichst viele Mitglieder oder V-Leute in Schlüsselpositionen zu bringen, so z.B. in der Sozialistischen Partei. Auch leitete man erste Säuberungen bei Beamten und Angestellten ein. Vor den ersten Wahlen brachten die Kommunisten fast alle konkurrierenden Parteien dazu, einen gemeinsamen „Demokratischen Block" zu bilden. Lediglich die populäre Bauernpartei (PSL) unter Stanisław Mikołajczyk hatte sich diesem Ansinnen verweigert.

Da man noch Zeit zur intensiveren Einschüchterung der Bevölkerung gewinnen wollte, verschob man im Mai 1946 die anstehenden Wahlen auf Januar 1947. Insbesondere behinderte man die PSL durch zahlreiche Maßnah-

men wie Verbot oder Störung ihrer Veranstaltungen, Auflösung von Ortsver-
bänden, Nichtzulassung bzw. Belästigung, Bedrohung und Verhaftung von
Kandidaten zur Erzwingung ihres Rücktritts.

Neutrale Beobachter gingen davon aus, daß trotz aller Behinderungen ca.
60-70 % der Bevölkerung für die PSL gestimmt hatten. Dennoch verkündete
das offizielle Wahlergebnis einen Stimmenanteil von 80 % für die PPR und
von lediglich 10 % für die PSL.[103]

Gemäß den Vereinbarungen von Potsdam hatten die Westmächte die Wahlen
beobachten dürfen. Obwohl US-Botschafter Arthur Bliss Lane zu dem von
anderen Beobachtern geteilten Urteil gekommen war, daß die Wahlentschei-
dung alles andere als „frei und ungebunden" gewesen sei, beließen es die
Westmächte bei Protesten.[104]

Nach der erfolgreichen Schwächung der PSL und Zerschlagung des oppositionellen Untergrunds (gemäß Polizeistatistiken waren 1946 ca. 30.000 WiN-
Angehörige getötet worden)[105], erfolgte eine vorübergehende Lockerung der
Repression: Infolge der Amnestie vom 22. Februar 1947 wurden 26.285 Menschen, die wegen militärischer oder politischer Straftaten inhaftiert waren, in
die Freiheit entlassen.[106]

Zum Ende des Jahres 1947 waren jedoch mehr Verhaftungen und Verurteilungen vor Militärgerichten als in den Vorjahren registriert. Die Kommunisten
waren nach den erfolgreichen Wahlen nicht mehr auf freiwillige Unterstützung angewiesen, und die Phase des selektiven Terrors wurde nun von einer
Phase des Massenterrors abgelöst. Zahlreiche Oppositionelle kamen wegen
„Verrat" oder „Spionage" in Haft, wobei schon Kontakte mit Exilpolitikern
diese Tatbestände erfüllten. Die Verbreitung feindlicher Propaganda (Nachrichten von BBC, Voice of America) wurden mit bis zu fünf Jahren Haft
bestraft.[107]

Die geschwächte PSL wurde weiter attackiert, nämlich durch einen Schauprozeß vor dem Krakauer Militärgericht im August/September 1947, der
demonstrieren sollte, daß enge Verbindungen zwischen dem Untergrund und
der PSL, der Akademikerschaft Krakaus und dem feindlichen Ausland bestünden. Acht WiN-Führer bzw. Krakauer Akademiker wurden zum Tode verurteilt.[108]

Der ebenfalls von einem Schauprozeß bedrohte Mikołajczyk setzte sich im
Oktober 1947 mit Hilfe der US-Botschaft heimlich in den Westen ab. Bereits
im April hatte der PSL-Politiker Stefan Korbóński keine Chance mehr für eine
Fortsetzung der Parteiarbeit gesehen:

*„Die Partei war gelähmt und täuschte durch ihre formale Existenz lediglich
das Ausland, indem sie den Anschein erweckte, daß in Polen noch eine normale Opposition existiere, zu einer Zeit, als, abgesehen von unserer kleinen
Fraktion im Sejm, niemand mehr in Polen irgendeine Art politischer Akti-*

*vität straflos ausüben konnte. Die Mehrzahl der bekannten Aktivisten saß
bereits im Gefängnis, während der Rest seinem Schicksal mit Entschlossen-
heit entgegensah."* [109]

Den im Lande verbliebenen PSL-Führern blieb nichts anderes übrig, als im
Mai 1948 eine Erklärung zu Zusammenarbeit und gemeinsamer Aktion mit
den Parteien des „Demokratischen Blocks" zu unterzeichnen.

Weitere Schauprozesse gegen Untergrundführer folgten, wobei Geständnisse nun auch mit Isolationshaft, Dauerverhören, Schlägen und Folter erzwungen wurden. Der Militärische Geheimdienst wurde von in der Sowjetunion
ausgebildeten Offizieren geleitet (Antoni Skulbaszewski, Dymitri Woznie-
sieński, Sergiusz Malkowski).[110] In einem Schauprozeß vom Dezember 1947
gegen WiN-Aktivisten gab es zwei Todesurteile und fünf Urteile über Gefängnisstrafen.

Die Repression wurde 1948 noch verstärkt: So kam es im Sommer zu einer
großangelegten Verhaftungsaktion, die ehemalige WiN-Führer und Heimat-
armee-Soldaten zum Ziel hatte – in vielen Fällen handelte es sich dabei um
kurz zuvor Amnestierte. Sie wurden geschlagen, gefoltert, umgebracht oder
lange Jahre eingesperrt. Ein überlebendes Opfer berichtet über seine Verneh-
mung:

*„Meine erste Befragung dauerte drei Tage ohne Unterbrechung, Tag und
Nacht. Als verschiedene Arten moralischen Drucks keine Resultate erbracht
hatten, griffen Hauptmann Gajda und sein Vorgesetzter (der Leiter der ope-
rativen Abteilung) am zweiten Tag zu handgreiflichen Mitteln. Ein harter
Schlag ins Gesicht – ich weiß nicht, ob es eine Faust oder irgendein harter
Gegenstand gewesen war – und ein zweiter Schlag ans Kinn machten mich
für einen Augenblick benommen, aber ich fiel nicht hin. Dann folgten eine
Reihe rasender Schläge, die ziellos ausgeführt wurden (...) Nach einer kurzen Pause für die Folterer, die von dem Schlagen ermüdet waren, begann
Gajda, mein Schienbein mit dem Metallabsatz seines Stiefels zu bearbeiten,
sehr gewissenhaft, vom Knie abwärts bis zu den Füßen. (...) Nach vielen der-
artigen Tritten waren meine Füße eine einzige blutige Masse (...) Ich konnte
mich schon nicht mehr auf den Beinen halten, doch sie zwangen mich mit
weiteren Schlägen, wieder aufzustehen. (...) Da all dies nichts nutzte und ich
mich weiterhin weigerte, die Taten zu gestehen, derer sie mich beschuldig-
ten, griffen sie zu einer weiteren, noch effektiveren Foltermethode. Sie schlugen meine Füße, vor allem meine Fersen, mit einem gummiüberzogenen
Stahlknüppel. Dies verursachte fürchterliche Schmerzen, denen man, offen
gesagt, nicht widerstehen konnte."* [111]

Am 6./7. Juli 1948 wurde auf einer Plenarsitzung des ZK der PPR eine
„Verschärfung des Klassenkampfes" beschlossen. Verbliebene Freiräume

wurden nun beseitigt. Bis dahin hatte man, gerade auch im Kultur- und Geistesleben, eine relative Offenheit gewahrt, um das Bild der Kommunisten als „Befreier" Polens nicht zu sehr zu beeinträchtigen. Nun wurden Gesellschaft, Wissenschaft und Kultur den Erfordernissen der Planwirtschaft unterstellt. Kulturell und wirtschaftlich wurde das Land nun vom kapitalistischen Westen isoliert.

Auch sagte man der traditionell mächtigen katholischen Kirche den Kampf an, die man bisher geschont hatte (lediglich einzelne Priester waren seit Ende 1947 wegen Kanzelmißbrauchs inhaftiert worden). Im Jahre 1953 räumte sich der Staat weitreichende Kontrollrechte ein und verlangte von allen Angehörigen des Klerus einen Treueid. Ende 1953 saß ein Viertel des Klerus im Gefängnis, darunter auch der populäre Kardinal Stefan Wyszyński.

Nach deutschem Vorbild erfolgte am 15. Dezember 1948 die Zwangsvereinigung von Kommunistischer und Sozialistischer Partei zur „Polnischen Vereinigten Arbeiterpartei" (PZPR) mit Hilfe sowjetfreundlicher Sozialisten (so Ministerpräsident Józef Cyrankiewicz, der noch einige Jahre im Amt bleiben durfte).

Im Jahre 1950 forcierte die Regierung die Kollektivierung der Landwirtschaft; 1952 wurde schließlich eine neue „volksdemokratische" Verfassung eingeführt, die eine weitgehende Zentralisierung und die Aufhebung der Trennung zwischen Exekutive und Legislative beinhaltete.

Nicht weniger als drei, zeitweise sogar vier, konkurrierende Staatssicherheitsdienste standen zur Bespitzelung und Terrorisierung der Bevölkerung bereit.[112] Bezeichnenderweise verschärften sich deren Allmacht und Willkür nach der endgültigen Machtergreifung im Jahre 1948 erheblich: In den Jahren davor hatten die polnischen Kommunisten aus propagandistischen Gründen ihre wahren Ziele noch verschleiert und Terrormaßnahmen begrenzt. Es kam zu zahllosen Prozessen gegen „Spione und ausländische Provokateure", die mit langjährigen Gefängnisstrafen, z.T. auch mit Todesstrafe endeten. Die Gefängnisse füllten sich mit ca. 100.000 politischen Häftlingen.[113]

Die Vielzahl von Staatssicherheitsdiensten spiegelt das kommunistische Prinzip der gegenseitigen Kontrolle wider, im besonderen polnischen Fall jedoch auch den Wunsch Moskaus, keine übermächtigen Institutionen in einem Klientelstaat entstehen zu lassen, dessen Loyalität man stets in Zweifel zog. Einige der Dienste waren direkt dem KGB unterstellt und übermittelten an das polnische Politbüro nur lückenhafte bzw. geschönte Berichte.

Die zivilen und militärischen Sicherheitsdienste und deren Exekutivorgane waren während des Zweiten Weltkrieges von den Sowjets aufgebaut worden, und im ersten Nachkriegsjahrzehnt war der Anteil von Sowjetbürgern in Führungspositionen extrem hoch. Er betrug beispielsweise im Jahre 1947 ein Drittel. Zur Tarnung waren sie angehalten, Polnisch zu lernen und zu sprechen. „Leihfunktionäre" verfügten in der Regel über eine Doppelmitgliedschaft in der sowjetischen wie in der polnischen Kommunistischen Partei: Damit war einerseits ihre Loyalität gegenüber Moskau garantiert, andererseits konnten sie aber auch in der polnischen PZPR gemäß den Weisungen Moskaus wirken. Die wirkliche Macht war in den Händen des hohen KGB-Offiziers Semjon Dawidow, dem Leiter der sowjetischen Berater in Polen.[114]

Der direkte sowjetische Einfluß wurde schließlich im November 1949 deutlicher als in jedem anderen Land des Ostblocks, denn auch zwei der höchsten Staatsämter wurden von Russen übernommen: Der Sowjetmarschall Konstanti Rokossowski (von angeblich polnischer Abstammung) wurde Verteidigungsminister und Kommandeur der polnischen Armee, Oberst Dimitri Wosnessenski Chef des militärischen Geheimdienstes „Informacija".[115]

Symbolisch für die Unterordnung Polens unter die Sowjetunion war 1951 die Auflösung der traditionellen „Polnischen Akademie der Wissenschaften" und ihr Ersatz durch eine nach sowjetischem Vorbild aufgebaute „Wissenschaftliche Akademie", die 1952 im neuen „Kulturpalast" im Warschau eröffnet wurde. Dieser im monumentalen Stalin-Stil errichtete Hochhausturm war der Volksrepublik Polen von der Sowjetunion geschenkt worden und beherrschte seitdem wie eine Trutzburg die polnischen Hauptstadt.

Den polnischen Kommunisten wurde immer wieder aus Moskau signalisiert, daß es einen eigenen Entscheidungsspielraum bzw. einen eigenen Weg zum Sozialismus nicht gäbe. Polen erfüllte für die Sowjetunion eine wichtige strategische Funktion als Landverbindung zur DDR und zum Westen Europas. Bereits 1947 war die zunächst interessierte polnische Regierung daran gehindert worden, amerikanische Marshallplan-Hilfe anzunehmen.

Der nationalkommunistische Flügel der Partei wurde entmachtet. Generalsekretär Gomułka hatte sich geweigert, den neuen Kurs anzuerkennen. Er forderte einen polnischen Weg zum Sozialismus und leistete passiven Widerstand. Trotz inzwischen erfolgter Selbstkritik wurde er im August 1948 entlassen und durch den moskautreuen Bolesław Bierut ersetzt, schließlich sogar inhaftiert.

Die ab Mitte 1949 erfolgten Verhaftungen in großer Zahl leiteten die Periode der Säuberungen ein. Der am 3. Juni 1950 beginnende erste Prozeß gegen die „Tatar- und Utnik-Gruppe" entlarvte Armeeoffiziere als „Nationalisten" und „Reaktionäre". Insgesamt 48 nichtöffentliche Prozesse erbrachten bis 1955 eine Zahl von 37 Todesurteilen und Dutzende langjähriger Haftstrafen. Es kam allerdings nicht wie in anderen Ostblockstaaten zu öffentlichen Schauprozessen, und die Zahl der Opfer war vergleichsweise gering. Mit gestürzten Funktionären wurde relativ gemäßigt verfahren: So wurde Gomułka 1951 ohne Prozeß interniert und Ende 1954 formlos wieder freigelassen.

Es verwundert, daß Stalin gerade in Polen, dessen Kommunisten er stets mißtraute, vergleichsweise milde vorging. Checinski vertritt die These, daß auch hier öffentliche Schauprozesse mit Gomułka und Berman als Hauptangeklagte vorbereitet wurden. Wegen der verstärkt antisowjetischen Stimmung habe man die Anklagen aber besonders gründlich vorbereiten wollen. So habe bereits Anfang der fünfziger Jahre eine stark antisemitisch gefärbte Kampagne gegen „Zionisten" und „Intellektuelle" eingesetzt, die gegen Gomułka und Berman zielte, denen Komplizenschaft unterstellt wurde. Es sei durchgängige sowjetische Strategie in Polen gewesen, latente antisemitische Vorurteile in Polen zu stimulieren, um dem polnischen Nationalismus ein ungefährliches Ventil zu verschaffen und von den sowjetischen Machtinteressen abzulenken. Der Tod Stalins habe die geplanten Schauprozesse dann verhindert.[116)

Danach setzte auch in Polen ein gewisses Tauwetter ein. Das Ministerium für Staatssicherheit wurde aufgelöst, Gomułka und andere Verhaftete wurden entlassen. Der Besuch Chruschtschows in Belgrad am 2. Juni 1955, anläßlich dessen er das Prinzip friedlicher Koexistenz mit dem nationalkommunistischen Jugoslawien anerkannte, und seine kritische Rede vom 25. Februar 1956 weckten insbesondere in Polen und Ungarn große Hoffnungen. Sie wurden durch den kurz darauf überraschend folgenden Tod Bieruts am 12. März 1956 noch erhöht.

Am 31. März 1956 wurde der gefürchtete Minister für öffentliche Sicherheit Wladyslaw Dworakowski entlassen, in der Folgezeit auch zahlreiche unfähige Funktionäre in Staat und Partei. Ende April 1956 erfolgte die Freilassung von 30.000 Häftlingen (darunter 9.000 politischen). Auch rehabilitierte man nun die „Heimatarmee" und entließ alle noch inhaftierten ehemaligen Angehörigen.

Doch für die Bevölkerung waren die Reformen noch nicht weitreichend genug. Am 28. Juni kam es zu einem Großstreik der Arbeiter der Posener „Stalin-Fabrik". Sie forderten Lohnerhöhungen und beklagten sich über die schlechte Versorgung. Parolen wie „Brot!" und „Russen raus!" wurden skandiert, Polizisten – z.T. freiwillig – entwaffnet, PZPR-Büros gestürmt und politische Gefangene befreit. Einen Tag später wurde der Aufstand von loyalen Sicherheitskräften blutig niedergeschlagen, wobei auch Panzer und Flugzeuge gegen die Demonstranten eingesetzt wurden. Nach Aussagen des polnischen Generalstaatsanwaltes waren danach 54 Todesopfer (davon neun Angehörige der Sicherheitskräfte) und über 300 Verletzte zu beklagen. Insgesamt geht man heute von über 100 Todesopfern aus.[117)

Der polnische Ministerpräsident Józef Cyrankiewicz gab in einer Erklärung über den Sender Posen ausländischen Provokateuren die Schuld, die von den Arbeitern selbst bekämpft worden seien: „(...) aus der Angelegenheit wurde ein bewaffneter, von Provokateuren organisierter Angriff auf die Volksmacht. Da unterstützten die Arbeiter geschlossen – mit Ausnahme von einzelnen Irregeleiteten – selbstverständlich die Volksmacht, ihre eigene Macht." [118) Auch auf dem Land regte sich Widerstand, da die Bauern die noch ausstehende Kollektivierung fürchteten.

Vom 27. September bis 12. Oktober standen die Anführer des Posener Aufstandes vor Gericht. Die Prozesse waren relativ offen, und die Angeklagten erhielten verhältnismäßig niedrige Gefängnisstrafen.

Chruschtschow war durchaus aufgeschlossen gegenüber begrenzten Reformen in den Ostblockländern. Am 30. Juni 1956 gab das ZK der KPdSU allerdings deutlich zu verstehen, daß die internationalen sozialistischen Interessen den nationalen übergeordnet sein müßten.[119] Als jedoch das Politbüro der PZPR vom 12.-15. Oktober dem ZK empfahl, bei seiner Sitzung am 19. Oktober den inzwischen rehabilitierten Gomułka zum Generalsekretär zu wählen und den früheren Sowjetmarschall Rokossowksi als Verteidigungsminister zu entmachten, wurde der polnische Ministerpräsident Ochab ultimativ am 17. Oktober nach Moskau bestellt. Da dieser daheim blieb, fand sich Chruschtschow am 19. Oktober mit einer hochrangigen Sowjetdelegation (darunter Kaganowitsch, Mikojan, Molotow, der Oberkommandeur des Warschauer Paktes I. Konew, der Stabschef der sowjetischen Landstreitkräfte Marschall A. Antonow und zehn Generäle) uneingeladen zur ZK-Sitzung in Warschau ein.[120]

Angesichts auffälliger Truppenbewegungen sowjetischer Streitkräfte in Polen, die erst am 28. Oktober wieder in ihre Kasernen einrückten, und des Einschlusses hoher sowjetischer Militärs gingen viele Beobachter davon aus, daß Chruschtschow bei den Gesprächen in Warschau mit einer militärischen Intervention drohte. Möglicherweise hätte der reformfeindliche Flügel der polnischen Kommunisten um den Ersten Stellvertretenden Ministerpräsidenten Zenon Nowak und Verteidigungsminister Marschall Rokossowski selbst um sowjetische Intervention gebeten.[121]

Schließlich einigte man sich auf einen Kompromiß: Chruschtschow stimmte zwar der Wahl Gomułkas und der Entlassung Rokossowskis zu; andererseits verpflichtete sich Gomułka, alsbald zu Gesprächen nach Moskau zu kommen und einer weiteren Stationierung sowjetischer Truppen in Polen zuzustimmen. Ein gemeinsames Communiqué vom 20. Oktober 1956 bekräftigte die polnisch-sowjetische Freundschaft und kündete den Besuch einer Delegation des Politbüros des ZK der PZPR zur Regelung gemeinsamer Fragen in Moskau an.

Der am 21. Oktober zum Generalsekretär des ZK der PZPR bestellte Gomułka hielt an einem vorsichtigen Reformkurs fest. So wurden am 24. Oktober die Urteile gegen die Führer des Posener Aufstandes aufgehoben und noch laufende Verfahren eingestellt; am 28. Oktober wurde Kardinal Wyszyński wieder in sein Amt als „Primas von Polen" eingesetzt, und am 30. Oktober wurde der einstige Sowjetmarschall Konstantin Rokossowski als Verteidigungsminister abgelöst. Gomułka garantierte den Fortbestand der privaten Landwirtschaft; zahlreiche landwirtschaftliche Produktionsgenossenschaften wurden wieder aufgelöst. Er ermöglichte eine vergleichsweise liberale Kulturpolitk und schloß einen Waffenstillstand mit der katholischen Kirche.[122]

Doch der mit Chruschtschows Zustimmung wiedereingesetzte Gomułka genoß nur einen begrenzten Handlungsspielraum. In einer Rede vom 24. Oktober äußerte er vor fast 300.000 Menschen:

> *„Das Rückgrat einer solchen Allianz aller sozialistischen Staaten ist die Sowjetunion, das älteste Land in der Welt des sozialistischen Aufbaus und der mächtigste sozialistische Staat. Auf diese Weise sehen wir unseren Platz im Weltlager des Sozialismus und auf diese Weise verstehen wir unsere brüderlichen Beziehungen mit der Sowjetunion. Wir sind zutiefst überzeugt, daß die Freundschaft zwischen Polen und der Sowjetunion, die auf solchen leninistischen Grundsätzen basiert, eine wahre brüderliche Freundschaft sein wird. (...) Unsere letzte Zusammenkunft mit der Delegation der KPdSU befähigte die sowjetischen Genossen, eine bessere Idee von der politischen Lage in Polen zu bekommen. Es hängt nur von unserem Entschluß ab, ob und für wie lange sowjetische militärische Spezialisten und Berater für unsere Armee unentbehrlich sind. Wir haben auch vom Genossen Chruschtschow die Versicherung erhalten, daß die Sowjettruppen auf polnischem Gebiet innerhalb von zwei Tagen zu ihren Stützpunkten zurückkehren werden, in welchen sie auf Grund internationaler Verträge im Rahmen des Warschauer Paktes stationiert sind."* [123]

Gomułka enthielt sich jeder Einmischung in die Vorgänge in Ungarn und unterzeichnete am 18. November 1956 in Moskau einen Vertrag, in dem von einer „Vertiefung" der polnisch-sowjetischen Freundschaft die Rede war. Am 17. Dezember 1956 wurde ein Vertrag über die Stationierung sowjetischer Truppen in Polen geschlossen, der der polnischen Regierung allerdings ein Mitspracherecht zubilligte. Die Sowjets zeigten sich im Gegenzug in ökonomischer Hinsicht erkenntlich, z.B. durch einen Schuldenerlaß.

Die völlige Unterordnung der polnischen Kommunisten unter die Sowjetunion zieht sich wie ein roter Faden durch die Geschichte und wurde immer wieder symbolisch bekräftigt, z.B. im Jahre 1985, als der polnische Staatschef Jaruzelski wider besseres Wissen gezwungen wurde, auf einem Warschauer Friedhof ein Katyn-Denkmal mit der Inschrift „Den polnischen Soldaten, Opfern des Hitler-Faschismus, die in der Erde von Katyn ruhen" einzuweihen.

Mit der von den polnischen Kommunisten bejahten Westverschiebung Polens, die nur die Sowjetunion garantieren konnte, waren sie zudem auf Gedeih und Verderb an die Sowjetunion gekettet, die diese Tatsache immer wieder unmißverständlich hervorhob. So hieß es im gemeinsamen Moskauer Communiqué einer polnischen Delegation mit sowjetischen Führern vom 18. November 1956: „Dieses Bündnis sei auch der wichtigste Faktor für die

Unantastbarkeit der Oder-Neiße-Linie als Friedensgrenze." [124] Folgerichtig warnte denn auch Gomułka bei den anschließenden Wahlen am 20. Januar 1957 vor der Möglichkeit der Kandidatenstreichung: Ein solches Vorgehen werde „eine Streichung Polens von der Landkarte" zur Folge haben.[125]

Auch vor weitreichenden Drohungen scheute man in Moskau anscheinend nicht zurück: So soll Chruschtschow sowohl am 19./20. Oktober 1956 als auch im Januar/Februar 1959 den polnischen Kommunisten mit einer Revision der Oder-Neiße-Grenze zugunsten der DDR gedroht, und Leonid Breschnew soll 1982 angesichts der erneuten Instabilität Polens mit einem ähnlichen Plan spekuliert haben.[126]

Nachdem die polnische Regierung in den unruhigen Tagen des Herbst 1956 den offenen Terror der Nachkriegsjahre zugegeben und verurteilt hatte, empfahl sich danach eine subtilere Strategie der Repression. Bespitzelung, Unterwanderung, Manipulation, Desinformation und Bestechung ersetzten offenen Terror zu einem guten Teil. Auch die Sowjets zogen nun ihre „Leihfunktionäre" ab; dafür wurde ein weitverzweigtes Netz von Agenten und Kolaborateuren aufgebaut, das in den diversen Institutionen im Sinne Moskaus wirkte. Die wichtigsten Agenten Moskaus waren Innenminister Mieczyslaw Moczar und der Direktor des Militärischen Sicherheitsdienstes Teodor Kufel. Armee und Partei wurden in den folgenden Jahren von sowjetkritischen Funktionären gesäubert.[127]

Wiederum griff Moskau zu dem Mittel des Antisemitismus: Innenminister Moczar entfachte eine wahre Kampagne gegen „Intellektuelle" und „Zionisten". Bei den Studentenunruhen im März 1968, die von den Sicherheitskräften blutig unterdrückt wurden, gelang es ihm damit in der Tat, die Arbeiter hinter sich zu bringen und eine Solidarisierung mit der rebellierenden Jugend zu verhindern. Jene antisemitische, antiintellektuelle Kampagne war von seinem Konkurrenten Gomułka übrigens aufgenommen worden, der sich seinen Ruf, der bessere „Nationalist" zu sein, nicht abspenstig machen lassen wollte.[128]

Im Dezember 1970 kam es, ausgelöst durch Versorgungsschwierigkeiten und die seit den Ereignissen von 1968 wieder offenere Repression der Geheimdienste, zu bürgerkriegsähnlichen Zuständen. In Danzig marschierten etwa 1.000 Werftarbeiter durch die Stadt und steckten das Parteigebäude in Brand. Daraufhin erteilte die Regierung in Warschau den Schießbefehl: Rund 200 Tote, 400 Verletzte und über 1.000 Verhaftete waren zu beklagen. Gomułka wurde daraufhin durch Edward Gierek ersetzt, der, wie einst Gomułka 1956, kontrollierte Reformen in Kooperation mit Moskau versprach.

In der Tat entwickelte sich Polen in den siebziger Jahren zum relativ „freiesten" Land im Ostblock. Auslandsreisen in den Westen waren möglich, Kritik konnte zumindest im privaten Kreis geäußert werden, und aktives katholisches Engagement war der Karriere nicht gerade förderlich, schloß sie aber auch nicht grundsätzlich aus.

Dennoch bzw. vielleicht gerade deshalb entwickelte sich Polen zu einem Herd der antikommunistischen Unruhe. Der Dissident Jacek Kuron gründete 1976 das „KOR" (Komitee zur Verteidigung der Arbeiter), das weit in den Ostblock ausstrahlte.

Die Unzufriedenheit wurden indes auch durch die nicht eingehaltenen materiellen Versprechungen der Regierung ausgelöst. Gierek hatte zur Verbesserung der Versorgung mit Lebensmitteln und Konsumgütern westliche Kredite aufgenommen. Doch aufgrund der endemischen Korruption von Partei und Verwaltung blieb die angekündigte Verbesserung aus, und gleichzeitig stieg die polnische Staatsverschuldung.[129]

Außerdem wuchs die Unzufriedenheit über die seit 1968 wieder offene Repression und Allmacht der Staatssicherheitsdienste. Polen war in den siebziger Jahren das neben der Sowjetunion einzige Land im Ostblock, das über Arbeitslager für Dissidenten verfügte. Sie befanden sich in Südpolen.[130]

Bereits im Jahre 1976 kam es zu einer Welle von Arbeiterstreiks, die von der Polizei brutal niedergeschlagen wurden. Die permanente Versorgungskrise löste im Jahre 1980 erneute Großdemonstrationen aus. Sie begannen in Lublin, pflanzten sich dann nach Zentralpolen fort. Schließlich kulminierten sie erneut in Danzig. Die Arbeiter der Leninwerft unter Führung des Elektromonteurs Lech Wałęsa traten in einen Massenstreik und forderten die Zulassung einer freien Gewerkschaft „Solidarität". Die verunsicherte Partei, der im folgenden Jahr nicht weniger als 160.000 Mitglieder davonliefen, zeigte sich zu Verhandlungen bereit.

Am 31. August 1981 wurde der Danziger Vertrag geschlossen, in dem zwar keine „freie", aber doch zumindest eine „unabhängige und selbstverwaltete" Solidarität anerkannt wurde, unter der Voraussetzung, daß sie sich nicht zur politischen Partei fortentwickle. In der Folgezeit kam es zu merklichen Lockerungen im Kultur- und Pressewesen. Auf dem Land bildete sich eine „Bauernsolidarität".

Die Konzessionsbereitschaft war lediglich ein taktisches Manöver, da der Staat nicht mit dem Aufkommen einer oppositionellen Massenbewegung, die 50 % der Bevölkerung erfaßte, gerechnet hatte. Die Vorbereitungen zu ihrer Zerschlagung liefen bereits an.

Moskauer Strategie war es anscheinend zunächst, wiederum eine pseudonationalistische und antisemitische Kampagne zu entfachen, um die „Solidarität" und „KOR" dadurch zu diskreditieren und zu spalten. Als 'Mann fürs Grobe' rückte hierfür wieder Mieczyslaw Moczar in den Vordergrund. Auch wurden pseudonationalistische und sowjetfreundliche Zeitschriften und Organisationen, wie z.B. 1981 „Grunwald", gegründet. Anders als 1968 zeigte diese Strategie diesmal jedoch keinen Erfolg.[131]

Daraufhin griff man zum letzten Mittel: dem Eingreifen der Armee. Am 13. Dezember 1981 wurde das Kriegsrecht ausgerufen. Vorsitzender eines neugebildeten „Militärrates zur Nationalen Rettung" wurde General Wojciech Jaruzelski, der auch gleichzeitig Verteidigungsminister, Premierminister und Generalsekretär des ZK der PZPR wurde. Jenes letzte Mittel der Krisenbewältigung hatte man schon seit dreißig Jahren minutiös vorgeplant: Schon seit 1950 bestand ein – 1967 dann formell begründetes – Komitee zur Verteidigung des Landes für Notsituationen.[132]

General Jaruzelski wendete wahrscheinlich mit diesem Schritt eine in Moskau durchaus erwogene militärische Invasion des Warschauer Paktes ab. Insofern war er, wenngleich kein „Nationalist", so auch kein Mann Moskaus und suchte, wie andere vor ihm, einen prinzipiell moskautreuen Kurs bei gemäßigter nationaler Eigenständigkeit zu steuern.

Das Polen der achtziger Jahre war von einer merkwürdigen Mischung aus vergleichsweiser Liberalität einerseits und Willkür und schmutzigen Tricks der Sicherheitskräfte andererseits geprägt, man denke an die Ermordung des Priesters Popiełuszko durch „Unbekannte" am 18. Oktober 1984. Nach dem Machtwechsel im Kreml dankte die polnische Kommunistische Partei schrittweise ab. Mit der Wahl des Gewerkschaftsführers Lech Wałęsa zum polnischen Präsidenten im Dezember 1990 hatte das alte System abgedankt.

Ungarn

Ungarn hatte bereits in den Wirren nach dem Ersten Weltkrieg ein 133tägiges kommunistisches Zwischenspiel erlebt: Am 21. März 1919 stürzte die neugegründete Kommunistische Partei zusammen mit den Sozialdemokraten die bürgerliche republikanische Regierung unter Graf Károly und verkündete nach dem Vorbild Sowjetrußlands und Bayerns die „Föderale Sozialistische Räterepublik Ungarn". Der starke Mann in der neuen Regierung war der Volkskommissar des Äußeren Béla Kun, ein ehemaliger Journalist.

Die Kommunistische Partei Ungarns war im November 1918 gegründet worden; ihr Kern waren 250-300 aus Moskau entsandte Agitatoren, vorwiegend ehemalige ungarische Kriegsgefangene in der Sowjetunion.[133] Mit dem Tag der Machtübernahme verschmolzen Kommunisten und Sozialdemokraten zur „Sozialistischen Partei Ungarns".

Mit der radikalen Enteignung von Land- und Privatbesitz machte sich Béla Kun sowohl die Großgrundbesitzer als auch die Kleinbauern zum Feind. Land wurde nicht an Individuen abgegeben, sondern zur Gründung von Kooperativen verwendet. Die etwa 3 Mio. armen Bauern und Knechte zeigten sich enttäuscht.[134]

Widerstand suchten die Kommunisten durch „roten Terror" zu brechen: Fahrende „Sonderkommandos" durchkämmten auf Befehl von Otto Korvin-Klein und Tibor Szamuelly das Land auf der Suche nach angeblichen „Konterrevolutionären" und liquidierten sie ohne Gerichtsverfahren.[135] Auf Betreiben des sozialdemokratischen Flügels mußten die von der Polizei unabhängigen Sonderkommandos wieder aufgelöst werden; ihre Angehörigen wurden jedoch z.T. in die reguläre Polizei integriert und setzten weiterhin ihre Terrortätigkeit fort.[136]

Doch am 1. August brach die Räterepublik am inneren und äußeren Widerstand zusammen: Eine von Admiral Horthy geführte nationale Armee hatte das von Lebensmittelzufuhren abgeschnittene Budapest erobert; gleichzeitig waren in den Randgebieten rumänische Truppen eingefallen. Auf den „roten Terror" folgte der antikommunistische und zugleich antisemitische „weiße Terror".

Kommunistische Parteien und Betätigung waren in der Zwischenkriegszeit unter dem autoritären Regime Admiral Horthys verboten. In den Augen vieler Ungarn hatte sich der Kommunismus aber auch durch die Terrorherrschaft Béla Kuns diskreditiert.

Erst im Gefolge des Zweiten Weltkrieges faßte die kommunistische Bewegung in Ungarn wieder Fuß. Die Rote Armee brachte aus Moskau die ungarischen Kommunisten Mátyás Rákosi und Ernö Gerö ins Land, die die „Kommunistische Partei Ungarns" (KPU) reorganisierten.

Aufgrund der damaligen Stalinschen Taktik wurde nicht sofort ein kommunistisches System oktroyiert, sondern zunächst die Zusammenfassung der Parteien in einer „Volksfront" betrieben. Die KPU gab sich national und sprach noch nicht von der Diktatur des Proletariats oder der Kollektivierung der Landwirtschaft.[137] Im Oktober 1945 konnten die ersten und neben der Tschechoslowakei (Mai 1946) einzigen freien Wahlen im späteren Ostblock stattfinden. Klarer Sieger war die Kleinlandwirtepartei mit 57 %; die Kommunisten erhielten nur 17 %. Die Sowjets setzten jedoch den Fortbestand einer Volksfrontregierung durch und sicherten den Kommunisten wesentliche Schlüsselpositionen, so den Posten des Innenministers und die Führungspositionen in der neuaufgestellten Polizei.

Der Verzicht auf den Posten des Innenministers sollte sich als folgenschwerster Fehler des Ministerpräsidenten Ferenc Nagy (Kleinlandwirtepartei) herausstellen. Der kommunistische Innenminister baute in enger Kooperation mit der Sowjetunion einen Staatssicherheitsdienst auf und nahm bereits ab Dezember 1946 zahlreiche Verhaftungen vor, ohne den Ministerpäsident zu konsultieren.[138] In diesem Jahr war eine „Staatssicherheitsabteilung" (Államvédelmi Osztály/AVO) im Innenministerium begründet worden; im Dezember 1949 wurde sie zu einer unabhängigen Organisation mit Ministerrang: der

„Staatssicherheitsbehörde" (Államvédelmi Hivatal/AVH). Geleitet wurde sie von General Gábor Peter, einem Sadisten und Zyniker. Die AVH war Generalsekretär Rákosi direkt unterstellt und wurde durch keine andere Behörde kontrolliert. Im Jahre 1950 verfügte die AVH bereits über einen Apparat mit 17 Abteilungen. Ihr unterstanden poltische Gefängnisse, Häftlings- und Zwangsarbeitslager, und sie verfügte nicht nur über Polizeikräfte, sondern auch über besondere militärische Einheiten. Von den ca. 10 Mio. Ungarn hatte sie über 1 Mio. namentlich erfaßt.[139]

Generalsekretär Mátyás Rákosi hielt am 29. Februar 1952 eine Rede vor der Obersten Parteischule über die Strategie der Machtergreifung, die ein einzigartiges Dokument darstellt. Darin meinte er:

> *„Es gab nur eine Organisation, über die die Partei von Anfang an die Kontrolle innehatte und auf die die politische Koalition niemals einen Einfluß ausübte: Dies war die A.V.H. (die politische Polizei) (...) Wir behielten strikte Kontrolle über sie vom Zeitpunkt ihrer Aufstellung und machten sie zu einer sicheren Waffe in unserem Kampf (...)"* [140]

Die zunächst in Ungarn eher schwachen Kommunisten hatten auch in der Roten Armee und in ihrem Marschall K. E. Woroschilow einen mächtigen Verbündeten, der permanent auf die Regierungsgeschäfte Einfluß nahm und den Kommunisten bei der Besetzung von Positionen auf allen Ebenen behilflich war.[141] Rákosi betonte denn auch in der oben erwähnten Rede, den großen Anteil der sowjetischen Armee an der kommunistischen Machtergreifung in Ungarn.[142]

Ab 1947 begann dann der Generalangriff gegen das nichtkommunistische Lager. Die Führer der demokratischen Parteien wurden als „Reaktionäre" und „Faschisten" denunziert; politische Skandale wurden konstruiert, und die Geheimpolizei verhaftete willkürlich einzelne Führer. So wurde im Februar 1947 der populäre Generalsekretär der Kleinlandwirtepartei Béla Kovács vom sowjetischen Geheimdienst festgenommen und verschwand in der Sowjetunion. Ministerpräsident Ferenc Nagy, dem „Verschwörung gegen die Sowjetunion" vorgeworfen wurde, sah sich genötigt, im Mai 1947 in seinem Schweizer Urlaubsdomizil zu verbleiben; es soll auch Bestechung im Spiel gewesen sein.[143] Parlamentsprädsident Béla Varga, ebenfalls von der Kleinlandwirtepartei, folgte ihm Anfang Juni in die Schweiz nach. Die Partei war dadurch kopflos und handlungsunfähig geworden.

Nun hielten sich die Kommunisten für stark genug, um Neuwahlen zu betreiben. Im Wahlkampf kam es zu Terror gegen nichtkommunistische Parteien und Kandidaten; das Wahlsystem war zugunsten der Kommunisten geändert worden, und die Auszählung war von Machenschaften des Innenministers bestimmt. Dadurch war die KPU stärkste Partei geworden, hatte jedoch mit 22 % der Stimmen weiterhin das Ziel einer absoluten Mehrheit verfehlt.[144]

Gemäß der Devise von Generalsekretär Rákosi wurden die Konkurrenten „wie Scheiben einer Salami"[145] nach und nach ausgeschaltet. Nach Dezimierung der Kleinlandwirtepartei kamen nun die Sozialdemokraten an die Reihe. Ihre führenden Exponenten Antal Bán und Anna Káthy, die auf Eigenständigkeit beharrten, mußten auf kommunistischen Druck im Februar 1948 die Partei verlassen; im Juni erfolgte nach bewährtem Vorbild die Zwangsvereinigung mit der Kommunistischen Partei. Bald landeten aber auch sozialdemokratische Befürworter der Fusion (wie der kurzzeitig als Staatspräsident amtierende Arpád Szakasits) und selbst sowjetische Agenten in der Sozialdemokratischen Partei (wie György Marosán) im Gefängnis.

Alle Parteien vereinigten sich am 1. Februar 1949 unter Führung der KPU zu einer „Unabhängigen Volksfront". Ungarn war nun ein Einparteienstaat, und das politische System wurde nach sowjetischem Vorbild verändert. Am 20. August 1949 wurde eine neue „volksdemokratische" Verfassung verabschiedet.

Nach seiner Machtergreifung zeigte sich Rákosi als getreuer Schüler Stalins: forcierte Schwerindustrialisierung, Kollektivierung der Landwirtschaft, Massenverhaftungen, Parteisäuberung. Die Repression in Ungarn war minutiös dem sowjetischen Vorgehen nachgebildet: Massenverhaftungen, Folter und Gehirnwäsche, Schauprozesse, Exekutionen, Deportationen, Einweisung in Zwangsarbeitslager.[146]

Das Jahr 1949 erhielt als „Jahr des roten Terrors" traurige Berühmtheit. Zum Jahresende waren alle bürgerlichen oder konkurrierenden linken Politiker eingesperrt oder ermordet; im Oktober 1949 begann dann die Säuberung der KPU.[147] Bereits im Vorjahr hatte eine innerparteiliche Kampagne gegen „Rechtsabweicher" und „Titoisten" begonnen, die Rákosi mit besonderem Eifer betrieb. Er zeigte sich dabei als treuester Stalin-Schüler: Die Säuberungen wurden genau nach sowjetischem Vorbild durchgeführt, und in ihrer Brutalität standen sie den sowjetischen nicht nach. Geleitet wurden sie gemeinschaftlich von dem aus Moskau entsandten General Bielkin und dem ungarischen General der Staatssicherheit Gábor Peter.[148]

In Zusammenhang damit wurde im September 1949 ein großangelegter Prozeß gegen László Rajk veranstaltet. Rajk war einer der wenigen Nicht-Juden und Nicht-Exilanten in hohen Führungspositionen der KPU und zudem ein ernstzunehmender Rivale Rákosis; er war deshalb ein bevorzugtes Opfer. Nach dem Moskauer Vorbild der dreißiger Jahre wurde ein exakt inszenierter Schauprozeß durchgeführt. Nach bewährtem Muster war Rajk kurz vor seiner Verhaftung noch zum Außenminister erannnt worden, um ihn im Gefühl der Sicherheit zu wiegen. Nach Folterung und Gehirnwäsche war Rajk immer noch nicht zu Geständnissen zu bewegen. Schließlich versprach ihm der spätere Generalsekretär János Kádár Leben und Freiheit im sowjetischen Exil. Rajk gestand im perfekt inszenierten Schauprozeß die abstrusesten Vorwürfe: Er sei antikommunistischer Agent der Horthy-Polizei gewesen, er habe mit Tito und den westlichen Imperialisten eine Verschwörung geplant, er habe Rákosi ermorden wollen. Trotz vorheriger Zusagen wurde er zum Tode verurteilt und am 15. Oktober 1949 gehängt. Rákosi hatte sich damit einen möglichen Rivalen vom Halse geschafft. Das geheime Tondbandprotokoll des Gespräches zwischen Rajk und Kádár blieb erhalten.[149]

Es erfolgte die im Vergleich zu allen anderen Ostblockländern gründlichste Säuberung der Partei: Von 92 zwischen 1948 und 1951 in das ZK gewählten Personen wurden 46 ausgeschlossen. Unzählige Ungarn kamen ins Gefängnis oder wurden aufs Land deportiert. Die höchste Zahl von Betroffenen im Vergleich zu allen anderen Ostblockstaaten war zu beklagen. Nach Angaben des ungarischen Parteifunktionärs János Berecz wurden zwischen 1952 und 1955 in Ungarn 516.708 Menschen wegen konterrevolutionärer Aktivitäten gerichtlich verurteilt – bei einer Gesamtbevölkerung von knapp 10 Mio.[150]

Die Justiz war alles andere als unabhängig. Ein „Volksankläger" war direkt der Staatsführung unterstellt. Bei politischen Prozessen galten besondere Regeln; Zeugen konnten z.B. „als schädlich im Interesse des Staates" ausgeschlossen werden.[151] Widerspenstige Häftlinge wurden mit Kettenhaft bestraft. Vielfach war Zwangsarbeit wie in der Sowjetunion das Schicksal der Verurteilten – im Steinbruch von Recsk starb beispielsweise jeder zehnte Gefangene.[152]

Getreu nach dem zeitgenössischen Vorbild wollte Rákosi auch Stalins antisemitische Kampagne kopieren. Opfer waren leicht zu finden, denn in der ungarischen Kommunistischen Partei waren seit jeher Kommunisten in großer Zahl vertreten, man denke z.B. an den ersten ungarischen Kommunistenführer Béla Kun. Auch in der zweiten kommunistischen Republik fanden sich Juden in führenden Positionen, beginnend bei Generalsekretär Mátyás Rákosi (geborener Matthias Roth) über Minister Ernö Gerö (geborener Ernst Singer), Verteidigungsminister Mihály Farkas (geborener Michael Wolf), Propagandaminister József Révai, Generalleutnant György Pálffy (Georg Österreicher) bis hin zum Chef der Staatssicherheit General Gábor Peter (geborener Benjamin Auschpitz). Letzterer hatte sich ausbedungen, Offiziersstellen im Staatssicherheitsdienst bevorzugt mit Juden besetzen zu dürfen, weswegen gerade die AVH in der Bevölkerung als „jüdisch" angesehen wurde.[153] Nur wenige führende Kommunisten, wie László Rajk und János Kádár, waren keine Juden und „Moskowiter", genossen damit eine gewisse Popularität.[154]

Daß Rákosi und seine Mitstreiter selbst Juden waren, störte sie dabei genauso wenig wie in der Sowjetunion das Politbüromitglied Lazar Kaganowitsch, der als Jude führend an der dortigen antisemitischen Kampagne mitwirkte. Anfang 1953 wurden General Gábor Peter und viele AVH-Offiziere sowie der

Vorsitzende der ungarischen Juden Lajos Stockler verhaftet. Geplant war ein Schauprozeß gegen die „jüdische AVH-Führung", zu dem es aber infolge Stalins Tod nicht mehr kam.[155]

Im April/Mai 1951 kam es zu Massendeportationen von „bürgerlichen und feindlichen" Elementen aus den Städten aufs Land.[156] Kaderakten entschieden über den persönlichen Werdegang; hierin wurde die Bevölkerung in vier Gruppen klassifiziert: Arbeiter, Bauern, Intellektuelle und „Klassenfeinde" - das X für letztere bedeutete stetige Diskriminierung und Schikanen.[157]

Im Juli 1948 begann man mit der Kollektivierung der Landwirtschaft, die die 1945 unter einem kommunistischen Agrarminister durchgeführte, von der Mehrheit der Ungarn recht positiv aufgenommene Landreform wieder rückgängig machte. Physischer Druck wie in der Sowjetunion wurde nicht angewandt, dafür aber indirekter Druck durch Zwangsablieferungen von Getreide.

Außerdem betrieb man im Fünfjahresplan für 1950-1954 eine forcierte Schwerindustrialisierung, die auf Kosten der Konsumgüterproduktion vor sich ging. Die Arbeitsnormen wurden stetig angehoben; auch wurden den Arbeitern rücksichtslos Zusatzopfer aufgebürdet, durch die „freiwilligen" Friedensanleihen oder durch „freiwillige" unbezahlte Sonderschichten, beispielsweise anläßlich von Stalins Geburtstag oder zur Solidarität mit Korea.

Zugunsten der Schwerindustrie wurde in die Landwirtschaft kaum investiert (10,7 % der Investitionen). 600.000 Arbeitskräfte wurden vom Land in die neuen Industriekomplexe abkommandiert. In einem weitgehend bäuerlich geprägten Land wie Ungarn, wo die Landwirtschaft traditionell ein Drittel des Nationaleinkommens erbrachte und 63,2 % der Bevölkerung auf dem Land lebte, hatten diese Maßnahmen erhebliche Folgewirkungen. Auch die vom Staat geförderten Kollektiven und Staatsgüter waren nicht erfolgreich, wurden dort doch – wie Anfang der dreißiger Jahre in der Ukraine – ehemalige Großbauern nicht zugelassen. In den Jahren 1952 und 1953 geriet Ungarn daher infolge von Mißernten an den Rand einer Hungerkatastrophe.[158]

Auch Kunst und Wissenschaft wurden den Erfordernissen des Fünfjahresplanes untergeordnet. Eine großangelegte Umerziehungs- und Mobilisierungskampagne erfaßte das ganze Land.[159]

Das Erziehungswesen wurde auf allen Gebieten enorm ausgeweitet, gleichzeitig aber auch unter strikte staatliche Kontrolle genommen und marxistisch-leninistisch ausgerichtet. Zur gleichen Zeit schloß man die katholische Kirche vom Schulwesen wie von sozialen Aktivitäten aus. Eine Kampagne gegen die katholische Kirche warf dieser Institution und ihren Führern reaktionäre bzw. faschistische Tendenzen wie auch sexuelle Perversionen vor.

Der kirchliche Besitz einschließlich der umfangreichen Ländereien wurde verstaatlicht, Klöster wurden geschlossen, die Nonnen und Mönche deportiert. Im Dezember 1948 wurde der populäre Kardinal Mindszenty verhaftet, fünf Wochen in Isolationshaft gehalten und gefoltert. Er gestand schließlich Spionage, Landesverrat und Devisenvergehen und wurde am 8. Februar 1949 zu lebenslänglicher Kerkerhaft verurteilt. Im Jahre 1950 statuierte der Staat gegen Erzbischof Groesz dasselbe Exempel.[160]

Kirchliche Stellen wurden vom Staat besetzt, z.T. mit kollaborierenden Klerikern ohne Rückhalt im Volk. Die staatliche Kirchenbehörde entsandte Funktionäre mit weitgehenden Kompetenzen, die die kirchlichen Amtsträger überwachen und disziplinieren sollten. Im Volksmund nannte man sie „Schnurbartbischöfe". Zahlreiche Kleriker verschwanden in Lagern oder mußten zivile Berufe ausführen; viele Orden wurden aufgelöst.[161]

Erfolgreich hatten die Kommunisten die „Salamitaktik" auch gegen die katholische Kirche angewandt, hatten sie sukzessive ihrer Ländereien, Einkommensquellen und Führer beraubt, und durch eine Mischung aus Mäßigung und Gewalt paralysiert, mußte sie in aufeinanderfolgenden Konkordaten immer größere Zugeständnisse machen. Ähnlich verfuhr man gegen die calvinistische Kirche, deren Bischof László Ravasz ebenfalls inhaftiert wurde, wie gegen die griechisch-orthodoxe Kirche.

Nach dem Tod Stalins gab Rákosi das Amt des Premierministers an den von ihm ungeliebten Imre Nagy ab, blieb jedoch als 1. Sekretär des ZK der starke Mann im Hintergrund. Nagy steuerte einen Reformkurs: Er machte die Kollektivierungsmaßnahmen z.T. wieder rückgängig und ermöglichte Investitionen in die Landwirtschaft, intensivierte die Konsumgüterproduktion, entließ einen Teil der politischen Gefangenen, löste die Internierungslager auf und erlaubte Deportierten, nach Budapest zurückzukehren. Die AVH wurde wieder als AVO dem Innenministerium unterstellt, behielt aber de facto ihre unabhängige Stellung und ihren eigenständigen Machtapparat.[162]

Am 18. April 1955 wurde Nagy jedoch wieder gestürzt und aus der Partei ausgeschlossen. Rákosi kehrte zu Zwangskollektivierung und forcierter Schwerindustrialisierung zurück und gab der gefürchteten Politischen Polizei AVO wieder freie Hand.

Die Versöhnung Chruschtschows mit Tito und die Verurteilung Stalins auf dem 20. Parteikongreß der KPdSU läuteten 1956 in Ungarn endgültig ein Ende der Herrschaft des auch in Moskau ungeliebten Stalinisten Rákosi ein. Titos Sondergesandter in Budapest Mikojan erzwang den Rücktritt Rákosis (18. Juli 1956), bevor dieser noch den geplanten Großprozeß gegen 200 Intellektuelle in Angriff nehmen konnte.[163] Rákosi konnte jedoch erreichen, daß sein Gesinnungsfreund Ernö Gerö zu seinem Nachfolger als Erster Sekretär des ZK ernannt wurde.

Dieser betrieb eine vorsichtige Entstalinisierung: Der hingerichtete László Rajk wurde im Oktober rehabilitiert, ebenso Imre Nagy, der auch wieder in die KPU aufgenommen wurde.

Die Ereignisse in Polen zeigten ihre Auswirkungen auf Ungarn. Intellektuelle und Studenten forderten eine grundsätzliche Demokratisierung, solidarisierten sich mit den polnischen Arbeitern und verlangten nach einer Rückkehr von Imre Nagy in die Führung. Zum Kristallisationspunkt der Opposition wurde der „Petöfi-Kreis", der Klub der Budapester Intelligenz.[164] Am 23. Oktober riefen die Budapester Studenten zu einer Massenkundgebung auf, die die KPU trotz anfänglicher Versuche nicht verbieten konnte. Die Arbeiter schlossen sich an, und am Nachmittag waren 150.000-200.000 Menschen auf der Straße. Sie schnitten die kommunistischen Embleme aus ungarischen Fahnen heraus.

Die provokative Rundfunkansprache Gerös, der das Loblied der Sowjetunion sang und von der Notwendigkeit der Freundschaft mit den sowjetrussischen „Befreiern" sprach, führte zur Eskalation. Die Menge stürzte das Stalin-Denkmal und stürmte Einrichtungen und öffentliche Gebäude des kommunistischen Staates. Bei der Besetzung des Rundfunkgebäudes waren erste Tote und Verletzte zu beklagen, als Angehörige der Sicherheitskräfte das Feuer eröffneten.

Am 24. Oktober wurde Imre Nagy zum neuen Premierminister ernannt. Im Namen seiner Regierung erfolgte die Ausrufung des Ausnahmezustandes mit Aufhebung des Standrechtes sowie ein Hilfersuchen an die Sowjetarmee gegen die „konterrevolutionären Banden". Wie Nagy allerdings später aussagte, seien diese Maßnahmen ohne sein Wissen von Gerö veranlaßt worden.

In Budapest kam es zu Straßenschlachten mit im Lande stationierten Einheiten der Roten Armee. Die ungarische Armee lief weitgehend zu den Aufständischen über und händigte ihnen Waffen aus. Die sowjetischen Panzer setzten Phosphorgranaten gegen Bewaffnete und Unbewaffnete ein. Am Parlamentsplatz schossen sie ohne Warnung in die Menge; mehrere hundert Tote waren bereits zu beklagen. Die 35.000 Mann starke AVO brach binnen kürzester Zeit praktisch widerstandslos zusammen.

Budapest wurde von der Roten Armee abgeriegelt. Amnestieangebote der Regierung im Falle einer Niederlegung der Waffen wurden nicht angenommen. Auch in anderen Städten Ungarns und in der Provinz brach nun die Revolte gegen das kommunistische System los, die sich längst nicht mehr auf Reformkommunisten beschränkte. Am 26. Oktober stand ganz West- und Südungarn unter der Kontrolle der Aufständischen. In vielen Städten bildeten sich „Nationalräte".

Bereits am 25. hatte János Kádár Ernös Gerö als Ersten Sekretär des ZK abgelöst. Eine neue Regierung auf der Basis breitester demokratisch-nationaler Kräfte nach dem Grundsatz der Gleichberechtigung wurde in Aussicht gestellt. Doch in der am 27. Oktober gebildeten neuen Regierung unter Premiereminister Nagy waren von 25 Mitgliedern wiederum 23 Kommunisten. Der neue Verteidigungsminister befahl die Fortsetzung der Niederschlagung des Aufstandes. In Budapest suchte der erneut von Chruschtschow entsandte Mikojan, einen Kompromiß zwischen sowjetischen und ungarischen Interessen zustande zu bringen.

Die Kämpfe in Budapest und anderen Städten gingen weiter. Der Korrespondent des „Daily Mail" berichtete:

„Am Freiheitsplatz in Budapest versammelt sich eine riesige Menschenmenge. Die sowjetrussischen Panzer rollen heran. Die Sowjetsoldaten winken der Menge freundlich zu, dann eröffnen sie plötzlich das Feuer. Hunderte sinken tot auf dem Platz zusammen. Die flüchtende Menge staut sich in den engen Seitengassen. Die Freiheitskämpfer können mehrere sowjetrussische Panzer überwältigen. Damit man sie als die ihren erkennen kann, schmücken sie sie mit der ungarischen Nationalflagge. Dasselbe aber taten auch verschiedene Sowjets, die sich, auf diese Weise getarnt, öfters an die Freiheitskämpfer heranmachen."[165]

Als die Lage weiterhin nicht unter Kontrolle zu bekommen war, befahl Nagy am 28. Oktober um 13 Uhr 20 die Feuereinstellung. Er gestand nun die „furchtbaren Fehler und Sünden der Vergangenheit" ein und gab offen zu: „Die Regierung wendet sich gegen die Behauptung, diese mächtige Volksbewegung sei eine Konterrevolution."[166] Er kündigte politische Reformen, die Auflösung der AVO und Aufstellung einer neuen Polizei, die Verschmelzung der Armee mit den bewaffneten Gruppen der Jugend zu einer neuen Armee sowie eine soeben abgeschlossene Vereinbarung mit der Sowjetunion über den Abzug ihrer Truppen nach Aufstellung einer neuen ungarischen Armee an.

Der sowjetische Außenminister Schepilow erklärte am 29. Oktober in Moskau, daß die sowjetischen Truppen Budapest verlassen würden, wenn die Aufständischen die Waffen niedergelegt hätten und die Ordnung wiederhergestellt sei. Doch der Freiheitssender von Raab warnte: „Die revolutionären Streitkräfte sollen ihre Waffen nicht abliefern, weil niemand den kommunistischen Versprechungen trauen kann."[167] Problematisch war, daß der Aufstand keinen einheitlich akzeptierten Führer besaß – die zahlreichen lokalen Nationalräte sahen zumeist in dem Reformkommunisten Nagy nicht ihren Führer, dessen Spielraum in seinen Verhandlungen mit der Sowjetunion damit erheblich vermindert war.

Am 30. Oktober gab Nagy das Herrschaftsmonopol der KPU auf und stellte die Bildung einer Koalitionsregierung mit Vertretern der rekonstituierten bürgerlichen Parteien sowie die Abhaltung freier Wahlen in Aussicht. Kardinal Mindszenty wurde freigelassen und rehabilitiert. Mit der Roten Armee wurde ein Abmarsch ihrer Truppen aus Budapest bis zum Morgen des 31. Oktober vereinbart.

Die Einheiten zogen aber nicht vollständig ab und blieben zudem am Stadtrand von Budapest stehen. Am 31. Oktober begannen offenkundige sowjetische Truppenbewegungen in Richtung Ungarn. Daraufhin erklärte Nagy am

1. November die Neutralität Ungarns und den Austritt aus dem Warschauer Pakt. Er suchte bei den vier Großmächten um Schutz an. Die KPU wurde in „Ungarische Sozialistische Arbeiterpartei" umgenannt, und alle politischen Gefangenen wurden freigelassen.

Mit diesem Verlassen des sozialistischen Lagers hatte Nagy im Unterschied zu den polnischen Kommunisten endgültig die Grenzen der sowjetischen Toleranz überschritten. Chruschtschow hatte sich inzwischen, wie er in seinen Memoiren ausführlich darstellt, die Zustimmung aller kommunistischen Staaten einschließlich der Volksrepublik China, zuletzt auch Jugoslawiens anläßlich eines Treffens mit Tito auf der Insel Brioni am 2. November, für eine umfassende militärische Intervention besorgt.[168]

Daraufhin begann am 2. November ein großangelegter sowjetischer Einmarsch, begleitet von einer Übernahme von Eisenbahnanlagen und Flugplätzen. Chruschtschow griff mit zwölf Divisionen, 160.000 Mann und 1.200 Panzern an.[169] Am 4. November wurden Budapest und zahlreiche andere Städte attackiert. Gleichzeitige rief der moskautreue Flügel der Regierung Nagy um 8 Uhr 15 in Szolnok, einer Stadt mit starker sowjetischer Garnison, eine Gegenregierung unter János Kádár aus:

„Wir konnten es nicht weiter als untätige Mitglieder einer unfähigen Regierung mitansehen, wie konterrevolutionäre Terroristen und Banditen unsere besten Arbeiter- und Bauernbrüder hinmetzeln, daß sie die friedlichen Staatsbürger in Angst und Schrecken halten und unser Vaterland in die Anarchie stürzen wollen... Darum hat die Revolutionäre Bauern- und Arbeiterregierung das Kommando der Sowjetarmee gebeten, die üblen Kräfte der Reaktion zu zerschlagen und die Ordnung wiederherzustellen..."[170]

In Budapest schoß die Rote Armee die Zentren der Aufständischen mit Artillerie, Panzern und Kampfflugzeugen zusammen. Nach Aussage des US-Gesandten Edward Tom Wailes waren die Zerstörungen „weit größer als die des Zweiten Weltkrieges".[171] 2.217 Häuser waren völlig zerstört, 20.000 Wohneinheiten beschädigt.[172]

Bis zum 6. November war der Aufstand blutig niedergeschlagen. Er forderte auf ungarischer Seite rund 2.500 Tote und knapp 20.000 Verwundete, auf sowjetischer Seite schätzungsweise 1.800 Tote und 5.000 Verwundete (hier fehlen konkrete Zahlen). Die letzten Nester bewaffneten Widerstandes waren die Industriekomplexe. Am 10./11. November kapitulierten die letzten Aufständischen. Noch im Dezember/Januar kam es allerdings zu Massenstreiks und passivem Widerstand in der Arbeiterschaft. Um die Aufständischen zur Aufgabe zu zwingen, pflegte die Rote Armee seit Anfang November Geiseln zu nehmen und sie in die Sowjetunion zu verschleppen.[174]

Imre Nagy flüchtete am 4. November mit 42 Funktionären in die jugoslawische Botschaft und suchte dort um Asyl an. Obwohl ihnen in einem schriftlichen Abkommen zwischen Kádár und dem jugoslawischen Botschafter „freies Geleit" zugesichert worden war, wurden sie am 22. November 1956 gefangengenommen, zur sowjetischen Kommandatur entführt und nach Rumänien verschleppt, wo sie von der dortigen Staatssicherheit bewacht wurden. Obwohl Kádár dreimal versichert hatte, daß er Nagy wegen seiner „Verbrechen" nicht verfolgen werde, begann am 28. Januar 1958 in Budapest der Prozeß gegen Imre Nagy und sieben „Komplizen". Man warf den Angeklagten vor, eine begrenzte Staatskrise dazu genutzt zu haben, einen antikommunistischen Aufstand zu entfachen. Nagy und zwei weitere Angeklagte wurden zum Tode verurteilt und am 15. Juni 1958 gehenkt; die anderen erhielten Freiheitsstrafen zwischen lebenslänglich und fünf Jahren.[175]

Die amtliche Version, daß Reaktionäre, Faschisten und ausländische Provokationen eine „Konterrevolution" versucht hätten, entbehrte jeder Grundlage: Die alte Generation der ehemaligen Großgrundbesitzer war zu keinem Zeitpunkt in den Vordergrund getreten. Der Aufstand wurde genau von den drei Gruppen getragen, die die Kommunisten eigentlich als ihre treuesten Unterstützer angesehen hatten, nämlich von der Jugend, den Arbeitern und der Armee, und ihre Helden waren die Märtyrer der Kleinlandwirtepartei und der Sozialdemokratischen Partei. Auf eine Hilfe des westlichen Auslandes setzten die Aufständischen zwar große Hoffnungen, doch sie wurden dabei bitter enttäuscht.[176]

Als zur Jahreswende 1956/57 die letzten Nachwehen des Aufbegehrens erstickt und die Polizeimacht wieder gefestigt war, setzten die Repressionsmaßnahmen ein. Hierfür wurde am 13. Dezember 1956 per Dekret die Internierung wiedereingeführt; am 15. Januar 1957 verkündete ein Gesetz die Todesstrafe für Streiks in staatswichtigen Betrieben, und am 19. März 1957 wurde die Verbannung im Lande wiedereingeführt.[177] „Volksgerichte", die oft nur wenige Stunden tagten, verurteilten rund 30.000 Menschen und verkündeten ca. 800 Todesurteile, von denen über 500 vollstreckt wurden.[178] Die Ungarn flüchteten massenweise in den Westen: Bis Ende 1956 hatten 200.000 das Land verlassen. Das Jahr 1957 war ein Jahr des Terrors und der Vergeltung; danach vermied Kádár jedoch offene Repression und griff zu subtileren Mitteln der Kontrolle.

Kádár suchte durch eine begrenzte Liberalisierung und ökonomische Reformen Kredit bei der Bevölkerung zurückzugewinnen, was ihm bis zu einem gewissen Maß auch gelang. Einige Reformen von Imre Nagy machte er nicht rückgängig: Es blieb bei der neubegründeten „Ungarischen Sozialistischen Arbeiterpartei", und die AVO blieb tatsächlich aufgelöst. Sie hatte sich auch bei den Ereignissen von 1956 als hilflos und destruktiv erwiesen. An ihre Stelle trat die „Politische Ermittlungsabteilung" innerhalb der regulären Polizei, in der jedoch zahlreiche ehemalige AVO-Angehörige weiterdienten.[179]

Die vom Staat zugestandene umfangreiche Privatsphäre bot eine jeder totalitären Kontrolle entzogene Nische. Kádár kehrte mit seinem pragmatischen Motto: „Wer nicht gegen uns ist, ist für uns!" die gewohnte kommunistische Herrschaftsmaxime um.[180] Die Zahl der politischen Gefangenen ging stark zurück. Wie Molnár jedoch zu Recht hervorhebt, versteckte sich hinter der vordergründigen Liberalität die in ihrem Kern unverändert gebliebene Infrastruktur des Systems, die bei Bedarf jederzeit wieder aktiviert werden konnte.[181]

Der 1968 eingeführte „Neue Wirtschaftsmechanismus" ließ gewisse marktwirtschaftliche Elemente zu. In der Landwirtschaft wurde neben dem vergesellschafteten ein privater Sektor geduldet. Ungarn erreichte damit beträchtliche Leistungen in der Fleisch- und Getreideproduktion.[182]

In den siebziger Jahren sprach man vom ungarischen „Gulaschkommunismus": Materielle Zuwendungen kompensierten die nicht vorhandene Freiheit. Die der Bevölkerung als Bonus zugestandenen Konsumgüter wurden allerdings zu einem guten Teil durch falsch eingesetzte westliche Kredite finanziert. Die Auslandsverschuldung stieg rapide an und verdoppelte sich z.B. Mitte der achtziger Jahre noch einmal. Im Jahre 1989 war sie auf rund 20 Milliarden Dollar angewachsen. Mit den abnehmenden Finanzreserven schwand auch der Kredit des Systems bei der Bevölkerung.[183]

Außenpolitisch ordnete Kádár die ungarische Politik völlig den Interessen der Sowjetunion unter und vermied damit Angriffsflächen.

In der Ära Gorbatschow erfolgte eine schrittweise Selbstabdankung der ungarischen Kommunisten. Im Mai 1988 wurde János Kádár von dem gemäßigten Reformer Károly Grosz gestürzt, und ein sich in Richtung der westeuropäischen Sozialdemokratie orientierender Flügel (Staatsminister Imre Pozsgay, Außenminister Gyula Horn) gewann immer deutlicher die Oberhand.

Ende Mai 1989 wurde Imre Nagy vom Zentralkomitee rehabilitiert. Den Hochverratsprozeß bezeichnete man als „fabriziert und konstruiert" und das Todesurteil als „illegal". Die Gebeine der 1958 gehenkten Imre Nagy, Pál Maléter, Miklós Gimes und József Szilágyi sowie des im Gefängnis den Torturen erlegenen Géza Losonczy wurden im Juni aus ihren namenlosen Massengräbern im Budapester Zentralfriedhof exhumiert und erhielten ein feierliches Staatsbegräbnis.[184]

Bereits zur Jahresmitte 1989 erfolgte der Beschluß, ein Mehrparteiensystem zuzulassen und eine auf den Prinzipien der Rechtsstaatlichkeit und der Marktwirtschaft beruhende neue Verfassung einzuführen, womit Ungarn als erster Staat im zusammenbrechenden Ostblock den Kommunismus praktisch abgeschafft hatte. Die sowjetischen Truppen verhielten sich nicht nur ruhig, sondern zogen vollständig aus Ungarn ab.

Genauso revolutionär war der im Februar 1989 beschlossene Abbau des „Eisernen Vorhanges". Im Mai begannen die Abbrucharbeiten. Dies ermög-

lichte die Massenflucht von DDR-Bürgern im August – ein Auslöser des endgültigen Zusammenbruches des Ostblocks.[185] Im November 1989 wurde die
Ungarische Sozialistische Arbeiterpartei liquidiert und als Nachfolgerin die
Sozialistische Partei begründet, die zunächst in die Opposition verwiesen wurde. Bei den zweiten freien Wahlen im Jahre 1992 gelang ihr ein überraschend
deutlicher Wahlsieg.

ČSSR

Als letzter Staat im kommunistischen Einflußbereich wurde die Tschechoslowakei sowjetisiert, obwohl die Westmächte hier noch am längsten auf eine
eigenständige, nichtkommunistische Entwicklung gehofft hatten. In Anbe-
tracht der Tatsache, daß hier (wie auch in Bulgarien) die Sowjettruppen bald
nach Kriegsende abgezogen worden waren, schienen die Voraussetzungen
dafür auch besser zu sein.

Da der 1938 ins Londoner Exil gegangene tschechoslowakische Regierungschef Benesch im Westen ein hohes Prestige genoß, gingen die Sowjets hier
besonders behutsam vor. Dennoch vollzog man bereits nach dem Einmarsch
der Roten Armee im Jahre 1945 wichtige Weichenstellungen für eine spätere
Machtübernahme.

In der 1945 gebildeten Koalitionsregierung waren, unterstützt durch sowjetischen Druck, Schlüsselministerien mit Kommunisten oder ihnen nahestehenden Persönlichkeiten besetzt worden: Insbesondere sind das Amt des Premierministers, das Innen-, Verteidigungs- und Informationsministerium zu nennen.

Die Sowjets erzwangen wegen angeblich faschistischer Tendenzen das Verbot der „Bauernpartei", der größten bürgerlichen Vorkriegspartei, sowie die
Bildung einer „Nationalen Front", d.h. eines Bündnisse aus KP und nichtkommunistischen Parteien. Damit schwächten sie das bürgerliche Lager von
Anfang an entscheidend. Außerdem gelang es den von Moskau gesteuerten
Kommunisten im Verbund mit den Sozialdemokraten, am 28. Oktober 1945
die Verstaatlichung aller größeren Industrien, aber auch vieler kleinerer Betriebe durchzusetzen, womit ein großer Teil der ökonomisch-politischen Macht in
die Hände der kommunistischen Seite gelangte.

Die von 1945-1947 durchgeführte Vertreibung der Deutschen wurde zwar
genauso von den bürgerlichen Kräften getragen (Benesch hatte diese Forderung bereits zu Kriegsbeginn erhoben), doch die Kommunisten setzten sich
besonders nachdrücklich für dieses Ziel ein. Es kam ihnen zugute, daß sie sich
dezidiert national gaben und auch an panslawistische Vorstellungen appellier-
ten. Die Sowjetunion galt demnach als Schutzpatronin eines nach Westen vor-

dringenden Slawentums. Neusiedlern wurde oft zusammen mit dem Land auch der KP-Mitgliedsausweis übergeben. Gerade in den früher deutsch besiedelten Gebieten schufen sich die Kommunisten damit regionale Hochburgen.

Von 1944-1946 hatte Stalin denn auch den Völkern Europas einen „nationalen Weg zum Sozialismus" zugebilligt, doch danach rückte er wieder strikt von dieser These ab.

Bei den ersten allgemeinen Wahlen im Mai 1946, die in relativ freier Atmosphäre stattgefunden hatten, konnte die KP nicht zuletzt dank ihrer Kontrolle über Schlüsselministerien mit einem besonders hohen Stimmenanteil von 38% siegen. Wenngleich das Ansehen des bürgerlichen Präsidenten Benesch groß war, hatte vielen Wählern doch die mit Moskau liierte KP als stärkste Garantin der nationalen Unabhängigkeit gegolten. Die Rote Armee hatte immerhin die deutsche Okkupation beendet und wurde von vielen Tschechen und Slowaken als „Befreierin" angesehen. Die bürgerlichen Parteien waren hingegen durch die Akzeptierung des „Münchener Abkommens" im Jahre 1938 diskreditiert. Benesch hatte denn auch seit 1943 im Exil eine betont sowjetfreundliche Politik betrieben und einen Bündnispakt geschlossen. Die damit verbundenen Gefahren sahen viele Tschechen und Slowaken nicht. KP-Chef Gottwald wurde zum Regierungschef ernannt und war dabei auf bürgerliche Koalitionspartner angewiesen.

Aus dieser Machtstellung heraus suchten die Kommunisten alle Schaltzentren der Macht zu unterwandern. In die bürgerlichen Parteien, in Militär und Polizei wurden erfolgreich Agenten eingeschleust. Als Gegengewicht zu den in den Sicherheitskräften noch vorherrschenden bürgerlichen Kräften begründete man unter kommunistischer Führung zwei neue Geheimdienste: die zivilen „Staatssicherheitskräfte" (Státní Tajná Bezpečnosti) und innerhalb der Zuständigkeit des Verteidigungsministeriums das „Informationskomitee zu Verteidigungs- und Sicherheitsfragen" (Obranné Bezpečnostni Zpravodajství), die „Verbrechen gegen den Staat" verfolgten. Sie arbeiteten eng mit dem sowjetischen Geheimdienst zusammen, erhielten z.T. von dort die Befehle.[186]

Außerdem schufen die Kommunisten eine bewaffnete „Volksmiliz" und bereiteten im Herbst 1947 einen Staatsstreich vor. Im Einklang mit „organisierten Meinungsäußerungen der Unzufriedenheit der Massen" sollte ein Systemwechsel herbeigeführt werden. Der Kommunist Václav Kopecký meinte damals: „Wir werden uns entschließen, diese Macht derart zu gebrauchen, daß niemand uns anklagen kann, daß wir den demokratischen Weg verlassen würden." [187]

Wegen der zunehmenden Verfolgung nichtkommunistischer Politiker durch die kommunistischen Sicherheitsdienste kam es Anfang 1948 zu einer Staatskrise. Um frühe Neuwahlen und damit eine Verringerung des kommunistischen Einflusses zu erzwingen, boten die bürgerlichen Minister im Februar 1948 ihren Rücktritt an. Dies war ein schwerer Fehler. Denn freie Wahlen fanden nicht mehr statt. Die Kommunisten drohten mit Massenaktionen. Präsident Benesch hatte den Rücktritt der Minister auf Druck der KP und aufgrund der Interventionsdrohung der Sowjetunion am 25. Februar 1948 mit sofortiger Wirkung akzeptiert. Am 7. Juni wurde Benesch dann selbst zum Rücktritt gedrängt, als er die neue volksdemokratische Verfassung der „Tschechoslowakischen Republik" (ČSR; ab 1960 ČSSR) nicht unterzeichnete. Er verstarb bereits am 3. September desselben Jahres.

Gerade in der Zeit zwischen Februar und Mai – in diesem Monat sollten Wahlen stattfinden – wurde einerseits die Sowjetisierung massiv vorangetrieben, andererseits ein erheblicher Druck zugunsten der Stimmabgabe für die KP auf die Bevölkerung ausgeübt. Prozesse gegen Nichtkommunisten, zumeist wegen konstruierter Tatbestände wie Landesverrat, setzten bereits vor den Wahlen im April ein und besaßen unverkennbare Einschüchterungsfunktion. Zahlreiche bürgerliche Politiker flohen oder wurden liquidiert.

Aktionsausschüsse betrieben in unkontrollierter Machtvollkommenheit von Februar bis Mai die „Säuberung von reaktionären und feindseligen Elementen"; [188] ihre Tätigkeit wurde von dem neuen, kommunistisch dominierten Parlament nachträglich per Gesetz sanktioniert. In allen Schlüsselpositionen wurden Kommunisten in einflußreichen Positionen eingesetzt. Insgesamt 28.000 nichtkommunistische hohe Beamte und Offiziere wurden entlassen, aber auch 20.000 Betriebsräte und Gewerkschafter. Zahlreiche Berufsverbote wurden ausgesprochen, und 5.000 ‚unzuverlässige‘ Familien wurden aus dem Grenzgebiet zum Westen ausgesiedelt. [189]

Auf Anordnung des kommunistisch orientierten Armeechefs blieb das Militär in den Kasernen und sah der Machtübernahme durch die KP tatenlos zu. Stalin warnte gleichzeitig den Westen davor, sich in die inneren Angelegenheiten der Tschechoslowakei einzumischen, und dieser signalisierte schließlich seine Passivität. US-Präsident Truman hatte bereits 1947 politisch/militärische Hilfe gegenüber Masaryk abgelehnt.

Die Wahlen erbrachten dann die erhoffte kommunistische Dominanz. Die Sowjetisierung der ČSR wurde in beschleunigtem Maß nach dem Vorbild der DDR, Ungarns oder Polens nachgeholt: erzwungene Verschmelzung von Kommunisten und Sozialdemokraten, Einsetzung kollaborationswilliger Spitzenfunktionäre bei den restlichen bürgerlichen Parteien, Wegfall rechtsstaatlicher Elemente bei den Prozessen oder überhaupt Verzicht auf Verhandlungen bei Bestrafungsmaßnahmen, Einweisung von ca. 130.000 Oppositionellen in Gefängnisse, Konfiskation und z.B. Zerstörung von ca. 7 Mio. Büchern, Hinzuziehung sowjetischer „Berater" bei Armee und Polizei, forcierter Aufbau einer von ausländischen Rohstoffen abhängigen Schwerindustrie, Beschluß eines an den Bedürfnissen der Sowjetunion orientierten „Fünfjahresplanes" (1949-1954) der Wirtschaft. Die Schauprozesse wegen „staatsfeindlicher Tätigkeit" oder „Sabotage" gegen Sozialdemokraten, bürgerliche Politiker,

Offiziere, Katholiken oder Ausländer standen unter Regie der von sowjetischen „Beratern" durchsetzten Staatssicherheit. Sie waren perfekt inszeniert und hatten offenkundige Einschüchterungsfunktion. Insgesamt 233 Todesurteile wurden gefällt, davon 178 vollstreckt.[190]

Ab September 1948 wurde eine Politik des „scharfen Kurses" verfolgt. „Staatsfeindliche Elemente" wurden aus den großen Städten ausgewiesen; ein Gesetz vom 25. Oktober 1948 etablierte Zwangsarbeitslager für Klassenfeinde und arbeitsscheue Personen (nicht aufgrund einer Straftat). Etwa 90.000 bis 100.000 Bürger wurden ohne Urteil Opfer dieses Gesetzes. Einem ähnlichen Zweck dienten die von 1950-1954 aufgestellten „technischen Hilfsbataillone" der Armee, deren Angehörige eher Zwangsarbeiter als Soldaten waren und auch keine Waffen tragen durften.[191]

Wie in der DDR richteten sich die Verhaftungen nicht nur gegen praktizierende Oppositionelle, sondern generell gegen die bürgerliche Elite. Auch Unternehmer, Händler, Bauern wurden gewissermaßen als Klassenfeinde interniert. Viele tausend Häftlinge starben während der Haftzeit aufgrund schlechter Behandlung. So mußten im Jahre 1951 allein 25.000-30.000 politische Häftlinge in den tschechoslowakischen Uranminen unter erheblich gesundheitsschädigenden Bedingungen arbeiten.

Über die Maßnahmen direkter Verfolgung hinaus wurde – wie später bei der Niederschlagung des „Prager Frühlings" – „soziale und berufliche Persekution massenweisen Umfanges"[192] betrieben. In der Operation „70.000 müssen produktiv sein" verfrachtete man Angehörige des Bürgertums, Kleingewerbetreibende und Bauern als Arbeiter in die Landwirtschaft oder Industrie. Ihre Kinder wurden von höherer Bildung ausgeschlossen. Umgekehrt nahm man Kinder aus Arbeiterfamilien an höheren Schulen und Universitäten auf. Mit einem solchen Akt „revolutionärer Gerechtigkeit" sollte zukünftige Gleichheit geschaffen werden, doch es bildete sich nur eine neue Klasse von Privilegierten heraus.[193]

Im Februar 1949 begann die Kollektivierung der Landwirtschaft, die ab Juni 1952 mit zahlreichen Zwangsmaßnahmen beschleunigt wurde: Private Bauern wurden durch niedrige Ankaufpreise, Konfiskation von Vorräten und Maschinen, hohe Strafgelder bei unzureichender Kontingent-Ablieferung und persönliche Benachteiligung bzw. Verfolgung zur Aufgabe ihres Betriebes gedrängt. Nach dem Vorbild der Sowjetunion der dreißiger Jahre wurde eine Kampagne gegen „Kulaken" (Bauern mit einem Besitz über 20 ha, später über 10 ha) durchgeführt: Es gab Prozesse wegen schlechten Wirtschaftens, Enteignungen und Aussiedlungen ganzer Familien.[194]

Besonders hart ging der Staat in der ČSR gegen die katholische Kirche vor, die bei den antiklerikalen Tschechen – anders als in der Slowakei, in Polen und Ungarn – wegen ihrer Identifikation mit den deutschen Habsburgern keine Stellung als Nationalkirche innehatte (die eigentliche Tschechische Nationalkirche ist die auf die Hussiten zurückgehende, kleine reformierte Kirche) und sich auch im Zweiten Weltkrieg nicht durch dezidierten Widerstand hervorgetan hatte. Im April 1949 begann ein Totalangriff gegen die katholische Kirche. Nach einem großangelegten Prozeß wurden im April 1950 alle Orden und Klöster liquidiert. Fast alle Bischöfe, über 100.000 Priester, ca. 8.000 Mönche und Nonnen sowie 10.000 religiös orientierte Laien kamen in Hausarrest, Gefängnisse oder Arbeitslager. Die religiöse Praxis kam weitgehend zum Erliegen; manche dieser Häftlinge kamen erst 1968 unter Dubček frei.

Ursprünglich hatte man sogar, wie es in der Volksrepublik China durchgeführt wurde, die Loslösung der katholischen Kirche von Rom und ihre Umwandlung in eine unabhängige Kirche geplant. Es blieb schließlich beim Erlaß von Gesetzen und Verordnungen, die ihre Tätigkeit streng überwachten und reglementierten. Zwangsweise aufgelöst und mit der griechisch-orthodoxen Kirche verschmolzen wurde indessen – wie von Stalin 1946 in der Ukraine praktiziert – am 28. April 1950 die kleine romtreue griechisch-katholische Kirche; ihr Klerus wurde interniert.[195]

Ab Herbst 1948 begannen Säuberungen in der KP gegen „Titoisten". Hier wurden öffentliche Schauprozesse nach sowjetischem Vorbild durchgeführt, und sie forderten mehr Opfer als in den meisten anderen Ostblockstaaten: an die 200 Todesurteile wurden damals gefällt; viele tausende inhaftierte Kommunisten starben darüber hinaus im Gefängnis.

Die Schärfe des Vorgehens bei den Säuberungen war von Moskau befohlen. Stalin mißtraute besonders den tschechoslowakischen Kommunisten, da hier im Unterschied zu den meisten anderen Ostblockstaaten die Machtübernahme weitgehend eigenständig und nur mit geringer Unterstützung durch die Sowjetunion erfolgt war. Er verdächtigte sie, „kompromißlerische" bzw. „bourgeois-nationalistische" Tendenzen zu entwickeln. Aus Moskau wurden 26 Sondergesandte nach Prag geschickt, um die Säuberungen zu dirigieren.[196]

Besonders spektakulär war der Schauprozeß gegen den zweiten Mann der KP Rudolf Slánský und weitere Spitzenfunktionäre. Die Funktionäre Slánský und Clementis wurden im Dezember 1952 zum Tode verurteilt, die restlichen zu langjährigen Gefängnisstrafen. Dieser Schauprozeß war wie gleichzeitige Vorbilder in der Sowjetunion auch stark antisemitisch geprägt: Elf von vierzehn Angeklagten waren jüdischer Herkunft; sie wurden „kosmopolitische(r), zionistische(r) Gesinnung" beschuldigt.[197]

Hauptopfer der tschechoslowakischen Säuberungen war die Slowakische Kommunistische Partei. Wiewohl die Säuberungen von Moskau dirigiert wurden, so kollaborierte die KP unter Gottwald, und insbesondere tschechische Kommunisten waren die Nutznießer bei der Besetzung freiwerdender Positionen. Im Jahre 1950 waren offiziell ca. 9.800 tschechische und an die 30.000 slowakische Kommunisten wegen „Verbrechen gegen den Staat" inhaftiert, was die antislowakische Spitze deutlich illustriert.[198]

Die ČSR entwickelte sich zu einem der repressivsten Staaten im Ostblock: Zwischen 1948 und der Mitte der fünfziger Jahre kamen rund 250.000 Menschen in Gefängnisse oder Arbeitslager. Einer Verfolgung im sozialen oder beruflichen Bereich waren an die 750.000 Menschen ausgesetzt; hinzu kamen weitere 500.000-750.000 Menschen, die indirekt diskriminiert wurden. Rechnet man die mitbetroffenen Familienmitglieder hinzu, so kommt man auf eine Gesamtzahl von 6-8 Mio. Opfern der kommunistischen Machtübernahme in der ČSR.[199]

KP-Chef Klement Gottwald starb 1953; auch unter seinem Nachfolger Antonín Novotný gingen die Schauprozesse und Todesurteile bis 1956 weiter. Selbst vor politischen Morden oder inszenierten „Selbstmorden" schreckte das Regime nicht zurück. Anders als Gomułka in Polen und und Kádár in Ungarn nutzte Novotný nicht die Gelegenheit, den neuen Kurs flexibel aufzugreifen und den Vorgänger als „Stalinisten" zu denunzieren, sondern suchte wie Ulbricht an einem möglichst autoritären Regime festzuhalten; jedwede Lockerungen ließ er sich hart abringen. Nur eine relativ kleine Zahl von Gefangenen wurde nach 1956 entlassen, und sie wurden nicht rehabilitiert; es gab keine öffentliche Verurteilung des Terrors und der Säuberungen. Das recht gute persönliche Verhältnis zwischen Chruschtschow und Novotný erleichterte letzterem wohl diesen Kurs, während Chruschtschow recht aktiv in die Entwicklungen in Polen und Ungarn eingriff.

Im Jahre 1953 hatte es wegen wirtschaftlicher Engpässe und Umstellungsschwierigkeiten, verbunden mit der Einsetzung unfähiger kommunistischer Funktionäre in Managementpositionen, Arbeiterunruhen und Demonstrationen, beispielsweise von 20.000 Menschen in Pilsen, gegeben. Dabei wurden 500 „Rädelsführer" verhaftet und überwiegend zu langjährigen Gefängnisstrafen verurteilt. Durch harte Repression wurden Anzeichen von Unzufriedenheit erstickt. Im unruhigen Ostblockjahr 1956 gab es in der Tschechoslowakei dann anders als in Ungarn oder Polen keinerlei Anzeichen von Aufbegehren. Die Inhaftierung zahlreicher Intellektueller, aber auch die Tatsache, daß die tschechoslowakische KP ein monolithischer Block war und anders als die ungarische oder polnische keine „Abweichler" aufwies, trugen wesentlich zur Stabilität bei. Auch hatte man die Arbeiter durch Vorzugsleistungen materiell geködert und vor allem gegen „Intelligenzler" aufgehetzt, so daß ein entsprechender Schulterschluß unterblieb, was für eine potentielle Oppositionsbewegung eine erhebliche Schwächung bedeutete.

Intensiver als in Ungarn und Polen wurde Ende der fünfziger Jahre die Vollkollektivierung der Landwirtschaft erzwungen; auch verschwanden selbständige Geschäfte fast vollständig. Noch ganz im Sinne Stalins suchte Novotný den Übergang von der sozialistischen zur kommunistischen Gesellschaft schnell zu vollziehen. Im Vergleich zu anderen Ostblockstaaten funktionierte die tschechoslowakische Wirtschaft etwas besser, dies allerdings um den Preis von Knebelverträgen mit der Sowjetunion (Tausch von Fertigprodukten gegen Rohstoffe gemäß diktierten Verrechnungssätzen; hoher Verschuldungsrahmen für die Sowjetunion), weshalb notwendige Modernisierungsmaßnahmen nicht durchgeführt werden konnten. Die auf Druck Moskaus aufgebaute energieintensive Schwerindustrie erforderte einen steigenden Einsatz von Braunkohle, was zu katastrophalen Umweltschädigungen in Böhmen und Mähren (und in den benachbarten Regionen des Auslandes) führte.[200]

Der noch herrschende Personenkult wurde nach Attacken Chruschtschows im Jahre 1961 abgebaut und das noch bestehende Stalin-Denkmal entfernt; einige Minister wurden im September 1963 als „Stalinisten" angeklagt und entlassen. Wiederum gab es eine begrenzte Amnestie politischer Gefangener, jedoch erfolgten auch jetzt keine offiziellen Rehabilitierungen. Grundsätzlich änderte sich am harten Kurs nicht viel, und Novotný gelang es, seinen potentiellen Rivalen, den jüngeren Rudolf Barák, wegen angeblicher Veruntreuung von Geldern im Gefängnis verschwinden zu lassen.

Er konnte jedoch nicht verhindern, daß allmählich eine jüngere Garde von Kommunisten in höhere Ämter gelangte und über Veränderungen im System nachdachte. Dazu gehörten z.B. die Parteifunktionäre Alexander Dubček und Jiři Pelikan. Inzwischen waren auch die wirtschaftlichen Probleme angesichts einer vielfach inkompetenten Kommandowirtschaft angewachsen, und das sensible Verhältnis zwischen Tschechen und Slowaken war durch die starke, auf Prag ausgerichtete Zentralisierung gefährdet. Insbesondere junge slowakische Kommunisten drängten auf eine Rehabilitierung der Säuberungsopfer und auf Reformen. Ab 1964 begann eine schleichende Liberalisierung in der Tschechoslowakei, die Novotný nur ungern sah, aber auch nicht offen zu unterdrücken wagte.

Im Herbst 1967 bildete sich dann eine offene Anti-Novotný-Allianz in der KP, angeführt von dem slowakischen Parteisekretär Alexander Dubček, der zunächst auch das Vertrauen Leonid Breschnews genoß und – entgegen späterer Legendenbildung – ein überzeugter Kommunist und kein Extrem-Reformer war.

Bereits am 4./5. Januar 1968 erzwangen die Reformer die Ablösung Novotnýs als KP-Generalsekretär durch Alexander Dubček. Novotnýs noch starke Position wurde durch das Überlaufen seines engen Vertrauten Generalmajor Jan Sejna in die USA am 25. Februar 1968 stark erschüttert: Am 22. März trat Novotný auch als Staatspräsident zurück und wurde von dem Kriegsheld General Ludvík Svoboda abgelöst, der ebenfalls dem Reformflügel zugerechnet wurde. Noch saßen in zahlreichen Gremien jedoch Dogmatiker in einflußreichen Positionen.

Wie auf einem lange kochenden Dampfkessel, wo man den Deckel entfernt hatte, radikalisierte sich nun der Reformprozeß in der Tschechoslowakei und ging über die eigentlichen Vorstellungen Dubčeks zum Teil weit hinaus.

Beschränkungen entfielen über Nacht, wie beispielsweise die Zensur im Mai. Das im April beschlossene Aktionsprogramm der KP sah eine Demokratisierung von Staat und Wirtschaft vor. Die KP sollte ihre führende Rolle zwar behalten, jedoch innerhalb der Nationalen Front Gewerkschaften und Blockparteien eine eigenständige Rolle zugestehen. Künftig sollten Menschen- und Bürgerrechte garantiert und das Staatssicherheitswesen grundlegend im Sinne einer Rechtsstaatlichkeit reformiert werden. Doch die Entwicklung verselbständigte sich: So gründete sich beispielsweise ein Verein der Nichtparteimitglieder.

Breschnew, Ulbricht und Gomułka warnten ab März vor einer zu weit gehenden Liberalisierung. Im Mai 1968 kam es zu ersten Truppenaufmärschen an den Grenzen. Vergeblich suchte Dubček die Bruderstaaten dahingehend zu beruhigen, daß die Reformen letztlich den Kommunismus in der ČSSR stärken würden und nicht exportiert werden sollten. Gleichzeitig warben reformfeindliche Kommunisten und die sowjetfreundlichen Polizei- und Staatssicherheitsdienste hinter den Kulissen um ein Eingreifen Moskaus.[201]

Ein drohendes „Budapest 1956" wollte Breschnew jedoch um jeden Preis verhindern und schlug daher bereits vor Einberufung des außerordentlichen tschechoslowakischen KP-Kongresses im September zu: Am 20./21. August marschierte die sowjetische Armee, unterstützt von Einheiten aus der DDR, Polen, Ungarn und Bulgarien, ein. Insgesamt 27 Divisionen mit einer halben Million Soldaten waren an der Invasion beteiligt.

Dubček und führende Reformpolitiker wurden arrestiert und Säuberungen vorgenommen; der Dogmatiker Alois Indra sollte eine neue „revolutionäre" Regierung bilden. Doch der erstaunlich gut funktionierende passive Widerstand und Generalstreik der Bevölkerung machte diesen Plan in der Öffentlichkeit völlig inakzeptabel. Auch hatte sich Präsident Svoboda geweigert, eine neue Regierung einzusetzen.

Bei den Ende August in Moskau anberaumten Verhandlungen wurden schließlich neben Präsident Husák und den Dogmatikern um Alois Indra auch noch Reformer um Dubček nachträglich beteiligt und dafür aus ihrem Arrest nach Moskau entlassen. Der Widerstand schien gesiegt zu haben.

Insbesondere Präsident Svoboda, der um absolute Loyalität gegenüber Moskau bemüht war, vollzog nun einen Kurswechsel und bewegte die Dubček-Gruppe zu Konzessionen. Der Parteikongreß wurde ausgesetzt. Dubček unterschrieb ein Dokument, das von seiten Moskaus harte Bedingungen stellte, jedoch die bestehende Führung im Amt beließ. Bei ihrer Rückkehr nach Prag wurden Dubček und seine Vertrauten enthusiastisch gefeiert.

Präsident Svoboda setzte nun auf die Mittelgruppe der „Realisten" um Gustav Husák, die eine schonende „Normalisierung" einleiteten und schrittweise die Reformer in den Hintergrund drängten, ohne daß es zu offenem Blutvergießen kam. Die „Realisten" kamen damit den Wünschen Moskaus nach, konnten jedoch ein direktes Eingreifen Moskaus vermeiden. Insbesondere unter dem Vorwand, die slowakische Seite gerechter repräsentieren zu wollen, erreichte der Slowake Husák eine zunehmende Dominanz der „Realisten" auf Kosten der „Reformer" in den Führungsgremien. Husák genoß als von 1951-60 inhaftiertes Stalin-Opfer in der Bevölkerung großes Vertrauen, erwies sich dann jedoch als Reformgegner.

Dubček wurde durch seine Kompromißtaktik immer mehr zur Galionsfigur für einen angeblich weiter gültigen Reformkurs, der in Wirklichkeit aber bereits entscheidend ausgehöhlt war. Im Oktober 1968 mußte Dubček entgegen früherer Hoffnungen auf einen völligen Truppenabzug einer „zeitweisen" sowjetischen Truppenstationierung von 60.000-70.000 Mann zustimmen.

Die „Realisten" setzten sich auch deshalb durch, da in zunehmendem Maße „Reformer" angesichts der jüngsten Entwicklungen umfielen und ihre früheren Thesen verwarfen; eine kleine Minderheit bei den Reformern blieb jedoch bis zum Schluß standhaft und ging schließlich ins Gefängnis bzw. ins Exil (schon Ende August 1968 hatte sich František Kriegel als einziger Reformer bei den Moskauer Verhandlungen standhaft geweigert, seine Unterschrift unter die Schlußvereinbarung zu setzen). Der Student Jan Palach setzte am 16. Januar 1969 durch seine Selbstverbrennung auf dem Prager Wenzelsplatz ein verzweifeltes Zeichen gegen die schleichende Niederschlagung des „Prager Frühlings"; einen Monat später erfolgte eine weitere Selbstverbrennung. In der Bevölkerung kam es zu Unruhen. Aus Moskau drohte man unverhohlen mit einer erneuten Intervention.

Schließlich wurde im April 1969 Alexander Dubček als KP-Chef abgelöst und damit dem „Prager Frühling" nach einem Jahr endgültig der Garaus gemacht.

Nun setzte von Mai 1969 bis Januar 1970 eine Massenverfolgung der Reformer ein. Aufgrund der hohen Zahl der Betroffenen und der subtilen Konsequenz ihrer Durchführung suchte sie auch im Ostblock ihresgleichen. Offenen Terror, wie ihn der dogmatische Flügel um Bilak und Indra gefordert hatte, wurde nun allerdings vermieden: Husák legte auf die Anwendung „zivilisierter Gewalt" Wert.[202] Die Verfolgung fand auch nicht öffentlich, sondern schleichend statt. Sie war aber dennoch überall spürbar, lag gleichsam in der Luft und war deshalb vielleicht noch bedrohlicher. Manche sprachen von einer kafkaesken Situation. Betroffene wurden vielfach in den Wochen vor ihrer Verurteilung bereits nervlich-psychologisch unter Druck gesetzt, so daß sie widerstandslos ihr Urteil hinnahmen. Pardon wurde nicht gewährt: Husák ließ selbst persönliche Freunde, die ihm einst während seiner eigenen Haftzeit geholfen hatten, ins Gefängnis werfen.

Neben dem Motiv der Rache stand für Husák das Angebot zu Reue und Kollaboration im Vordergrund. Hiervon machten in der ČSSR nach 1969 wesentlich mehr Betroffene Gebrauch als in vergleichbaren Situationen in anderen Ostblockstaaten.

Aus allen einflußreichen Positionen in Partei, Wirtschaft, Medien, Kunst etc. wurden die Reformer systematisch verdrängt. Insgesamt 70.217 Überprüfungskommissare untersuchten 1,5 Mio Parteimitglieder. Bei den von oben ernannten Überprüfungskommissionen suchte man bewußt ehemalige Reformer zu beteiligen, die öffentlich abschwören mußten und dann bevorzugt ehemalige Freunde und Kollegen zu beurteilen hatten. Die Urteile wurden in vielen Fällen von Prag diktiert und standen von vornherein fest.

Entlassen wurden beispielsweise 63 von 81 Botschaftern, 900 von 3.500 Professoren, 40.000 Angehörige des künstlerischen Personales in Theatern, 80 % der Vorsitzenden wissenschaftlicher Kommissionen, 80 % der leitenden Angestellten, 35-40 % der Führungskräfte in der Wirtschaft, fast alle Betriebsräte, 40 % der Journalisten, fast alle leitenden Redakteure, 10 % der Lehrer und 30 % der Offiziere. Knapp die Hälfte der Mitglieder des KP-Zentralkomitees und 21,6 % der KP-Mitglieder wurden ausgestoßen.[203] Unzählige Künstler, Journalisten und Schriftsteller erhielten Auftritts- bzw. Publikationsverbot; viele Zeitschriften und Veröffentlichungen wurden eingestellt. Die Presse wurde strikt kontrolliert und hierarchisch umstrukturiert (aus regionalen Publikationen wurden beispielsweise Ableger Prager Tageszeitungen). Der Konformitätsdruck war so stark, daß beispielsweise im Fernsehen penibel darauf geachtet wurde, daß kein Mann mit über die Ohren reichenden Haaren und keine Frau ohne Büstenhalter auftraten.[204]

Reformer erhielten vielfach entwürdigend sinnlose Tätigkeiten oder inadäquate Arbeitsstellen zugewiesen (so wurden aus Lehrern Schulhausmeister). Was Arbeit, soziale Versorgung und Erziehung ihrer Kinder anbetraf, wurden sie zu „Bürgern zweiter Klasse".

Gegen 3.490 besonders hartnäckige Fälle fanden politische Prozesse wegen Straftaten gegen die Republik statt, die mit Gefängnisstrafen bzw. Arbeitslager endeten.

Insgesamt wurden etwa 100.000-150.000 Menschen in der Tschechoslowakei von Verfolgungsmaßnahmen betroffen. Hinzu kamen 130.000 bis 140.000 Tschechen und Slowaken, die von August 1968 bis Dezember 1970 in die Emigration getrieben wurden.[205]

Dubček selbst verlor im Oktober 1969 seine letzten verbliebenen Ämter. Im Dezember wurde er als Botschafter in die Türkei abgeschoben, schließlich im Juni 1970 aus der KP ausgestoßen und an untergeordneter Stelle in der Forstverwaltung in Preßburg beschäftigt, ohne daß man die Symbolfigur des einstigen „Prager Frühlings" allerdings weiter behelligte.

Die „schweigende Mehrheit" der Bevölkerung wurde durch Anheben des Lebensstandards (verbesserte Versorgung mit PKWs, Haushaltsgeräten, Ferienhäusern etc.) und höhere Gehälter ruhiggestellt. Wie bereits in den fünfziger

Jahren erfolgte eine „Anti-Intelligenzler"-Kampagne. Die Folgen waren eine allgemeine politische Apathie und ein Rückzug ins Privatleben, das vom Staat auch kaum behindert wurde. Wirtschaft und Kulturleben litten offenkundig durch den Verlust kompetenter Führungskräfte.

Auch überzeugte „Altstalinisten" aus der Novotný-Zeit wurden von Husák aus einflußreichen Positionen ausgeschaltet – im Gegensatz zu den verfolgten Reformkommunisten erhielten sie jedoch wohldotierte Positionen in der Wirtschaft und im diplomatischen Dienst.

Das Husák-Regime ähnelte demjenigen Honeckers und wies keine intellektuellen, kulturellen oder religiösen Freiräume auf, wie sie nach 1956 in Polen unter Gomułka und in Ungarn unter Kádár – beide ebenfalls grundsätzliche Vertreter einer harten Linie – hatten entstehen können.

Viele im Lande verbliebene Anhänger des Reformkommunismus wählten nun den Weg der Anpassung bzw. Kollaboration. Erst allmählich bildete sich wieder eine Opposition zum Regime heraus, die nun vor allem von Nichtkommunisten (Václav Havel) bzw. von kultureller Seite (Pavel Kohout) getragen wurde, doch auch dissidente Reformkommunisten stießen schließlich hinzu. Im Jahre 1977 wurde die Bürgerrechtsbewegung „Charta 77" begründet, angeregt von den sowjetischen „Helsinki-Gruppen" und der polnischen „KOR". Sie engagierte sich ausdrücklich nicht politisch, sondern beschränkte sich auf die Anprangerung von Bürgerrechtsverletzungen und Fällen politischer Justiz.

Erste Arrestierungen von Charta-Unterstützern wurden bereits im Januar 1977 vorgenommen; im Prager Prozeß vom Oktober 1979 wurden dann Petr Uhl zu fünf, Václav Havel zu vier sowie vier weitere Angeklagte zu zwei bis vier Jahren Gefängnis wegen staatsfeindlicher Vergehen verurteilt. Weitere Prozesse folgten.

Im Unterschied zu den fünfziger Jahren wurde offene Gewalt gegen Dissidenten in den siebziger und achtziger Jahren vermieden. Ein gut ausgebautes und nicht akut bedrohtes kommunistisches System hatte sie auch nicht mehr nötig: Sie wurde „durch die allgemeine Evidenz und Kontrolle in allen Bereichen des sozialen Lebens ersetzt" (Zdenek Mlynar).[206]

Befragungen, Hausdurchsuchungen und Verhaftungen wurden in korrekter Form gemäß den Gesetzen vorgenommen, wenngleich diese, objektiv betrachtet, in vielen Fällen rein politische und keine kriminellen Tatbestände unter Strafe stellten und das Vorgehen in der Praxis dann doch entwürdigend war. Zahlreiche subtile Formen der Repression, die auch Familienangehörige und Freunde einschlossen, dienten der psychischen Einschüchterung der Betroffenen und ihrer Stigmatisierung und Isolation in der Öffentlichkeit: Berufliche Versetzungen aufs Land, Verweigerung von höherer Erziehung für die Kinder, Versuch von deren Beeinflussung gegen die Eltern in Schulen und Jugendgruppen, sich wiederholende Hausdurchsuchungen, ständige Beobachtung,

Unterbrechung von Telefonverbindungen, Beschlagnahme des Führerscheins, nächtliche Verschleppung und Aussetzung an fremdem Ort, Verprügelung durch „unbekannte" Täter, Provokationen wie unbestellte Lieferung eines Sarges. Nach sowjetischem Vorbild wurden diverse Dissidenten auch in psychiatrische Kliniken eingewiesen. Zwischen 1977 und 1984 wurden 300 Dissidenten in die Emigration gezwungen.[207]

In den achtziger Jahren waren darüber hinaus zwei weitere Bevölkerungsgruppen stärkerer Verfolgung ausgesetzt: nonkonformistische Jugendliche (wie z.B. Rockgruppen) und religiöse Dissidenten.

Lange Zeit hatte die offizielle Kirche als staatstreu gegolten: Zehn von dreizehn Bischofsstühlen waren in den achtziger Jahren vakant; der im Amt befindliche hohe Klerus galt – ähnlich wie im Falle der russisch-orthodoxen Kirche – als Sprachrohr der Regierung und vertrat deren Thesen, z.B. auf internationalen Konferenzen. Daneben hatte sich aber eine oppositionelle „Katakombenkirche" herausgebildet; zahlreiche Priester waren in den Untergrund gegangen. Stärker als je zuvor kam es nun aber auch beim offiziellen Klerus zu staatskritischen Äußerungen wie beispielsweise vom Prager Erzbischof František Tomášek. Die Feiern zum 1100. Todestag des Slawenmissionars Methodius im Jahre 1985 entwickelten sich zu einer staatskritischen Demonstration mit 150.000 Gläubigen.

Zur geistigen Situation in der ČSSR schrieb Michael Frank im Juli 1989:

„Die eigentliche Krise des Sozialismus in der Tschechoslowakei ist durch das Ausbrennen des Geistes- und Kulturlebens und die Verödung der politischen Phantasie beschrieben. Da jedwede Initiative, jedes über den Rahmen der moskau-hörigen Regeltreue hinausgehende Engagement als gefährlich, ja als aufrührerisch interpretiert werden mußte, glaubte man die Gesellschaft letztlich nur durch ihre Entpolitisierung sichern zu können. Das Ergebnis ist die endgültige Desavouierung seiner Ideologie in den Köpfen der meisten Tschechen und Slowaken." [208]

Insbesondere die junge Generation hoffte zum Ende der achtziger Jahre auf Veränderungen in der ČSSR nach dem Vorbild der sozialistischen Nachbarstaaten. Husák wurde im Dezember 1987 als KP-Chef von dem pragmatischeren Miloš Jakeš abgelöst, blieb aber Staatspräsident. Reformen wurden unter Jakeš (dem einstigen obersten Säuberungskommissar 1969-71) nur vorsichtig angegangen und beschränkten sich vor allem auf den ökonomischen Bereich. Nach offizieller Ansicht war nicht der Sozialismus, sondern allenfalls seine Wirtschaft in der Krise.

Doch der russische Bazillus verschonte auch die ČSSR nicht. Nahezu gleichzeitig wie im benachbarten dogmatischen Bollwerk DDR kam es im

November 1989 auch in der ČSSR zu Demonstrationen. Ohne großen Widerstand brach das System zusammen. Bei den ersten freien Präsidentschaftswahlen wurde schließlich der frühere Dissident Václav Havel zum Staatspräsidenten gewählt. Bald danach trennte sich die Tschechoslowakei in zwei selbständige Staaten.

Jugoslawien

Die kommunistische Machtergreifung in Jugoslawien nahm insofern eine Sonderstellung ein, als sie sich weitgehend allein, ohne Hilfe der Sowjets und der Roten Armee, vollzogen hatte. Zu einem wesentlichen Teil hatten sie die von Josip Broz Tito geführten kommunistischen Partisanen selbst erkämpft, im Kampf gegen die Kriegsgegner Deutschland, Italien und das mit diesen verbündete kroatische Ustascha-Regime, aber auch gegen die ebenfalls auf seiten der Alliierten stehenden bürgerlich-monarchistischen Tschetniks. Die jugoslawische „Volksbefreiungsarmee" war dabei vom Stadium des Partisanenkriegs zum konventionellen Krieg übergegangen. Im November 1943 hatte Tito eine provisorische kommunistische Regierung ausgerufen, ohne die Zustimmung Stalins einzuholen.

Ein wesentliches Rezept für den Erfolg Titos war gewesen, daß er in seiner Propaganda die kommunistische Ideologie hintanstellte und auf die antifaschistische „Volksbefreiungsbewegung" setzte; er gelobte sogar die „Unantastbarkeit des Privateigentums".[209] Außerdem versprach er den Aufbau eines wahrhaft multinationalen jugoslawischen Staates unter Gleichberechtigung aller Völker, weswegen auch zahlreiche Nichtserben zu den Partisanen fanden, man denke z.B. an den einstigen Partisanen-General und heutigen kroatischen Staatspräsidenten Franjo Tudjman. Doch nach der Machtergreifung erwies sich Tito als „150 % stalinistisch",[210] und wie in der Monarchie der Vorkriegszeit, so waren auch in der neubegründeten „Volksrepublik Jugoslawien" die Serben die dominierende Nationalität, die beispielsweise alle führenden Positionen in der Armee und im allmächtigen Geheimdienst kontrollierte.

Während des Zweiten Weltkrieges standen die Tito-Partisanen den serbischen Tschetniks und kroatischen Ustaschen in ihrer Brutalität in nichts nach. Man nützte zum Beispiel die Kriegssituation, um Anfang 1945 im Kosowo 40.000 der verhaßten Albaner zu ermorden.[211] Dies verdeutlicht die serbisch-chauvinistische Ausrichtung der Tito-Bewegung.

Bei der Besetzung Istriens und Triests wurden 12.000 Italiener umgebracht, viele von ihnen in unzugängliche Schluchten der Karstgebirge gestürzt und begraben.[212] Während der „40 Tage des Schreckens" im Mai/Juni 1945, als die Tito-Partisanen die Hafenstadt Triest besetzt hatten, wurden allein 380 Italiener getötet und tausende deportiert. Nach einem Zwischenspiel unter Kontrolle der UNO erreichte Tito schließlich 1954 den Anschluß Istriens; 250.000 Italiener mußten ihre Heimat verlassen; nur noch wenig mehr als 25.000 leben heute in Istrien und Dalmatien. Lediglich Triest verblieb bei Italien.[213]

Die deutsche Minderheit in Slowenien, dem kroatischen Slawonien und der serbischen Wojwodina wurde weitgehend vertrieben. Die Verantwortung hierfür lag allein bei Tito: Nicht einmal der Artikel XIII des Potsdamer Abkommens der Siegermächte, der die „Ausweisung Deutscher aus Polen, der Tschechoslowakei und Ungarn" regelte, hatte Jugoslawien erwähnt.[214]

Bereits am 21. November 1944 begannen die Kommunisten mit der Internierung der Volksdeutschen und der Liquidation ihres Besitzes. Ende 1945 hatten Vertreibungen von Volksdeutschen über die österreichische Grenze begonnen, was dort chaotische Zustände hervorrief und deshalb auf den Protest der US-amerikanischen Besatzungsmacht stieß.[215]

Partisanen verhafteten in den Dörfern willkürlich Volksdeutsche, die in irgendeinen Zusammenhang mit der deutschen Verwaltung, der Waffen-SS (hierzu waren die Jugoslawiendeutschen als Nicht-Reichsdeutsche grundsätzlich eingezogen worden) oder mit nationalsozialistischen Organisationen gebracht werden konnten, und führten vielerorts Massenerschießungen durch. In zahlreichen Fällen kam es zu Verstümmelungen der Opfer, so durch Abschneiden von Zunge, Ohren und Geschlechtsteilen, bisweilen noch bei deren Lebzeiten. Ähnliche Vorkommnisse hatte es in großer Zahl bereits während des Zweiten Weltkrieges gegeben. Plünderungen, Mißhandlungen sowie Vergewaltigungen von Frauen waren vielerorts an der Tagesordnung.[216]

Im Dezember 1944/Januar 1945 wurden ca. 40.000 Volksdeutsche zur Zwangsarbeit in die Sowjetunion verschleppt (zu 80 % Frauen, die in der Regel dabei von ihren Kindern getrennt wurden). Andere wurden von den Partisanen vertrieben oder waren vor ihnen geflüchtet.

Alle noch in Jugoslawien verbliebenen Volksdeutschen waren bis zum Mai 1945 in Lagern interniert worden. Infolge eines rückwirkend geltenden Gesetzes der Nationalversammlung vom 31. Juli 1946 verloren die Volksdeutschen ihre jugoslawische Staatsbürgerschaft, alle bürgerlichen und staatsbürgerlichen Rechte und ihren Besitz.[217] Wiederum kam es zu Massenexekutionen: Opfer waren Kranke und Schwache, aber auch Angehörige der Oberschicht (Akademiker, Lehrer, Kaufleute).

Die Überlebenden kamen in Zentralarbeitslager, Ortslager bzw. Lager für Arbeitsunfähige; in letzteren war die Todesrate besonders hoch. So verstarben in Knicanin (Rudolfsgnad), einem Lager für Arbeitsunfähige, von insgesamt ca. 33.000 Insassen mindestens 9.503. Eine deutsche Krankenschwester schreibt über die Vorkommnisse im Lager Kathreinfeld im Banat:

„Die am häufigsten angewandte Foltermethode der Partisanen war hier immer das Verletzen der Nieren durch Stöße mit Gewehrkolben, das Brechen

der Rippen durch Sprünge auf den Bauch der zu Boden geworfenen Opfer und schließlich bei den Männern insbesondere das Abdrehen der Geschlechtsteile bei lebendigem Leibe. "[218)]

Mißhandlungen wie Prügeln und Auspeitschen wurden erst 1947 offiziell verboten. Konzentrationslager für Volksdeutsche bestanden noch bis zum 24. März 1948.

Von den etwa 500.000 in Jugoslawien lebenden Volksdeutschen starben infolge Massenliquidierungen, Massendeportationen und Massenausrottung durch Hunger und Zwangsarbeit in den Lagern mindestens 135.000, also ca. 25 %.[219)] Die deutsche Volksgruppe wurde damit systematisch ausgerottet.

Deutsche Kriegsgefangene wurden bei Kriegsende auf langen Fußmärschen ins Landesinnere gebracht, die die Partisanen „Sühnemärsche", die Betroffenen jedoch „Hungermärsche" oder „Todesmärsche" nannten. Dabei starben zahllose Gefangene an Hunger, Entkräftung oder Durchfall; häufig wurden diejenigen, die nicht mehr laufen konnten, erschossen.[220)]

Mindestens 80.000 Kriegsgefangene von insgesamt 200.000 bis 240.000 wurden nach ihrer Gefangennahme in Jugoslawien ermordet. Besonders grausame Massaker fanden in Belgrad (13.000), Marburg/Maribor (20.000) und Windisch Feistritz/Slovenska Bistrica (10.000) statt.[221)] Eine beliebte Exekutionsmethode war, die Opfer in mehreren Schichten in Brunnen- oder Bergwerksschächte zu werfen und mit Handgranaten in die Luft zu sprengen.[222)] Häufig wurden die Opfer davor noch grausam verstümmelt: Sie wurden kastriert, geblendet oder gepfählt.[223)] Auf der Insel Rab wurden 3.500 deutsche Kriegsgefangene in einem Stollensystem lebendig eingemauert. Ein in Kanada lebender ehemaliger Tito-Partisan sagte Mitte der achtziger Jahren folgendes aus:

„Diese Kriegsgefangenen wurden von den Partisanen auf alle mögliche Art gefoltert und gequält. Danach wurden sie in einen Bunker geführt, der noch aus der Zeit des Königreiches Jugoslawien stammte. Man band ihnen die Hände mit Draht auf den Rücken und mauerte den Eingang zu. Die Türen wurden zubetoniert. So starben alle diese Deutschen in dieser gewaltigen Grabkammer. Das Grab befindet sich in einem mit Fichten bewachsenen Hügel unweit des Hotels Imperial. Ich halte es nach so vielen Jahren für meine Pflicht, an dieses Verbrechen zu erinnern, das noch keinen Namen trägt." [224)]

Vielfältige Torturen waren die Regel. Im Lager Werschetz wurden 1.200 deutsche Offiziere, die als „Antikommunisten" denunziert worden waren, gefangengehalten. Unter zahllosen Foltern wurden Geständnisse erpreßt, wie der seinerzeitige Insasse Hauptmann d.R. Hans Antonitsch aus Villach in seinen unveröffentlichten Erinnerungen detailliert schildert:

„Man hatte verschiedene Methoden. Die Unglücklichen wurden an Händen und Füßen gefesselt und dann krumm geschlossen. Das heißt, die Hände und Füße wurden auf dem Rücken festgebunden. Im entstandenen Knoten wurde ein Strick befestigt, der an einem Deckenbalken festgebunden war. Das Opfer wurde dann mit diesem Strick hochgezogen und schwebte frei in der Luft. Das konnte man nur 10 Minuten aushalten, dann schienen die Schultern und Hüftgelenke zu zerreißen, so furchtbar wirkte das Körpergewicht auf diese Stelle.
Dazu aber schlugen die Verbrecher noch mit Knüppeln auf die Körper ein, bis der Gepeinigte ohnmächtig wurde. Dann wurde er zu einem Brunnen geschleift und dort mit eiskaltem Wasser wieder geweckt. Und die Tortur wurde fortgesetzt, denn man brauchte von jedem ein Bündel von Geständnissen, zur Auswahl offenbar.
Es gab deshalb Steigerungsstufen der Folter. Der Delinquent wurde an Händen und Füssen gefesselt an die Wand gestellt. Die Hände waren auf den Rücken gebunden. Er mußte sich auf die Zehenspitzen stellen und wurde mit einem Strick an den Händen rückwärts hochgezogen und in dieser Stellung belassen.
Ließ die Kraft der Zehen nach, wirkte sich die Schwere des Körpers in den Schultergelenken aus. Der Schmerz war furchtbar. Aber dann wurden dem nackten Opfer auch noch schwere Eimer an dem Geschlechtsteil angebunden. Das hielt auch bei Brüllen und Toben niemand aus.“

Über den Zustand überlebender Kameraden schreibt Antonitsch:

„Die meisten hatten blutende, eiternde Hand- und Fußgelenke, Beulen und Flecken an allen Stellen des ausgemergelten Körpers schillerten in Regenbogenfarben. Wir sahen wie vorsintflutliche Salamander aus. Blutunterlaufene Augen, geschwollene Lippen, alle Körperteile waren mit eitrigen Wunden bedeckt, wir sahen wie Aussätzige aus. Dem Major Steyrer aus Klagenfurt hatte man den Hüftknochen des rechten Beines bei der Folter kunstvoll zerschlagen. Dem Oberleutnant Zmöling aus Spittal/Drau hatte ein Unmensch in den Hodensack gebissen. Einem Kamerad hatte man den Hodensack zerquetscht. Der Rücken des Hptm. Lang aus Innsbruck war eine einzige offene eiternde Wunde, die vom Hals bis zum Hosenbund reichte; er litt furchtbar. Und diese hinfälligen Gestalten wurden bei der Zwangsarbeit neuen Torturen ausgesetzt.“ [226]

Die Geschichte wiederholte sich ein halbes Jahrhundert später: Nahezu identische Torturen wurden 1992 aus serbischen Kriegsgefangenenlagern wie z.B. Omarska berichtet.

Ende der vierziger Jahre wurden zahlreiche deutsche Kriegsgefangene als Kriegsverbrecher verurteilt. Sinn und Zweck dieser Schauprozesse war es, einerseits die deutsche Alleinkriegsschuld als Grundlage für die Forderung von Reparationen festzustellen, andererseits den Deutschen die Verantwortung an den ethnischen Spannungen in Jugoslawien zuzuschieben.[227]

Daneben kam es auch zu Pogromen und Vertreibungen unter der ungarischen Bevölkerung in der Wojwodina, wenngleich sie nicht wie die deutsche Minderheit vollständig vertrieben wurde. So wurde z.B. nach Kriegsende die gesamte ungarische Bevölkerung in der Stadt Zabalj erschossen.[228]

An allen Jugoslawen, die auf seiten der Achsenmächte gekämpft hatten, nahmen die Partisanen blutige Rache. Nichtkommunistische Slowenen waren blutiger Rache ausgesetzt: Die „Domobrancen" (Heimwehrmänner), die in Kooperation mit der deutschen Besatzungsmacht die Bevölkerung gegen die Tito-Partisanen geschützt hatte, wurden im Mai/Juni 1945 aus zahlreichen neuerrichteten Konzentrationsagern in Slowenien in den Gottscheer Hornwald (Kočevski Rog)gebracht. Schon auf dem Transport wurden einige Gefangene erschlagen. Im Hornwald wurden sie einige hundert Meter bergan zum Erschießungsort, einer tiefen Höhle im Karstboden, getrieben. Wer nicht schnell genug ging, dem hackte man ein Bein ab. Nach getaner Arbeit führte man Sprengungen durch und erreichte damit, daß heute eine mit Bäumen bedeckte Erdschicht das Massengrab verdeckt. Bei dem Massaker hatte man unbeabsichtigterweise auch das Grundwasser teilweise verseucht, so daß in Laibach das Vieh nicht mehr trinken wollte. Die Tito-Partisanen streuten daraufhin das Gerücht aus, daß die Domobrancen das Wasser vergiftet hätten. Deutsche Kriegsgefangene mußten die betreffenden Leichen umbetten – und endeten als Mitwisser wahrscheinlich ebenfalls im Hornwald.[229]

Insgesamt werden im Hornwald bis zu 30.000 Tito-Opfer vermutet.[230] Gemäß Karapandzich wurden hier 12.000 „Domobrancen", 3.000 serbische Freiwillige auf deutscher Seite, mindestens 7.000-8.000 montenegrinische und herzegowinische Tschetniks, 1.000 kroatische Heimatgardisten und 1.000 weißgardistische russische Offiziere liquidiert.[231] Weitere Massaker unter Slowenen fanden bei Marburg/Maribor (40.000) und St. Veit/Sent Vid (25.000) statt.

An den Kroaten nahmen die Tito-Partisanen nach 1945 kollektive Rache. Man legitimierte dieses Vorgehen, indem man das kroatische Volk pauschal des Genozids an den Serben beschuldigte: Allein im vom Ustascha-Regime errichteten Konzentrationslager Jasenovac-Gradina seien 700.000 (nach anderen Behauptungen sogar 1,1 Mio.) Menschen, und zwar vorwiegend Serben, umgebracht worden. Diese Anschuldigung, wie auch der Mythos von den insgesamt 1,7 Mio. jugoslawischen Kriegsopfern, wurde über den Tod von Tito hinaus stereotyp wiederholt. Neuere Forschungen kommen allerdings auf eine Gesamtzahl von 1 Mio. Kriegsopfern. Davon wurden in Jasenovac-Gradina wahrscheinlich ca. 50.000 Serben, zusammen mit 35.000 Kroaten, Bosniern, Juden und Zigeunern, ermordet.[232]

Die „Tragödie von Bleiburg" leitete die Vergeltung ein: In diesem kleinen Ort in Kärnten hatten britische Truppen nach Kriegsende ca. 200.000 kroatische Soldaten und Ustascha-Milizionäre nebst 70.000-80.000 Zivilisten an Titos „Volksbefreiungsarmee" übergeben, obwohl sie ihnen versprochen hatten, daß sie – mit Ausnahme der politischen Verbrecher – in alliierte Kriegsgefangenschaft genommen würden. Zahlreiche Kroaten wurden sofort in Bleiburg bzw. später in Marburg (Maribor) und anderen Orten liquidiert. Tausende wurden in Bergwerken bei St. Peter und Lako zugeschüttet oder mit Handgranaten liquidiert. Andere verschwanden in Lagern in Slowenien oder verstarben auf Hungermärschen quer durch Jugoslawien. Die Gesamtzahl der von den Partisanen ermordeten kroatischen und bosnischen Kriegsgefangenen beträgt nach neuesten Forschungen ca. 45.000-55.000.[233]

Gegen die insbesondere in Kroatien verwurzelte katholische Kirche, der man eine enge Verbindung zum Ustascha-Regime vorwarf, führte Tito einen erbitterten Kirchenkampf nach Moskauer Vorbild. Im Jahre 1946 wurde gegen den Erzbischof von Zagreb, Alojzije Stepinac, ein Schauprozeß durchgeführt: Stepinac wurde zu 16 Jahren Gefängnis verurteilt und dort dann 1952 zum Kardinal ernannt. Er starb 1960 in der Verbannung und wird in Kroatien wie ein Heiliger verehrt. Zahlreiche katholische Priester wurden umgebracht oder inhaftiert.

Auch gegen den in Bosnien-Herzegowina, Mazedonien und Teilen Serbiens (Kosowo, Sandschak von Novi-Pazar) verwurzelten Islam gab es repressive Maßnahmen, allerdings in geringerem Ausmaß. Man suchte damals die muslimische Führungsschicht zu eliminieren. Zahlreiche Geistliche verschwanden.

Die serbisch-orthodoxe Kirche erfuhr hingegen eine gewisse Schonung, da sie sozusagen als serbische Nationalkirche galt. Umgebracht wurden jedoch der montenegrinische Metropolit Dr. Joanikije Lipovac und 70 Popen nebst 6.000-10.000 montenegrinischen Tschetniks.[234]

Auch 3.000 Serben, die auf deutscher Seite gekämpft hatten, wurden im Gottscheer Hornwald liquidiert.[235] Bald danach nahm man sich auch die nichtkommunistischen serbischen Widerstandsbewegungen vor. Das größte Massaker ereignete sich bei Pohorje, wo in den Fichtenwäldern etwa 8.000 serbische Tschetniks liquidiert wurden.[236] Im Jahre 1946 wurde der populäre Tschetnik-Führer Draza Mihailović festgenommen und nach einem Schauprozeß hingerichtet.[237] Fälschlicherweise behauptete der Urteilsspruch, daß er mit den Deutschen kollaboriert habe. In Wahrheit hatten sowohl die Tschetniks wie die Tito-Partisanen aus taktischen Gründen gelegentlich mit den Deutschen und Italienern begrenzte Waffenstillstände geschlossen. Es folgte eine blutige Racheaktion gegen bürgerliche und monarchistische Konkurrenten.

Der serbische Exilpolitiker Karapandzich schätzte 1976 in einer Untersuchung die Gesamtzahl der Todesopfer von Titos Rache nach dem Zweiten Weltkrieg auf mindestens 250.000.[238]

Anfang 1945 wurden die bürgerlichen Parteien mit der KP in einer Volksfront vereint und damit von Beginn an überwacht und behindert. Die unter massivem kommunistischen Druck veranstalteten Wahlen im November 1945 wurden von der KP haushoch gewonnen; vier unabhängige Parteien hatten die Wahl deshalb boykottiert und durften danach nicht mehr aktiv werden. Mit Regimegegnern machte nun die berüchtigte Geheimpolizei UDBA kurzen Prozeß. Am 29. November 1945 wurde die Monarchie von der verfassunggebenden Versammlung abgeschafft und die „Föderative Volksrepublik Jugoslawien" ausgerufen. Zwei Monate später wurde eine neue Verfassung beschlossen, die der sowjetischen von 1936 nachgebildet war.

Es folgten die schnelle Enteignung des Privatbesitzes (schon vor Kriegsende hatte man mit der Enteignung der „Kollaborateure" und Jugoslawiendeutschen begonnen), der forcierte Aufbau einer Grundstoff- und Schwerindustrie unter Verzicht auf eine Konsumgüterproduktion und eine Agrarreform, die den privaten Landbesitz auf maximal 25-35 ha beschränkte.[239]

Stalin belohnte 1947 seinen Musterschüler Tito mit der Vergabe des Sitzes der neuen kommunistischen Internationale „Kominform" nach Belgrad.

Der Bruch 1948 mit Moskau kam dann so überraschend, daß er auch die Westmächte völlig unerwartet traf. Er war von Stalin provoziert, der das rasche Entwicklungstempo der jugoslawischen Industrialisierung und die damit verbundene eigenständige Wirtschaftskraft mißbilligte; außerdem mißtraute er der jugoslawischen Südosteuropa-Politik: Tito liebäugelte mit einer Föderation mit Bulgarien und möglicherweise weiteren Staaten; er unterstützte dezidiert die griechischen Kommunisten im dortigen Bürgerkrieg.

Als Stalin seine Kritik mit harschen Worten artikulierte und ab Februar 1948 auch mit Strafmaßnahmen unterstützte (Abbruch der Handelsbeziehungen, Rückruf der zivilen und militärischen Berater, Ausschluß Jugoslawiens aus der Kominform und Verlegung ihrer Zentrale, schließlich Anfang 1949 Ausschluß aus dem RGW), unterschätzte er den jugoslawischen Stolz und Selbstbehauptungswillen. Hatte sich Tito anfänglich noch konziliant gezeigt, nahm er nun den Fehdehandschuh auf. Er sicherte sich damit auch Popularität im eigenen Land.

Ursprünglich hatte Stalin geplant, die jugoslawische KP mit Hilfe der moskautreuen Parteimitglieder zu säubern. Doch Tito hatte rechtzeitig vorgebeugt und 15.000 Kommunisten verhaften und auf der berüchtigten wasser- und vegetationslosen Adriainsel Goli Otok („Nackte Insel") internieren lassen. Bis 1946 war sie unbewohnt gewesen; dann war sie zu einer Gefängnisinsel mit unmenschlichen Lebensbedingungen ausgebaut worden. Die Gefangenen mußten dort mit bloßen Händen in einem Steinbruch arbeiten. Diejenigen

„Stalinisten", die das Umerziehungsprogramm überlebten, kehrten als physische oder psychische Krüppel heim. Etwa 6.000-7.000 Gefangene betrug die durchschnittliche Belegungszahl. Bis 1957 wurden auf Goli Otok auch weibliche politische Gefangene gehalten, die häufig von Wärtern sexuell mißbraucht wurden.

Gemäß einem von Mosa Pijade am 9. September 1953 für das jugoslawische Bundesparlament erstellten amtlichen Bericht wurden von 1948-1952 eine Gesamtzahl von 171.731 Menschen wegen krimineller oder politischer Vergehen (was häufig identisch war) verhaftet, ein Teil davon auch „ohne besondere Gründe".[240]

Folgende Foltermethoden im Zentralgefängnis von Belgrad (dem jugoslawischen „Sing-Sing"), die auch in den achtziger Jahren noch gebräuchlich gewesen seien, zählt Karapandzich auf: Schläge auf die Fußsohlen und in den Unterleib, Treiben von Nadeln unter die Fingernägel, Anbrennen der Fingerspitzen, Anbringen von Gewichten an Händen und Füßen, Anstrahlen der Augen mit extrem hellen Lampen, Zusammenpressen des Kopfes, Nahrungs- und Wasserentzug.[241]

Stalin rächte sich mit einer 1949 in den kommunistischen Parteien des Ostblocks eingeleiteten Jagd auf „Titoisten" (vielleicht bot ihm Tito aber damit auch nur einen willkommenen Vorwand für seine schon länger geplanten Säuberungsmaßnahmen). Er schickte subversive Kommandos nach Jugoslawien und plante, wie neu aufgefundene Dokumente belegen, 1953 sogar die Ermordung Titos durch einen Killer; dieses Vorhaben wurde nach Stalins Tod dann abgebrochen.

Tito berief sich auf das Recht jeden Landes, einen eigenen Weg zum Sozialismus zu finden (eine These, die auch Stalin von 1944-1946 vertreten, dann aber abrupt zurückgenommen hatte). Nach dem Tod Stalins versöhnte sich Chruschtschow 1955 mit Tito und erkannte den eigenständigen jugoslawischen Weg zum Sozialismus ausdrücklich an, allerdings nur als Sonderfall, nicht als Modell. Schließlich trat Jugoslawien in den sechziger Jahren wieder dem RGW als assoziiertes Mitglied bei.

Die 1949 (also nach dem Bruch mit Moskau) eingeleitete Vollkollektivierung der Landwirtschaft stieß auf großen Widerstand bei der Bevölkerung und brachte katastrophale ökonomische Ergebnisse, weswegen Tito sie 1953 abbrach und manche Maßnahmen sogar wieder rückgängig machte. Der später mit Stolz proklamierte „Dritte Weg" Titos wurde eher aus dem Zwang der Ereignisse heraus konzipiert: Man mußte den eigenen Weg auch ideologisch untermauern und sich aufgrund notwendiger westlicher Hilfe auch in gewisser Weise ideologisch öffnen. Tito rührte nicht mehr an dem selbständigen Bauerntum, und in den Fabriken und Betrieben wurde das System der „Arbeiterselbstverwaltung" bei begrenzter Marktorientierung eingeführt. Größeren

Wert legte man nun auf die Konsumgüterindustrie und die Hebung des Lebensstandards.

Die Eingriffsmöglichkeiten des Staates wurden bei späteren Reformen weiter zurückgedrängt. Letztendlich blieb das jugoslawische Wirtschaftsexperiment alles in allem aber ein eher unbefriedigender Kompromiß zwischen Markt- und Planwirtschaft, behindert durch eine immense Bürokratie, und das Land stand in den achtziger Jahren vor einer schweren Wirtschaftskrise, verbunden mit hoher Inflation und Auslandsverschuldung.

Wenngleich die Bürger Jugoslawiens mehr Freiheit und Freizügigkeit als in allen anderen kommunistischen Staaten genossen (so z.B. das kaum eingeschränkte Recht auf Reisen sowie Arbeitsaufnahme im Ausland), so blieb die Volksrepublik Jugoslawien dennoch ein Staat, der repressiv gegen alle Regimegegner vorging. Die Reformbereitschaft hatte klare Grenzen: Als die rechte Hand Titos, der Montenegriner Milovan Djilas, 1953/54 die abgehobene Stellung der KP kritisierte und die Abschaffung der „Diktatur des Proletariats" forderte, wurde er aus dem Zentralkomitee ausgeschlossen und 1955 ins Gefängnis geworfen. Djilas bezeichnete Tito als „Monarch(en), der noch absoluter regierte als König Alexander" [242]. Im Jahre 1966 wurde Djilas amnestiert und ging in den Westen.

Insbesondere ging man gegen nationale Minderheiten repressiv vor. Der kommunistische Titoismus speiste sich aus einer Koalition mit dem traditionellen serbischen Chauvinismus, wiewohl Tito selbst (Sohn eines kroatischen Vaters und einer slowenischen Mutter) sich um die Eindämmung radikaler Auswüchse bemühte. Bei der Staatsgründung hatte er den traditionellen serbisch-kroatischen Gegensatz mit Schaffung der drei zusätzlichen Teilrepubliken Bosnien-Herzegowina, Mazedonien und Montenegro neben Serbien, Kroatien und Slowenien zu entschärfen gesucht. Tito war auch bestrebt, das wirtschaftliche Gefälle zwischen den Teilrepubliken zu nivellieren.

Fast alle einflußreichen Positionen in Staat und Partei wurden jedoch von Serben wahrgenommen. Vor allem die Kroaten erlitten massive Verfolgungen nach dem Zweiten Weltkrieg. Die Legitimation hierfür bildeten stets die – ins Unermeßliche gesteigerten – Kriegsverbrechen des faschistischen Ustascha-Regimes.

In den sechziger Jahren unterdrückte dann der extrem nationalistische Innenminister Ranković die Albaner in der serbischen Region Kosowo, wurde allerdings 1966 von Tito abgesetzt. Die Albaner wehrten sich mit blutig niedergeschlagenen Aufständen gegen die Unterdrückungsmaßnahmen. Die Ungerechtigkeit war offenkundig: Die halbe Million Montenegriner, ethnisch den Serben nahe verwandt, genossen den privilegierten Status als „Volk", die dreimal so starke Volksgruppe der Albaner lediglich den einer „Nationalität", wodurch sie nicht über eine eigene Republik Kosowo verfügten und in Mazedonien nicht über volle Minderheitenrechte. Im Jahre 1974 wurde den Albanern im Kosowo dann zumindest eine Autonomie innerhalb Serbiens zugestanden.

Die Verfassung von 1970 wandelte Jugoslawien in eine Konföderation weitgehend souveräner Teilrepubliken und autonomer Gebiete um; in fast allen zentralen Gremien wurde ein strikter „Republikenproporz" eingeführt. Doch in einem kommunistischen Staat lag die zentrale Macht nicht bei den Staatsorganen, sondern bei der KP, und die Belgrader Parteileitung blieb serbisch bestimmt. Die Reformen heizten die Desintegrationstendenzen der Nichtserben eher noch an, als daß sie sie zufriedenstellten.

Insbesondere in Kroatien entwickelte sich aus einer Volksbewegung, die nach Anerkennung der kroatischen Sprache und Kultur strebte, ein Massenprotest. Die Forderungen gingen bis zu einem politisch und wirtschaftlich weitgehend unabhängigen Staat mit eigener Polizei und Verwaltung, zum Teil wurde sogar die Wiederherstellung eines völlig unabhängigen Kroatien gefordert. Weniger lautstark vollzogen sich ähnliche Entwicklungen im benachbarten Slowenien.

Am 22. November 1971 unternahmen 30.000 Studenten in Zagreb einen Massenstreik und lieferten sich Straßenschlachten mit der Polizei. Tito griff daraufhin hart durch, verhaftete über 400 Studenten, entließ zahlreiche Professoren, verbot Publikationen und säuberte die kroatische Parteiführung von „Nationalisten". Er drohte mit dem Einmarsch der Bundesarmee und der Besetzung Kroatiens. Der „kroatische Frühling" war niedergeschlagen.[243]

Die neue Verfassung von 1974 setzte dem Föderalismus ausdrücklich einen „demokratischen Zentralismus" entgegen. Die Macht im Staat ging nicht von unten, sondern von oben, d.h. in erster Linie von den Belgrader Parteiführungsgremien, aus. Repressive Tendenzen verstärkten sich in der Folgezeit wieder. Entgegen den Illusionen vieler Linker, die im „jugoslawischen Modell" eine Art demokratischen Sozialismus mit menschlichem Antlitz wähnten, handelte es sich bei dem Tito-Staat um ein eindeutig repressives System.

Das jugoslawische Strafgesetz vom 28. September 1976 definierte verschiedene primär politische Straftatbestände wie „Konterrevolutionäre Gefährdung der Gesellschaftsordnung" (Art. 114), „Gefährdung der territorialen Integrität" (Art. 116), „Feindliche Propaganda" (Art. 133), „Aufruf zu nationalem, rassischem und religiösem Haß und Zwist sowie zu Intoleranz" (Art. 134), „Vereinigungen mit feindlicher Absicht" (Art. 136).[244] Obwohl beispielsweise das Selbstbestimmungsrecht und das Recht auf Austritt aus dem jugoslawischen Staatsverband in der Verfassung ausdrücklich garantiert waren, konnten mit den genannten Artikeln alle nationalen Bewegungen bekämpft werden, und gerade Kroaten und Albaner fanden sich bevorzugt unter den Verfolgten.

Auch die religiöse Verfolgung wurde nun wieder intensiviert, insbesondere in bezug auf die katholische Kirche in Kroatien und Bosnien-Herzegowina, die man als Stütze des kroatischen Nationalismus ansah. Es kam nicht nur zur persönlichen Verfolgung katholischer Geistlicher; auch Kirchen und kirchliche Einrichtungen wurden wegen Renovierungsbedürfnis, anderweitiger Verwendung oder unter sonstigen Vorwänden dauerhaft geschlossen. Bosnische und albanische Muslime waren nun ebenfalls stärkerem Druck ausgesetzt; Verbindungen mit der islamischen Welt wurden nach Möglichkeit verhindert. Im August 1983 wurden zwölf führende Muslime in Sarajewo wegen „konterrevolutionärer Tätigkeit" zu insgesamt 90 Jahren Zuchthaus verurteilt.[245]

Angesichts der Garantierung von Menschen- und Freiheitsrechten in der Verfassung und der Unterzeichnung des KSZE-Schlußdokumentes durch Jugoslawien nennt Jure Petričević den Umgang mit Andersdenkenden eine „krasse Verletzung der Helsinki-Akte".[246]

Jugoslawien kokettierte nach außen in den siebziger und achtziger Jahren mit dem Image eines „humanen Sozialismus", das besonders bei westlichen Sozialdemokraten enthusiastisch aufgenommen wurde, hielt jedoch in seinen Strafanstalten mehr politische Gefangene als mancher Ostblockstaat. Eine Dokumentation der „Internationalen Gesellschaft für Menschenrechte (IGFM)" von 1984 führt 16 Gefängnisse und zwei Gefängniskrankenhäuser mit zahlreichen politischen Gefangenen auf. Unter ihnen befanden sich so unterschiedliche Persönlichkeiten wie der heutige kroatische Staatspräsident Dr. Franjo Tudjman, der spätere kroatische Nationalistenführer Dobroslav Paraga, der heutige bosnisch-herzegowinische Staatspräsident Alija Izetbegović und der extremistische serbische Nationalist Dr. Šešelj. Die politischen Gefangenen seien zahlreichen Schikanen und Mißhandlungen von Wärtern wie Kriminellen ausgesetzt; im Gegensatz zu diesen erhielten sie keine Vergünstigungen wie Ausgang, Urlaub etc. Die ärztliche Behandlung sei katastrophal und werde politischen Gefangenen erst bei akuter Lebensgefahr gewährt. Überall herrsche Zwangsarbeit, die kaum entlohnt würde.[247]

Besonders berüchtigt für Schikanen, Provokationen, Einzelhaft und Schläge sei das kroatische Gefängnis Stara Gradiška: Während die Insassen überwiegend aus Kroaten und Albanern bestünden, rekrutiere sich das Personal zu 90 % aus Serben, die „voll nationalen Hasses gegen die kroatischen und albanischen Gefangenen" seien.[248]

Einen noch schlimmeren Ruf genoß die schon oben erwähnte wasser- und vegetationslose Adriainsel Goli Otok, unweit der kroatischen Ferieninsel Rab, die auch in den achtziger Jahren noch politische Gefangene aufnahm. Die Gefangenen mußten hier in Steinbrüchen ohne Schutzmasken und ausreichende Unfallverhütungsmaßnahmen bis zu zehn Stunden täglich arbeiten. Viele zogen sich dabei eine Staublunge zu. Das Motto der Gefängnisinsel lautete, nicht unähnlich dem deutschen Konzentrationslager Auschwitz, „Arbeit veredelt den Menschen".[249]

Ein wesentlicher Bestandteil der Repression war die Bespitzelung und Überwachung der Bevölkerung durch den eng mit der Armee verbundenen Staatssicherheitsdienst SDB, was man euphemistisch „gesellschaftlicher Selbstschutz gegen innere Feinde" [250] nannte. Zwischen 1968 und 1978 wurden in Europa und den USA zwei Dutzend antikommunistische Funktionäre von Agenten der Geheimpolizei ermordet. Kaum ein anderes kommunistisches Regime verfolgte auch im Ausland lebende Regimegegner so unnachsichtig wie das jugoslawische: Insbesondere exilkroatische Funktionäre wurden immer wieder von jugoslawischen Agenten heimtückisch ermordet. [251]

Nach dem Tod Titos heizte Slobodan Milošević, KP-Führer in Serbien, den serbischen Nationalismus gezielt an. Zunächst waren die Albaner in der autonomen serbischen Region Kosowo die Hauptopfer. Gegen die ungezügelte Zuwanderung von Serben und ihre wirtschaftliche und soziale Benachteiligung waren hier 1981 Unruhen ausgebrochen.

Der Staat reagierte mit offener Repression. Schulen wurden geschlossen, auch Jugendliche zu Gefängnisstrafen verurteilt, und in der Presse wurde eine antialbanische Kampagne lanciert. Die Autonomie wurde 1989 den albanischen Kosowo-Albanern wie der ungarischen Wojwodina aberkannt. Gleichzeitig wurde die Entwaffnung der Territorialmilizen der Teilrepubliken angeordnet. Es war somit Milošević, der die Zerschlagung von Jugoslawien und seiner Verfassung einleitete.

Milošević wollte durch dieses Vorgehen seine Popularität im Kampf um die Nachfolge Titos steigern und die KP im Zeichen des niedergehenden Kommunismus an der Macht halten, was ihm denn in Serbien auch bis heute gelang. Die Zeichen der Zeit erkennend, suchte er nun das Bündnis mit den wiedererstehenden monarchistischen Nationalisten (Neo-Tschetniks) und rehabilitierte den 1946 von den Kommunisten hingerichteten Tschetnik-Führer Mihajlović.

Ende der achtziger Jahren richtete sich der von Milošević und anderen beschworene großserbische Nationalismus auch gegen das kroatische und slowenische Bemühen um Herstellung einer echten jugoslawischen Konföderation bei voller Souveränität der Mitglieder. Milošević verweigerte diese Reform kategorisch, forderte im Gegenteil noch vermehrte Rechte für die Belgrader Zentrale.

Als sich Kroatien und Slowenien, bestätigt durch Plebiszite, auf das verfassungsmäßig garantierte Recht auf Selbstbestimmung und Austritt beriefen und im Juni 1991 den jugoslawischen Staatsverband verließen, beantwortete Belgrad diesen Schritt mit dem militärischen Einmarsch. Serbien weitete seine Aggression 1992 auch auf Bosnien-Herzegowina aus, wo es, ohne direkt einzumarschieren, die dortigen serbischen Milizen personell, materiell und logistisch unterstützte. Der dortige Konflikt konnte erst im Dezember 1995 durch ein international vermitteltes Friedensabkommen beigelegt werden. Einen beträchtlichen Teil ihrer Kriegsgewinne konnten die bosnisch-herzegowinischen Serben dabei behalten. Und der Altkommunist Milošević galt in Belgrad als Sieger, und konnte 1996 erneut die Wahlen gewinnen.

Anmerkungen

1 Loth ⁴1983, 64-69
2 Zit. nach Preissinger 1991, 139
3 Zit. nach Bautzen-Komitee 1992, 9
4 Ebda., 20
5 Aussage des mit Rehabilitationen beschäftigten russischen Oberstaatsanwaltes Oberst Waleri Wolin auf einem Seminar der Konrad-Adenauer-Stiftung. Nach: Der "rote" Terror in der SBZ war geplant. In: Junge Freiheit Nr. 27, Potsdam, 7. Juli 1995
6 Gatow 1990, 53-55
7 Klonovsky / von Flocken 1993, 22f.
8 Aussage des mit Rehabilitationen beschäftigten russischen Oberstaatsanwaltes Oberst Waleri Wolin auf einem Seminar der Konrad-Adenauer-Stiftung. Nach: Der „rote" Terror in der SBZ war geplant. In: Junge Freiheit Nr. 27, Potsdam, 7. Juli 1995
9 Preissinger 1991, 208
10 Klonovsky / von Flocken 1993, 29-36
11 Ebda., 39
12 In: Der Monat, März 1950, Nr. 18, 631. Zit. nach Preissinger 1991, 175f.
13 Klonovsky / von Flocken 1993, 18
14 Preissinger 1991, 111
15 Klonovsky / von Flocken 1993, 40
16 Zit. nach Bautzen-Komitee 1992, 10
17 Gatow 1990, 178-188
18 Gauck-Behörde: Zeitweise 260.000 Stasi-Spitzel. In: Süddeutsche Zeitung, 9. Februar 1994
19 Forster 1983, 171f.
20 Undatiert. Zit. nach „Stasi. Macht und Banalität. Indizien des Verbrechens". Bürgerkomitee Leipzig e.V. für die Auflösung der ehem. Staatssicherheit (MfS). Ständige Ausstellung in der „Runden Ecke", Dittrichring 24, Leipzig (1995)
21 Schlußbericht einer Kollegiumssitzung, 19. Februar 1982 (Tonbandprotokoll), zit. nach ebda.
22 Gatow 1990, 58-60
23 Preissinger 1991, 153
24 Hierzu Vogelsang ¹²1983, 54-58
25 Zit. nach Bundesministerium für Gesamtdeutsche Fragen 1959, 62
26 Gatow 1990, 85
27 Zit. nach Hacker 1983, 388 bzw. 389
28 Weber ²1990, 34f.
29 Hacker 1983, 421
30 Preissinger 1991, 252f.
31 Zit. nach Neues Deutschland, Berlin (Ost), 21. Dezember 1956
32 Zit. nach Neues Deutschland, Berlin (Ost), 23. März 1951
33 Janßen, Karl-Heinz, Die Revolution aus dem Stegreif. In: Die Zeit (Hamburg), 18. Juni 1993, 14
34 Eisert 1993, 22
35 Hierzu Bautzen-Komitee 1992
36 Zit. nach Klonovsky / von Flocken 1993, 191

37 Matz-Donath, Annerose: Wie es zuging in Hoheneck. In: Frankfurter Allgemeine Zeitung, Frankfurt a. M., 30. Dezember 1993
38 Hierzu Eisert 1993 (als eine auf neu erschlossenen Dokumenten beruhende Untersuchung)
39 Ebda., 309
40 Zit. nach Klonovsky / von Flocken 1993, 209
41 Ebda., 210
42 Bautzen-Komitee 1992, 11
43 Stern 1976, 221f.
44 Zit. nach Bundesministerium für Gesamtdeutsche Fragen 1959, 65
45 Der SPD-Abgeordnete Blachstein am 24. 4. 1952 im Deutschen Bundestag, nach Stern 1976, 208
46 Stern 1976, 209
47 Ebda., 184-190
48 Ebda., 223f.
49 Ebda., 245f.
50 Ebda., 269
51 Janßen (wie Anm. 33), 14
52 Ebda., 13
53 Beim Volksaufstand in der DDR kamen 125 Menschen um. In: Welt am Sonntag, 27. März 1994
54 Janßen (wie Anm. 33), 13
55 Zit. nach Gatow 1990, 119
56 Hacker 1983, 481-483
57 Ebda., 547
58 Vogelsang [12]1983, 210f.
59 Gatow 1990, 119
60 Janßen (wie Anm. 33), 13
61 Stern 1976, 250f.
62 Janßen (wie Anm. 33), 14
63 Gatow 1990, 126
64 Grundsätzliches zur Methode und zum Inhalt der Rechtsprechung. In: Neue Justiz (1951) 4, 155
65 Bundesministerium für Gesamtdeutsche Fragen 1959, 138
66 Stern 1976, 267
67 Stahl hat Hinweise auf DDR-Killerkommandos. In: Süddeutsche Zeitung (München) v. 17. Juni 1993
68 Beim Volksaufstand in der DDR kamen 125 Menschen um. In: Welt am Sonntag, 27. März 1994
68a Das Urteil. In: Süddeutsche Zeitung, Magazin, Nr. 11, 14. März 1997, 14-22
69 Hierzu Forster 1983, 143-164; Bundesministerium für innerdeutsche Beziehungen 1987, 32-35
70 Bundesministerium für innerdeutsche Beziehungen 1987, 13-17
71 Ebda., 146
72 Zit. nach Gatow 1990, 140
73 Bundesministerium für innerdeutsche Beziehungen 1987, 32-34
74 Forster 1983, 156
75 Bundesministerium für innerdeutsche Beziehungen 1987, 21
75a Mikrowellen sollten die DDR-Grenzen schützen. Süddeutsche Zeitung, 10. Dez. 1996
76 Wie Anm. 75, 34f.
77 Forster 1983, 156-159

78   Die Zahl der Opfer steigt weiter. In: Junge Freiheit (1996) 34, 16. August 1996
79   Gatow 1990, 171
80   Ebda., 173-175
81   Die Zahl der Opfer steigt weiter. In: Junge Freiheit (1996) 34, 16. August 1996
82   SPD erstattet Strafanzeige gegen Margot Honecker. In: Süddeutsche Zeitung, München, 15. Juni 1993
83   Gatow 1990, 211-213
84   Stasi lancierte Spitzel an die Kirchenspitze. In: Süddeutsche Zeitung (München) v. 11. Januar 1995
85   Altbischof angeblich „IM Ingo". In: Süddeutsche Zeitung, 26. August 1996
85a Nur wenige DDR-Pfarrer arbeiteten für die Stasi. In: Süddeutsche Zeitung, 10. Juni 1997
86   „Stasi. Macht und Banalität. Indizien des Verbrechens". Bürgerkomitee Leipzig e.V. für die Auflösung der ehem. Staatssicherheit (MfS). Ständige Ausstellung in der „Runden Ecke", Dittrichring 24, Leipzig (1995)
87   Gatow 1990, 249
87a Berliner Mauer-Tote mit S-Bahn-Surfen verglichen. Süddeutsche Zeitung, 31. 5./1. 6 1997
88   Meyer 1977, 125
89   Kersten 1991, 95
90   Ebda., 104f.
91   Ebda., 135
92   Kersten 1991, 99 bzw. 102
93   Zit. nach Kersten 1991, 108 (übersetzt vom Vf.)
94   Ebda., 100f.
95   Zit. nach Kersten 1991, 101 (übersetzt vom Vf.)
96   Ebda., 133f. bzw. 153f.
97   Meyer 1977, 140
98   Halecki 1963, 260
99   Zit. nach Kersten 1991, 137 (übersetzt vom Vf.)
100 Ebda., 239 (übersetzt vom Vf.)
101 Ebda., 239f.
102 Ebda., 241f.
103 Meyer 1977, 145
104 Halecki 1963, 261
105 Kersten 1991, 325
106 Ebda., 356
107 Ebda., 383f.
108 Ebda., 384f.
109 Zit. nach Kersten 1991, 410 (übersetzt vom Vf.)
110 Ebda., 386
111 Zit. nach Kersten 1991, 464 (übersetzt vom Vf.)
112 Siehe hierzu Checinski, Michael: Polish Secret Police. In: Adelman 1984, 17-78
113 Halecki 1963, 262f.
114 Checinski, in Adelman 1984, 23-25
115 Ebda., 24
116 Ebda., 34-40
117 Ebda., 17
118 Zit. nach Siegler o.J., 8f.
119 Hacker 1963, 551
120 Ebda., 554

121 Siegler o.J., 19
122 Hacker 1983, 679
123 Zit. nach Siegler o.J., 42
124 Ebda., 44
125 Zit. nach Halecki 1963, 273
126 Richthofen / Oheim 1982, 172-182 bzw. 266-270
127 Checinski, in Adelman 1984, 41-45
128 Ebda., 45f.
129 Ebda., 49
130 Ebda., 49ff
131 Ebda., 50-54
132 Ebda., 60f.
133 Molnár 1990, 10f.
134 Ebda., 19
135 Irving 1981, 24
136 Molnár 1990, 18
137 Ebda., 117f.
138 Hacker 1983, 255
139 Vali, Ferenc: Hungarian Secret Police. In: Adelman 1984, 175-177
140 Sie wurde zunächst in der Zeitschrift „Társadalmi Szemle" abgedruckt. Zit. nach Seton Watson, Hugh: Hungary 1945-1956, in: Lasky 1957, 19 (übersetzt vom Vf.)
141 Hacker 1983, 383
142 Wie Anm. 140
143 Irving 1981, 31
144 Hacker 1983, 384
145 Rakosi im Jahre 1952, zit. nach Seton-Watson, Hugh: Hungary 1945-1956, in: Lasky 1957, 18 (übersetzt vom Vf.)
146 Vali, Ferenc: Hungarian Secret Police. In: Adelman 1984, 180
147 Molnár 1990, 142
148 Vali, Ferenc: Hungarian Secret Police. In: Adelman 1984, 178f.
149 Ebda.
150 Oplatka 1990, 100
151 Irving 1981, 48
152 Ebda., 74f.
153 Ebda., 36-40
154 Molnár 1990, 130
155 Vali, Ferenc: Hungarian Secret Police. In: Adelman 1984, 185
156 Irving 1981, 81
157 Ebda., 48
158 Molnár 1990, 148f.; Irving 1981, 79f.
159 Molnar 1990, 146
160 Irving 1981, 44f.
161 Vali, Ferenc: Hungarian Secret Police. In: Adelman 1984, 180-183
162 Ebda., 186
163 Kersten 1957, 105
164 Ebda., 102. Zum Aufstand von 1956 aktuell: Gosztony, Peter: Der Volksaufstand in Ungarn 1956. In: Aus Politik und Zeitgeschichte B37-38/96, 6. September 1996, 3-14
165 Zit. nach Zathureczky 1957, 29
166 Ebda., 31
167 Ebda., 35

168 Chruschtschow erinnert sich, 1992, 386-400
169 Oplatka 1990, 106
170 Zit. nach Zathureczky 1957, 56
171 Irving 1981, 533
172 Ebda., 544
173 Oplatka 1990, 110
174 Irving 1981, 536
175 Ebda., 547f.
176 Seton-Watson, Hugh: Hungary 1945-1956. In: Lasky 1957, 24
177 Irving 1981, 543
178 Oplatka 1990, 109
179 Vali, Ferenc: Hungarian Secret Police. In: Adelman 1984, 188f.
180 Molnár 1990, 203
181 Ebda., 184
182 Oplatka 1990, 114f.
183 Ebda., 123f. u. 130f.
184 Ein gedemütigtes Volk holt sich seine Ehre zurück. In: Süddeutsche Zeitung (München) v. 13. Juni 1989
185 Oplatka 1990, 158
186 Rice, Condolezza: Czechoslovakian Secret Police. In: Adelman 1984, 158f.
187 Zit. nach Renner 1989, 9 (übersetzt vom Vf.)
188 Zdenek Mlynar in Kaplan 1983, 8
189 Zdenek Mlynar in ebda., 9
190 Mehlo, Eckart: Einführung. In: Siska 1991, 7f.
191 Zdenek Mlynar in Kaplan 1983, 11-13
192 Zdenek Mlynar in ebda., 7
193 Simecka 1984, 66f.
194 Zdenek Mlynar in Kaplan 1953, 17
195 Zdenek Mlynar in ebda., 13
196 Rice, Condoleezza: Czechoslovakian Secret Police. In: Adelman 1984, 162f.
197 Zit. nach Hacker 1983, 420
198 Rice, Condoleezza: Czechoslovakian Secret Police. In: Adelman 1984, 164
199 Zdenek Mlynar in Kaplan 1983, 28
200 Frank, Michael: Schwejk will kein Genosse mehr sein. (= Serie „Krise des Sozialismus, Folge 9: CSSR). In: Süddeutsche Zeitung (München) v. 6. Juli 1989
201 Rice, Condoleezza: Czechoslovakian Secret Police. In: Adelman 1984, 169
202 Simecka 1984, 92 (übersetzt vom Vf.)
203 Kaplan 1983, 36-43
204 Simecka 1984, 57-61
205 Renner 1989, 101
206 Zdenek Mlynar in Kaplan 1983, 3
207 Renner 1989, 141f.
208 Frank, Michael: Schwejk will kein Genosse mehr sein. (= Serie „Krise des Sozialismus, Folge 9: ČSSR). In: Süddeutsche Zeitung (München) v. 6. Juli 1989
209 Zit. nach Sundhaussen 1993, 88
210 Nyrop 1981, 36
211 Nawratil 1987a, 187
212 Nawratil 1987b, 12
213 Kassebeer, Friedrich: Begierige Blicke auf das Erbe des Nachbarn. In: Süddeutsche Zeitung (München) v. 10. Oktober 1991
214 de Zayas ²1981, 120f.

215 Nawratil 1987a, 23-26, 187
216 Ebda., 63f. Ein erschöpfendes Bild des Terrors gegen die Volksdeutschen zeichnet die Dokumentation: Leidensweg der Deutschen im Kommunistischen Jugoslawien. Verfaßt vom Arbeitskreis Dokumentation im Bundesverband der Landsmannschaft der Donauschwaben, Sindelfingen, und in der Donauschwäbischen Kulturstiftung – Stiftung des privaten Rechts –, München. Band I: Ortsberichte. Band II: Erlebnisberichte. Band III: Völkermord. Band IV: Totenbuch. München/Sindelfingen 1992-1994.
217 Österreichische Historiker-Arbeitsgemeinschaft 1992, 16
218 Ebda., 153
219 Nawratil 1987a, 65-67, 74. Die Dokumentation „Leidensweg" vgl. Anm. 216) nennt die Zahl von 56.736 erfaßten Zivilopfern. Militärpersonen eingeschlossen, liegt die erfaßte Gesamtopferzahl bei 85.399. Vgl. Leidensweg, Bd. IV, 1011.
220 Österreichische Historiker-Arbeitsgemeinschaft 1992, 288-294
221 Nawratil 1987b, 38
222 Gemäß v. Preradovic, zit. in Österreichische Historiker-Arbeitsgemeinschaft 1992, 20f.
223 Nawratil 1987b, 38
224 Zit. nach Österreichische Historiker-Arbeitsgemeinschaft 1992, 290f.
225 Ebda., 285f.
226 Ebda., 286
227 Nawratil 1987b, 39
228 Vidovič 1978, 281
229 Johann Georg Reißmüller: Die Schüsse und Schreie im tiefen Gottscheer Hornwald hat niemand gehört. In: Frankfurter Allgemeine Zeitung (Frankfurt a.M.) v. 2. August 1995
230 Ebda.
231 Karapandzich 1980, 21-61
232 Zerjavic 1993, 93f.
233 Ebda., 94. Auch hier wurde auf kroatischer Seite bisweilen übertrieben: Zahlen mit Hunderttausenden Toten dürften falsch sein.
234 Karapandzich 1980, 21 bzw. 61-64
235 Ebda., 21 u. 47
236 Ebda., 21
237 Ebda., 115-120
238 Ebda., 21
239 Sundhaussen 1993, 96-105
240 Karapandzich 1980, 123
241 Ebda., 123f.
242 Zit. nach Sundhaussen 1982, 167
243 Ebda., 194ff.
244 Petričević ²1984, 10-12
245 Ebda., 13-15
246 Ebda., 13
247 Ebda., 21f. u. 41
248 Ebda., 43
249 Ebda.
250 Ebda., 16
251 Karapandzich 1980, 156-160; Rullmann 1980

4. Kommunistischer Terror außerhalb Europas

Volksrepublik China

Nach der Niederlage Japans im August 1945 brachen bald Streitigkeiten zwischen den Kräften der Guomindang (GMD) und der Kommunistischen Partei Chinas aus. Trotz US-amerikanischer Vermittlungsversuche kam es schließlich von Juli 1946 bis September 1949 zum offenen Bürgerkrieg, der mit dem Sieg der schlechter ausgerüsteten, aber besser motivierten und geführten kommunistischen „Volksbefreiungsarmee" endete. Während des Krieges kam es zunächst zu zahlreichen Fällen „roten Terrors" gegen Bauern, Guomindang-Soldaten etc., der jedoch 1947/48 aufgrund einer neuen Strategie deutlich vermindert wurde.[1] Kriegsgefangene wurden nun überwiegend gut behandelt, Ausschreitungen gegen die Zivilbevölkerung vermieden. Dies trug zur Popularität der „Volksbefreiungsarmee" bei, während die disziplinlosen Guomindang-Kräfte in vielen Gegenden verhaßt waren.

Am 1. Oktober 1949 wurde die „Volksrepublik China" mit Mao Zedong (Mao Tsetung) als Parteivorsitzendem proklamiert. Die Guomindang-Kräfte unter Führung von Jiang Jieshi (Chiang Kai-shek) flüchteten sich auf die Insel Taiwan, wo sie die 7. US-Flotte vor Eroberungsversuchen der Volksrepublik schützte.

Beim Vorrücken der „Volksbefreiungsarmee" hatte Mao versöhnliche Worte über die Behandlung der „Reaktion und Angehörige reaktionärer Gruppen" geäußert:

„Ihnen wird, nachdem ihre Regierungsmacht beseitigt worden ist, Land und Arbeit gegeben. Es soll ihnen erlaubt sein, ihr Leben zu führen und sich durch Arbeit zu wandeln, um neue Menschen zu werden. Voraussetzung muß sein, daß sie nicht rebellieren, Sabotage treiben oder sonstige Unruhe stiften." [2]

Doch in einem seiner Gedichte traten die wahren Absichten Maos schon klarer hervor: „Nicht ziemt sich, leichtfertiger Ruhm, Gnade walten zu lassen (...)" [3]

Als Marxist/Leninist ging Mao vom „Klassenkampf" zwischen dem „Volk" und dem „Nichtvolk" (den konterrevolutionären Kräften) aus. Mit dem in geschichtlicher Notwendigkeit vollzogenen Sieg der Revolution wurde die „Diktatur des Proletariates" etabliert, dessen Avantgarde die KP ist. Alle Maßnahmen gegen Konterrevolutionäre sind daher historisch und moralisch gerechtfertigt. Wie schon Marx lehnte Mao individuelle Menschenrechte als ideologische Manifestationen egoistischer Klasseninteressen ab. Grundsätzlich ist das Wohl des Staates wichtiger als das Wohl des Individuums. In den Verfassungen der Volksrepublik China (erst 1954 wurde eine erste Verfassung erlassen) tauchten die Menschenrechte nur in vager Form auf und wurden dem Sozialismus untergeordnet. Stärker betont wurden Gruppenrechte (wie z.B. das Recht auf Arbeit); auch erwuchsen Rechte aus Pflichten, d.h. sie waren von der Erfüllung der letzteren abhängig. China unterzeichnete zwar 1971 bei seinem Beitritt zur UNO deren Charta mit dem darin aufgenommenen Menschenrechtskatalog, ratifizierte aber keine entsprechenden Konventionen oder Abkommen. Den traditionellen chinesischen Humanismus, der Herrschaft als „Mandat des Himmels" betrachtete, hatte man 1949 als „bürgerlich" verdammt.[4]

Das Strafgesetzbuch der bürgerlichen Republik wurde 1949 abgeschafft, ohne etwas Gleichartiges an dessen Stelle zu setzen: Mao war der Ansicht, daß dies die Arbeit der Gerichte zu sehr einschränken würde. Erst Ende der siebziger Jahre unternahm man eine detaillierte Kodifizierung des Rechtssystems, um eine gewisse „sozialistische Rechtsstaatlichkeit" zu begründen, vor allem mit Rücksicht auf ausländische Investoren, denen man ein gewisses Maß an Sicherheit geben wollte.[5]

Von 1949-1951 verlief die Verfolgung von „Konterrevolutionären" zunächst relativ willkürlich. „Volkstribunale" fällten vielerorts Todesurteile. Eine Anweisung besagte, daß keine Berufung möglich sei. Im Jahre 1951 wurde dann ein „Statut für die Verfolgung konterrevolutionärer Aktivitäten" verabschiedet, doch welche Vergehen genau darunter fielen, blieb unklar.[6]

Priorität hatte auch die Systematisierung der Kontrolle über die Bevölkerung. Alle Haushalte mußten sich registrieren lassen. „Straßenkomitees" und „Komitees für öffentliche Sicherheit und Schutz" wurden ab 1951 zur gegenseitigen Bespitzelung gegründet; sie kontrollierten das persönliche Verhalten, schränkten die individuelle Bewegungsfreiheit ein und waren direkt staatlichen Organen unterstellt.[7]

Im Unterschied zu Lenin und Stalin war Mao der Ansicht, daß der Staat nicht im Lauf der Zeit absterben würde, sondern daß sich immer wieder konterrevolutionäre Elemente zu seiner Bekämpfung erheben würde. Auch ging er von einem stets bevorstehenden „Großen Krieg" aus. Er vertrat daher das Konzept der „permanenten Revolution". Diese sollte durch gut organisierte und vorbereitete „Kampagnen" immer wieder neu angefacht werden. Hierfür wurden revolutionäre Kader als Stoßtruppen trainiert, die einen unvorhersehbaren Terror jenseits aller staatlichen Justizinstrumente ausübten. Solche Kampagnen waren ein typisches Element des Maoismus, das in dieser Form keine Parallele im orthodoxen Marxismus/Leninismus hatte. Als Feindbild wählte man grundsätzlich eine Minderheit aus, die wiederum nach Klassen differenziert wurde; gegen sie baute man eine breite Koalition auf.[8]

Mit diversen sorgsam geplanten Massenkampagnen wurde ab 1950 die sozial-ökonomische Transformation vorangetrieben.[9] Sie bestanden jeweils aus vier Stufen: Vorbereitung, Mobilisierung des Umfelds, Durchführung und Ergebniszusammenfassung. Bei jeder Kampagne wurde eine Quote der zu verhaftenden bzw. zu exekutierenden Personen festgelegt. Ziel war die Schaffung einer „neuen Gesellschaft" und eines „neuen Menschen". Die Provinzen standen noch bis 1954 unter Militärverwaltung, so daß die Veränderungen mit dem nötigen Nachdruck durchgesetzt werden konnten. Die Justiz war der Militärverwaltung unterstellt, so daß es keinerlei unabhängige Revisionsinstanz gegen die staatlichen Eingriffe gab. Die mit dem Vollzug der Kampagnen beauftragten Kräfte entwickelten die sog. „Schnittlauch-Mentalität"[10], d.h. mit echten oder vermeintlichen Gegnern wurde kurzer Prozeß gemacht.

Die zentrale Rolle bei der Ausübung staatlichen Terrors kam der neubegründeten, allmächtigen „Gonganbu" (Staatssicherheit) unter Führung des berüchtigten Luo Ruiqing zu. Sie operierte völlig autonom und unterlag keinerlei Kontrolle.[11]

Die von 1950-1952 betriebene „Bodenreformkampagne" zur Sozialisierung der chinesischen Landwirtschaft war der wahrscheinlich größte sozio-ökonomische Transformationsprozeß des 20. Jahrhunderts: Sie betraf ca. 80 % der chinesischen Bevölkerung.[12]

Die Bodenreform wurde nicht nur aus ideologischen Gründen, sondern auch zur notwendigen Ertragssteigerung angesichts von Kriegsschäden und Bevölkerungsexplosion betrieben. Ihre Durchführung oblag „Bodenreformkomitees" und ihnen zugeordneten „Volkstribunalen". Die Bauern wurden dabei in fünf Klassen eingeteilt: Grundbesitzer, reiche Bauern, Mittelbauern, arme Bauern und Landarbeiter. Die beiden ersteren Gruppen wurden von den Volkstribunalen als Ausbeuter vor „Volksgerichte" gestellt und als „Banditen", „Despoten", „Kriminelle" und „Tiere" gebrandmarkt.[13] Wie ein solches Verfahren sich vollzog, verdeutlicht folgende Schilderung:

„Der eigentliche Prozeß begann zumeist mit einer Anklageversammlung (kongsuhui), bei der der „Ortskaiser" von einer Milizeinheit vorgeführt und vor versammelter Dorfbauernschaft angeklagt zu werden pflegte, sei es nun wegen der Zusammenarbeit mit den japanischen Besatzern, wegen der Ausbeutung von Bauern oder wegen der Aufstellung von GMD-Milizen (Mintuan). Anschließend erging die Aufforderung an die Dorfbewohner, einzeln vorzutreten und ihm seine Verbrechen ins Gesicht zu schreien. Seit Jahrhunderten an Unterwürfigkeit gewöhnt, hatte es bisher kaum ein armer Bauer gewagt, dem ,Dorfkaiser' offen entgegenzutreten. Doch jetzt wurde alles anders. Als bei einer dieser Kampfversammlungen ein Bauer dem Grundbe-

sitzer ins Gesicht schlug, ging, wie der Augenzeuge William Hinton beob-
achten konnte, ein ‚Beben durch die zerlumpte Menge, als ob ein elektrischer
Funke die Muskeln hätte zucken lassen'. Noch nie hatten sie bisher erleben
können, daß ein Bauer einen Grundbesitzer schlug. Als der Mißhandelte
ohne ein Aufbegehren in sich zusammensank und um Vergebung flehte, wur-
de den Anwesenden schlagartig bewußt, daß sie sich seit Jahren von einem
Schwächling hatten ausbeuten lassen – und ihre Wut steigerte sich bis zur
Raserei. Dies war der Augenblick, auf den die Tribunalrichter zu warten
pflegten. Ihre Bitte an die ‚Massen' um einen ‚gerechten Spruch' konnte jetzt
eigentlich nur noch mit einem Todesurteil enden.“ [14)]

Mao selbst hatte die Ausübung von Terror bei der Durchführung der Bodenreform angeordnet; er sollte jedoch diszipliniert und nicht willkürlich angewandt werden. Liu Shaoqi sprach von einem „gewalttätigen revolutionären
Prozeß“.[15)] Bewußt wurden die sog. armen Bauern und Landarbeiter bei den
Terrormaßnahmen als Komplizen eingebunden.

Viele Grundbesitzer und reiche Bauern hatten sich allerdings ins Ausland
absetzen oder in den Städten untertauchen können, so daß oft minder begüter-
te Bauern als Sündenböcke herhalten mußten. Zudem werden die offiziellen
kommunistischen Zahlen (4 % Grundbesitzer hätten 70-80 % des Bodens
unter ihrer Kontrolle gehabt) im Westen teilweise in Frage gestellt. So geht
eine Untersuchung davon aus, daß es Mitte der dreißiger Jahre 54,2 % Vollei-
gentümer, 39,9 % Teileigentümer und nur 5,9 % landlose Pächter gab.[16)]

Ende 1952 war die Bodenreform abgeschlossen. Die Grundbesitzer waren
als Klasse liquidiert worden, ca. 2 Mio. auch physisch. Wer überlebte, blieb für
Jahrzehnte sozial deklassiert. Der Großgrundbesitz wurde unter den ärmeren
Bauern und Landarbeitern aufgeteilt.

Doch das erklärte Ziel war die Vollkollektivierung: In einer zweiten Stufe ab
1955 wurden die größeren Bauern gezwungen, Genossenschaften zu bilden,
danach auch die übrigen Bauern. Ein Austritt war nun nicht mehr möglich.
Wegen des traditionellen chinesischen Gemeinschaftssinnes gab es hiergegen
– anders etwa als in Osteuropa – nur wenig Widerstand. Die Genossenschaften
wurden ab Ende der fünfziger Jahren dann zu „Volkskommunen“ mit umfas-
sender Regelung des gemeinschaftlichen Lebens erweitert, schließlich auch
teilweise in Staatsgüter umgewandelt.

In den Städten begann eine systematische Säuberung erst später. Nach der
Machtergreifung hatte man zunächst Arbeitslose, Landstreicher, Kriminelle
und Prostituierte verhaftet und war mit diesen Maßnahmen bei der ansässigen
Bevölkerung anfänglich durchaus auch auf Sympathien gestoßen. Ab Frühjahr
1955 begann dann eine organisierte „Kampagne gegen Konterrevolutionäre“,
deren eigentliches Ziel die Zerstörung des Bürgertums war. Sie war vielleicht
von noch größerer Willkür als die Bodenreform geprägt, denn die gesetzlichen

Grundlagen für diesen Straftatbestand waren wie in vielen kommunistischen Staaten vage gehalten (z.B. „Kontakte zu Imperialisten", „Vaterlandsverrat", „Spionage", „Fluchtversuche und Weitergabe von Geheimnissen"), und nahezu jeder konnte unter diesem Vorwurf angeklagt werden. Die Straftatbestände galten im übrigen auch rückwirkend.[17]

Insgesamt 15 Mio. Verfahren wurden eingeleitet. In Massenprozessen wurden summarisch Exekution oder langjährige Haftstrafen ausgesprochen. In Beijing (Peking) kam es z.B. auf dem Höhepunkt der Kampagne zu an die 200 Hinrichtungen pro Tag, die auf einem Feld nahe der Himmelsbrücke vollstreckt wurden.

Auch die „Kampagne gegen Konterrevolutionäre" sei durch die Schilderung eines Prozeßverlaufes illustriert:

„Bei einer ‚Kampfversammlung' im Fußballstadion von Shenyang am 25.4.1951 beispielsweise wurden zwischen 10 Uhr vormittags und 3 Uhr nachmittags neunzehn ‚Konterrevolutionäre' zum Tode verurteilt; jedes Verfahren dauerte also rund eine Viertelstunde. Die von wochenlangen Verhören und Torturen gezeichneten und seelisch gebrochenen Delinquenten wurden von Milizionären und Volkspolizisten gefesselt ins Stadionrund gebracht, dort von einem gut präparierten Ankläger der grauenhaftesten und meist auch unwahrscheinlichsten Verbrechen geziehen und dann von den 70.000 ‚Richtern' mit dem Schrei ‚Schlagt das Biest tot!' verurteilt. Am nächsten Tag fanden die Exekutionen statt, denen diesmal allein in Shenyang 400 Menschen zum Opfer fielen." [18]

Wer überlebte, wurde einer sorgsam geplanten „Hirnwäsche" in Umerziehungslagern ausgesetzt.

Den gleichzeitig stattfindenden Koreakrieg (1950-1953) nützte man zu einer „Kampagne zum Widerstand gegen Amerika und zur Hilfe für Korea". Dabei wurden alle westlichen Institutionen und deren Träger ausgeschaltet. Ihre Einrichtungen wurden verstaatlicht bzw. den Massenorganisationen übergeben.

Es kam zu einer regelrechten Ausländerhatz. Nach offiziellen Angaben wurden zwischen Januar und Oktober 1950 eine Gesamtzahl von 13.182 ausländischen „Spionen" verhafte. Sie wanderten in Gefängnisse bzw. wurden, wenn sie Glück hatten, ausgewiesen.[19]

Rigoros ging man auch gegen die als Erbe des westlichen Imperialismus empfundenen christlichen Kirchen vor. Allein 20.000 protestantische Pfarrer und Kirchenmitarbeiter wurden 1951/52 verhaftet, in Umerziehungslager gesteckt oder ausgewiesen. Noch härter war das Vorgehen gegen die katholische Kirche: Die gesamte Führungsspitze wurde eingekerkert oder liquidiert. Auch nichtchinesische Staatsangehörige waren davon betroffen.

Grundsätzlich besteht in der Volksrepublik China Religionsfreiheit. Sie beschränkt sich im Prinzip aber auf die Abhaltung von Gottesdiensten und religiösen Zeremonien, und auch dies war zu manchen Zeiten – wie z.B. während der „Kulturrevolution" – nicht möglich. Für alle Religionsgemeinschaften wurden nationale Organisationen gebildet, die vom staatlichen „Büro für religiöse Angelegenheiten" kontrolliert und finanziert werden; man versucht, Parallelen zwischen den religiösen Inhalten und kommunistischen Zielen herzustellen. Geistlicher Nachwuchs kann nur in sehr beschränkter Zahl ausgebildet werden. Die katholische Kirche mußte sich gar von Rom lösen: Die „Chinesische Patriotische Katholische Kirche" erkennt nicht die päpstliche Unfehlbarkeit und die Ergebnisse des zweiten Vatikanischen Konzils an, dafür die vom Staat propagierte Bevölkerungsplanung und Abtreibung. Sie darf keine Mission betreiben; viele Kirchen und kirchliche Einrichtungen wurden ihr entzogen. Als Reaktion auf die staatliche Überwachung und Indienststellung flüchten sich zahlreiche Gläubige unterschiedlicher Religionen in private Hausandachten.[20]

Als Bilanz der ersten Kampagnen auf dem Land und in den Städten nimmt man eine Mindestzahl von etwa 4 Mio. Todesopfern und 10 Mio. Häftlingen in den Umerziehungslagern an. Letztere Zahl entsprach 1,75 % der damaligen Gesamtbevölkerung der Volksrepublik China.[21]

Die im Dezember 1951 eingeleitete „Anti-Drei-Kampagne" richtete sich gegen die drei Übel Korruption, Verschwendung und Bürokratie, bedeutete also eine erste parteiinterne Säuberung. In der Tat hatte sich aus den anspruchslosen Kämpfern der „Volksbefreiungsarmee" sehr bald eine „Neue Klasse" mit deutlich sichtbaren Privilegien herausgebildet. Nur etwa 4,5 % der Kader wurden dabei allerdings bestraft, und die Mißstände dauerten an.

Die im März 1952 folgende „Anti-Fünf-Kampagne" gegen Bestechung, Steuerhinterziehung, Veruntreuung von Staatseigentum, Betrug und Verrat von Staatsgeheimnissen hatte grundlegend andere Ziele: Sie richtete sich gegen das private Unternehmertum. Auch hier klassifizierte man die Betroffenen in verschiedene Klassen. Die Strafen für Angehörige der reaktionären Klassen reichten von Bußen bis hin zu Zwangsarbeit und Todesstrafe.[22] Allein in Shanghai wurden 160.000 Kaufleute angeklagt: 500 wurden zum Tod, 4.000 zu langjährigen Gefängnisstrafen und 30.000 zu Gefängnisstrafen von einem bis zehn Jahren verurteilt. Sie mußten Bargeld in Höhe von 1,25 Mrd. US-Dollar abliefern. Nicht eines Vergehens überführte Unternehmer mußten ihre Betriebe auf offenen Druck des Staates hin für eine minimale Entschädigung verkaufen; am Tag der Nationalisierung wurden sie zu Jubelkundgebungen gezwungen. Bis zum Herbst 1956 war praktisch das gesamte private Unternehmertum verschwunden.

Mao selbst nannte in Zusammenhang mit den beiden Anti-Drei- und Anti-Fünf-Kampagnen eine Zahl von 750.000 Exekutionen.[23] Die Zahl der Selbstmorde – ein traditioneller chinesischer Ausdruck des stummen Protests – stieg dramatisch an: In Kanton waren es z.B. 30-50 pro Tag; insgesamt sollen sich 1951/52 etwa 200.000 Selbsttötungen in den Städten Chinas ereignet haben.[24]

Weniger blutig war die im November 1951 eingeleitete „Gedankenreform-kampagne" verlaufen: Die Intelligenzschicht des Landes wurde in Lagern einer Umerziehung ausgesetzt. In Kleingruppen von sechs bis zehn Personen erhielten sie Standardlehrgänge, die mit „Unterwerfung und Wiedergeburt" endeten. Ziel war in diesem Fall nicht die gewaltsame, sondern die freiwillige Unterwerfung. Wer sich dem Angebot der Umerziehung allerdings widersetzte, wurde zu Zwangsarbeit verurteilt.

Die Zwangsarbeit wurde nach sowjetischem Vorbild im September 1954 in Form von Gefängnisarbeit, Arbeitslagern und Arbeitsbataillonen offiziell eingeführt, übrigens auch für Untersuchungsgefangene.[25]

Die Volksrepublik China begründete damit ein dem sowjetischen Archipel GULag durchaus vergleichbares System der Zwangsarbeitslager.[26] Die räumliche Ausdehnung der Lager war geringer, die absolute Zahl der Insassen jedoch höher als beim kommunistischen Nachbarn: Von 1949 bis 1978 gab es in der Volksrepublik China eine relativ konstante Zahl von über 10 Mio. Lagerinsassen, während es in der Sowjetunion zwischen 1936 und 1950 etwa 8 Mio. waren. Beim kommunistischen Nachbarn wurde das Lagersystem (wenngleich nicht die Zwangsarbeit als solche) 1957 abgeschafft; in der Volksrepublik China existiert es jedoch bis heute, wenngleich in verringertem Umfang: Nach 1978 reduzierte sich die Zahl der chinesischen Lager von einigen Tausend auf ca. 1000, die Zahl der Insassen auf ca. 6 Mio., was immerhin noch 0,53 % der Bevölkerung (1986) entspricht.[27]

Im Unterschied zur Sowjetunion bezweckten die chinesischen Arbeitslager weniger eine physische Isolierung bzw. Vernichtung, als eine Umerziehung. Die Todesraten in den chinesischen Lagern waren deshalb niedriger.

Gestützt auf die konfuzianische Tradition, genießen in China die Bereiche Erziehung und Kultur seit jeher einen hohen Rang. Die Kommunisten entwickelten daher Umerziehungsprogramme, die den Menschen in seiner Gesamtheit erfaßten und theoretische wie praktische Aspekte beinhalteten.[28] Eine freiwillige Wandlung der Delinquenten zu „neuen sozialistischen Menschen", wie propagandistisch behauptet, findet in den Lagern de facto allerdings nicht statt, eher eine systematische Brechung der Persönlichkeit und des freien Willens der Delinquenten mit dem Ziel, sie zu gefügigen Automaten zu machen. In den fünfziger Jahren wurden die Zwangsarbeitslager euphemistisch als „politisch-militärische Universitäten" bezeichnet. Mit dem Deckmantel der Erziehung konnten Brutalität und Willkür auch bequem verschleiert werden.[29]

Ein weiterer Zweck der chinesischen Zwangsarbeitslager war und ist die systematische ökonomische Ausbeutung der Gefangenen, wie in der Sowjetunion vorexerziert. Zwangsarbeiter trugen einen erheblichen Anteil zur forcierten Industrialisierung der Volksrepublik China bei. Anfang der neunziger Jahre gab es kaum einen Produktionsbereich der Staatsbetriebe, von der Landwirtschaft bis zur Schwerindustrie, in dem keine Zwangsarbeiter eingesetzt waren. Unter vielfach barbarischen Bedingungen fertigen sie auch zahlreiche Exportprodukte an. Vor allem die für die Energieversorgung der Volksrepublik eminent bedeutenden Kohlegruben sind zu einem großen Teil von der Arbeit von Häftlingen abhängig.[30]

Auf außenpolitischem Felde suchte sich die Volksrepublik China schon bald nach ihrer Gründung als Großmacht zu zeigen. Sie griff im Oktober 1950 in den von der Volksrepublik Nordkorea einige Monate zuvor begonnenen Koreakrieg (1950-1953) ein. Die sture Angriffstaktik auf breiter Front in immer neuen Wellen forderte bei der Volksbefreiungsarmee den höchsten Blutzoll unter allen am Krieg beteiligten Mächten (1 Mio. Tote).

Im Jahre 1950 griffen Einheiten der „Volksbefreiungsarmee" auch den geistlichen Staat Tibet an, dem am 23. Mai 1951 ein Vertrag über die „Rückkehr" zu China aufgezwungen wurde, allerdings mit der Zusicherung, daß die Volksrepublik China ihm Autonomie gewährte und das „gegenwärtige politische System in Tibet unverändert läßt".[31] Die Stellung des Dalai Lama, des geistlichen und weltlichen Oberhauptes, und die Tradition der buddhistischen Religion sollten unangetastet bleiben. Daraufhin marschierte am 9. September 1951 die „Volksbefreiungsarmee" mit etwa 50.000 Besatzungssoldaten in der tibetischen Hauptstadt Lhasa ein.

Soziale und kulturelle Reformen wurden hier zunächst vorsichtig betrieben. Aller chinesischen Propaganda zum Trotz gab es denn auch in Tibet keine feudalen Strukturen und keinen Großgrundbesitz. Die Eingriffe bewirkten jedoch eine allmähliche Zurückdrängung des Lamaismus – zahlreiche Klöster wurden enteignet bzw. aufgelöst – und verursachten Widerstand. Auch drakonische Zwangsarbeitsmaßnahmen entfremdeten die Bevölkerung: So sollen beim Bau von Straßen nach China 65.000 Tibeter umgekommen sein. Oppositionelle Tibeter wurden nach China deportiert, dafür etwa 5 Mio. Chinesen in Tibet angesiedelt.

Seit 1956 herrschte ein eskalierender Guerillakrieg in Tibet. Klöster wurden aus der Luft bombardiert oder mit Granaten beschossen, oppositionelle Zivilisten und Mönche verhaftet und gequält. Als der Dalai Lama am 9. März 1959 ohne Eskorte in die chinesische Garnison der Hauptstadt Lhasa zitiert wurde, umstellten Menschenmassen zu seinem Schutz seine Residenz, den mächtigen Potala-Palast. Hier und in anderen Städten brachen antichinesische Unruhen aus. Demonstranten verkündeten die Unabhängigkeit. Daraufhin ordnete Beijing die Verhängung des Kriegsrechtes und Strafmaßnahmen an. Der Dalai Lama konnte auf abenteuerlichen Wegen nach Indien fliehen. Bei den Gefechten fielen etwa 2.000 Tibeter; 4.000 kamen in Gefangenschaft.[32]

Nach der Niederschlagung des Widerstands setzte eine brutale Verfolgung gegen oppositionelle Lamas (geweihte Geistliche), Mönche und tibetische Adlige ein. Systematisch wurden nun Klöster aufgelöst und die buddhistische

Religion zurückgedrängt. Die sozialistischen Reformen Chinas, beispielsweise die Kollektivierung der Landwirtschaft, wurden nun beschleunigt in Tibet
nachgeholt. Tausende Tibeter flohen in die Nachbarstaaten. Das Land verlor
seinen besonderen autonomen Status. Im Jahre 1965 wurde es dann zu einer
„autonomen Region" ernannt, ohne daß dies aber zu einer Veränderung der
Politik führte.

Im Zuge der „Kulturrevolution" kam es dann zur systematischen Verfolgung
des Buddhismus und der buddhistisch-tibetischen Kultur: An die 6.000 Tempel, Klöster und andere Kulturdenkmäler wurden zerstört, zahlreiche Mönche
gefoltert und ermordet bzw. in Arbeitslager gesteckt. Doch der Buddhismus
und das nationale Selbstbewußtsein konnten nicht ausgerottet werden. Ende
1987/Anfang 1988 kam es zu blutig niedergeschlagenen Aufständen in Tibet.
Das Gebiet wurde für Jahre von der Außenwelt abgeriegelt. Inzwischen gibt es
wieder einen – strikt überwachten und auf ausgesuchte Punkte beschränkten –
westlichen Tourismus.

Von einst 12.000 Klöstern bestanden Ende der achtziger Jahre nur mehr 13.
Einige Klöster wurden inzwischen renoviert, und offiziell herrscht heute
„Religionsfreiheit", doch von einer wirklichen Wende kann nicht gesprochen
werden: So lebten 1994 im Potala-Palast gerade noch 30 Mönche, und die
meisten seiner 1.000 Zimmer verfallen weiterhin. Mönche gaben gegenüber
westlichen Besuchern an, daß der Palast voll von Kameras und Mikrophonen
sei.[33]

Von 6 Mio. Tibetern sollen durch die Verfolgungsmaßnahmen der fünfziger
und sechziger Jahre 1,25 Mio. umgekommen sein. Seit 1950 eingewanderte
Chinesen bilden heute die Bevölkerungsmehrheit.[34] Der Wirtschaftsauf-
schwung der letzten Jahrzehnte kam fast ausschließlich Chinesen zugute: Von
12.877 Betrieben sollen nur etwa 300 im Besitz von Tibetern sein. Die Hauptstadt Lhasa zählt heute 150.000 Einwohner, davon weniger als 50.000 Tibeter.
Sie ist eine chinesische Garnisonsstadt; die Umgebung des Potala-Palastes
wird von Schnapsläden, Bordellen und Spielhallen bestimmt.[35]

Im Jahre 1980 verkündete die Regierung der „Autonomen Region Tibet"
den Plan „Lhasa 2000": die Umgestaltung der Hauptstadt in eine „moderne
sozialistische Stadt". Im Jahre 1994 waren bereits zwei Drittel der Häuser in
der tibetischen Altstadt abgerissen. Nur ein Dutzend Gebäude sollen als
Museumsstücke erhalten bleiben. Die tibetische Altstadt macht heute aufgrund der rasanten Stadterweiterung infolge des Zuzugs von Chinesen
ohnehin nur noch etwa 2 % der Gesamtfläche Lhasas aus. Für den Dalai Lama
ist dieses chinesische Vorgehen Teil eines „kulturellen Völkermordes" an den
Tibetern. Es sei der Versuch, „buchstäblich jeden Aspekt der tibetischen Kultur und Identität auszulöschen".[36] Auch dürften Sicherheitserwägungen bei
der Stadtumgestaltung eine Rolle spielen: Vor allem in den verwinkelten
Straßen und Gassen der Altstadt war es in den letzten Jahren zu Demonstra-

tionen und Kundgebungen gekommen. Nun werden gut zu überwachende breitere Straßen angelegt. Auf den Dächern der Neubauten sind Videokameras installiert.[37]

Den „Pantschen Lama", den zweithöchsten Würdenträger der Tibeter, hatten die chinesischen Kommunisten zunächst zur Kollaboration bewegen können. Sie versuchten, ihn als Gegenfigur zum Dalai Lama aufzubauen. Er ging 1959 nicht ins Exil, wurde ins ZK der Kommunistischen Partei Chinas aufgenommen und erhielt das Amt des Vizevorsitzenden des Volkskongresses. Doch wurde er später wegen kritischer Äußerungen zehn Jahre lang inhaftiert. Als er 1989 starb, wagten es die Mönche seines Hausklosters Tashi Lunpo auf gewohnte Weise mit Visionen, Orakelsprüchen und anderen Mitteln einen Knaben als neue Reinkarnation des Pantschen Lama zu suchen. Als sich Abt und Mönche weigerten, die im Mai 1995 erfolgte Wahl wieder für ungültig zu erklären, wurden sie verhaftet. Der auserwählte Knabe wurde an einen unbekannten Ort verschleppt und wird seither vermißt; angeblich befindet er sich unter dem Schutz der chinesischen Regierung. Der Staat bestellte daraufhin im November 1995 mit Berufung auf ein kaiserliches Suchverfahren von 1792 religiöse Würdenträger aus Tibet nach Beijing und zwang sie, aus drei vom Staat vorgeschlagenen Knaben einen alternativen Pantschen Lama mit Losentscheid zu bestimmen.[38]

Gemäß Direktive des Propagandakomitees der Kommunistischen Partei der Autonomen Region Tibet vom November 1994 wurde die Zahl der Mönche und Nonnen strikt begrenzt. Neue Klöster dürfen ohne Genehmigung nicht mehr errichtet werden. Mindestens 628 tibetische Dissidenten sollen sich Ende 1994 in Haft befunden haben und der Folter ausgesetzt gewesen sein.[39]

Die Veränderung im Ostblock seit Stalins Tod (1953) hatten auch in der Volksrepublik China Wirkungen nach sich gezogen, so z.B. an den Universitäten. Mit zwei Aufsätzen über die Behandlung von Widersprüchen im April 1956 bzw. Februar 1957 steuerte Mao Zedong (Tsetung) einen ambivalenten Kurs: Unberechtigter Widerspruch müsse zwar mit den harten Methoden der Diktatur des Proletariats (Verfolgung und Strafe) bekämpft werden. Es gebe aber auch berechtigte Widersprüche, die nicht antagonistischer Art seien: „Bei der Regelung von Fragen ideologischen Charakters oder von Streitfragen im Volke können wir nur demokratische Methoden anwenden, Methoden der Diskussion, der Kritik, der Überzeugung und Erziehung, nicht aber Zwangsmaßnahmen von oben."[40] Die „Entstalinisierung" übernahm Mao jedoch nicht.

Maos vorsichtig geäußerte Dialogbereitschaft löste 1956/57 die kritische „Hundert-Blumen-Bewegung" aus, vor allem unter Intellektuellen. Sie wandte sich gegen das gewaltsame Vorgehen bei der Verwirklichung des Sozialismus und gegen die Arroganz der Parteifunktionäre; manche Professoren und Studenten forderten sogar die Einführung eines westlich-demokratischen Systems.

Das unerwartet große Ausmaß der Kritik traf den Staat völlig unvorbereitet. Nachdem die Regierung noch im April – möglicherweise bereits mit dem Ziel der Selbstanzeige – zu „mutiger Stellungnahme" aufgefordert hatte, brach bald darauf eine Verfolgung von Professoren, Studenten, Künstlern und sonstigen „Rechtsabweichlern" los. Man warf allen Kritikern die unterschwellige Absicht der Abschaffung des Sozialismus vor. Sechs Stufen der Bestrafung wurden vorgesehen: Gefängnis, Entlassung, vorübergehende Suspendierung und Entsendung in Arbeitslager, körperliche Arbeit am Arbeitsort, Gehaltskürzung oder bloße Brandmarkung als „Rechtsabweichler". Rund 2 Mio. Intellektuelle wurden überprüft und davon 550.000 verurteilt. Wer bei den Kampagnen eines Vergehens überführt wurde, blieb registriert und wurde vielfach bei der nächsten Kampagne erneut zum bevorzugten Opfer.[41]

Im Zuge seiner „Theorie der permanenten Revolution" rief Mao Zedong 1958 zum „Großen Sprung nach vorn", d.h. zu einer Intensivierung der revolutionären Umgestaltung auf. Nun sollte durch Bildung von „Volkskommunen", die das gesamte ökonomisch-soziale Leben gemeinschaftlich regelten, das Endstadium des Kommunismus in kurzer Zeit verwirklicht werden. Das rasante Tempo bei der Vollkollektivierung der Landwirtschaft und die forcierte Industrialisierung riefen indes eine große Wirtschaftskrise, verbunden mit Versorgungsschwierigkeiten und katastrophalen Hungersnöten, hervor. Ende 1958 mußte sogar die Volksbefreiungsarmee zur Niederschlagung lokaler Aufstände ausrücken. Zwischen Herbst 1958 und Ende 1961 sind mindestens 20 Mio. Menschen in der Volksrepublik China verhungert – diese Zahl wurde seit den achtziger Jahren auch in der Volksrepublik China zugegeben. Neueste Zahlen aus Beijing beziffern die Zahl der Hungertoten jedoch auf bis zu 40 Mio.[42]

Die Verfolgung der Intellektuellen wie der Abzug der sowjetischen Experten aufgrund des ideologischen Schismas im Jahre 1960 hatten ihren Teil zur Wirtschaftskrise beigetragen. Ab 1961 wurden Korrekturen an der eingeschlagenen Politik vorgenommenen und eine begrenzte Liberalisierung des Wirtschaftssektors vorgenommen. Daraufhin kam es zwischen 1963 und 1965 wieder zu einem wirtschaftlichen Aufschwung. Insbesondere in den Städten bildete sich eine prosperierende Funktionärsbourgeoisie heraus, und die Gegensätze zwischen Land und Stadt verstärkten sich.

Die wirtschaftlichen Schwierigkeiten und das Scheitern des Konzeptes der Volkskommunen bewirkten eine zunehmende Kritik an Mao Zedong. Dieser festigte seine Macht seit 1963 durch ein enges Bündnis mit der „Volksbefreiungsarmee". Sein bereits nach dem Zweiten Weltkrieg institutionalisierter Personenkult nach Stalinschem Vorbild wurde nun intensiviert. Im Verbund mit der Volksarmee und radikal-revolutionären Kräften löste Mao Zedong 1966 die „Große Proletarische Kulturrevolution" aus, um mit dieser radikalen Säuberung seine Alleinherrschaft in Staat und Partei zu festigen.[43]

Die Kulturrevolution beinhaltete aber auch ein Massenerziehungsprogramm von bisher unbekannten Ausmaßen. Sie sollte das Festklammern der Menschen an Traditionen und Gewohnheiten durchbrechen, in dem Mao eine große Gefahr für die Revolution sah. Die Kulturrevolution war ein augenfälliger Beleg dafür, daß metapolitischen Bereichen wie der Kultur im chinesischen Kommunismus ein wesentlich höherer Stellenwert eingeräumt wurde.[44]

Einem fünfköpfigen Ausschuß unter wesentlicher Beteiligung von Maos Ehefrau Jiang Qing oblag die Leitung der „Kulturrevolution"; das Politbüro war de facto entmachtet. Ein Meer von täglich wechselnden Wandzeitungen kündigte die jeweils geltende neue Politik an.

Zentralkomitee und Politbüro wurden gesäubert; der bei den Kulturrevolutionären besonders verhaßte Generalsekretär Deng Xiaoping, ein pragmatisch orientierter Kommunist, wurde abgesetzt, mußte sich einer peinlichen Selbstanklage unterziehen und verschwand in der politischen Versenkung. Im neuen Zentralkomitee vom Frühjahr 1969 nahmen Angehörige der „Volksbefreiungsarmee" 45 % der Sitze ein. Sie hat in der Volksrepublik China einen wesentlich stärkeren Einfluß als in anderen kommunistischen Systemen.

Dies findet auch ideologisch einen gewissen Niederschlag. So gilt im Maoismus der Krieg als Mittel zur Emanzipation der Arbeiterklasse und wird als Normalfall angesehen. Auch geht er von der Theorie des „Großen Krieges" aus, der in der Spätphase des Imperialismus ausbrechen und dessen Ende schließlich herbeiführen werde.[45] Diese von Stalin in den zwanziger Jahren begründete Theorie hatte man im sowjetischen Marxismus/Leninismus nach dessen Tod abgemildert und eine zeitweise „friedliche Koexistenz" verschiedener weltanschaulicher Systeme proklamiert.[46]

Die Volksbefreiungsarmee sowie neuformierte „Rote Garden" aus Jugendlichen und Studenten machten in den Städten Jagd auf „Revisionisten", die den Kapitalismus wieder einführen wollten. Opfer wurden in öffentlichen „Kampfversammlungen" angeklagt, erniedrigt und in den Straßen vorgeführt. Geständnisse wurden vielfach mit Mißhandlungen und Foltern erzwungen. Bei Umerziehungsmaßnahmen wurde nun eine regelrechte „Gehirnwäsche", begleitet von Gewalt, Drogen etc., betrieben. Rodzinski bezeichnet das Vorgehen als „zynische Ausbeutung des typischen Idealismus junger Menschen".[47]

Bei der Verfolgung der Rektoren, Professoren, Lehrer, Künstler, Schriftsteller, Journalisten und Lehrer kam es zu unvorstellbaren Exzessen an physischer Gewalt und Sadismus. So berichtet ein Zeitzeuge:

„Unser stark gebauter Geometrielehrer wurde angeklagt, ein ‚treuer Schoßhund der Guomindang' zu sein (...) Später fand ich heraus, daß diese Anklage von einigen Studenten kam, die bei seinen Kursen durchgefallen waren. Er wurde grausam geschlagen, getreten und in das schwarze Gefängnisloch geworfen. Als unnachgiebige Person entschied er sich dafür,

der Welt ade zu sagen und versuchte sich aufzuhängen. (...) Jedesmal wenn ich das schwarze Gefängnisloch inspizierte, ging ich zum Schulrektor, mit dem ohne jegliche Gnade verfahren worden war; manchmal weinte und stöhnte er in der Nacht im Gefängnis, das Geräusch war erschreckend. Seine Knie waren vereitert und geschwollen aufgrund des Kniens in Glasscherben, so daß er nicht mehr aufstehen konnte, sondern sich am Fußboden vorwärtshangeln mußte. Er ließ Exkremente und Urin in der Nähe seiner Schlafstelle von sich und versuchte, diese in Strohmatten einzuwickeln; der Gestank erfüllte den Raum. " [48]

Insbesondere gegen Intellektuelle, die der Staat stets mißtrauisch beobachtete, richtete sich die Kulturrevolution: Sie wurden als „stinkende neunte Klasse" bezeichnet.[49]

Bei der Vernichtung aller Spuren der „Vier Relikte" (Kultur, Ideen, Sitten, Gebräuche) kam es zu „wilden Orgien der Zerstörungswut".[50] Die Roten Garden verboten Schmuck, Kosmetika und „unproletarische Kleidungsstücke". Sie beschlagnahmten „bürgerliche" Möbel, verfolgten so unterschiedliche Dinge wie Bach-Musik, Taxis und Sonnenbrillen, veranstalteten Bücherverbrennungen und zerstörten unwiederbringliche Kulturgüter wie Statuen und Tempelbauten in großer Zahl. Selbst das Wort „Glück" wurde als westlichdekadent gebrandmarkt und mußte auf Aufschriften entfernt werden![51]

Die Roten Garden durften mit staatlicher Unterstützung im Land umherziehen und ihre revolutionären Erfahrungen austauschen. Spontaneität und Gesetzlosigkeit wurden als revolutionäre Tugenden gepriesen.

Doch man wurde vielerorts die Geister nicht mehr los, die man gerufen hatte. „Revolutionäre Komitees" übernahmen auf allen Verwaltungsebenen die Kontrolle, vielfach ohne genügende Qualifikation. Mancherorts kam es zum offenen Widerstand der Arbeiter gegen die Studenten. Das Verkehrswesen und der Verteilungsapparat brachen vorübergehend zusammen. Der Lehrbetrieb an den Universitäten war bis 1970 lahmgelegt. Die Beijinger Universität war sogar im Juli 1968 von den Roten Garden in ihrem Übereifer zerstört worden. Professoren wurden verhört und mit niederer Arbeit gedemütigt. Manche Landesteile waren jeder Kontrolle entglitten: Die insgesamt 15-20 Mio. Mann starken Roten Garden hatten ein Terrorregime etabliert und bekriegten sich gegenseitig, was zu tausenden Toten führte. Im Jahre 1968 kam es zu Belagerungen und Ausschreitungen bei der sowjetischen und bei westlichen Botschaften.

Schließlich wurde der „Volksbefreiungsarmee" befohlen, die Ordnung wiederherzustellen. 12 Mio. unbequem gewordene Jugendliche siedelte man zwischen Ende 1968 und 1975 aufs Land um. Aus Verfolgern wurden vielfach nun selbst Verfolgte. Es machte sich eine Desillusionierung breit, und gerade aus ehemaligen Rotgardisten formierten sich in den siebziger und achtziger Jahren

Dissidenten. Daneben flohen auch viele jugendliche Rotgardisten nach Hong-kong.[52]

Ab 1969 flaute die „Kulturrevolution" ab, doch 1973 wurde sie wieder ange-facht – in diesem Zusammenhang ist vor allem die „Anti-Konfuzianistische Kampagne" zu nennen.

Ideologisch wie außenpolitisch hatte sich infolge der „Kulturrevolution" das Verhältnis zur Sowjetunion radikalisiert. An der Ussuri-Grenze flackerte seit Ende der sechziger Jahre immer wieder ein unerklärter Grenzkrieg auf; in der Dritten Welt unterstützte die Volksrepublik China zahlreiche Rebellenbewe-gungen aktiv. Andererseits suchte man nun eine Verständigung mit den USA: Bereits 1971 konnte die Volksrepublik China in die Vereinten Nationen einzie-hen (unter gleichzeitigem Ausschluß Taiwans), und 1972 besuchte der US-Präsident Nixon Beijing. Damit wurde ein außenpolitischer Durchbruch der bisher weitgehend isolierten Volksrepublik China eingeleitet.

Man geht heute von 3 Mio. Toten während der Kulturrevolution (1966-76) aus; etwa 20 Mio. Menschen waren aus den Städten auf das Land deportiert worden.[53]

Im letzten Lebensjahr Maos wurde die Kulturrevolution noch einmal inten-siviert, doch die Widerstände in der Bevölkerung waren unverkennbar. So hat-ten am 4. April 1976 mehrere Millionen Menschen auf dem Beijinger Tianan-men-Platz des einige Monate zuvor verstorbenen, eher pragmatischen Ministerpräsidenten Zhou Enlai, der gewaltsame Exzesse der Kulturrevoluti-on zu verhindern gesucht hatte, gedacht und kaum verschlüsselte Proteste gegen die „Kulturrevolution" geäußert. Als die niedergelegten Kränze am nächsten Tag entfernt waren, demonstrierten 100.000 Menschen. Der der „Kulturrevolution" nahestehende Bürgermeister von Beijing ließ daraufhin den Tiananmen-Platz von Sicherheitskräften umstellen und tausende Demon-stranten verhaftet. Nach offiziellen Angaben gab es dabei acht Tote; andere Schätzungen gingen hingegen wesentlich höher. Auch in der Provinz brachen Unruhen aus.

Mit dem Tode ihres Schöpfers Mao Zedong am 9. September 1976 kam die „Kulturrevolution" allerdings zu einem abrupten Ende. Der von Zhou Enlai vor seinem Tode noch designierte Nachfolger Maos, Hua Guofeng, leitete einen schnellen Kurswechsel ein. Bereits am 6. Oktober wurden Maos Ehe-frau Jiang Qing und drei weitere Hauptverantwortliche, die sogenannte „Viererbande", verhaftet. Von Dezember 1976 bis Dezember 1978 wurde eine Kampagne zur „Kritik an der Viererbande" betrieben. Jiang Qing wurde 1981 zum Tode verurteilt, später zu lebenslanger Haft begnadigt, die schließlich in einen Arrest umgewandelt wurde. 1991 beging sie Selbstmord. In der Partei erfolgte eine großangelegte Säuberung auf allen Ebenen. Die Beziehungen zur Sowjetunion wurden ab 1979 wieder verbessert.

Lediglich Kritik an Mao Zedong selbst blieb tabu. Sein Andenken und der ihn auch nach seinem Tod umgebende Personenkult sind vom politischen Kurswechsel unberührt. Der Tod Maos führte zweifellos zu einer Art „Entstalinisierung" in China, nicht jedoch zu eine Normalisierung.

Die Auswirkungen der Kulturrevolution charakterisiert Weggel mit folgenden Worten: „Was nach zehn Jahren Kulturrevolution von China übrigblieb, war ein organisatorischer Friedhof, eine sektoral verzerrte Wirtschaft, ein zerstückeltes Weltbild, eine elementare Verachtung von Wissen und Können, von Bildung und Berufsethik, eine ganze ‚verheizte' Generation und nicht zuletzt ein Meer von Tränen." [54]

Als starker Mann erwies sich schließlich Deng Xiaopeng, dessen Rückkehr ebenfalls Zhou Enlai noch vorbereitet hatte. Er löste die Übergangsfigur Hua Guofeng 1980 als Ministerpräsident, 1981 auch als Generalsekretär ab. Er verkündete eine Politik der „Vier Modernisierungen" (Landwirtschaft, Industrie, Armee, Wissenschaft). Seit Mitte der achtziger Jahre betrieb Deng eine zunehmende Liberalisierung der Wirtschaft. Ausländische Investitionen wurden gefördert, marktwirtschaftliche Elemente in die Staatswirtschaft eingeführt. Die Konsumgüterproduktion wurde angeregt. In verschiedenen Küstenregionen wie z.B. in Shanghai wurden „Sonderzonen" eingerichtet, die einen nicht unbeträchtlichen Aufschwung nahmen.

Gleichzeitig erfolgte aber keinerlei Lockerung im politischen Bereich. Deng hat stets das strikte Festhalten an vier Grundpfeilern betont: am Sozialismus, an der Diktatur des Proletariats, am Primat der KP und an den Lehren von Marx, Lenin und Mao. Im Jahre 1983 erfolgte eine erneute Kampagne zur Disziplinierung der zunächst im Zusammenhang mit den Wirtschaftsreformen umworbenen Intelligenz („Kampagne gegen Geistige Verschmutzung").[55]

Als grundlegender Verstoß gegen die Menschenrechte muß die neu eingeführte chinesische Bevölkerungspolitik gewertet werden. Sie steht in ihrer Brutalität weltweit ohne Beispiel da und kann als Musterbeispiel für menschenverachtendes „social engineering" dienen.

Mao hatte angesichts des erwarteten „Großen Krieges" die Bevölkerungsvermehrung stimuliert. Nach seinem Tode erkannte man, daß das Land eine weitere unkontrollierte Vermehrung der Bevölkerung nicht mehr ertragen könne. Ein striktes System der Geburtenkontrolle (Ein-Kind-Familie) wurde 1979 eingeführt, mit positiven wie negativen Elementen. Zu letzteren zählen die automatische Anbringung von Gebärmutter-Einlagen nach der Geburt des ersten Kindes (da es sich um Einheitsgrößen handelt, kommt es häufig zu Infektionen und anderen Komplikationen) und die zwangsweise Sterilisation, sollte doch ein zweites Kind geboren werden. In der Regel wird dabei die Frau sterilisiert. Mobile Operationsteams zogen durchs Land und sterilisierten von 1979-1984 insgesamt 31 Mio. Frauen und 9,3 Mio. Männer. Ab dem zweiten Kind werden zwangsweise Abtreibungen durchgeführt (bis in den neunten

Schwangerschaftsmonat hinein). Wenn eine Geburt nicht zu verhindern ist, wird auch Kindestötung praktiziert, in der Regel durch Einspritzen von Formaldehyd in den Kopf während der Austreibungsphase, seltener auch durch Zerquetschen des Kopfes mittels der Geburtszange, durch Erwürgen oder Ertränken des Neugeborenen. Auch scheint der Staat die Tötung von erstgeborenen weiblichen Babys durch die Eltern zu tolerieren. Ein eindeutig zugunsten männlicher Geburten verschobenes Geschlechterverhältnis scheint trotz aller staatlichen Dementis diesen Sachverhalt zu bestätigen.[56]

Anfang 1996 erregte die Menschenrechtsorganisation „Human Rights Watch/Asia" mit einer 331 Seiten starken Dokumentation über Tötung, Mißhandlung und Vergewaltigung von Kindern in chinesischen Waisenhäusern Aufsehen. Sie stützte sich auf Aussagen ehemaliger Mitarbeiter wie auf amtliche Statistiken. Die Wahrscheinlichkeit, in einer der Anstalten zu überleben, habe 1989 bei unter 50 % gelegen. Kinder würden u.a. an ihre Betten gefesselt, eisigen Temperaturen ausgesetzt und nicht gefüttert. Wegen der staatlich verordneten Ein-Kind-Familie komme es in China zu vielen Kindesaussetzungen, insbesondere von erstgeborenen Mädchen. Die Ärztin Dr. Zhang Shuyun, die von 1988-93 in einem Waisenhaus in Shanghai gearbeitet hatte und 1995 emigriert war, berichtete, daß man die „summarische Lösung" angewandt, d.h. die Kinder nicht mehr betreut und ernährt habe, wenn eine bestimmte Aufnahmequote erreicht worden sei.[57]

In der zweiten Hälfte der achtziger Jahre machte sich vor allem an den Universitäten politische Unruhe breit. Schon im Dezember 1986 kam es zu Studentendemonstrationen. Während des Gorbatschow-Besuches im Mai 1989 hatten hunderte Studenten auf dem Tiananmen-Platz in Beijing einen Hungerstreik begonnen, und 1 Mio. Menschen demonstrierten in den Straßen Beijings für Reformen und Pressefreiheit. Studenten errichteten am 30. Mai auf dem Tiananmen-Platz eine Statue der „Göttin der Demokratie". Die Regierung hatte zuerst Verständnis für die Forderungen geäußert und ein militärisches Vorgehen ausgeschlossen, jedoch gleichzeitig das Kriegsrecht verhängt.

Schließlich wiederholte sich das Szenario von 1976: Die Regierung ließ in der Nacht vom 3. auf den 4. Juni schwerbewaffnete Einheiten der „Volksbefreiungsarmee" und tausende Militärfahrzeuge gegen den Tiananmen-Platz vorrücken, um den Protest niederzuschlagen. Sie feuerten ohne Vorwarnung in die Menge. Nach offiziellen Angaben wurden etwa 200 Zivilisten und einige Soldaten getötet. Nach Angaben von Amnesty International betrugen die Todesopfer mindestens 1.000 Zivilisten und etwa 16 Soldaten. Auch in vielen anderen chinesischen Städten kam es im Juni 1989 zu Demonstrationen und staatlicher Repression.[58]

Die Regierung rief die Bevölkerung offen zur Denunziation auf. Nach offiziellen Angaben wurden 6.000 Personen in Zusammenhang mit der „konterrevolutionären Rebellion" in ganz China verhaftet; in Wirklichkeit dürften es Zehntausende gewesen sein. Sie hatten in der Regel keine Möglichkeit zur

Kontaktaufnahme mit Verwandten oder Rechtsanwälten, die erst bei Prozeß-
beginn gestellt werden. Es folgten Schauprozesse gegen Anführer des Protests,
von denen einige Dutzend Todesurteile bekannt wurden; die wirkliche Zahl
dürfte aber wesentlich höher liegen. Zahlreiche Prozesse wurden als Schnellverfahren vollzogen, die Angeklagten in der Regel zu mehrjährigen Gefängnisstrafen verurteilt. Das chinesische Strafrecht bietet indes auch vielfältige
Möglichkeiten zur Inhaftierung ohne Anklage.

Nach offiziellen Angaben sind 490 Personen wegen Körperverletzung, Plün-
derung, Brandstiftung und Totschlags und 72 wegen konterrevolutionärer
Aktivitäten bestraft worden.[59] Nach heutigem Stand der Wissenschaft geht
man jedoch von landesweit über 10.000 Todesopfern und 25.000-35.000 Verhafteten als Folge der damaligen Ereignisse aus.[60]

Berichte von Journalisten und Touristen bezeugen, daß Verhaftete und Inhaf-
tierte schwer verprügelt wurden. Bereits 1987 hatte eine Untersuchung von
Amnesty International ergeben, daß Folter und Mißhandlungen in den
Gefängnissen der Volksrepublik China verbreitet sind.

Gemäß der Menschenrechtsorganisation „Asia Watch" zog die Repression
in jüngster Zeit wieder an: Hinsichtlich politisch begründeter Verhaftungen
und Prozesse sei 1993 zweifellos das schlimmste Jahr seit 1989/90 gewesen.
Rund 250 weitere Chinesen seien zusätzlich zu den Zehntausenden bereits
inhaftierten politischen Gefangenen festgenommen worden. Die Beijinger
Regierung gibt hingegen lediglich 3.172 inhaftierte „Konterrevolutionäre"
zu.[61]

Jüngst wies der chinesische Regimekritiker Harry Wu auch auf die Unterdrückung der nichtchinesischen Minderheiten hin: So sei die von 7,2 Mio.
Uiguren bewohnte autonome Provinz Xinjiang in ein „chinesisches Sibirien"
mit zahlreichen Arbeitslagern verwandelt worden. Durch massenweise
Ansiedlung von Chinesen würden die Uiguren, ein muslimisches Turkvolk,
systematisch in eine Minderheitenrolle gedrückt. 100.000 Milizionäre seien
dort zu deren Unterdrückung stationiert; seit Ende April 1996 seien über 2.700
Uiguren verhaftet worden.[62] Im Juli 1997 gab Peking die Hinrichtung von
neun Uiguren wegen angeblicher Bombenanschläge und Morde bekannt. Die
in den siebziger Jahren eingeleitete Politik der ökonomischen Modernisierung
hat bisher keine Änderung der staatlichen Repression bewirkt.

Indochina

In kaum einem Land wurde die Revolution von „dem Proletariat" vollzogen.
Die russische „Revolution" von 1917 war das klassische Beispiel eines Staatsstreiches, ausgeführt von einer kleinen, aber entschlossenen Minderheit. Um

die Macht zu sichern, mußte sie mittels gesteigerter Repression die Mehrheit der „rückständigen" Bevölkerung umerziehen.

Weitere kommunistische „Revolutionen" vollzogen sich durch militärische Expansion in den von der Roten Armee besetzten Gebieten, wie etwa nach 1945 in Ostmittel- und Osteuropa, wo kommunistische Systeme oktroyiert wurden. Hier kollaborierte allenfalls eine dünne kommunistische Elite, und der Terror war von Anfang an offen und brutal.

Ein dritter Ansatzpunkt waren nationale/soziale Revolutionen in der dritten Welt wie z.B. in Indochina, wo der Kommunismus im Windschatten des Widerstandes gegen koloniale oder neokoloniale Regime an die Macht gelangte. Kommunistische Befreiungsbewegungen stellten sich an die Spitze des Widerstandes bzw. verdrängten konkurrierende Widerstandsbewegungen. Die massive militärische Unterstützung durch kommunistische Staaten verlieh dabei den kommunistischen Kräften vielfach überproportionalen Einfluß.

In diesen Fällen wurde die von der (neo-)kolonialen Macht global benachteiligte Masse der einheimischen Bevölkerung gleichermaßen als Ersatz-Proletariat und Träger der Revolution identifiziert. In der Tat gab es hier in vielen Fällen, zumindest anfänglich, eine breite Zustimmung zu der als Befreiung empfundenen Revolution. Der Kapitalismus wurde von der einheimischen Bevölkerung häufig mit Kolonialismus, der Kommunismus jedoch mit Freiheit assoziiert. Die Unterstützung der Revolution erfolgte jedoch weniger aufgrund eines Bekenntnisses zur kommunistischen Lehre, sondern aus einem gemeinsamen antikolonialen Nationalismus heraus. Die Umsetzung des kommunistischen Monopols und die Ausschaltung nichtkommunistischer Konkurrenten erforderte in der Praxis dann ein gehöriges Maß an Terror, und die Umerziehung weiter Teile der Bevölkerung wurde erforderlich.

Die 1930 unter Führung von Ho Tschi Minh begründete „Kommunistische Partei Indochinas" (KPI) wurde bald zur stärksten Widerstandsbewegung gegen die französische Kolonialherrschaft. Als die Japaner 1940 Indochina besetzten, formierte Ho Chi Minh die Befreiungsbewegung „Viet Minh", die ab 1944 eine schlagkräftige „Vietnamesische Volksarmee" unter Führung des legendären General Giap aufbaute. Nach der Kapitulation und dem Abzug der Japaner proklamierte Ho Chi Minh am 2. September 1945 in Hanoi die Unabhängigkeit Vietnams.

Mit alliierter Hilfe kehrte die französische Kolonialmacht 1946 zurück, und die „Demokratische Republik Vietnam" wurde zu einem autonomen Staat innerhalb der „Union Française". Gleichzeitig riefen die Franzosen jedoch im Juni 1946 Südvietnam (Cochinchina) als eigenen autonomen Staat aus. Beide Seiten drängten nun auf eine militärische Lösung des Problems. Der ab 1949 von der Volksrepublik China unterstützten kommunistischen Viet Minh gelang schließlich mit Einnahme der französischen Festung Dien Bien Phu im Mai

1954 ein entscheidender militärischer Sieg, der den Rückzug Frankreichs besiegelte. Auf der Genfer Indochinakonferenz wurden die Unabhängigkeit der Königreiche Laos und Kambodscha bestätigt und Vietnam bis zu den gesamtvietnamesischen Wahlen, die spätestens im Juli 1955 stattfinden sollten, provisorisch am 17. Breitengrad geteilt.

Doch zur erhofften Wiedervereinigung Vietnams kam es nicht. Im Oktober 1955 wurde in Südvietnam eine antikommunistische „Republik Vietnam" ausgerufen. Rund 1 Mio. Menschen, hauptsächlich Katholiken, flohen damals in den Süden. Von Nordvietnam unterstützte „Vietkong"-Partisanen begannen dort 1957 einen Guerillakrieg. Die mit Südvietnam verbündeten USA griffen 1962 erstmals in die Kämpfe ein; ihre Präsenz wurde unter Präsident Johnson in zunehmendem Maße ausgebaut. Sein Nachfolger Nixon betrieb auf innenpolitischen Druck hin dagegen eine „Vietnamisierung" des Krieges und schraubte die Stärke der US-Streitkräfte zurück. Nach der 1972 beginnenden kommunistischen Großoffensive wurde im Januar 1973 ein Waffenstillstandsabkommen geschlossen. Ende April zogen die letzten US-amerikanischen Soldaten ab. Die Kämpfe flammten jedoch wieder auf. Schließlich rückten am 30. April 1975 die kommunistischen Truppen in Saigon ein. Die Machtübernahme vollzog sich relativ unblutig.

Bereits am 24. April 1976 wurde die Wiedervereinigung von Süd- und Nordvietnam unter dem neuen Namen „Sozialistische Republik Vietnam" vollzogen; Saigon wurde in „Ho-Chi-Minh-Stadt" umbenannt. Im Jahre 1978 trat Vietnam dem COMECON (RGW) bei, und ein Freundschafts- und Kooperationsvertrag mit der Sowjetunion wurde geschlossen.

Der Süden wurde der direkten Kontrolle des Nordens unterstellt. Man war nicht bereit, Fachleute des alten Regimes in großer Zahl zu übernehmen, und drängte auch Kommunisten aus dem Süden in den Hintergrund, um Autonomiebestrebungen und Richtungskämpfe zu verhindern. Zusammen mit Familienangehörigen wurde deshalb mindestens 1 Mio. Menschen nach dem Süden delegiert. Nach der Wiedervereinigung gingen alle Schlüsselministerien an Nordvietnamesen.[63]

Schnell bildete sich im Süden Vietnams eine aus dem Norden stammende, mit Privilegien versehene und vielfach korrupte Funktionärskaste heraus. Weitere Funktionsträger wurden zu deren Überwachung und Disziplinierung nach dem Süden entsandt, doch der Erfolg dieser Maßnahme blieb mäßig.[64]

Die Machtübernahme gestaltete sich relativ milde. Es gab keine Hinrichtungen und keine Massenverhaftungen. Die neue revolutionäre Regierung kündigte eine Politik der „Nationalen Versöhnung" an. Für die Zeit vor dem April versprach man Straffreiheit, für konterrevolutionäre Aktivitäten nach diesem Zeitpunkt wurden jedoch die härtesten Strafen angedroht. Funktionäre des alten Regimes forderte man auf, sich registrieren zu lassen und für eine begrenzte Periode an Umerziehungskursen teilzunehmen. Viele kamen dieser Weisung freiwillig nach.[65]

Die Umerziehung war wesentlich systematischer als etwa in der Sowjetunion, sowohl was die Art der Durchführung als auch die Zahl der Betroffenen anging. Die gesamte Bevölkerung Südvietnams wurde in verschiedene Kategorien eingeteilt. Hohe Repräsentanten des bisherigen Systems wurden sofort verhaftet und von der Bevölkerung völlig isoliert. Systematisch wurde in sorgsam geplanten Umerziehungskursen die gesamte Elite des Landes umgepolt, so hunderttausende Soldaten, Beamte, Akademiker (darunter nahezu alle Lehrer). Die Umerziehungslager wurden in entlegenen Berg- und Dschungelgebieten errichtet. Der Weg führte von Schulung über Selbstkritik hin zur öffentlichen Beichte. Druck wurde mit Überzeugung und positiven Anreizen kombiniert. Menschenrechtsverletzungen ereigneten sich wohl in Einzelfällen, jedoch nicht systematisch.[66]

Die meisten Lagerinsassen wurden in relativ kurzer Zeit freigelassen. Ursprünglich hatte man angekündigt, die Umerziehungslager bis 1978 aufzulösen, was man dann aber nicht durchführte: Einige Zehntausend hohe Funktionäre und Offiziere des alten Regimes wurden auf unbestimmte Zeit in diesen Lagern festgehalten, um sie von der Gesellschaft zu isolieren: Man fürchtete potentielle konterrevolutionäre Aktivitäten. Sie befanden sich in besonderen Umerziehungslagern und mußten schwerste körperliche Arbeiten verrichten. Im Jahre 1979 sollen sich noch ca. 40.000 Südvietnamesen in solchen Lagern befunden haben.[67]

Nach der Entlassung gab es vielfach eine harsche Bewährungszeit von sechs bis zwölf Monaten, während der es keine Papiere für die Bewilligung einer Arbeitsstelle, keine staatlich subventionierten Lebensmittel und keinen Schulbesuch für die Kinder gab. Für entlassene Funktionsträger und Offiziere des alten Systems gab es in der Regel keine Weiterbeschäftigung in ihrem früheren Beruf. Sie waren gezwungen, in die „Neuen Ökonomischen Zonen" zu gehen.[68]

Bei Verhaftungen von „Konterrevolutionären" erfolgte keine öffentliche Anklage. Dies erzeugte ein gewolltes Klima der Unsicherheit.[69]

Die geistige Indoktrinierung des Landes war wesentlich systematischer als jene in Osteuropa. Über Südvietnam wurde sofort eine totale Zensur verhängt; die Medien wurden gleichgeschaltet. Öffentliche Lautsprecher in den Straßen sorgten – mit deutlichen Anklängen an Orwells „1984" – für die Omnipräsenz der Partei. Praktisch alle in Südvietnam gedruckten Bücher wurden in Buchhandlungen und Bibliotheken, manchmal auch in Privatwohnungen, konfisziert und zerstört. Es erfolgten öffentliche Bücherverbrennungen in den Straßen. Alle Elemente westlicher Kultur waren tabu, so wurden z.B. lange Haare sofort abgeschnitten.[70]

Eine gegenseitige Bespitzelung der Bevölkerung nach Vorbild der kubanischen „Revolutionären Verteidigungskomitees" (siehe dort) wurde organisiert, und dafür besonders der Idealismus Jugendlicher ausgenützt. Mit dem Monopol der Arbeitsplatz- und Wohnungszuweisung stand dem Staat ein wesentliches Kontroll- und Disziplinierungsinstrument zur Verfügung.[71]

Nach dem Einmarsch in Saigon hatte man verlautbaren lassen, daß der Aufbau des Sozialismus durch Überzeugungsarbeit, nicht durch Zwang erfolgen sollte. Der Privathandel blieb erlaubt. Doch schon im Februar 1976 verkündete die Parteizeitschrift „Hoc Tap" die Notwendigkeit der „Unterwerfung unseres ganzen Volkes unter den Willen der fortschrittlichen Klasse" und der „Methode des Zwanges".[72]

Im Süden durfte der Privathandel zunächst weiterbestehen. Bereits am 11. September 1975 erfolgte jedoch eine Verhaftungs- und Beschlagnahmungsaktion gegen Vertreter der „Kompradorenbourgeoisie", denen man Ausbeutung, Kriegsgewinnlertum und Kollaboration mit den USA vorwarf. Ebenso überraschend wurde am 22. September 1975 eine Währungsreform durchgeführt, bei der nur ein relativ geringer Betrag in die neue Währung umgetauscht werden konnte. Damit wurden die Angehörigen der Mittelschicht, die nicht rechtzeitig in Sachwerte geflüchtet waren, ihres Vermögens beraubt. Man hatte damit das Bürgertum als Klasse gezielt geschwächt und eingeschüchtert.[73]

In einer Nacht-und-Nebel-Aktion wurde dann am 23. März 1978 die Privatwirtschaft für abgeschafft erklärt. Ca. 30.000 Menschen wurden dabei enteignet. Der Lebensstandard sank stark in der Folge herab. Damit betrieb die Regierung vor allem eine stalinistische Politik der Schwerindustrialisierung auf Kosten der Konsumgüterproduktion. Die besonders betroffene chinesische Minderheit, die die Deportation in „Neue Ökonomische Zonen" fürchtete, reagierte mit einer Massenflucht.

Anders als seinerzeit in Nordvietnam sollte es im Süden die Interimsperiode der „Neuen Demokratie" mit kapitalistischen Elementen nicht geben.[74]

Die Chinesen (Hoas) in Südvietnam besaßen teilweise die vietnamesische Staatsangehörigkeit. Nach der Revolution wurden sie in ihrer Gesamtheit zur Annahme vietnamesischer Ausweise genötigt, die jedoch mit dem diskriminierenden Vermerk „chinesischer Herkunft" versehen waren. Auch mußten sie unter Stimulierung nationaler Vorurteile als Feindbilder beim Kampf der Regierung gegen den Privathandel herhalten. In Zusammenhang mit den sich verschlechternden Beziehungen zwischen Vietnam und der Volksrepublik China erfolgten zunehmende Schikanen und Überwachungsmaßnahmen. Besonders die im Norden Vietnams lebenden Chinesen erachtete man als Sicherheitsproblem.

Bereits 1977 flohen zahlreiche Chinesen in die Volksrepublik China, in den zwei Monaten nach Abschaffung der Privatwirtschaft dann 120.000. Als die Volksrepublik China ihre Grenzen schloß, blieb nur noch die Flucht mit Booten oder Flößen auf dem Seeweg. Viele Menschen ertranken dabei oder fielen

Piraten in die Hände. Von 1975 bis Juni 1979 versuchten 277.000 Vietnamesen auf dem Seeweg zu flüchten („boat people"). Man schätzt, daß dabei zwischen fünfzehn und fünfzig Prozent ertranken oder von Piraten ermordet wurden. Nach dem chinesischen Feldzug gegen Vietnam im Februar/März 1979 arbeitete die Regierung dann ganz offen auf die Flucht der Chinesen hin, die dafür hohe Ausreisegebühren bezahlen mußten; zum Teil wanderten diese in die Taschen korrupter Funktionäre. Ethnische Vietnamesen werden hingegen an der Ausreise eher gehindert.[75]

In zynischer Weise organisierte die vietnamesische Regierung nun selbst das humanitäre Problem der „boat people" und verdiente dabei wertvolle Devisen an dieser Variante des Menschenhandels. Der deutsche Beobachter Dr. Klaus-Jürgen Goldmann aus Ennepetal schreibt:

„Als Erdölgeologe in Vung Tau an der Mündung des Mekong eingesetzt, konnten meine Kollegen und ich 1979 bis 1981 zur Zeit der ‚boat people' beobachten, wie Ausreisewillige und Mißliebige abends an der Kaimauer zusammengetrieben, je nach Arbeitskraft und Alter mit Beträgen zwischen 2.000 und 4.000 amerikanischen Dollar abkassiert und dann in Booten, die unter staatlicher Aufsicht im Fischereihafen von Vung Tau quasi am Fließband gebaut worden waren, ins Meer gesetzt wurden. Sahen sie dann unser Bohrschiff – etwa 150 Kilometer vor der Küste –, versenkten sie in der Regel ihre Boote, um somit Aufnahme und Asyl zu erzwingen, woraufhin wir genötigt waren, von den kommunistischen Behörden unter Kenntnis Bonner Ministerien neue Boote zu horrenden Preisen zu erwerben – sie mußten ja irgendwie wieder von Bord." [76]

Schließlich erklärte sich Vietnam bereit, die geordnete Emigration zu erleichtern, wodurch in den achtziger Jahren die Zahl der „boat people" zurückging. Insgesamt waren von 1975-1982 über 1 Mio. Menschen (von insgesamt 50 Mio. Einwohnern) geflohen, vor allem in die Volksrepublik China, in die USA und nach Thailand.[77]

Auch gegen andere ethnische Minderheiten (zusammen mit den Hoas insgesamt etwa ein Anteil von 16 %) erwies sich die kommunistische Regierung als unduldsam. Ihre autonomen Zonen wurden nach der Machtübernahme aufgelöst. Eine einheitliche „Vietnamesische Nation" sollte aufgebaut werden, kulturelle und ethnische Unterschiede verschwinden. Die „Neuen Ökonomischen Zonen" wurden vielfach in Gegenden mit ethnischen Minderheiten angelegt, um diese zahlenmäßig zurückzudrängen und zu nivellieren. Nomadisierende und halbnomadisierende Völker sollten in Großdörfern zusammengefaßt und seßhaft gemacht werden. Infolge dieser Maßnahmen gab es im Jahre 1982 wieder ernsthaften Widerstand im Hochland gegen die Regierung. Sie folgte daraufhin einem konzilianteren Kurs gegenüber den ethnischen Minderheiten.[78]

Auch in Vietnam zeigte sich, daß kommunistische Systeme sich allen theoretischen Bekundungen zum Trotz häufig auf eine bestimmte ethnische Gruppe stützen (die sich durch die Rolle des Befreiers gelegentlich auch selbst legitimiert) und Machtdenken und Nationalismus aus der bürgerlichen Vergangenheit übernehmen. So führte die neue kommunistische Regierung auch außenpolitisch das traditionelle vietnamesische Hegemoniestreben in Indochina fort und brachte 1977 Laos durch einen Beistandsvertrag in weitgehende Abhängigkeit. 1978/79 marschierte die Armee in Kambodscha ein und etablierte dort eine Satellitenregierung.

Der erste Vierjahresplan der Wirtschaft sah einen forcierten Aufbau der Schwerindustrie vor. Bereits Ende der siebziger Jahre war das Land jedoch aufgrund von Versorgungsschwierigkeiten in einer wirtschaftlichen Krise. In der Landwirtschaft wagte man noch nicht eine großangelegte Kollektivierung, zog die Bauern jedoch durch Steuern und Abgaben stark heran. Bei Nichterfüllung drohten Konfiskation und Deportation in „Neue Ökonomische Zonen".[79] Teilweise stieß man mit dem Programm einer Landreform auf positive Resonanz, waren die vergangenen der bürgerlichen Regierungen doch nur von ungenügendem Erfolg gewesen. Vor Ort wurde der Zusammenschluß in landwirtschaftlichen Produktionsgenossenschaften teilweise freiwillig durchgeführt, teilweise auch erzwungen.

Um die überbevölkerten Städte zu entlasten und eine gleichmäßigere Bevölkerungsverteilung zu erreichen, warb man Siedler für die „Neuen Ökonomischen Zonen" und versprach großzügige technische Unterstützung und personelle Hilfe durch Armee-Einheiten. Insgesamt 4 Mio. Menschen sollten bereits von 1976-1980 umgesiedelt werden. Als die Neusiedler aber vielerorts ohne nötige Hilfsmittel und Infrastruktur belassen wurden, suchten sie wieder in die Städte zurückzuwandern. Allerdings schränkte der Staat die Bewegungsfreiheit innerhalb des Landes ein. Mehr und mehr ging man dazu über, Menschen abzuschieben, so beispielsweise politisch ‚unzuverlässige' Personen, die am Verbannungsort besser kontrolliert werden konnten.[80]

Außerdem plante man, etwa 160.000 weit verstreute Dörfer in 15.000 bis 20.000 Städten zu konzentrieren, nicht zuletzt, um die soziale und politische Kontrolle zu verstärken. Auch gegen diese Maßnahmen gab es Widerstand.[81]

Das „Zehn-Punkte-Programm" vom 1. April 1975 hatte eine „Garantie der Glaubensfreiheit sowie die Einheit und Gleichheit der Religionen" garantiert. Während man den dominierenden Konfuzianismus relativ unbeachtet ließ, suchte man jedoch den Einfluß des Buddhismus zurückzudrängen, obwohl gerade buddhistische Mönche im vorkommunistischen Südvietnam vielfach in Opposition zur Regierung gestanden und gegen eine Fortsetzung des Krieges opponiert hatten. Im April 1977 erstürmte man die berühmte An Quang-Pagode, und die führenden Mönche wurden verhaftet. Als „Agenten des amerikanischen Imperialismus" verurteilte man sie zu langjährigen Gefängnisstrafen. Alle religiösen Aktivitäten wurden ab November 1977 per Gesetz unter strenge Kontrolle des Staates gestellt. Noch eingeschränkter war der Freiraum der kleinen christlichen Minderheit, der zudem der Geruch des Kolonialismus anhaftete. Der Staat verdächtigte sie grundsätzlich einer konterrevolutionären Gesinnung. Viele Geistliche kamen deshalb in Umerziehungslager; ansonsten wurde ihre Bewegungsfreiheit eingeschränkt.[82]

Zur Disziplinierung der Intellektuellen begann 1977 eine Kampagne gegen die Einflüsse der „westlich dekadenten" bzw. „neokolonialistischen" Kultur.[83] Die Presse wurde gleichgeschaltet, mit dem „sozialistischen Realismus" eine kulturelle Einförmigkeit verordnet.

Die Armee konnte durch den Sieg im Bürgerkrieg und im Krieg gegen die Roten Khmer sowie durch das gute Abschneiden gegenüber den Chinesen ihre Stellung festigen und die Truppenstärke halten, mußte sich jedoch durch Einsatz in der Landwirtschaft z.T. selbst unterhalten. Die vermehrte Wahl von Armeevertretern in das Zentralkomitee beim IV. Parteikongreß im Jahre 1976 verdeutlicht die zunehmende Militarisierung Vietnams.[84]

Aufgrund einer fortschreitenden Wirtschaftskrise bremste die Regierung ab 1979 den forcierten Aufbau des Sozialismus und schlug einen pragmatischeren Kurs ein. Man gab nun dem Wirtschaftswachstum eindeutig den Vorrang vor der Ideologie. In beschränktem Umfang wurden nun private Kleinhändler und Kleinunternehmer wieder zugelassen. Bauern durften einen Teil ihrer Ernte selbständig verkaufen; die Bildung von landwirtschaftlichen Produktionsgenossenschaften sollte nicht mehr erzwungen werden.[85]

Wohl zur Rückzahlung von Kriegsunterstützung sandte man ab etwa 1980 zehntausende Vietnamesen zum mehrjährigen Arbeitseinsatz in die Sowjetunion (11.000), in die ČSSR (26.000) und in die DDR (7.500), vielfach direkt aus Umerziehungslagern. Die Betroffenen konnten sich das Zielland und ihre Arbeit nicht aussuchen und lebten in der Fremde streng reglementiert und überwacht. Nur einen Teil des Lohnes bekamen sie ausbezahlt, der Rest wurde direkt an den vietnamesischen Staat überwiesen. Auch mit seinen Gastarbeitern betrieb das vietnamesische Regime einen zynischen Menschenhandel gegen Devisen, der sich nach dem Zusammenbruch des Kommunismus im Osten Europas fortsetzte, beispielsweise in den Verhandlungen mit der Bundesrepublik Deutschland über die Zukunft der vietnamesischen Gastarbeiter und Asylbewerber.[86]

Im 1953 unabhängig gewordenen Königreich Laos bestand von 1945 bis 1975 ein mehr oder weniger intensiver Bürgerkrieg zwischen den Franzosen bzw. den monarchistischen Regierungstruppen und den kommunistischen „Pathet Lao". Verschiedentlich wurden die Kommunisten an Koalitionsregierungen beteiligt, die sich aber als brüchig erwiesen. Im Jahre 1970 hatten die Pathet-Lao-Verbände mit Unterstützung nordvietnamesischer Truppen bereits ca. 70 % des Landes erobert. Im Zuge der Pariser Vietnam-Verhandlungen wurde 1973 für Laos wiederum eine Koalitionsregierung vereinbart. Nach dem Fall Südvietnams und Kambodschas und weiterer militärischer Erfolge der Pathet Lao brach das alte System fast widerstandslos zusammen; die zivile und militärische Führungsschicht floh nach Thailand. Die Machtübernahme vollzog sich schrittweise und weitgehend gewaltlos. Am 2. Dezember 1975 schaffte die neue kommunistische Regierung die Monarchie ab und begründete die „Demokratische Volksrepublik Laos".

Anders als die Roten Khmer in Kambodscha waren die Pathet Lao mit erheblicher vietnamesischer Hilfe an die Macht gekommen, und Vietnam übte einen entscheidenden Einfluß in Laos aus. Regierungschef wurde der vietnamfreundliche Kaysone Phomvihane, nicht der prominentere „rote Prinz" Souphanou Vong, der auf den einflußlosen Posten des Staatspräsidenten abgeschoben wurde. Im Jahre 1977 wurde ein Vertrag über die „besonderen Beziehungen" zwischen Laos und Vietnam geschlossen, der auch die weitere militärische Präsenz Vietnams beinhaltete. Damit gab das Land praktisch einen Teil seiner Souveränität auf. Laos wurde fest in den Block der sozialistischen Staaten Südostasiens eingebunden. Entsprechend den Entwicklungen in Vietnam wurden die Umerziehung der Bevölkerung und der Aufbau des Sozialismus betrieben. Widerstand gegen die sozialistischen Umgestaltungen diente zur Legitimation fortdauernder vietnamesischer Truppenstationierung. Als allgegenwärtig erwies sich auch der vietnamesische Geheimdienst.[87]

Getreu dem vietnamesischen Vorbild wurde eine Politik der „nationalen Versöhnung" eingeleitet. Von Juli bis November 1975 kamen praktisch alle Beamten, Funktionsträger und Offiziere des alten Systems in Umerziehungslager. Man hatte von Wochen oder Monaten gesprochen, doch für viele wurden zehn Jahre und mehr daraus. Fünfhundert Generäle, Minister, Spitzenbeamte des alten Systems und rechte Politiker kamen in ein Speziallager im Norden von Laos, das sich in einem ungesunden Klima befand. Dort waren sie besonders harter körperlicher Arbeit ausgesetzt, was zahlreiche Todesfälle bzw. bleibende Gesundheitsschäden zur Folge hatte.[88]

Grundsätzlich war das Vorgehen drakonischer als in Südvietnam: In einem öffentlichen Schauprozeß wurden zunächst im September 1975 hohe Repräsentanten des alten Systems in Abwesenheit angeklagt und zu langjährigen Gefängnisstrafen, sechs von ihnen sogar zur Todesstrafe, verurteilt. In den folgenden Jahren wurden zahlreiche willkürliche Arrestierungen von angeblichen „Konterrevolutionären" vorgenommen, wegen ungerechtfertigter Kritik an der Partei, prochinesischer oder antivietnamesischer Haltung oder wegen „engstirnigem Nationalismus"; oftmals hatten die Anklagen auf Denunziationen beruht. Fast alle wurden ohne Prozeß in ein spezielles Lager in einer entlegenen Provinz geschickt. Informationen über ihren Aufenthalt an Verwandte unterblieben. Eine Strafdauer wurde den Betroffenen nicht mitgeteilt; sie richtete sich nach der persönlichen Führung. Damit schuf man ein Klima der permanenten Einschüchterung. Wertvolle Fachkräfte wurden der Wirtschaft entzogen.[89]

Die revolutionäre Justiz stützte sich nicht auf feste Prozeduren oder ein geschriebenes Straf- und Prozeßrecht. Den Verhafteten standen daher praktisch keine rechtsstaatlichen Mittel, wie beispielsweise in der französischen Kolonialzeit, zur Verfügung. Erst in den achtziger Jahren ging man daran, die Rechtsprechung zu formalisieren.[90]

Erste Entlassungen erfolgten ab 1980. Funktionsträger des alten Systems bekamen in der Regel nur niedrige Arbeiten zugewiesen. Ausländischen Schätzungen zufolge gab es in Laos im Jahre 1984 noch 6.000-7.000 politische Gefangene. Die Regierung stellte dies entschieden in Abrede: Die Lager seien aufgelöst worden und frühere Insassen befänden sich allenfalls noch freiwillig am jeweiligen Ort. In der Tat mochte ein Teil der Gefangenen nach der Entlassung noch in den früheren Gebäuden wohnen; zumindest schienen sie aber weiterhin in ihrer Bewegungsfreiheit eingeschränkt zu sein, und einige Tausende von politischen Gefangenen gab es wohl weiterhin.[91]

Die Mitglieder des ehemaligen Königshauses wurden ab 1977 inhaftiert. Der frühere König Savang Vatthana und Kronprinz Vong Savang sollen im Gefängnis gestorben sein; die Regierung verweigert jegliche Auskunft über ihr Schicksal.[92]

Ende April 1976 wurden 1.200 Einwohner der Hauptstadt Vientiane als „Prostituierte", „Hippies", „Glücksspieler" oder „westlich Beeinflußte" verhaftet und kamen in Umerziehungslager auf einsame Inseln eines Stausees. Derlei Anklagen wurden relativ willkürlich erhoben: So konnte ein Mädchen, das mit verschiedenen Jungen ausging, bereits als „Prostituierte" verhaftet werden.[93]

In religiöser Hinsicht nahm das kommunistische Laos eine Sonderstellung ein, respektierte es doch den buddhistischen Glauben und sprach sogar von Gemeinsamkeiten zwischen Buddhismus und Sozialismus. Zum einen führte sich diese religionsfreundliche Haltung auf die teilweise Unterstützung des kommunistischen Widerstandskampfes durch buddhistische Mönche zurück, zum anderen diente die Anerkennung des in Laos tief verwurzelten Buddhismus der Betonung der nationalen Kultur und Identität; dies auch in Abgrenzung zum übermächtigen Nachbar Vietnam. Zwischen 1975 und 1980 suchte der Staat allerdings, die buddhistische „Sangha" (Mönchsgemeinschaft) unter seine Kontrolle zu bekommen. Eine staatlich gelenkte „Vereinigte Laotische Buddhistische Vereinigung" wurde begründet. Kritische Mönche kamen in Umerziehungslager, wechselten in den Laienstand oder verließen das Land. Der Staat suchte die Mönche in seinen Dienst zu stellen, so z.B. bei der politischen Propaganda und sozio-ökonomischen Transformation in den Dörfern. Der Druck lockerte sich nach 1980. Mönche nahmen nun an Aktivitäten von Staat und Partei teil, wie umgekehrt hohe kommunistische Funktionäre an buddhistischen Zeremonien. Staat und Religion gingen damit eine gewisse Symbiose ein.[94]

Was die Minderheitenpolitik anbelangt, befand sich Laos ebenfalls in einer besonderen Situation: Viele Guerillakämpfer hatten sich aus Minderheiten im gebirgigen Nord-Laos rekrutiert. Deren Einfluß war nach der Machtübernahme relativ stark, und die Lao-Mehrheitsbevölkerung im südlichen Tiefland fühlte sich herausgefordert. Grundsätzlich suchte auch das kommunistische Laos, eine „Laotisch-sozialistische Nation" aufzubauen und ethnische bzw. kulturelle Unterschiede zurückzudrängen. Die Gewährung von Autonomierechten lehnte man aus prinzipiellen Erwägungen ab. In den ersten Jahren nach der Revolution gab es Maßnahmen gegen bestimmte Sitten und Bräuche, doch danach war man um eine Förderung des Kulturerbes der Minderheiten (nicht jedoch ihrer Sprachen) bemüht und suchte ihnen bei der Besetzung von Posten einen entsprechenden Anteil zuzusichern.[95]

Bis 1979 systematisch verfolgt von laotischen und vietnamesischen Truppen wurde das kriegerische Bergvolk der Meo, das die gefürchteten Hilfstruppen der französischen Kolonialherren bzw. der bürgerlichen Regierung gestellt hatte. Ein Friedensangebot der Regierung konnte schließlich die Konfrontation weitgehend beenden.[96]

Auf dem Gebiet der Wirtschaft suchte man wie in Vietnam den Sozialismus beschleunigt einzuführen. Die Industrien sowie der Besitz von „Verrätern", „Reaktionären" und „Profiteuren" wurden verstaatlicht. Der Groß- und Reishandel wurde monopolisiert, der Kleinhandel durch Auflagen und Verbote stark eingeschränkt. Auf dem Land wurde die Bildung von Kooperativen ab Mai 1978 mit Zwangsmaßnahmen vorangetrieben, was bei den vielen Klein- und Mittelbauern – Großgrundbesitzer fehlten weitgehend – auf Widerstand stieß. Die persönlichen Freiheiten wurden stark eingeschränkt: Für zahlreiche Vorhaben waren nun Genehmigungen nötig, selbst für die Reise von einem Dorf ins andere. In den Jahren 1976 und 1977 flüchteten 20.000 bzw. 18.000 Bürger aus dem Süden von Laos ins benachbarte Thailand: Es waren Angehörige des Mittelstandes. Mit Einsetzen der beschleunigten Kollektivierung stieg die Zahl 1978 auf 50.000, nun vor allem Bauern. Andere leisteten vor Ort passiven Widerstand oder suchten sich in die Städte abzusetzen.[97]

Flucht und Widerstand veranlaßten die Parteiführung 1979 zum Umschwenken auf eine pragmatischere Linie. Die Zwangskollektivierung wurde nicht weiter verfolgt, und es wurde auch der Wiederaustritt aus den Genossenschaften gestattet, wovon zahlreiche Bauern Gebrauch machten. Private Produktion und privater Handel wurden stimuliert. Ideologisch zog man den Vergleich mit Lenins „Neuer Ökonomischer Politik" (NÖP) ab 1921. In den Jahren 1983 bis 1985 fanden Säuberungen gegen „Hardliner" statt, wie zuvor 1979 gegen „pro-chinesische Elemente". [98]

Das Königreich Kambodscha hatte sich am 8. November 1953 von Frankreich für unabhängig erklärt. Im Vietnamkrieg verfolgte Prinz Sihanouk eine Politik der Neutralität. Ab 1967 begannen die kommunistischen „Roten Khmer" den Bürgerkrieg. Durch den von der CIA aus strategischen Gründen unterstützten Rechtsputsch Lon Nols, der im März 1970 die „Republik Kambodscha" proklamierte, wurde das Land in den Vietnamkrieg hineingezogen und destabilisiert.

Prinz Sihanouk bildete eine Koalition mit den Roten Khmer zum Sturz Lon Nols. Damit geriet er aber in zunehmende Abhängigkeit von den Kommunisten. Ende 1973 kontrollierten die von Nordvietnam unterstützten Roten Khmer bereits 90 % des Landes. Am 17. April 1975 marschierten sie in der Hauptstadt Phnom Penh ein und proklamierten das „Demokratische Kampuchea". Prinz Sihanouk kehrte am 9. September desselben Jahres als Staatschef nach Kambodscha zurück, war aber de facto entmachtet. Nach Wahlen trat er im April 1976 zurück und wurde unter Hausarrest gestellt. Die Spitze des Staates bildete nun ein Staatspräsidium, dessen Vorsitzender Khieu Samphan war; der 1965/66 in der Volksrepublik China geschulte Saloth Sar, genannt „Pol Pot", wurde Premierminister.

Der dominante Flügel innerhalb der Kommunistischen Partei Kambodschas um Pol Pot und Nuon Chea entwickelte das ehrgeizige Ziel, ohne jede Übergangsphase das Endstadium des Kommunismus zu verwirklichen. Khieu Samphan und Ieng Sarey äußerten 1975 nach einem China-Besuch gegenüber Prinz Sihanouk: „(...) wir werden die erste Nation sein, die eine vollständige kommunistische Gesellschaft verwirklicht, ohne mit Zwischenstufen Zeit zu vergeuden." [99)]

Die Roten Khmer sahen in dem alten kambodschanischen Reich Angkor die Urform eines bäuerlichen Kommunismus. Ihre Guerillaarmee war kleinbäuerlichen Ursprungs, und entgegen der orthodoxen Lehre, die den Schwerpunkt auf städtische Schwerindustrialisierung setzte, strebten die Roten Khmer auch in der Gegenwart zunächst einen Agrarkommunismus an, der jedoch nach dem Vorbild der modernen Industrie organisiert sein sollte. Das Proletariat, das bisher nur in Ansätzen bestanden hatte, wollte man auf dem Lande neu schaffen. Die idealisierte Lebensweise armer Bauern wurde zur Norm bei der Kreation eines neuen Menschen. [100)]

Die nunmehrigen Machthaber verkündeten, daß am 17. April 1975 eine 2.000 Jahre alte Geschichte zu ihrem Ende gekommen sei. [101)] Über das gesamte Land wurde sofort eine Quarantäne verhängt. Eindringlinge wurden als Spione hingerichtet, und selbst kommunistische Journalisten durften nur in verschwindend geringer Zahl das neue „Demokratische Kampuchea" besuchen.

Aufgrund der wenigen vorliegenden Dokumente und Zeugenaussagen ist eine wahrheitsgemäße Beurteilung der Jahre 1975-1979 mit Schwierigkeiten verbunden. Hinzu kommt, daß die Herrschaft Pol Pots sowohl von der westlichen wie von der sowjetisch-vietnamesischen Propaganda attackiert wurde und deshalb Übertreibungen möglicherweise unwidersprochen blieben.

Als eine der ersten Maßnahmen wurde die Bevölkerung in drei Klassen eingeteilt: Vollberechtigte, Kandidaten und Entrechtete. Unter erstere Kategorie fielen arme und mittlere Bauern, unter zweitere reiche Bauern und Kleinbürger, unter letztere Kapitalisten (meist identisch mit Stadtbewohnern) und ausländische Minderheiten. Aber gemäß maoistischem Verständnis bestimmte sich diese Klassifikation nicht ausschließlich nach der Klassenzugehörigkeit, sondern auch nach der Biographie und dem persönlichen bzw. familiären Verhalten. Das „Neue Volk" der Stadtbewohner sollte durch harte körperliche Arbeit auf dem Land und intensive ideologische Schulung allmählich die Lebensweise der armen Bauern annehmen.[102]

Nur noch drei Berufe waren fortan zugelassen: Landarbeiter, Industriearbeiter und Soldat. Alle anderen Berufe und die damit verbundenen sozialen Positionen und Privilegien wurden mit einem Federstrich beseitigt. Die Abschaffung der Gehälter, des Geldes und der Marktwirtschaft sollte die völlige soziale Nivellierung zur Folge haben. Sehr bald entwickelten sich aber unter den neuen Bedingungen wiederum eine bevorteilte Klasse, die Zugang zu den drei lebenswichtigen, knappen Gütern hatte: Nahrung, Waffen und Information.[103]

Das städtische Leben, das man als bürgerlich sowie von westlicher Kultur und Chinesen bzw. Vietnamesen überfremdet einstufte, wurde für eine unbestimmte Zeit völlig abgeschafft. Städte wie Phnom Penh wurden evakuiert, die überlebende Bevölkerung aufs Land deportiert. Zwar waren in der Tat die Städte aufgrund des Bürgerkrieges übervölkert, und es bestand Nahrungsmittelknappheit, doch ideologische Gründe standen bei diesem Vorgehen klar im Vordergrund: Pol Pot mißtraute den Städten, da hier eine erfolgreiche Bildung und Überwachung von Volkskommunen kaum möglich sei.[104]

In Phnom Penh blieben nur etwa 20.000 Menschen im Regierungsviertel und als Arbeiter in den als wichtig eingestuften Industriebetrieben zurück. In zahlreichen Stadtvierteln kam das Leben völlig zum Erliegen; die Häuser und Gebäude wurden einfach zugesperrt. Es gab keine stadtweite Müllabfuhr, Wasser- und Stromversorgung sowie keine öffentlichen Verkehrsmittel mehr.

Die Aussiedlung ging teilweise unter harten Begleitumständen vor sich: Auf der Route in den Norden hatte man den Betroffenen nur zehn Minuten Zeit gegeben, die nötigsten Dinge für die Reise zu packen. Alte, Kinder und selbst die Insassen der Krankenhäuser wurden aufs Land deportiert. Eine unbekannte Zahl Kambodschaner starb schon auf dem Marsch. Wer sich weigerte, die Stadt zu verlassen, wurde auf der Stelle erschossen.[105]

Etwa 2-3 Mio. Kambodschaner wanderten in Arbeits- und Umerziehungslager auf das Land. Harte Arbeit, unzureichende Verpflegung und medizinische

Versorgung führten zu Hunger und Epidemien mit hohen Todesraten, insbesondere unter älteren Menschen. Vor allem aus Stadtbewohnern wurden Arbeitsbrigaden für entlegene Landesteile gebildet. Sie mußten dort von Sonnenaufgang bis Sonnenuntergang arbeiten und erhielten lediglich eine Schale wäßrigen Reis pro Tag, angereichert durch Mäuse, Kaulquappen und Eidechsen. Wer in einem unbewachten Moment etwas Unkraut aß, wurde des „Diebstahls an der Revolution" angeklagt.[106]

Ende 1975 wurde eine zweite Evakuierungsaktion begonnen: Vom übervölkerten Südwesten in die dünn besiedelten Dschungelgebiete des Nordwestens, wo „Neue Landwirtschaftszonen" entstehen sollten. Unter weitgehendem Verzicht auf Technologie mußten Dämme, Kanäle und Bewässerungssysteme erbaut werden.[107]

Vickery weist auf die regionalen Unterschiede hin: Brutalität und Terror hätten in verschiedenen Regionen recht differenzierte Ausmaße erreicht. Schon die Evakuierung Phnom Penhs habe sich in der unterschiedlichen Verantwortung einzelner Guerillaeinheiten voneinander unter abweichenden Begleitumständen vollzogen. Im „Demokratischen Kampuchea" habe der Staat den neugebildeten Zonen und den ihnen unterstehenden Regionen eine weitgehende Entscheidungsautonomie eingeräumt und nur Leitlinien der Politik angeordnet. So sei allgemein die Lage im traditionell fruchtbaren und der Regierungskontrolle nahen Südwesten das Vorgehen des Staates eher milde gewesen, während die größten Härten im Nordwesten und Norden zu beobachten gewesen seien. Die Betroffenen seien dort in wesentlich größerem Ausmaß der Willkür und Rache lokaler Kader ausgesetzt gewesen. Gerade in den „Neuen Landwirtschaftszonen" mit ihren unfruchtbaren Böden hätten die in diese Gebiete Deportierten ohne ausreichende Hilfsmittel, Anleitung und Versorgung kaum ökonomische Erfolge erzielt, und das dortige Leben sei von Entbehrungen gekennzeichnet gewesen. Unmut der Betroffenen habe massive Repression auf seiten der leitenden Kader hervorgerufen. Die Todesrate aufgrund schlechter Behandlung, Mangelerscheinungen, Krankheiten und Strafexekutionen sei hier besonders hoch gewesen. Auch betont Vickery zeitliche Unterschiede: Während die Lage in den Jahren 1975/76 noch relativ erträglich gewesen sei, sei die Zahl der Exekutions- und Hungeropfer 1977/78 infolge der großen Säuberungen, der gescheiterten ökonomischen Politik und der Kriegsvorbereitungen gegen Vietnam (siehe unten) erheblich angestiegen.[108]

Die Bevölkerung sollte in großen, sich selbst versorgenden und militärisch organisierten Landkommunen zusammengefaßt werden. Mit den dort erwirtschafteten zukünftigen Überschüssen wollte man zunächst eine Leicht-, dann eine Schwerindustrie aufbauen. Auch sollte Kambodscha völlig autark werden. Den Landkommunen wurden deshalb immense Produktionssteigerungen auferlegt: Der Vierjahresplan für die Jahre 1977-1980 forderte eine Verdoppelung der Reisproduktion bis 1980. Während die Landarbeiter täglich nur

schmale Verpflegungsrationen zugewiesen bekamen, wurde der Reis tonnen-
weise abtransportiert, um gegen Devisen ins Ausland verkauft oder in Vorrats-
bunkern gehortet zu werden.

Auf dem Land wurde den Bauern keinerlei persönlicher Grundbesitz gelassen, sondern es wurden gewissermaßen landwirtschaftliche Großindustrien
etabliert. Angeblich wollte man damit das ungerechte Feudalsystem abschaf-
fen. Dieses hatte sich in Kambodscha aber nur in einigen wenigen Regionen
erhalten; überwiegend bestand ein selbständiges Kleinbauerntum, das allerdings unter Verschuldung und hoher Steuerbelastung litt. Ganz Kambodscha
glich einem riesigen Arbeitslager.

Ideologische Erwägungen widersprachen häufig aller Vernunft: So mußten
Reisfelder, unabhängig von den jeweiligen örtlichen Bedingungen, einheitlich
100 qm groß sein. Humanitäre Hilfe aus dem Ausland wurde abgelehnt,
Schädlingsbekämpfungsmittel nicht mehr importiert, weshalb beispielsweise
die Malaria in erheblichem Ausmaß wiederkehrte und 1975/76 zur Hauptto-
desursache wurde.

Nach der Revolution wurden wohl alle Spitzenfunktionäre und höheren
Offiziere des Lon-Nol-Regimes hingerichtet, so z.B. in Massenexekutionen
außerhalb Phnom Penhs. Das Regierungsradio forderte beim Einmarsch der
Roten Khmer die Truppen auf, den Roten-Khmer-Soldaten die Hand zu reichen und Verhandlungen aufzunehmen; Minuten später ertönte ein Schuß, und
eine andere Stimme sagte: „Dieser Sieg kommt nicht durch Verhandlungen
zustande, sondern durch den Lauf eines Gewehres." Danach war Schweigen in
der Leitung.[109]

Daß man systematisch alle Soldaten, Polizisten, Beamten, aber auch Lehrer,
Anwälte, Ärzte, Kaufleute hingerichtet habe,[110] ist wohl unrichtig. In der dis-
ziplinierten, gut verwalteten Südwestzone wurde beispielsweise gemäß
Vickery nur eine begrenzte Anzahl von Exekutionen durchgeführt. In manchen
anderen Zonen fand jedoch in der Tat eine weitgehende Eliminierung von
Angehörigen dieser Berufe statt, ohne daß dies wohl ausdrücklich von der
Staatsspitze so angeordnet worden war.[111]

Der Transformationsprozeß ging unter größter Geheimhaltung vonstatten:
Damit erzeugten die Roten Khmer eine Atmosphäre allgegenwärtiger Angst,
die die Wirkung des Terrors in eindringlicher Weise ergänzte. Die Roten
Khmer gaben kaum Informationen über sich oder ihre Ziele. Sie waren nur
unter dem anonymen Namen „Angkar Loeu" (Die Obere Organisation)
bekannt. Von ihren Führern kannte man allenfalls Pol Pot („Bruder Nr. 1") und
Nuon Chea („Bruder Nr. 2") und vielleicht einige weitere, und diese hielten
sich weitgehend im Hintergrund. Bekannt waren nur die Kampfnamen, nicht
die eigentlichen Namen. Die Macht wurde von den lokalen Autoritäten ausgeübt, die wiederum diskret Leitlinien von der obersten Spitze erhielten. Niemand wußte genau, wer zu „Angkar Loeu" gehörte. Die Masse der Bevölke-

rung erhielt nur die nötigsten Informationen und wurde in ständiger Unge-
wißheit gehalten. So wurde beispielsweise den Stadtbewohnern bei der Evakuierung erzählt, sie könnten in drei Tagen zurückkehren.[112] Die offizielle
Sprache war ein „Orwellsches Newspeak", das die wahren Ziele umschrieb:
Exekutionen wurden beispielsweise mit der Formulierung: „Komme mit uns
zur weiteren Untersuchung!" eingeleitet; sie fanden grundsätzlich im geheimen statt.[113]

Charakteristisch für die kambodschanische Revolution war die Geringschät-
zung von Intellekt, Bildung, Technologie, westlichen Werten, städtischem
Leben und Industriearbeitertum. Die höheren Klassen der Volksschulen, Ober-
schulen und Universitäten wurden sofort nach der Revolution auf unbestimmte Zeit geschlossen (lediglich für die Kinder der obersten Führung wurde in
Phnom Penh eine weiterführende Schule aufrechterhalten). Es verblieben nur
die untersten Grundschulklassen, die vor allem eine landesweite Alphabetisierungskampagne sowie eine praktisch orientierte Bildung betrieben. Hinzu
kamen politischen Schulungen. Das Wissen zahlreicher Fachleute wurde ver-
geudet, indem man sie zu körperlicher Arbeit aufs Land schickte oder ermordete. Grundsätzlich galt die Regel „Gesinnung vor Wissen", und man vertraute auf das Lernen durch Eigenerfahrung. Letztendlich steuerte dieses Konzept
aber auf ein ökonomisches Fiasko hin. Industrien wurden nur aufrechterhalten,
wenn sie für die Bedürfnisse des Landes notwendig waren; die dort tätigen
Industriearbeiter genossen keinerlei privilegierte Stellung.[114]

Obwohl die Regierung eine Alphabetisierungskampagne durchführte, ver-
zichtete sie weitgehend auf gedruckte Werbung. Wichtige Propagandamittel
bildeten das Radio sowie in die Dörfer entsandte Werbetrupps, die aus hierfür
besonders geschulten Jugendlichen bestanden.

Als neue Elite zog man bevorzugt ungebildete Landbewohner aus entlegenen Gegenden heran. Bewußt setzten die Roten Khmer damit auf latent vorhandene Ressentiments gegen das wohlhabende städtische Bürgertum.[115]

In erster Linie rekrutiert wurden auch Jugendliche, die man in Lagern fern
der Heimat indoktrinierte. Sie waren der Führung gegenüber absolut loyal und
zudem das bevorzugte „Oppakar Phdach Kar Robas Pak" (diktatorische
Instrument der Partei). Schon die Guerillaarmee der Roten Khmer hatte zahlreiche „Kindersoldaten" in ihren Reihen gezählt. Nur Jugendliche durften
Waffen tragen. Bewußt wurden „bürgerliche" Regungen wie Mitleid aberzo-
gen und Indifferenz gegenüber Gewalt, Schmerz und Tod eingeübt, z.B. im
Umgang mit Tieren. Damit verstieß man bewußt gegen Gebote des Buddhismus, der Toleranz und Sanftmut lehrt und Mönchen das Töten von Tieren verbietet. Ähnlich wie in der chinesischen Kulturrevolution stellten die Roten
Khmer vor allem den Idealismus und Abenteuerdrang von Jugendlichen in den
Dienst ihrer radikalen Revolution (allerdings nicht von Studenten und Ober-
schülern, sondern von bäuerlichen Jugendlichen).[116]

Nach der Revolution ging der Krieg gewissermaßen gegen die von westlichen Einflüssen verdorbene Zivilbevölkerung weiter, entsprechend war das Verhalten der einrückenden Rote-Khmer-Soldaten gegenüber der Bevölkerung. Analog zur Praxis in der Sowjetunion zwischen 1918 und 1921 kann man durchaus von einem „Kriegskommunismus" sprechen – doch in den ersten Jahren der Herrschaft der Roten Khmer gab es im Unterschied zum seinerzeitigen Rußland keinen Bürgerkrieg mehr. Krieg stellte einen der obersten revolutionären Werte dar, und auch die Sprache des Regimes war militarisiert. Bereits im Jahre 1960 hatte Pol Pot „die revolutionäre politische und militärische Gewalt" als Methode des künftigen Vorgehens im Parteiprogramm der kambodschanischen KP niederschreiben lassen.

Die jugendlichen Revolutionsgarden („chlorbs") waren Herren über Leben und Tod. Ihr Vorgehen war vielfach von Rache gegenüber der städtischen Bourgeoisie und Intelligenz bestimmt. Oft genügten bereits die Kenntnis von Fremdsprachen, der Besitz einer Brille oder einer Zahnbürste für die Hinrichtung. Wie Vickery verdeutlicht, konnte schon das Eingeständnis von Fähigkeiten verhängnisvoll sein:

„Wenn, beispielsweise, eine elektrische Installation repariert werden mußte, war es sehr gefährlich zu sagen: ‚Ich kann es beheben; ich bin Ingenieur.' Es war ebenso gefährlich, nichts zu tun, denn dann verbarg man Kenntnisse und entzog sie der Organisation. Das geeignete Verhalten war, sich auf dem schmalen Grat zwischen Unwissen und zögerlichem Eingeständnis eines begrenzten Ausmaßes von Fähigkeiten zu bewegen, die möglichst durch praktische Arbeit erworben und gerade ausreichend für eine spezielle Aufgabe waren." [117]

Daß in vielen Fällen die Köpfe der Opfer mit Hacken und Schaufeln zertrümmert wurden, mag auf die ideologische Motivation der Tötung von Klassenfeinden hindeuten.[118] Vor ihrer Hinrichtung hörten die Opfer häufig den Satz: „Letztendlich wirst Du von Nutzen für die Revolution sein – Du wirst menschlicher Dünger werden." [119]

Selbst die kleinsten Vergehen in den Arbeitslagern, wie beispielsweise das Tragen westlicher Kleidungsstücke oder außerehelicher Beischlaf, wurden mit Exekution bestraft. Zum Ende der Herrschaft der Roten Khmer im Jahre 1979 fand man kaum Gefangene vor: Exekutionen waren die normale Strafe in den vergangenen vier Jahren gewesen. Allgemein galt der Satz: „Angkar somlap, min dael prap" (Die obere Organisation tötet, aber erklärt nie, warum).[120] Revolutionärer Terror galt zumindest in der Übergangszeit als Tugend.

Schon die Tatsache, daß Jugendliche vom Lande nun die tonangebende Schicht waren, hatte das Wertsystem auf den Kopf gestellt. Allen bestehenden Idealen wurde denn auch kompromißlos der Kampf angesagt: der Kultur, dem

Erziehungssystem, der Religion, der Monarchie, dem Bürgertum, den Städten, dem traditionellen Familiensinn, der Landverbundenheit, dem westlichen Individualismus und dem Besitzstreben. Träger der alten Werte wie Lehrer, Mönche, Offiziere wurden bevorzugt umgebracht oder deportiert.[121]

Kompromißlos drängte man die Privatsphäre zugunsten des Staates zurück. Der einzelne war atomisiert und konnte sich vor der staatlichen Umerziehung zu einer „neuen sozialistischen Person" mit neuen Werten und Normen in keine Nische flüchten. Es gab auch keine Anreize mehr für ein individuelles Vorwärtskommen.[122] Ohne jeglichen Besitz waren die Städter aufs Land evakuiert worden. Spiele, Sport, Schmuck und außereheliche Intimbeziehungen wurden verboten. Es gab eine öffentliche Gemeinschaftsspeisung. Ehen mußten von den Kadern genehmigt werden und waren nur innerhalb der eigenen Klasse zulässig. Zur Bevölkerungsvermehrung wurde die Zeugung von Kindern propagiert.

Grundsätzlich war man bestrebt, die Unterschiede zwischen den Geschlechtern zu minimieren: Auch Frauen wurden zu harten körperlichen Arbeiten herangezogen und mußten sich wie Männer kleiden. Überhaupt erfolgte eine völlige Reglementierung und Nivellierung im Bereich der Kleidung, des Haarschnitts, der Sprache und des Freizeitverhaltens. Junge Kader überwachten die Arbeiter in den Arbeitslagern, insbesondere deren ideologische Äußerungen, auch in der knapp bemessenen Freizeit; zu gegenseitigen Denunziationen wurde aufgerufen.

Anreden wie Vater, Mutter waren verboten, es gab nur noch „Genossen". Familien waren bei den Umsiedlungen auseinandergerissen worden. Wie Vickery jedoch betont, war der Staat nicht grundsätzlich bestrebt, den Familienverband aufzulösen; allerdings habe er die traditionelle Großfamilie zugunsten der Kleinfamilie bekämpft und verschiedene Kompetenzen des Familienvaters an sich gezogen.[123]

Die Kindheit als autonome Lebensform wurde so weit als möglich beseitigt: In den Fabriken Phnom Penhs arbeiteten auch 12jährige; sie mußten auf Podesten stehen, um die Maschinen bedienen zu können.[124] Aus Kindern rekrutierte der Staat denn auch bevorzugt Soldaten und Kaderpersonal.

Den wenigen auswärtigen Besuchern Kambodschas in den Jahren zwischen 1975 und 1979 fiel daher auch vor allem die herrschende Anonymität, das Fehlen von Lachen, von Farben und von Kindern auf.[125]

Im Zuge der angestrebten Nivellierung der Gesellschaft auf allen Gebieten wurden Minderheiten und deren Kultur unterdrückt. Grundsätzlich verdächtigte man sie als antirevolutionär und klassifizierte sie in der Regel als „Entrechtete". Eine Prämisse der Roten Khmer lautete: „Von nun an gibt es keine unterschiedliche Nationalitäten (...) in Kampuchea."[126] Sofort vertrieben hatte man nach der Revolution die Vietnamesen.[127] Die anderen Minderheiten mußten ihre Namen, ihre Sprache, Religion, Kleider und Sitten aufgeben. Insbesondere die islamischen Chams, die Sino-Khmers und die Chinesen waren Repressalien ausgesetzt. Nach Vickery gab es eine systematische Verfolgung von Minderheiten, so beispielsweise die der islamischen Chams, allerdings nur in bestimmten Zonen, nicht als von oben befohlene Leitlinie.[128]

Wegen ihrer guten Beziehungen zum „Demokratischen Kampuchea" sah die Volksrepublik China der Entrechtung und Verfolgung der chinesischen Minderheit stillschweigend zu, ganz anders als im Fall Vietnam, wo man massiv gegen die Behandlung der Chinesen protestierte.[129]

Aber auch Kultur, Lebensweise und Traditionen der Khmer waren von der Nivellierung betroffen, wenngleich sich die kommunistischen Funktionäre – vielleicht als Legitimation gegenüber dem traditionellen Rivalen Vietnam – auf die Machttradition des Khmer-Reiches beriefen, vor der außergewöhnlichen Tempelanlage von Angkor Wat posierten und die „Einzigartigkeit der kambodschanischen Rasse" beschworen.[130]

Religionsausübung wurde prinzipiell abgeschafft: Die buddhistischen Tempel wandelte man zumeist in Büros, Versammlungshallen oder Kasernen um (in der Regel wurden sie allerdings nicht zerstört), Beten wurde unter Strafe gestellt. Die 60.000-80.000 buddhistischen Mönche brachte man nach Vickery nicht massenweise um, wenngleich es zu Mönchstötungen kam; sie wurden in der Regel als „Entrechtete" zum Arbeitseinsatz geschickt. Genauso unterdrückte man die christliche Religion. In einem Akt der Zerstörung wurde die katholische Kathedrale in Phnom Penh, vielleicht auch als Symbol des (Neo-)Kolonialismus, abgerissen.[131]

Innerhalb der Kommunistischen Partei gab es mehrere Flügel, so vor allem einen radikalen, nationalistischen um Pol Pot und einen pragmatischen, vietnamfreundlichen. Im September 1976 schien es, daß letzterer sich durchsetzen und Pol Pot verdrängen würde. Doch im Oktober kehrte Pol Pot nach kurzzeitiger, „gesundheitsbedingter" Abwesenheit zurück und zementierte nun seine Macht: Zwischen November 1976 und November 1978 führte er zwei Säuberungen durch und beseitigte zehn Spitzenfunktionäre des rivalisierenden Flügels. Auch bereitete er das Land nun intensiv auf den als unvermeidlich angesehenen Krieg mit Vietnam vor. In Zusammenhang mit dem nationalistischen Kurs stand auch die eisern verfolgte Prämisse der Autarkie auf allen Gebieten.

Großangelegte Säuberungen nach Stalinschem Vorbild, zunächst in der Hauptstadt, dann in allen Provinzen, wurden durchgeführt. Chandler spricht von zunehmender Paranoia, die die Führungsspitze um Pol Pot ergriffen habe: Man wähnte sich von Feinden umgeben und witterte überall vietnamesische respektive CIA-Agenten. Jeder, der mit dem Ausland in Kontakt kam, also Intellektuelle, Diplomaten etc., galt als grundsätzlich verdächtig, ein Spion zu sein. Im Zuge dieser Säuberungen wurden viele Angehörige der feindlichen Klassen, die bis dahin noch überlebt hatten, liquidiert.[132]

Träger dieser Säuberungen und neben den Jugendbrigaden zweite Stütze des Systems war der Geheimdienst „Nokorbol". Entsprechend der Praxis der

Roten Khmer operierte er wesentlich geheimer als sein Pendant in osteuropäischen kommunistischen Systemen. Er betrieb auch das berüchtigte, 1,15 qkm große Thol-Sleng-Gefängnis („S21") in Pnom Penh, wo die Dissidenten inhaftiert und ermordet wurden. Etwa 20.000 Gefangene wurden in dieser vormaligen Oberschule vor allem in den Jahren 1977/78 hingerichtet. Mit brutalen Foltern (Schlaf- und Nahrungsentzug, Schläge, Elektroschocks, Feuer, Moskitos) waren zuvor oft bizarre Geständnisse erpreßt worden. Auch Frauen und Kinder der Inhaftierten wurden exekutiert. Das Todesurteil stand meist schon bei Einlieferung fest. Nur sechs überlebten, wie 1979 von den Vietnamesen erbeutete Dokumente exakt festgehalten haben. Nach dem Sturz der Roten-Khmer-Regierung wurde das Thol-Sleng-Gefängnis in ein „Museum des Völkermordes" umgewandelt.[134]

Säuberungen gegen potentielle vietnamfreundliche Dissidenten führte man in allen Zonen und Regionen durch. Dadurch wurden viele fähige Fachleute beseitigt, was die Produktivität weiter zurückgehen ließ. Vielerorts kam es zu längerdauernden Kämpfen rivalisierender Kader. Jugendliche Garden durchkämmten zudem manche Zonen auf der Suche nach verbliebenen Amtsträgern aus der Sihanouk- und Lon-Nol-Zeit und liquidierten diese.

Auch intensivierte sich nun der ideologische Kampf: Zahlreiche Fachleute, Industriearbeiter etc. wurden zu „Entrechteten" degradiert bzw. exekutiert und dafür ideologisch einwandfreie „Vollberechtigte" vom Land eingesetzt, die aber nicht über die nötigen Kenntnisse verfügten. So wurden z.B. die Eisenbahner und die Arbeiter des Elektrizitätswerkes von Phnom Penh im Thol-Sleng-Gefängnis liquidiert und durch in Schnellkursen ausgebildete jugendliche Kader ersetzt. Der Klassenkampf gegen die „Entrechteten" verschärfte sich. Im Hinblick auf den zu erwartenden Krieg wurden die landwirtschaftlichen Produktionsquoten stark angehoben, was auf Kosten der Verpflegungslage ging.

Die Gemeinschaftsspeisung wurde verpflichtend; es war ab sofort strengstens verboten, privat zu essen oder Lebensmittel an andere abzugeben. Die zugeteilte Ration bestimmte sich nun nach der neu eingeführten individuellen Arbeitsnorm. Familiäre und soziale Bindungen drängte man weiter zurück: Männer, Frauen und Kinder wurden nun in getrennten Unterkünften untergebracht.[135] Vielfach wurden Ehepartner vom „Kammaphibal" (politischer Offizier) ausgesucht; Zeugenaussagen sprechen davon, daß Treffen von Eheleuten und sogar der Vollzug des ehelichen Geschlechtsverkehrs von Genehmigungen abhängig waren, die sich an der Arbeitsleistung der Betroffenen orientierten.[136]

All dies rief Widerstand hervor, der wiederum mit verschärfter Repression beantwortet wurde. Die Lage auf dem Land verschlechterte sich daher 1977/78 drastisch und die Zahl der Todesopfer stieg ebenso rasant.

Mitte 1977 begannen auch die Vietnamesen mit einem unerklärten Grenz-krieg im Osten, wobei diverse Rote-Khmer-Kommandeure wie Hun Sen, der spätere Premierminister ab 1979, zu den Vietnamesen überliefen. Ganze Grenzregionen im Osten wurden daraufhin in andere Landesteile evakuiert, wobei Zehntausende mit der Evakuierung beauftragte Kader willkürlich als „Verräter" liquidiert wurden.

In einem Kurswechsel erklärte Pol Pot dann 1978 den Klassenkampf und die Einstufung in drei verschiedene Klassen für beendet, um eine gemeinsame nationale Front gegen den vietnamesischen Feind zu formieren. Geld wurde nun wieder eingeführt und damit offenkundig eine Art Marktwirtschaft anvi-siert. Auch sollte nun das Bildungswesen wiederaufgebaut werden. Viele Fachleute durften ihren früheren Beruf ausüben, um sie den Kriegsanstren-gungen nutzbar zu machen. Doch damit verärgerte sich das Regime seine eigentliche Stütze, die bislang privilegierten Kleinbauern.

Schließlich lancierte das kommunistische Vietnam eine großangelegte Invasion mit über 100.000 Mann Bodentruppen und Luftwaffenunterstützung. Offiziell waren es allerdings die Truppen der (von Vietnam 1978 im Grenz-gebiet aufgebauten) „Nationalen Einheitsfront Kampucheas zur Rettung der Nation"... Die vietnamesische Armee eroberte in einem Blitzkrieg (25. Dezember 1978 bis 16. Januar 1979) das Land; die Herrschaft der Roten Khmer brach schneller zusammen, als man erwartet hatte.

Neueste Grabungen des von der Yale University getragenen „Cambodian Genocide Programme" bestätigen eine hohe Opferzahl: Bis zur Jahresmitte 1996 wurden ca. 8.000 Massengräber mit jeweils rund 20 bis 1.000 Opfern, vor allem in den östlichen Provinzen Prey Veng und Svay Rieng sowie in der südwestlichen Provinz Koh Kong, lokalisiert; die Existenz von weiteren 12.000 wird vermutet. Gestützt auch auf die vielfach peinlich genauen Auf-zeichnungen der Roten Khmer, gehen die Forscher heute von einer Gesamt-zahl von 1,7 Mio. Todesopfern aufgrund von Mord, Folter, Hunger und Erschöpfung aus – bei einer damaligen Gesamtbevölkerung von 7,9 Mio. Menschen.[139] Die „killing fields" (Todesfelder) Kambodschas sind zu einem Synonym für Massenterror geworden.

Wenngleich die mit vietnamesischer Hilfe eingesetzte kommunistische Regierung unter Hun Sen in der 1979 proklamierten „Volksrepublik Kampu-chea" kein pluralistisches System etablierte, so verwirklichte sie doch eine relativ milde Form des Kommunismus. Allerdings war jeglicher Widerstand nach den Jahren des offenen Terrors ohnehin paralysiert, und wer mit den Roten Khmer sympathisierte, hatte sich ohnehin in deren Gebiet an der Grenze zu Thailand zurückgezogen.

Grundrechte wurden proklamiert, so vor allem das Recht der Rückkehr an den eigentlichen Wohnort, Freizügigkeit sowie eine begrenzte Glaubens- und Meinungsfreiheit. Physische Unterdrückung kam kaum mehr vor. Auch Nicht-kommunisten, selbst wenn sie unter Sihanouk oder Lon Nol Positionen bekleidet hatten, konnten nun wieder emporsteigen; Mitte der achtziger Jahre waren in der Regierung vier nichtkommunistische Fachminister vertreten.[140]

Schulen, Universitäten, buddhistische Tempel und Klöster wurden wieder eröffnet, lediglich der als europäisch-amerikanisch diskreditierte christliche Glaube blieb de facto weiterhin verboten. In Phnom Penh entstand erneut ein städtisches Leben mit freien Märkten. Wirtschaftlich folgte der Staat einer Mischung aus Plan- und Marktwirtschaft. Das Land verblieb im Besitz des Staates; die freiwillige Bildung von Kooperativen wurde unterstützt. De facto bewirtschafteten viele Bauern nun aber wieder individuell Land. Produktionsmittel wie Werkzeuge, Tiere, Wagen wurden den einzelnen Bauern zurückgegeben. Der Staat proklamierte den Aufbau des Sozialismus, griff aber in die Politik der Dorfkomitees kaum ein.

Inwieweit es zu repressiven Maßnahmen auch nach 1979 kam, ist umstritten. Eine Unterdrückung dissidenter Intellektueller sowie eine Tendenz zur Vietnamisierung im Bildungswesen werden verschiedentlich genannt; Existenz und Dimension dieser Maßnahmen sind allerdings umstritten.

Etwa 200.000-300.000 Kambodschaner, die vom Sozialismus in jeder Form genug hatten bzw. den neuen Machthabern nicht trauten, flohen nach 1979 ins Ausland.

Die Roten Khmer führten seitdem einen blutigen Kleinkrieg gegen die Besatzer. Hunderttausende kambodschanische Bürger hatten sie hierfür als Arbeiter und Träger in den Untergrund mitgenommen. Die Mehrheit der etwa 300.000 kambodschanischen Flüchtlinge in Lagern an der Grenze zu Thailand kam unter das straffe Kommando der Roten Khmer.

Im Jahre 1980 waren etwa 200.000 Mann vietnamesische Truppen im Land; 1989 zogen die letzten Einheiten ab, und die Vereinten Nationen übernahmen für eine Übergangszeit die Verwaltung des Landes. An den 1993 durchgeführten freien Wahlen, die mit knappem Vorsprung von der monarchistischen Partei Prinz Sihanouks gewonnen wurden, nahmen die Roten Khmer nicht teil.

Der überraschende Wahlsieg Prinz Sihanouks vor der kommunistischen Regierungspartei, die vor der Wahl den staatlichen Propagandaapparat in ihre Dienste stellen konnte, verdeutlicht wohl, daß auch die von Vietnam eingesetzte kommunistische Regierung nicht dem Willen einer Mehrheit des Volkes entsprach und abgelehnt wurde.

Die Roten Khmer zogen sich daraufhin in die von ihnen kontrollierten „befreiten Gebiete" zurück und griffen wieder zu Guerillakrieg und Terror, dem auch diverse deutsche Reisende in jüngster Zeit zum Opfer fielen. Sie wurden kaltblütig exekutiert. Nomineller Führer wurde wegen der Bedenken gegenüber dem Ausland Khieu Samphan; als starker Mann im Hintergrund galt lange Zeit weiterhin Pol Pot. Schließlich wurde der schwerkranke Pol Pot aus dem Politbüro ausgestoßen; 1997 machten ihm die Roten Khmer wegen Verrats den Prozeß.

Die Roten Khmer werden häufig aus der Geschichte des orthodoxen Marxismus-Leninismus ausgeklammert. Ähnlich wie im Falle der Stalin-Ära ist auch hier eine verharmlosende Personifizierung („Pol-Pot-Regime" [141]) und damit eine Abkoppelung von der kommunistischen Ideologie zu beobachten. Dies ist jedoch, bei aller spezifischer Radikalität und Individualität, falsch.

Zweifelsohne sind bei den Roten Khmer Besonderheiten erkennbar.[142] Die zunächst ausschließliche Fixierung auf einen Agrarkommunismus, die Geschwindigkeit und Kompromißlosigkeit der Durchführung sowie gewisse voluntaristische und experimentelle Tendenzen, man denke an die Idee der Aufgabe der Städte. So meinte der Rote-Khmer-Funktionär Ieng Sary: „Da unsere Handlungsweise nicht auf Modellen beruht, lernen wir im Verlauf des Experimentes." [143]

Andererseits sahen sich die Roten Khmer selbst durchaus in der Tradition des Weltkommunismus verankert. Pol Pot hatte in den sechziger Jahren in China gelebt und wähnte sich von Maos „Großem Sprung nach vorn" (1958 bis 1961), und der „Kulturrevolutuion" (1966-1976) sowie von dessen Theorie der „Verschärfung der Widersprüche zwischen den Klassen nach der Revolution" beeinflußt. Bei der massenweisen Liquidation von „Klassenfeinden" beriefen sich die Roten Khmer auf das Mao-Wort: „Wer das Unkraut ausmerzen will, muß die Wurzeln zerstören." [144]

Mit der beschleunigten Transformation der Gesellschaft und Ökonomie, der Erklärung ganzer Bevökerungsgruppen zu Klassenfeinden sowie den blutigen Säuberungen der Partei zeigten sich die Roten Khmer schließlich deutlich beeinflußt von der stalinistischen Sowjetunion der dreißiger Jahre.[145]

Kuba

Bereits am 26. Juli 1953 hatten Anhänger des linken Flügels der „Orthodoxen Volkspartei Kubas" (an führender Stelle Fidel Castro) und der „Sozialistischen Volkspartei Kubas" (so Fidels Bruder Raúl Castro) versucht, das Regime des Diktators Fulgencio Batistá zu stürzen, doch die Einnahme der Kaserne Moncada bei Santiago de Cuba war mißlungen. Die Aufständischen wurden zu Zwangsarbeit verurteilt.

Im Jahre 1954 wurden Fidel Castro und seine Gesinnungsgenossen amnestiert und gingen nach Mexiko ins Exil. Von dort aus organisierten sie einen Kleinkrieg der „Bewegung des 26. Juli" (M26). Mit der Jacht „Granma" landete am 2. Dezember 1956 eine erste, von Fidel Castro geführte Kampfgruppe an der Südostküste Kubas; mit von der Partie war auch der aus Argentinien stammende Revolutionär und Arzt Ernesto „Che" Guevara. In den unzugänglichen Bergen der südlichen Sierra Mestra nahmen sie den Kleinkrieg auf und brachten allmählich die Provinz Oriente unter ihre Kontrolle. Im Jahre 1958 eröffnete Raúl Castro in der Sierra del Cristal eine zweite Front im Südosten der Insel.

Mit Abgesandten anderer Oppositionsgruppen begründete Fidel Castro im Juli 1957 eine „Nationale Revolutionäre Front", was jedoch nur ein taktischer Schachzug war: Er hatte sich inzwischen dem Kommunismus zugewandt und strebte ein kommunistisches Einparteien-System an. Im Mai 1958 wurde die Organisation des „M26" straff zentralistisch ausgerichtet: Fidel Castro wurde Generalsekretär der Bewegung und Oberkommandierender der Rebellenarmee.

Die kommunistische „Sozialistische Volkspartei Kubas" hatte Castro anfangs kritisch beurteilt, da sie die Strategie einer Revolution auf dem Lande und der Machtergreifung durch einen Kleinkrieg mißbilligte, hatte jedoch in der Endphase der Revolution seine Führerschaft akzeptiert.

Nach der gescheiterten Gegenoffensive Batistás Mitte 1958 kam es zu Erosionserscheinungen im Regierungslager, die der Sache der Revolutionäre nutzten. Auch in den Städten war nun Widerstand von großen Teilen der Bevölkerung gegen Batistá zu beobachten. Ende 1958 rückten die Rebellen nach Norden vor, und am 8. Januar 1959 zog Fidel Castro in Havanna ein. Batistá setzte sich daraufhin nach Madeira ab. Das korrupte Regime war mehr oder weniger von selbst zusammengebrochen; der Bürgerkrieg hatte auf beiden Seiten insgesamt nur 1.000-2.500 Tote gefordert.

Die provisorische bürgerliche Regierung legalisierte daraufhin die kommunistische „Sozialistische Volkspartei", löste die Geheimdienste auf und entließ die Hälfte der Staatsangestellten.

Nach diesem Sieg betonte Fidel Castro wiederholt, daß seine Bewegung nicht kommunistisch sei und er auch nicht die Absicht habe, kubanischer Präsident zu werden. Die Revolution war denn auch überwiegend eine bürgerliche gewesen. Der gemäßigte Jurist Manuel Urrutia wurde als Präsident nominiert, und auch die von Jose Miró Cardona geführte revolutionäre Regierung wies zahlreiche gemäßigte, bürgerliche Vertreter auf. Castros engste Vertraute, Raúl Castro und „Che" Guevara, waren indes seit langem erklärte Marxisten und bestimmten die ideologische Linie.[146]

Die alten politischen Parteien wurden aufgelöst. Alle Kubaner, die an den von Batistá veranstalteten Wahlen von 1954 und 1958 teilgenommen hatten, blieben vom politischen Leben ausgeschlossen. Mit großen Massenversammlungen wurde bereits am 13. Februar 1959 der Rücktritt der bürgerlichen Regierung erzwungen, und Fidel Castro übernahm das Amt des Premierministers. Nach Beschwerden über eine kommunistische Infiltrierung des Staatsapparates mußte Präsident Urrutia im Juli 1959 aus Kuba fliehen. Die leitenden Positionen im Staat wurden mit Revolutionären besetzt; Radio- und

Fernsehen sowie nach und nach auch die Zeitungen wurden von Kommunisten übernommen. Alle antikommunistischen Professoren an der Universität von Havanna wurden von Mitte 1959 bis Mitte 1960 zum Rücktritt gedrängt. Die angekündigten freien Wahlen fanden nie statt.[147]

Die Arrestierung des unzufriedenen antikommunistischen M26-Guerillaführers Huber Matos im Oktober 1959 war ein Signal und leitete die Verhaftung weiterer Systemgegner ein.[148]

Schrittweise wurde ein System sowjetischen Typs eingeführt. Wichtige Etappen seiner Umsetzung waren: Die Gleichschaltung der Gewerkschaften und die Schaffung von Massenorganisationen, die von der KP abhängig waren, die Enteignung von 10.000 Großgrundbesitzern und die Nationalisierung von 2,9 Mio. ha Boden, die Landzuteilung an 150.000 Familien und die Bildung von Genossenschaften, die Beschlagnahme von Häusern und Eigentum von Batistá-Anhängern, die Verstaatlichung der Bodenschätze und Großfirmen, die Gleichschaltung der Gewerkschaften und die Bildung weiterer abhängiger Massenorganisationen als Transmissionsriemen des Systems. Im April 1961 wurde schließlich der sozialistische Charakter der kubanischen Revolution proklamiert und die „Kommunistische Partei Kubas" als Einheitspartei wiederbegründet. Lediglich ein Element kommunistischer Systeme fehlte: Säuberungen der Partei.

Während der US-amerikanische Präsident John F. Kennedy ursprünglich Fidel Castro als idealistischen demokratischen Reformer eingeschätzt und unterstützt hatte, leitete er nun eine Wende in seiner Politik ein und verhängte ökonomische Strafmaßnahmen gegen Kuba. Ein vom CIA unterstützter Invasionsversuch exilkubanischer Söldner in der „Schweinebucht" am 17. April 1961 scheiterte. Die kubanische Regierung schloß daraufhin einen Militärpakt mit der Sowjetunion. Als letztere 1962 Atomraketen in Kuba stationieren wollte, drohte eine militärische Konfrontation zwischen den Supermächten, doch die Sowjetunion gab schließlich nach und zog die Raketen ab.

Bereits kurz nach der Revolution verurteilten „Revolutionstribunale" 550 Menschen, denen man Morde während der Batistá-Zeit vorwarf, zum Tode. Sie wurden von Exekutionskommandos erschossen. Ein Teil der Exekutionen wurde im Bild festgehalten und der Film an die US-amerikanische Fernsehgesellschaft CBS übergeben. Eine noch vorrevolutionäre Anweisung von 1958 gebot die Bestrafung von „Konterrevolutionären" mit langjährigen Freiheitsstrafen und der Exekution.[149] Bis Anfang 1961 wurden etwa 2.000 „Batistános" hingerichtet. „Summarische Justiz" sollte ein allgemeines Klima der Furcht erzeugen und die Gesellschaft in der gewünschten Weise polarisieren. Gerechtigkeit stand nicht im Vordergrund: Als bei einem der Verfahren ein Angeklagter freigesprochen werden sollte, wurde dies durch persönliche Intervention Castros verhindert. Im Vergleich zu anderen kommunistischen Machtergreifungen war die Zahl der Todesopfer nach der Revolution in Kuba allerdings relativ gering.[150]

Diverse Gesetze zur Bestrafung „konterrevolutionärer Aktivitäten" wurden bis 1963 erlassen. De facto wurde damit das Vorgehen der „Revolutionstribunale" legalisiert. Noch heute ist für eine Vielzahl politischer Vergehen die Todesstrafe möglich; 1981/82 kam es beispielsweise zu besonders zahlreichen Hinrichtungen. Als Alternative ist jedoch jeweils auch eine langjährige Freiheitsstrafe möglich.[151]

Mit dem Mittel des „Staatsnotstandes" wurden zeitweise, so z.B. nach der „Schweinebucht-Invasion", auch massenweise Präventivverhaftungen und Einweisungen in Arbeitslager vorgenommen. Stadien und öffentliche Gebäude mußten zur Aufnahme der Gefangenen provisorisch hergerichtet werden.[152] Schon bald nach der Revolution war die Isla de Piños (Pinieninsel) zu einer Art Sibirien für politische Gefangene ausgebaut worden. In dieser kubanischen Version des Archipel GULag – sowjetische Experten hatten bei der Etablierung dieser Institution tatkräftig mitgeholfen – mußten die Betroffenen schwerste körperliche Arbeit auf Plantagen und in Marmorsteinbrüchen verrichten. Als im April 1961 eine US-amerikanische Invasion drohte, wurden 13,5 t Dynamit vergraben, um die Gefangenen notfalls vorher in die Luft sprengen zu können. Über die Inhaftierungsbedingungen meint der ehemalige Insasse Armando Valladares: „Das Leben eines Gefangenen war dort wertlos." [153]

Auch führende Revolutionäre der Kampfzeit hatten sich z.T. schon 1959/60 von Castro wegen seiner kommunistischen Tendenzen abgesetzt, und einige von ihnen waren in den aktiven Widerstand gegangen, so sein erster Landwirtschaftsminister Sorí Marín (hingerichtet 1961), der M26-Untergrundführer David Salvador (langjährige Gefängnisstrafe) und der frühere Guerilla-Führer Eloy Gutíerrez Menoyo, der nun auch gegen Castro eine Guerilla aufbaute (1965 gefangengenommen und zu 20 Jahren Gefängnis verurteilt).[154]

Was die politischen Gefangenen betrifft, nannte Fidel Castro selbst im Jahre 1965 die Zahl von 20.000. Sie kamen in besondere Staatssicherheitsgefängnisse („G-2") wie z.B. in die Villa Marista bei Havanna. Insbesondere in den sechziger Jahren wurden – entgegen den Bekundungen der Regierung – übereinstimmend auch Folterungen, Mißhandlungen und Schikanen dokumentiert, u.a. Schläge, Stichverletzungen mit Bajonetten, Isolationshaft oder Unterbringung in überfüllten Zellen, Essens- und Wasserentzug, langjähriges Verbot von Postempfang oder Familienbesuch.[155]

Strategie der Regierung war es stets, die politischen Gefangen aufzuspalten: Die Kooperationswilligen wurden einem mit intensiver politischer Schulung und Arbeitseinsatz verbundenen Reintegrationsprogramm ausgesetzt und erfuhren eine wesentlich bessere Behandlung. Die renitent bleibenden Regimegegner („plantados") wurden über Jahrzehnte unter wesentlich härteren Bedingungen inhaftiert. Trotz anfänglicher großer Widerstände hatten sich schließlich bis 1970 etwa 80-90% der Häftlinge zur Teilnahme an dem Reintegrationsprogramm entschlossen.

Im Jahre 1967 wurde den politischen Gefangenen die besondere gelbe Häftlingskleidung zugunsten der allgemeinen blauen entzogen. Die „plantados" weigerten sich in der Regel, diese anzuziehen und trugen fortan nur ihre Unterwäsche.[156] Sie wurden schließlich überwiegend im Spezialgefängnis „Combinado del Este" konzentriert. Bei Zeichen von Widerstand, so z.B. nach einem Hungerstreik, kamen sie in den gefürchteten Spezialtrakt („Rechteck des Todes"): Hier mußten sie in kalten Minizellen ohne natürliches Licht zumeist nackt auf dem bloßen Boden schlafen und wurden von ihren Mitgefangenen vollständig isoliert. Besuche, Korrespondenz und Arztbesuch wurden verweigert. Dem Dissidenten Valladares wurde beispielsweise in den siebziger Jahren bis zu 46 Tagen lang hintereinander die Nahrung entzogen, und er durfte jahrelang keinen Arzt sehen. Schließlich wurde bei ihm „defizitäre Polyneuropathie" konstatiert (stark eingeschränkte Beweglichkeit der Arme und Beine). Bevor er schließlich nach Europa abgeschoben wurde, hatte man ihn einem körperlichen Gesundungsprogramm unterzogen.[157] Im Jahre 1979 gab es in Combinado del Este noch etwa 400-500 „plantados".[158]

In den achtziger Jahren suchte man die „plantados" erneut aufzuspalten und bot nun ein neues Reintegrationsprogramm an, das zwar Arbeitseinsatz, aber keine politische Schulung mehr umfaßte. Wiederum blieb eine Fraktion Renitenter standfest.

Nach der Entlassung wurde im Ausweis der Vermerk „ehemaliger politischer Gefangener" eingetragen, was erhebliche soziale und berufliche Nachteile zur Folge haben konnte.[159]

Auch Fälle des Mißbrauchs der Psychiatrie gegen Regimegegner wurden in Kuba angezeigt; dabei wurden die Betroffenen unter anderem Elektroschocks ausgesetzt. Politische Gefangene wie z.B. Ariel Hidalgo wurden zeitweise im Hochsicherheitstrakt des Nervenkrankenhauses von Havanna zusammen mit kriminellen Triebtätern und vollständig Geisteskranken untergebracht und waren deren Belästigungen und Angriffen schutzlos ausgesetzt.[160] Der Staat scheint im Kampf gegen Regimegegner die Psychiatrie aber weniger systematisch und häufig als die Sowjetunion in seinen Dienst gestellt zu haben.[161]

Ende 1960 führte Fidel Castro mit der Gründung der „Revolutionären Verteidigungskomitees" die allgemeine Volksbewaffnung durch.[162] Die Komitees übernahmen vor Ort zunächst auch die Regierung. Daraufhin flohen bis 1962 etwa 60.000 Kubaner in die USA.

Damit wurde ein ausgeklügeltes und effizientes System der gegenseitigen Selbstkontrolle und -bespitzelung der Bevölkerung, beruhend auf dem Blocksystem, entwickelt: Ende der achtziger Jahre sollen 5 von 10 Mio. Kubanern den „Revolutionären Verteidigungskomitees" angehört haben. Sie wirken weit in die Privatsphäre hinein: So ist ihr Zeugnis beispielsweise bestimmend für die Zulassung zu Kindergarten, Oberschule oder Universität; ihnen obliegt die Zustimmung für Reisen oder Arbeitsplatzwechsel. Direkter staatlicher Terror durch die Geheimpolizei kann dadurch auf ein Minimum reduziert werden. Diese kubanische Erfindung wurde vor allem von asiatischen kommunistischen Staaten kopiert.

Mit Polizei- und Parteistellen arbeiten die „Revolutionären Verteidigungskomitees" eng zusammen, denen sie regelmäßig Berichte abliefern. Sie dienen daneben als Organisatoren von Massenversammlungen, Demonstrationen und politischen Begräbnissen sowie als Transmissionsriemen bei der Umsetzung von Kampagnen vor Ort. Durch das Recht, verdächtige Aktionen zu verhindern bzw. zu beenden, haben sie auch die Möglichkeit zu willkürlichem Vorgehen gegen unliebsame Personen: Die Betroffenen haben keine Chance, sich dagegen auf legalem Wege zur Wehr zu setzen.

Die Kirchenpolitik Castros war widersprüchlich:[163] So setzte er einerseits außenpolitisch auf ein Bündnis mit der Befreiungstheologie. Er nannte die Religion eine Kraft für Veränderung in der unterentwickelten Welt, bezeichnete die Propagierung eines linken Atheismus als Fehler und hielt ausdrücklich daran fest, daß man auch als Marxist Christ sein könne. Beim Sieg der von Kuba unterstützten Sandinisten in Nicaragua 1978 hatte deren Bündnis mit der progressiven Volkskirche einen großen Anteil.

Andererseits unterdrückte Castro in Kuba selbst die Kirche: Die Zahl der Gotteshäuser wurde stark vermindert, katholische Schulen und Universitäten wurden enteignet, religiöse Zeitschriften, Radio- und Fernsehsender in ihrer Tätigkeit behindert. Im Prinzip war lediglich eine ungestörte Gottesdienstausübung möglich. Nach der Schweinebucht-Affäre wurden nahezu alle Bischöfe und zahlreiche Priester für eine bestimmte Zeit arrestiert. In den Schulen wurde wissenschaftlicher Atheismus gelehrt, religiöse Erziehung nur auf Kirchengrund gestattet. Gläubige Christen wurden aus der kubanischen KP ausgeschlossen. Verschiedene Versuche wurden unternommen, das Christentum aus dem öffentlichen Leben zurückzudrängen: So verfügte man 1970, das Weihnachtsfest künftig am 26. Juli in Zusammenhang mit dem Sturm auf die Moncada-Kaserne zu feiern. Wer daheim einen Weihnachtsbaum schmückt, muß Denunziation und Repressalien fürchten.[164] Die im Vergleich zu vielen anderen lateinamerikanischen Ländern schwächere Stellung der katholischen Kirche in Kuba erleichterte Castro dieses Vorgehen.

Nach offiziellen Angaben waren vor der Revolution 90 % der Kubaner Angehörige der katholischen Kirche; in den achtziger Jahren seien nur noch etwa 1 % praktizierende Katholiken übriggeblieben – doch diese Zahl dürfte wesentlich zu niedrig sein. Das verstärkte Bemühen des Staates um ein besseres Verhältnis mit der katholischen Kirche Kubas ab Mitte der achtziger Jahre dürfte auf einen eher größeren Einfluß im täglichen Leben hindeuten. Weiterhin hat die Kirche jedoch keinen Zugang zu den Schulen und den Medien.[165]

Besonders unnachsichtig ging Castro mit Angehörigen von Sekten (Baptisten, Adventisten, Zeugen Jehovas) um, die vielfach in Umerziehungslagern verschwanden. Wegen der Verbindungen der Freikirchen und Sekten zu den USA und der teilweisen Weigerung ihrer Mitglieder, den obligatorischen Militärdienst zu leisten, gelten sie als bevorzugte Regimegegner.[166]

Scharf ging der Staat zunächst auch gegen alle afro-kubanischen Sanhria-Kulte vor, entwickelte hier aber später eine bemerkenswerte Toleranz – sicherlich, um eine Alternative zum christlichen Glauben zu fördern.[167] Ab Ende 1990 startete der Staat sogar eine Propagandakampagne zugunsten der Kulte. Man geht davon aus, daß ca. 50 % der Sanhria-Priester Agenten des Staates sind.[168]

Eine harte Behandlung erfahren in Kuba soziale Randgruppen wie Homosexuelle, Arbeitsscheue und Alkoholiker: Sie fallen unter den Straftatbestand des „gefährlichen" Benehmens, die Betroffenen kommen in strikt kontrollierte Umerziehungslager. Kuba dürfte auch das einzige Land sein, das HIV-Positive lebenslang in besonderen Sanatorien isoliert: Nur tageweise wird ihnen gelegentlicher Ausgang gewährt, und dies in Begleitung von Pflegepersonal, um sexuelle Kontakte auszuschließen. Die medizinische Versorgung und Pflege soll dort allerdings überdurchschnittlich sein.[169]

Die „revolutionäre Offensive" wurde 1968 vorangetrieben: Nun fielen auch die privaten Dienstleistungs- und Handelsbetriebe der Verstaatlichung zum Opfer (so allein in Havanna tausend Bars). Im Jahre 1972 trat Kuba dem RGW bei; 1976 trat eine neue sozialistische Verfassung in Kraft. Sie bezeichnete die KP als „höchste Führungsgewalt in Gesellschaft und Staat" (Art. 5); es gab keine Freiheit „im Widerspruch zur Existenz und den Zielen des sozialistischen Staates" (Art. 61). Damit war eine Opposition praktisch ausgeschlossen. Auch genannte Grundrechte wie Vereinigungs-, Demonstrations- und Koalitionsfreiheit waren damit dem Sozialismus untergeordnet, und sie wurden bezeichnenderweise in Zusammenhang mit den Massenorganisationen erwähnt.[170] Obwohl Kuba Signatarmacht der „Allgemeinen Deklaration der Menschenrechte" ist, werden sie in der Praxis tagtäglich verletzt.[171]

Die Grenzen Kubas wurden nach dem Vorbild der europäischen Ostblockstaaten zunehmend abgeriegelt und überwacht. Die Exilkubaner werden in den Medien als „gusanos" (Würmer) bezeichnet. Vor den Häusern ihrer Verwandten organisierten die „Revolutionären Verteidigungskomitees" Mißfallenskundgebungen, es kam auch wiederholt zu Vandalismus und tätlichen Angriffen.

Das gescheiterte Schweinebucht-Unternehmen von 1961 erleichterte es der Regierung, Ausreisewillige, Flüchtlinge und Exilanten global als „Verräter" zu klassifizieren.[172] Von 1965-1973 hatte es legale US-amerikanische Evakuierungsflüge („Freiheitsflüge") gegeben, bis diese von der Regierung gestoppt wurden. Nun flohen nicht mehr, wie anfangs, die „Klassenfeinde", sondern viele qualifizierte und für die Volkswirtschaft wertvolle Kubaner.[173]

Nichtsdestoweniger kam es seit den siebziger Jahren zu einem verstärkten Ausreisedruck. Nach der spektakulären Besetzung der peruanischen Botschaft durch 10.000 Menschen in Havanna ließ Fidel Castro im Jahre 1980 auf einen Schlag 120.000 Kubaner in die USA ausreisen. Damit nutzte er die Chance, zahlreiche Regimegegner sowie Kriminelle abzuschieben. Gleichzeitig wurde die Propaganda und die Repression gegen Ausreisewillige und deren Angehörige (auch gegen die Angehörigen von bereits Emigrierten) verstärkt: Sie müssen damit rechnen, Arbeitsplätze, soziale Leistungen etc. zu verlieren.[174]

Der Ausreisedruck ließ jedoch nicht nach: Allein von 1986-1988 flohen über 200 Kubaner illegal mit Booten, Flößen, Baumstämmen etc. nach Florida. Schwieriger hatten es die Flüchtlinge, die den US-Marinestützpunkt Guantanamo auf Kuba zu erreichen suchten: Viele von ihnen landeten im verminten Grenzgebiet und bezahlten ihren Fluchtversuch mit schweren Verletzungen oder mit dem Leben. Im Jahre 1987 wurden in Kuba allein 574 Bürger wegen „illegaler Ausreise" zu Gefängnisstrafen verurteilt. Flüchtlinge machen heute die Mehrheit der politischen Gefangenen aus.[175]

In der Verfassung fehlt ein Recht auf Ausreise. Entsprechende Strafbestimmungen wurden in den siebziger Jahren neu ins Strafgesetzbuch aufgenommen. Illegale Ausreise („salida ilegal del territorio nacional") wird mit einem bis zu drei Jahren Gefängnis bestraft; wenn sie gewaltsam erzwungen wurde, mit drei bis acht Jahren. Weitere primär politische Straftatbestände sind Aufstachelung gegen den Sozialismus (Gefängnis von einem bis acht Jahren), verächtliches Benehmen („desacato"), Propaganda für den Feind, Unruhestiftung oder heimliches Veröffentlichen (dieser Tatbestand wird vor allem gegen religiöse Oppositionelle angewandt).[176] Mit Tatbeständen wie „illegale Versammlung" oder „illegale wirtschaftliche Tätigkeit" kann man zudem nahezu jeden Bürger beliebig kriminalisieren und gleichzeitig als gewöhnlichen Kriminellen herabwürdigen. Oberste Aufgabe der Gerichte ist es denn auch, „die sozialistische Legalität hochzuhalten und zu stärken".[177]

Wer einen Ausreiseantrag stellte, verlor früher in der Regel sofort seine Arbeitsstelle und mußte auch weitere Schikanen hinnehmen. Diese Situation hat sich ab Mitte der achtziger Jahre gebessert.[178]

Insgesamt flohen von Januar 1959 bis Oktober 1980 nicht weniger als 800.000 Kubaner in die USA. Bis Ende der achtziger Jahre waren dies etwa 10 % der Bevölkerung.[179]

Das kommunistische Regime baute seine totale Kontrolle über die Bevölkerung zu einer derarigen Perfektion aus, daß Kritiker in zunehmendem Maß verstummten und resignierten. Sie suchten entweder auszureisen oder hofften auf einen Staatsstreich innerhalb der Führungsclique.[180]

Im Jahre 1979 wurde die Zahl der politischen Gefangenen durch eine großangelegte Amnestie für insgesamt 3.600 Häftlinge stark reduziert (davon ausgenommen waren die „plantados"). Auch öffnete Kuba nun nach langem Zögern einigen internationalen Menschenrechtsdelegationen seine Gefängnistore zu begrenzten Inspektionen. Die Lage der verbliebenen politischen Gefangenen scheint nach diesen Berichten erheblich besser als in den sechziger und siebziger Jahren zu sein. Seit 1967 bemühte man sich auch, modernere Gefängnisse zu bauen. Offene Mißhandlungen oder Foltern scheinen nicht mehr vorzukommen, dafür aber weiterhin Schikanen wie Überbelegung der Zellen, langes Stehen, ständige künstliche Beleuchtung, Kälteeinwirkung.[181]

Eine im Vergleich zu früher geringere Zahl von etwa 68 „plantados" (offenen Regimegegnern) war auch 1988 noch im Spezialgefängnis Combinado del Este inhaftiert; einige von ihnen waren neu hinzugekommen.[182] Nach Angaben des stellvertretenden kubanischen Außenministers Raúl Roa gab es 1988 insgesamt 458 „konterrevolutionäre Gefangene" in Kuba, während Amnesty International damals mindestens 600 politische oder Gewissensgefangene namentlich bekannt waren.[183]

Der Öffentlichkeit vollständig entzogen sind weiterhin die Militärgefängnisse, in denen sich eine unbekannte Zahl politischer oder Gewissensgefangener befindet, so z.B. christliche Wehrdienstverweigerer.[184]

Ende der achtziger Jahre zeigten sich zunehmend Risse im Machtgefüge des Staatsapparates. Wegen Fidel Castros dirigistischer Eingriffe in die Führung des Krieges in Angola (gegen die von der Republik Südafrika unterstützte Rebellenbewegung UNITA) kam es zu zunehmenden Spannungen mit dem dortigen Oberkommandeur, Divisionsgeneral Arnaldo Ochoa Sanchez. Er widersetzte sich verschiedenen vom grünen Tisch in Havanna aus gegebenen Befehlen und widersprach Castros Einschätzung, daß der verlustreiche Krieg in Angola, wo Kuba die kommunistische MPLA-Regierung mit zeitweise 50.000 Soldaten unterstützte, zu gewinnen sei; er sah als einzigen Ausweg eine Verhandlungslösung, wie sie schließlich auch unter Vermittlung der USA und der Sowjetunion Gorbatschows zustande kam. Nach seiner Heimkehr wurde der Duzfreund Fidel Castros wegen angeblicher Korruption, Drogenhandels und sexueller Ausschweifungen angeklagt und zum Tode verurteilt. Am 13. Juli 1989 wurde er, zusammen mit Kubas Topagent Oberst Antonio De La Guardia, Major Amado Padrón Trujillo und Hauptmann Jorge Martinez Valdez, in einem Akt der Säuberung der Armeeführung von einem Exekutionspeleton erschossen.[185]

Doch die kritischen Stimmen in der Bevölkerung nahmen zu. Mit der schrittweisen Zurücknahme der finanziellen Unterstützung Moskaus ab 1988 und der sich gleichzeitig verschärfenden Embargo-Politik der USA spitzten sich die Wirtschaftsprobleme auf Kuba zu und damit auch die politische Opposition. Am 6. September 1991 fand die erste öffentliche Demonstration gegen das Castro-Regime statt. Sie wurde sofort von der Polizei zerstreut, ihr Anführer verhaftet.[186]

Im Jahre 1991 wurden mehrere Wortführer von Oppositionsgruppen verhaftet und zu Gefängnisstrafen verurteilt. Elizardo Sanchez, der Leiter der „Kommission für Menschenrechte und nationale Versöhnung", wurde in einer demonstrativen „Aktion der Ablehnung" von revolutionären Brigaden in seinem Haus in Havanna verprügelt. Eine ähnliche „Aktion der Ablehnung" wurde in Form einer Belagerung im November 1991 mehrere Tage lang vor dem Haus der Menschenrechtlerin Maria Elena Cruz Valera durchgeführt; dann drang der Mob in ihr Haus ein und zwang sie, eigene Schriftstücke aufzuessen. Sie wurde verhaftet und zu zwei Jahren Gefängnis wegen staatsfeindlicher Propaganda verurteilt.[187]

Im Jahre 1994 hatte sich Kuba in dramatischer Weise der DDR von 1989 angeglichen: Wiederholte Botschaftsbesetzungen und massenweise illegale Ausreiseversuche. Zehntausende suchten im Lauf des Jahres in die USA zu gelangen. Die Polizei ging mit Waffengewalt gegen Fluchtboote und -flöße vor, konnte die Massenbewegung aber nicht wirkungsvoll verlangsamen. Die USA konnten den Ansturm nicht mehr bewältigen und richteten Massenaufnahmelager in ihrem Flottenstützpunkt Guantanamo ein. Dennoch hält die Fluchtbewegung an.

Ob sich das kommunistische System in Kuba, insbesondere nach einem absehbaren Abgang Fidel Castros, halten kann, ist zweifelhaft. Lediglich das perfekte System der Repression sowie eine grundständige Abneigung vieler Kubaner gegen den US-amerikanischen Imperialismus scheinen den Zusammenbruch bisher verhindert zu haben.

Äthiopien

Als der greise, seit 1930 regierende äthiopische Kaiser Haile Selassie ab Juli 1974 von einem „Komitee der Streitkräfte" schrittweise entmachtet wurde, erwartete man keinen Systemwechsel, nicht einmal notwendigerweise eine Abschaffung der Monarchie, galt doch zunächst Kronprinz Asfa Wossen als designierter Nachfolger. Zum Vorsitzenden der „Provisorischen Militärregierung des Sozialistischen Äthiopien" wurde der beliebte und als gemäßigt geltende General Amon Andom ernannt. Alles deutete auf eine national-reformistisch orientierte Linie hin.

„Äthiopien zuerst!" war ein Schlagwort der Revolution, und verkündet wurde zunächst ein Programm des „Kommunalismus": Jeweils 200-250 Familien sollten sich in dezentralen, sich selbst versorgenden Landkommunen zusammenschließen und zur Landesentwicklung beitragen.[188]

Doch dies war nur der Auftakt zu tiefgreifenden Veränderungen in diesem traditionsreichen Land. Afrika hatte seine erste und einzige wirkliche kommunistische Revolution erlebt.

Am 12. September 1974 wurde der Kaiser abgesetzt und zum „Volksfeind" erklärt, im November wurde General Andom, der einen friedlichen Kompromiß mit dem aufständischen Eritrea suchte, bei dem Versuch, sich seiner Festnahme zu entziehen, getötet.[189] Ohne vorherigen Prozeß wurden 62 Aristokraten hingerichtet, darunter zwölf Generäle, zwei ehemalige Ministerpräsidenten, zwei Provinzgouverneure sowie zahlreiche Fürsten. Am nächsten Tag starben weitere hohe Offiziere unter den Kugeln eines Erschießungskommandos. Auch zahlreiche Minister Haile Selassies, die Oberhäupter der äthiopisch-orthodoxen Kirche, der Protestanten und der Moslems sowie die Gewerkschaftsführer wurden liquidiert. Die genaue Zahl der in den ersten Jahren nach der Machtergreifung umgebrachten „Konterrevolutionäre" ist unbekannt. Das Regime sprach von „unmittelbarer revolutionärer Gerechtigkeit", die es erlaube, die Feinde der Revolution zu liquidieren.[190]

Der arrestierte Kaiser Haile Selassie starb am 27. August 1975, angeblich an einem Prostataleiden. In Wirklichkeit wurde er „auf höchst grausame Weise im Bett erdrosselt", wie inzwischen nachgewiesen werden konnte.[191] Seine Leiche wurde an einem unbekannten Ort verscharrt. Zahlreiche Angehörige der kaiserlichen Familie, darunter sieben Prinzessinnen und vier Enkel des Kaisers, kamen in Gefängnisse, die von der ansässigen Bevölkerung als „Ende der Welt" bezeichnet wurden. Sie erhielten dort keine ärztliche Hilfe und nur unzureichende Verpflegung.[192]

Die führenden Offiziere im „Derg" (dem Koordinationskomitee der revolutionären Offiziere) hatten Kontakt mit oppositionellen marxistischen Intellektuellen und Studenten aufgenommen, um ihrer Revolution eine Basis zu verschaffen. Einige führende Exponenten des Umsturzes wie Oberst Mengistu Haile Mariam waren wohl bereits zuvor überzeugte Marxisten/Leninisten gewesen.

Getreu nach kommunistischem Vorbild erlebte Äthiopien im Februar 1977 eine erste Säuberung. Der starke Mann, Oberst Mengistu Haile Mariam, ließ Staatschef General Teferi Bante und sechs andere Offiziere hinrichten. Damit hatte er den gemäßigten Flügel im „Derg" ausgeschaltet und sich als unumstrittenes Oberhaupt der Provisorischen Militärregierung etabliert. Tausend Offiziere der „Nationalen Volks-Armee" der DDR sollen diesen Staatsstreich vorbereitet und auch die darauffolgende militärische Offensive gegen das benachbarte Somalia geleitet haben. DDR-Spezialisten übernahmen die ideologische und militärische Ausbildung der Polizei, Miliz, Armee und Jugendorganisationen.[193]

Außerdem kam es zu Auseinandersetzungen zwischen verschiedenen marxistischen Gruppierungen (die Regierung hatte sich mit der Begründung einer

KP und einer verbindlichen Parteilinie noch Zeit gelassen). Insbesondere die „Äthiopische Volksrevolutionäre Partei" (Ethiopian People's Revolutionary Party/EPRP), die sich aus marxistischen Intellektuellen und Studenten zusammensetzte, revoltierte gegen den Machtanspruch der Militärregierung und forderte die Bildung einer Zivilregierung. In der Hauptstadt wie auf dem Land kam es zur Ermordung von einigen hundert Funktionsträgern.[194)]

Die Mengistu und der Armee nahestehende „Abyot Seded" (Revolutionäre Flamme) reagierte mit der Ausrufung des „Roten Terrors" gegen den „Weißen Terror": Für jeden Ermordeten sollten 1.000 Dissidenten sterben. Seit Oktober 1976 kam zu Verhaftungen und Exekutionen; am 26. Februar 1977 wurden an einem Ort außerhalb der Stadtgrenze von Addis Abeba 44 Gefangene hingerichtet. Ende April/Anfang Mai töteten dann vom Land nach Addis Abeba gerufene revolutionäre Milizen etwa 2.000 EPRP-Anhänger. Zur Abschreckung wurden die Leichen in den Straßen liegengelassen. Tausende wurden verhaftet, gefoltert und „verschwanden" teilweise in den Gefängnissen. In einer zweiten Phase (August - Oktober 1977) verfolgte man nun auch die Mitglieder der eigentlich loyalen Gruppierung MEISON: Ihr Führer, Haile Fida, wurde gefangengenommen und „verschwand"; es kam zu 3.000-4.000 Toten. In einer dritten Phase (Dezember 1977 - Februar 1978) kam es zu massenweisen Exekutionen (ca. 25-30 pro Tag); etwa 30.000 Dissidenten sollen sich zu dieser Zeit in den Gefängnissen befunden haben.[195)] Der Staat rottete damit seine heranwachsende Bildungselite weitgehend aus.

Nach dem Sturz des Regimes 1990/91 wurden Massengräber ausgehoben, in denen die Leichen vielfach noch den Strick ums Genick trugen. Der Terror hatte nicht nur in der Hauptstadt, sondern auch in der Provinz stattgefunden: So wird Major Melaku, dem „Schlächter von Gondar", die Ermordung von ungefähr 15.000 Menschen vorgeworfen.[196)] Die Angaben über den Umfang des „Roten Terrors" schwanken: Die niedrigsten Zahlen gehen von 40.000 Toten aus, die höchsten Schätzungen belaufen sich auf eine halbe Million.[197)]

Ab 1979 ließ der Staat dann keinerlei abweichende Meinungen mehr zu. Kritik wurde als „trotzkistisch", „maoistisch", „anarchistisch", „konterrevolutionär", „rückwärtsgewandt" oder „engstirnig nationalistisch" gebrandmarkt. Die im Aufbau befindliche Einheitspartei und ihre Unterorganisationen galten als Vorhut der Arbeiterklasse und bestimmten die korrekte Linie. An die Stelle eines dezentralen Staatsaufbaues trat nun ein eindeutiger Zentralismus.[198)]

Erst spät, nämlich im Jahre 1984, wurde nach fünfjähriger Vorbereitungszeit eine Kommunistische Einheitspartei, die „Arbeiterpartei Äthiopiens", ins Leben gerufen, mit Mengistu Haile Mariam als Generalsekretär. Die staatliche Neuorganisation wurde 1987 mit Begründung der „Volksrepublik Äthiopien" abgeschlossen. Mengistu betrieb offenkundig einen nur langsamen Übergang zu einer zivilen Regierung. Auch Ende der achtziger Jahren bestand die Regierung noch zu über 70 % aus aktiven oder ehemaligen Militärs.

Von besonderer Bedeutung für die Massenmobilisierung war der 1980 begründete „Revolutionäre Jugendverband Äthiopiens". Seine Angehörigen hielten ideologische Schulungen auf dem Land ab und leisteten Arbeits- und Entwicklungsdienste. Weitere Massenorganisationen waren der 1977 begründete „Alläthiopische Gewerkschaftsverband" und der 1980 begründete „Revolutionäre Frauenverband".

Banken, Versicherungswesen, 131 z.T. ausländische Industriebetriebe und Großfarmen wurden verstaatlicht und eine nationale Planwirtschaft eingeführt.

Die im Frühjahr 1975 verkündete radikale Bodenreform beendete die feudale Landwirtschaftsstruktur. Grund und Boden wurden zu Staatseigentum erklärt, jede äthiopische Familie bekam maximal 10 ha Land zugestanden. Die Dörfer wurden basisgemeinschaftlich organisiert und die Bauern in Bauernvereinigungen zusammengeschlossen. Als deren Dachverband fungierte fortan der 1978 gegründete „Alläthiopische Bauernverband". Ein Teil der Ernte mußte an die staatliche Vermarktungsorganisation verkauft werden. Die Bauernvereinigungen standen unter dem strikten Kommando der Zentralregierung (weswegen sie denn auch nicht besonders erfolgreich wirtschafteten). Staatsgüter wurden nur in unwesentlichem Ausmaß begründet.

Das Land wurde 1976 nach dem System Roter Zellen (kebele) neu strukturiert. Sie hatten auch die Aufgabe der niedrigen Gerichtsbarkeit. Nach dem Vorbild der kubanischen „Revolutionären Verteidigungskomitees" überwachten sie die Bevölkerung: Bereiche wie Wohnen und Reisen unterstanden der völligen Kontrolle der Kebele.[199] Während der Phase der Richtungskämpfe schloß man an die Kebele jeweils ein Sicherheitskomitee und eine Milizeinheit („revolutionäre Wächter") an; es kam vielerorts zu brutalen Exzessen, Folterungen und willkürlichen Hinrichtungen. In den achtziger Jahren schränkte man die Befugnisse der Kebele in Sicherheitsfragen jedoch ein. Sie wurden unter die strikte Kontrolle der Zentrale genommen.[200]

Von 1976-1978 wurde eine Kampagne gegen Kaufleute betrieben, die man als Spekulanten, Verursacher der Hungerkatastrophe von 1972-1974 und als Klassenfeinde brandmarkte. In vielen Fällen konfiszierte man ihre Habe, die Betroffenen wurden in öffentlichen Versammlungen erniedrigt, teilweise zu langen Haftstrafen verurteilt oder auch von Kommandos exekutiert, zuletzt ihre Leichen mit Benzin übergossen und in Gräben verscharrt. Die neu aufgebauten staatlichen Handels- und Versorgungsinstitutionen konnten den traditionellen Handel aber nur ungenügend ersetzen.[201]

Der ideologische reine Marxismus/Leninismus wie die vorteilhafte strategische Lage Äthiopiens am Roten Meer veranlaßten die Sowjetunion 1977 zu einem Wechsel der Allianzen: Man gab den nur nominell sozialistischen Verbündeten Somalia auf und liierte sich mit dem zuvor verfeindeten Nachbarn Äthiopien. In einer gigantischen Luftbrücke wurden 1977 ein riesiges Arsenal moderner Waffen, kubanische Hilfstruppen sowie Militärberater aus dem Ostblock in das Land geschafft. Mit dieser Aufrüstung gelang eine Wende im Ogaden-Grenzkrieg gegen Somalia.

Interessanterweise änderte der ideologische Kurswechsel die innen- und außenpolitische Grundkonstellation Äthiopiens nicht: Auch die neue atheistische Führung rekrutierte sich aus dem Volk der Amhara, der traditionellen Führungsschicht, und verfolgte das Konzept eines „Größeren Äthiopien". Zwar hatte das Revolutionsprogramm proklamiert, daß „das Recht aller Nationalitäten auf Selbstbestimmung anerkannt und voll respektiert werden wird,[202] doch in der Praxis war man dazu nicht bereit. Man verurteilte zwar die Unterdrückung von Minderheiten während der Kaiserzeit, ordnete die ethnischen Gegensätze aber den Klassengegensätzen unter: Mit Beseitigung letzterer würden auch erstere verschwinden, und eine sozialistische Nation könne entstehen. Ausdrücklich verweigerte man ein Recht auf Sezession; Unabhängigkeitsbestrebungen wurden als „engstirniger Nationalismus" gebrandmarkt und massiv bekämpft.[203] Auch die Gewährung einer Autonomie – wie sie 1962 Eritrea von Haile Selassie einseitig aberkannt worden war – lehnte der Staat ab. Man machte nicht einmal den Versuch eines Versöhnungsangebotes, sondern plädierte für eine militärische Lösung.

Bei Begründung der „Volksrepublik Äthiopien" im Jahre 1987 wurden dann zwar anstelle von zuvor 14 Provinzen fünf „autonome Regionen" und 24 Verwaltungsbezirke geschaffen, doch sie verfügten de facto über keine Kompetenzen.

Zweifelsohne behandelte das kommunistische Regime die nichtamharischen Völker noch wesentlich brutaler als zuvor Kaiser Haile Selassie.

Im August 1977 rief Mengistu den „totalen Volkskrieg"[204] aus, zunächst gegen die aufständischen Somalis im Ogaden und die Armee Somalias, dann gegen Eritrea und Tigre. Während er die erste Auseinandersetzung dank massiver militärischer Hilfe aus dem Ostblock gewinnen konnte, konnte der Widerstand in Eritrea, Tigre sowie einigen weiteren Provinzen nicht gebrochen werden.

Der Krieg in Eritrea dauerte von 1962-1990. Unter der neuen kommunistischen Regierung hatte er eine starke Intensivierung erfahren: Allein zwischen 1975 und 1983 wurden 90.000 Regierungssoldaten, 9.000 EPLF-Guerillakämpfer und 280.000 Zivilisten getötet oder verwundet; 440.000 waren bis 1983 in den Sudan geflüchtet (Ende der achtziger Jahre etwa 1 Mio.).[205] Die Teilnahme am Krieg wurde von der eigenen Bevölkerung mit massivem Terror erzwungen: Als eritreische Befreiungskämpfer die Hafenstadt Massaua erobert hatten, fanden sie im Keller einer Lagerhalle Hunderte mumifizierter Leichen äthiopischer Soldaten, die sich dem Krieg gegen die Eritreer widersetzt hatten und wegen „Zusammenarbeit mit dem Feind" hingerichtet worden waren. Die Schienbeine steckten noch in Armeestiefeln, an den Leichenteilen klebten Reste von Uniformen.[206]

Die Kriege gegen die Widerstandsbewegungen EPLF (Eritrea) und TPLF (Tigre) wurden mit brutalsten Mitteln geführt: Massiver Bombeneinsatz gegen die Zivilbevölkerung, Exekutionen, Mißhandlungen, Folterungen, Konzentrierung in Wehrdörfer, zwangsweise Umsiedlungen nach Süd- und Zentraläthiopien, Komplizenschaft mit Widerstandsbewegungen und Armeen der Nachbarländer – und gezielte „Schaffung von Hunger" [207], wie eine Untersuchung der Menschenrechtsorganisation „Africa Watch" ausdrücklich hervorhebt.

Zwar seien Hungerperioden in bestimmten Gegenden Äthiopiens typisch (so zuvor in den Jahren 1972-1974), doch durch gezielte Maßnahmen der Armee in den Jahren ab 1980 habe der verheerende „Große Hunger" (1983 bis 1985) mindestens ein Jahr früher eingesetzt, weit über sein eigentliches Zentrum hinausgewirkt und wesentlich mehr Opfer gefordert. Zu den Maßnahmen, die den Hunger in den aufständischen Provinzen Eritrea und insbesondere Tigre bewußt hervorgerufen hätten, hätten gezählt: Konfiskation von Vorräten, Abbrennen von Farmland, Tötung von Vieh, Zerstörung von Dörfern, Bombardierung von Märkten und Verkehrsverbindungen sowie Umsiedlungen. Hinzu kämen Auswirkungen der allgemeinen Politik wie z.B. Schließung privater Märkte, Einführung von Steuern, Verbot der traditionellen Vorratshaltung, erzwungene Anlage von Kooperativen. Mit offenkundigen Parallelen zum sowjetischen Vorgehen Anfang der dreißiger Jahre in der Ukraine setzte man Hunger als Waffe ein. [208]

Anders als Anfang der siebziger Jahre unter Kaiser Haile Selassie hatte die kommunistische Regierung die Weltmedien in die Hunger- und Dürregebiete gelassen, um internationale Hilfsleistungen zu stimulieren. Doch die empfangenen Hilfsleistungen und -gelder blieben zu einem großen Teil in Addis Abeba hängen. Bestimmte Gebiete wie z.B. Tigre wurden völlig ausgehungert und erhielten praktisch keinerlei internationale Hilfslieferungen. In anderen Kriegsgebieten wie z.B. Eritrea nützte man die Verteilung der internationalen Hilfe zur militärischen Begleitung und damit zur Rückeroberung von Gebieten; in manchen Gegenden gestand die UNO sogar zu, daß das Militär selbst mit der Verteilung der Lebensmittel betraut wurde! [209] Im Land selbst war die Existenz von Hunger allerdings ein Tabu, das zu erwähnen strikt verboten war. Auf dem Höhepunkt der Hungerkatastrophe, die fast 1 Mio. Einwohnern das Leben kostete, führte man 1985 pompöse Feiern zum 10. Jahrestag der Revolution durch, die hundert Millionen Dollar verschlangen! [210]

Die Menschenrechtsorganisation „Africa Watch" schätzt eine Zahl von 400.000-500.000 Hungertoten in den Jahren zwischen 1982 und 1986, wobei etwa 225.000-317.000 durch Aktionen des Regimes hervorgerufen worden seien. [211]

Auch nützte man Hunger und Dürre als Vorwand, um aus dem Norden hunderttausende Menschen gen Süden umzusiedeln, nach offiziellen Angaben

„freiwillig", doch von den mit der Aktion betrauten Funktionären war auch der Ausdruck „bego teneso" (zwangsweise zu ihrem eigenen Vorteil) zu hören.[212] In der Tat weist der Süden höhere Niederschlagsmengen auf und ist fruchtbarer. Doch die politisch-militärische Motivation war offenkundig: Zum einen nutzte man die Gelegenheit, die Kollektivierung der Landwirtschaft voranzutreiben (in den neuen Ansiedlungszonen mußten Kooperativen gebildet werden), zum anderen erfolgten die Umsiedlungen vornehmlich aus unzuverlässigen Bürgerkriegsprovinzen. Man wollte damit den Widerstandsbewegungen EPLF und TPLF offensichtlich ihre Unterstützungsbasis entziehen.

Die Umsiedlungsaktionen wurden denn auch heimlich und ohne westliche Journalisten durchgeführt. Der Ostblock stellte hierfür die Infrastruktur, wie beispielsweise Transportflugzeuge, zur Verfügung, aber auch westliche Hilfsgelder wurden zu diesen Zwecken verwendet.

Eine freiwillige Teilnahme der Bevölkerung ist weitgehend auszuschließen: Vielfach erzwang man sie durch Bestimmung fester Quoten von Umzusiedelnden. Nicht selten erfolgten diese Aktionen auch völlig überraschend: Armeeinheiten umstellten nachts Dörfer und deportierten deren Einwohner, darunter auch Kranke und Bettlägerige, unter irgendwelchen Vorwänden. In Zentral- und Südäthiopien wurden sie nicht selten in freier Wildnis ausgesetzt oder kamen in eine Art Arbeitslager. Eine faire Kompensation für den verlorenen Besitz erfolgte kaum. Hatte man im Süden tatsächlich Wohnraum und Land für die Neuankömmlinge vorbereitet, so hatte dafür nicht selten die Urbevölkerung weichen müssen. Die Umsiedlungsaktion ging einher mit dem Bemühen der Schaffung eines neuen sozialistischen Menschen: Häufig riß man dabei Familien auseinander, auch konzentrierte man bewußt Angehörige unterschiedlicher Völker, um traditionelle ethnische Loyalitäten zu vermindern bzw. um neue Spannungen hervorzurufen. In neuen Großdörfern und Lagern wurde eine gezielte ideologische Schulung der Neuankömmlinge betrieben.[213]

Von avisierten 1,5 Mio. Betroffenen wurden schließlich von November 1984 – März 1988 etwa 600.000 tatsächlich umgesiedelt. Die Umsiedlungsaktionen forderten im Verhältnis noch höhere Todesraten als der Hunger. Mindestens 50.000 Menschen kamen dabei ums Leben.[214] Die Umgesiedelten verfielen teilweise in völlige Apathie, wie eine Zeugenaussage beschreibt:

> „Menschen wurden anscheinend indifferent gegenüber dem Tod. Sie trauerten nicht mehr. Sie schliefen, aßen und tranken Kaffee direkt neben den Leichen. Sie hatten nicht mehr die Kraft, ausreichend tiefe Gräber zu graben. An manchen Orten waren die Löcher so niedrig, daß die Zehenspitzen der Leichen herausragten."

Aufgrund vermehrter ausländischer Kritik suchte man bei den letzten Umsiedlungen 1987/88 die Infrastruktur zu verbessern und mit Anreizen und

Überzeugungsarbeit eine freiwillige Zustimmung zu erreichen. Doch in der überweigenden Anzahl der Fälle stieß man weiterhin auf keine positive Resonanz.[215]

Grundsätzlich kann man sagen, daß das in den achtziger Jahren intensivierte Hungerproblem für das Regime eine willkommene Erleichterung bei der Kriegsführung gegen Widerstandsbewegungen wie bei der Inangriffnahme der sozio-ökonomischen Transformation des Landes darstellte. Bis dahin hatte man Veränderungen eher vorsichtig betrieben. Nun stimulierte man die Probleme noch, als daß man an einer schnellen Linderung interessiert war. Ein Teil der Hilfsgelder konnte für andere Zwecke abgezweigt werden. Die Annahme der Hilfslieferungen und die damit verbundenen Verhandlungen werteten das Regime in Äthiopien zudem international auf.

In den Gegenden, wo die Bevölkerung nicht evakuiert wurde, betrieb man ab Ende 1984 – ähnlich wie Ceaușescu in Rumänien – eine Politik der Systematisierung der Dörfer: Nomaden, Halbnomaden sowie Bewohner kleiner Dörfer und Orte sollten in größeren Komplexen zusammengefaßt werden, nach offizieller Begründung, um die soziale und wirtschaftliche Entwicklung zu erleichtern. Unschwer erkennbar für den Beobachter sowie für die Betroffenen war indes der damit verbundene Versuch, die Bewegungsfreiheit einzuschränken und die soziale und politische Kontrolle zu verstärken. In vielen Fällen entzogen sich diese dem Programm durch Flucht oder leisteten Widerstand. Im Jahre 1990 wurde es schließlich aufgegeben.[216]

Obwohl nach der Revolution erstmals volle Religionsfreiheit verkündet wurde, war das Gegenteil der Fall: Oberste Priorität hatte der Kampf gegen die mit dem Thron eng verbundene äthiopisch-orthodoxe Kirche und Religion. In einer Parteikaderschule in Addis Abeba wurden Funktionäre für den Kampf gegen die Kirche und den politischen Einsatz geschult. Christliche Kirchen und Schulen wurden geschlossen oder umfunktioniert, Krankenhäuser verstaatlicht. In einer in den Westen geschmuggelten Instruktion hieß es:

„Wenn Christen sich weigern, ihrem Glauben abzusagen, setzt sie gefangen. Wenn das Verbot von Kirchenbesuchen nicht wirkt, setzt die Kirchenführer gefangen. Schließt Kirchen. Als Grund nennt den Bedarf an kommunalen Versammlungs- oder Büroräumen. Verbrennt oder zerstört Altäre und andere Dinge in der Kirche, die religiöse Bedeutung haben. Übergeht Christen bei Beförderungen; übernehmt konfessionelle Verwaltungsstellen; friert Bankkonten von Kirchen ein; verbietet religiöse Versammlungen; gebt Missionaren oder kirchlichen Mitarbeitern nicht die Freiheit, im Land zu reisen. Bestreitet alle Beschuldigungen einer religiösen Verfolgung, besonders gegenüber der Weltpresse; zensiert regelmäßig die Post und Telefongespräche aller verdächtigen Christen und Missionare." [217]

Eine wesentliche Rolle als Kaderschmieden für eine neue Klasse spielten Waisenhäuser: Die Insassen erfuhren darin eine strikte ideologische Schulung; es handelte sich um Kinder, deren Eltern getötet worden waren oder die man ihnen einfach weggenommen hatte. Die Zeit, sich im ländlich und religiös (christlich bzw. islamisch) geprägten Äthiopien eine neue Massenbasis aufzubauen, erwies sich für das Regime aber als viel zu kurz.[218]

Immer wieder aufkeimende Unzufriedenheit wurde durch gezielte Unterversorgung mit Grundnahrungsmitteln und massive Luftangriffe auf Dörfer bekämpft. Jene Bombardements dokumentierte das Regime penibel mit Filmen, ebenso auch seine Folterungen in den Gefängnissen. Diese Filme dienen nun als Beweisstücke in dem Großprozeß gegen 1.200 Funktionäre des inzwischen gestürzten Regimes.[219]

Das Ende des äthiopischen Kommunismus kam infolge der unaufhaltsamen Niederlage im Bürgerkrieg. In gleichem Maß wie die Rebellenbewegungen Erfolge erzielten, verfiel die Autorität des Staates und der Staatspartei in den ländlichen Gegenden. Daraufhin beschloß die Arbeiterpartei im März 1990 die Umbenennung in „Äthiopische Demokratische Einheits-Partei". Mengistu erklärte öffentlich, daß der Versuch, den Sozialismus in Äthiopien aufzubauen, gescheitert sei. Er deutete die Möglichkeit der Einführung eines Mehrparteiensystems an. Die Bilder von Marx, Engels und Lenin wurden entfernt und die sozialistischen Parolen übermalt. Doch der Kurswechsel nutzte dem Regime nicht mehr: Zum Jahreswechsel 1990/91 wurde es gestürzt und eine Koalitionsregierung aus den Vertretern der Befreiungsbewegungen diverser Völker gebildet. Eritrea spaltete sich 1993 als eigenständiger Staat ab. Ob das restliche Äthiopien seine territoriale Integrität wahrt, ist abzuwarten.

Mengistu flüchtete gerade noch rechtzeitig nach Simbabwe, wo er von dem ideologisch nahestehenden Staatschef Mobutu eine Apanage von rund 7.500 US-Dollar monatlich erhält und inzwischen auch eingebürgert wurde, um Auslieferungsbemühungen abweisen zu können. In Abwesenheit wurde er nun von einem äthiopischen Gericht wegen konkreten Mordes an 1.823 Menschen, wegen Völkermordes, wegen Verbrechen gegen die Menschlichkeit und wegen Kriegsverbrechen angeklagt. Unter letzteren werden in der Anklageschrift ausdrücklich absichtlich verursachter Hunger und Bombenangriffe auf die Zivilbevölkerung genannt. Auch über 1.000 inhaftierte Funktionäre des kommunistischen Regimes stehen vor Gericht.[220]

Die Bilanz von fünfzehn Jahren Kommunismus in Äthiopien beträgt mindestens 1-1,5 Mio. Tote aufgrund von Kriegen, Hunger, Umsiedlungen und rotem Terror.[221]

Südafrika

Das kommunistische Äthiopien bildete eine Ausnahme in Afrika: Sowohl im arabisch-islamischen Nordafrika wie auch in Schwarzafrika war die Attraktivität des Kommunismus eher gering. Zwar wurden zahlreiche antikoloniale und antiwestliche Widerstandsbewegungen vom Ostblock gefördert und ausgebildet, doch die jeweiligen kulturellen und religiösen Traditionen scheinen eine tiefergehende Rezeption des Marxismus/Leninismus verhindert zu haben.

In Angola und Moçambique waren die schwarzen Guerillabewegungen MPLA bzw. FRELIMO 1974/75 mit massiver sowjetischer Waffenhilfe an die Macht gekommen. Sie befanden sich in völliger militärischer und materieller Abhängigkeit vom Ostblock, und kommunistische Berater suchten dort sowjetische Systeme zu installieren. Auf dem Land wurden gefürchtete Umerziehungslager („Campos de Recuperacão" bzw. „Campos de Reeducacão") etabliert. Die Staatssicherheitsdienste in Angola und Moçambique wurden von Experten aus der DDR aufgebaut und ausgebildet; sie entwickelten sich bald zu den wichtigsten Säulen der Macht.[222]

Das rigide Vorgehen gegen ethnische Minderheiten und religiöse Bekenntnisse (z.B. die moslemischen Einwohner im Norden Moçambiques) löste aber erbitterten Widerstand aus. Die oktroyierte kommunistische Planwirtschaft, verbunden mit Kollektivierung und dem Aufbau von Schwerindustrie, führte in den achtziger Jahren bei gleichzeitiger verheerender Dürre in beiden Ländern zu einem ökonomischen Zusammenbruch, wobei bewußte Destabilisierung von seiten der Republik Südafrika hinzutrat. Sang- und klanglos verabschiedete sich der Kommunismus Ende der achtziger Jahre aus Angola und Moçambique, nicht jedoch die Regierungscliquen und ihr Sicherheitsapparat, und die blutigen Bürgerkriege dauerten, trotz internationaler Vermittlungsversuche, noch bis Mitte der neunziger Jahre an. Ob die inzwischen in beiden Ländern erfolgten Friedensschlüsse Stabilität herbeiführen können, wird erst die Zukunft zeigen.

Das einzige afrikanische Land, in dem der Kommunismus eine wirkliche Chance zu haben scheint, ist die Republik Südafrika, und dies aufgrund der langen Tradition der südafrikanischen Kommunistischen Partei (SACP) und ihrer nicht nur schwarzen, sondern vor allem auch weißen und indischen Trägerschicht. Die SACP dürfte derzeit eine der am schnellsten wachsenden Kommunistischen Parteien in der Welt sein – zwischen 1991 und 1994 hat sich ihre Mitgliederzahl verdoppelt.[223]

Bereits 1921 war sie als erste kommunistische Partei in Afrika begründet worden und zunächst eine weiße Arbeiterpartei gewesen, die für ein „weißes sozialistisches Südafrika" eintrat. Auf Direktive Stalins hin verschrieb sie sich

1928 der schwarzen Revolution in Südafrika. Im Jahre 1950 wurde die SACP verboten und verband sich seither eng mit der größten schwarzen Widerstandsbewegung „Afrikanischer National-Kongreß" (ANC), die 1960 ebenfalls verboten wurde. Anfang der sechziger Jahre gründeten ANC und SACP gemeinsam die Guerillaorganisation „Umkhonto we Sizwe" (d.h. Speer der Nation; abgekürzt MK). Der ANC wurde vom Ostblock mit Geld und Waffen unterstützt, sein Organ „Sechaba" in der DDR gedruckt. ANC-Funktionäre studierten an der Moskauer Lumumba-Universität und anderen Ostblockhochschulen; die MK-Guerillakämpfer wurden zum Teil in der Sowjetunion und anderen kommunistischen Staaten ausgebildet.

KGB- und Stasi-Experten hatten während des Befreiungskampfes den militärischen Geheimdienst des ANC aufgebaut. Er nannte sich „Imbokodo" (Der Felsblock, der zermalmt) und war für grausame Verfolgungen von „Dissidenten" verantwortlich. Seine Mitglieder waren fast ausschließlich radikale SACP-Anhänger. Bereits 1979 war das gefürchtete Lager „Quatro" bei Mkata Shinga in Nordangola im Aufbau.[224]

Nachdem bereits gerüchteweise Berichte über Menschenrechtsverletzungen in ANC-Lagern Ende der achtziger Jahre an die Öffentlichkeit gedrungen waren, konnten erstmals im Mai 1991 Überlebende nach Südafrika flüchten und detaillierte Informationen geben.

So hatten im Jahre 1984 sechzig führende MK-Mitglieder in Mkata Shinga/Angola eine Revolte angeführt, die angeblich von 90 % der dortigen Guerilleros unterstützt wurde. Die Meuterer warfen der Führung undemokratisches Verhalten und Xhosa-Chauvinismus vor (das schwarze Volk der Xhosa dominiert den ANC). Der Aufstand stand wohl in Zusammenhang mit der neuen revolutionären Township-Strategie des ANC, die die Guerilleros nicht mehr vordringlich benötigte und daher in Angola in den dortigen Kämpfen gegen die UNITA verheizte. Teilweise war auch das Bildungsgefälle zwischen Untergebenen und Vorgesetzten Anlaß für Verfolgungen: Zahlreiche jugendliche MK-Rekruten waren junge, idealistische Oberschüler, die nach dem Soweto-Aufstand ins Exil gegangen waren. Die Dissidenten wurden verhaftet und wanderten in Gefangenenlager in Angola, Sambia, Tansania und Uganda. 18 oder 19 von ihnen wurden gemäß dem Spruch eines spontan eingesetzten „Militärtribunals" unter wesentlicher Beteiligung von Sizakele Sigxashe (SACP) exekutiert.[225]

Die aus den Lagern nach Südafrika Entkommenen gaben 1991 an, daß noch weitere 500 gefangen seien. Das „Returned Exiles Co-Ordinating Committee" (RECOC) publizierte eine erste vorläufige Liste mit 225 Namen ermordeter, gefolterter oder vermißter ANC-Dissidenten.[226]

Ähnliche Berichte zurückgekehrter Dissidenten über Gefangenenlager der namibischen Befreiungsorganisation SWAPO in Angola und Sambia hatten 1989 internationale Empörung ausgelöst. Dem ANC gelang es zunächst,

Berichte über diese Vorfälle weitgehend zu unterdrücken. Seinen Angaben nach handelte es sich ausnahmslos um enttarnte Spione der Regierung. Der ANC/SACP-Funktionär Chris Hani konzedierte allerdings bereits 1990 Übergriffe des Sicherheitsdienstes. Im Oktober 1992 gestand der ANC schließlich die Menschenrechtsverletzungen ein und gab die Einsetzung einer Untersuchungskommission bekannt.[227]

Ein Bericht der Menschenrechtsorganisation „Amnesty International" bestätigte, daß über ein Jahrzehnt lang in den angolanischen ANC-Lagern wie Quatro und Pango, im Staatsgefängnis von Luanda, im sambischen ANC-Hauptquartier in Lusaka, auf einer ANC-Farm zwischen Lusaka und Livingstone sowie in Uganda und Tansania Folterungen und Mißhandlungen vorgenommen worden seien; dabei seien zahlreiche Menschen umgekommen, einzelne Gefangene auch hingerichtet worden. Es habe sich dabei um regelmäßige und systematische Menschenrechtsverletzungen gehandelt. Die vom ANC eingesetzte Untersuchungskommission (mehrheitlich mit ANC-Mitgliedern besetzt) sei unzureichend und scheue beispielsweise die Bekanntgabe der Schuldigen.[228]

Die von der International Freedom Foundation eingesetzte „Douglas-Kommission" holte zwischen Juli 1992 und Januar 1993 hundert Zeugenaussagen ein und dokumentierte detailliert die Folterungen und Morde im Machtbereich des ANC. „Wir hatten keine Rechte, außer dem Recht geschlagen zu werden (...)", lautete die Aussage eines der Opfer.[229] Noch immer gebe es in Uganda und Tansania ANC-Straflager. Der frühere MK-Stabschef Chris Hani habe die Lager regelmäßig besucht.

Übliche Foltermethoden waren: „Pompa", wobei der Häftling gezwungen wird, seine Backen mit Luft aufzublasen und dann ins Gesicht geschlagen wird, was einen unerträglichen Druck auf das Trommelfell zur Folge hat; die „Gasmaske": dabei wird dem Opfer eine Paw-Paw-Frucht so lange ins Gesicht gedrückt, bis er nicht mehr atmen kann; „Rote Termiten", wobei der Häftling durch Kolonien aggressiver beißender Termiten kriechen muß.[230]

Nach Information der Internationalen Gesellschaft für Menschenrechte betrieb der ANC noch Anfang der neunziger Jahre Gefangenenlager in Uganda und Tansania. Auch seien nach 1990 ehemalige ANC-Dissidenten in Südafrika eingeschüchtert bzw. getötet worden.[231]

Der neue Außenminister in der ab Mai 1994 amtierenden Regierung Präsident Mandelas, Alfred Nzo, wurde von mehreren Zeugen übereinstimmend beschuldigt, daß er in den achtziger Jahren von den Menschenrechtsverletzungen in den ANC-Lagern gewußt, aber nichts dagegen unternommen habe; auch im Bericht der ANC-Untersuchungskommission wird dies erwähnt. Nzo stritt die Beschuldigungen jedoch ab. Er ist Mitglied des ANC-Exekutivrates und führender Funktionär der SACP.[232]

Die zur Offenlegung von Menschenrechtsverletzungen während der Apartheidzeit durch Unterschrift Präsident Mandelas am 19. Juli 1995 eingerichtete „Wahrheits- und Versöhnungskommission" bestätigte etliche Verbrechen von ANC/SACP-Angehörigen. Nach anfänglichem Zögern hatten zahlreiche ANC- und SACP-Mitglieder vor der Kommission ausgesagt. Justizminister Dullah Omar (ANC/SACP) hatte allerdings am 22. Mai 1995 ausgeführt, daß er es für inakzeptabel halte, wenn „diejenigen, die die größte Rolle bei der Verwirklichung der Demokratie in Südafrika gespielt hätten", vor der Kommission aussagen und um Amnestie nachsuchen müßten.[233]

Zum gleichen Zeitpunkt, als in den meisten Staaten des ehemaligen Ostblocks die kommunistischen Parteien verboten wurden, wurde in Südafrika die SACP wieder legalisiert: Am 2. Februar 1990 hob Staatspräsident de Klerk das Verbot von SACP und ANC auf. Im Juli 1991 wurde die SACP in Südafrika feierlich wieder begründet und ging zusammen mit dem ANC und dem Gewerkschaftsbund COSATU eine offizielle Allianz ein.

Die dem ANC stets nachgesagte Unterwanderung durch die SACP wurde auf dem ANC-Kongreß im Juli 1991 in Durban überdeutlich bestätigt: Zwar war der neugewählte ANC-Präsident Nelson Mandela anscheinend nicht Mitglied der SACP, und Vizepräsident Walter Sisulu betätigte sich nicht mehr in der SACP. Mindestens 22 des neuen, aus 50 Mitgliedern bestehenden „Nationalen Exekutivkomitees" des ANC waren aber gleichzeitig Kommunisten;[234] „The Aida Parker Newsletter" nannte mit Bezug auf ein ihm zugespieltes internes Schreiben von der SACP an Cyril Ramaphosa gar 33 SACP-Mitglieder namentlich. Von den – neben der sechsköpfigen Führungsspitze als ständigen Mitgliedern – gewählten zwanzig Mitgliedern des exklusiveren „Nationalen Arbeitskomitees" waren demnach 13 zugleich Kommunisten.[235] Auch im Gewerkschaftsbund COSATU ist der Einfluß der Kommunisten erheblich.

Nicht nur ihr Einfluß in der Führungsspitze des ANC ist eine Stärke der SACP, sondern auch ihre Dominanz über verschiedene ANC-Unterabteilungen: Sie besitzt erheblichen Einfluß auf die Jugendorganisation, den Geheimdienst und den militärischen Flügel des ANC.[236]

Die SACP hat auch den Ruf, am orthodoxen Kommunismus festzuhalten, und gilt als revolutionäre Vordenkerin des ANC: Der frühere Vorsitzende bzw. Generalsekretär der SACP und ANC-Exekutivmitglied Joe Slovo (1926-95), Sohn jüdisch/litauischer Einwanderer und möglicherweise langjähriger KGB-Oberst, war bei allen wichtigen Verhandlungen zwischen ANC und Regierung beteiligt.[237] Er ließ 1989 das Diskussionspapier „Ist der Sozialismus gescheitert?" in der Partei zirkulieren, in dem er Fehlentwicklungen des Sozialismus wie Bürokratismus, Einschränkung persönlicher Freiheit u.a. kritisierte, jedoch am grundsätzlichen Ziel der „nationalen demokratischen Revolution" festhielt.[238] Im Jahre 1991 lehnte Joe Slovo die Umbenennung des Parteinamens ab, da man keine Mogelpackung anbieten wolle. Der SACP-Funktionär und Führer des ANC-Bezirkes Natal-Mitte Harry Gwala begrüßte im August 1991 enthusiastisch den Janajew-Putschversuch in Moskau. In ihrem revidierten Programm hielt die SACP ausdrücklich am Marxismus/Leninismus fest. Zusätzlich wurde das Bekenntnis zur Mehr-Parteien-Demokratie und zu freien Wahlen aufgenommen, die Konzeption von der Diktatur des Proletariats wurde dagegen aufgegeben. SACP-Generalsekretär Chris Hani betonte 1992, daß der Kampf auch nach einer schwarzen Regierungsübernahme fortdauern müsse; die SACP sei weiterhin „sozialistischen Zielen und der totalen Machtübernahme durch die Arbeiterklasse" verpflichtet".[239]

Ein vertrauliches SACP-Strategiepapier vom November 1992 hob hervor, daß in der speziellen Situation Südafrikas eine schnelle revolutionäre Machtergreifung nicht möglich sei. Es bliebe nur der Weg über eine stufenweise „nationale demokratische Revolution". Hierbei müsse man „Widersprüche innerhalb der sozialen und politischen Basis des Regimes" nützen und mit den kooperationsfähigen Elementen verhandeln, während die extremen Elemente isoliert werden müßten. Parallel zur Kooperation müßten jedoch gut gesteuerte „unabhängige Aktionen durch die revolutionären Kräfte", wie z.B. „Massenaktionen", den nötigen „Druck" ausüben. Da eine erste demokratische Regierung über Wahlen zustande kommen werde, sei das Ausmaß der Stimmenmehrheit von zentraler Bedeutung. Bei „sorgsamer strategischer Planung und totaler Mobilisation aller zur Verfügung stehender Ressourcen" sei eine Zwei-Drittel-Mehrheit erreichbar; dabei sei es von entscheidender Bedeutung, daß niemand anders unter den unterdrückten südafrikanischen Schwarzen „eine konterrevolutionäre Basis" aufbauen könne. Über „Stufen des Vorrückens" werde sich die Balance der Macht schließlich auf die Seite des Volkes verlagern. Am Ende müsse die Arbeiterklasse die führende Rolle spielen und auch die Landfrage „auf revolutionäre Weise" gelöst werden. Die Positionen des Monopolkapitals und der weiß dominierten Bourgeoisie dürften nicht bestehenbleiben, wenngleich man möglicherweise keine „Nationalisierung" durchführen, sondern auf andere Weise „Sozialisierung" entwickeln werde und der Gewährung von „Privilegien" für die „bürokratische Bourgeoisie", die man – wie einst Lenin – als Verwaltungsfachleute benötige, zustimmen könne.[240]

Verschiedene Aktionen belegen die von der SACP gesteuerte Doppelstrategie des ANC. So machte Chris Hani, langjähriger SACP-Funktionär und damaliger MK-Stabschef, bei seiner Rückkehr im Frühjahr 1990 Schlagzeilen mit seiner Aussage, daß man neben der Beteiligung an Verhandlungen weiterhin an der Option einer gewaltsamen Machtergreifung festhalte, sollten die Weißen nicht hinreichend bereit sein, die Macht abzugeben.[241]

Im Juli 1990 zerschlug die Polizei im Aufbau befindliche militärische Strukturen im Lande und verhaftete zahlreiche MK-Freischärler, als sie unter Führung von Ronnie Kasrils (seit 1985 Chef des militärischen Geheimdienstes von MK) 20 Tonnen Waffen (Gewehre, Munition, Sprengstoff und Boden-Luft-Raketen) über die Grenzen brachten („Operation Vula"). Kasrils war vom KGB in Odessa und später in der DDR ausgebildet worden.[242] Als Kopf der Operation galt Chris Hani, der zwischenzeitlich zum neuen SACP-Generalsekretär gewählt worden war. Geheime Protokolle über eine Sitzung der mit dem ANC verbündeten SACP vom Mai 1990 in Tongaat wurden erbeutet, in denen diese Doppelstrategie beschlossen worden war.[243] Im Zuge der bald darauf ausgehandelten Amnestie unterblieb die Strafverfolgung.

Mitte 1992 intensivierten ANC/SACP das revolutionäre Element ihrer Doppelstrategie: Mit Massenprotesten und einem Generalstreik sollte Anfang August 1992 die Bildung einer Übergangsregierung erzwungen werden. Vor 15.000 Anhängern in Soweto bezeichnete Mandela „Streiks und Massenproteste" als wichtigste Waffen im Kampf für das Ende der weißen Regierung.[244] Vielerorts wurde die Teilnahme der Schwarzen am Streik mit Gewalt durchgesetzt. Vorübergehende Besetzungen von öffentlichen Gebäuden wurden durchgeführt. Die Streiktage forderten 40 Tote und eine Zunahme gewalttätiger Vorfälle um 300 %.

Zu einem weiteren blutigen Höhepunkt kam es, als der ANC am 7. September 1992 rund 40.000 Anhänger gegen die Regierung von Brigadier Gqozo in die Hauptstadt Bisho des schwarzen „Nationalstaates" Ciskei in Marsch setzte. Zuvor war in aufrührerischen Reden von Hani und Kasrils Gqozo als „Hund, der verdient, bei Nacht begraben zu werden...", bezeichnet worden; man müsse das „Marionetten-Trio" Gqozo, Mangope und Buthelezi, „den Irren in Zululand", stürzen, schließlich den „Puppenspielermeister" in Pretoria.[245] Der SACP-Funktionär und MK-Geheimdienstchef Ronnie Kasrils wollte mit etwa hundert ausgewählten Anhängern vom Sportstadium aus zum Ortskern von Bisho, wo die Demonstration untersagt worden war, vordringen und diesen besetzen. Als die Sicherheitskräfte der Ciskei das Feuer eröffneten, kam es zu 29 Toten und rund 200 Verletzten unter den Demonstranten. Bei der Planung des Unternehmens hatte Chris Hani eine wesentliche Rolle gespielt. Gegenüber der „Weekly Mail" gab Ronnie Kasrils am 11. September offen zu: „Wir hatten es auf eine Konfrontation abgesehen."[246] Der ANC hielt weiterhin ausdrücklich an der Option von Massenaktionen fest.

Mit etwa 50.000 Mitgliedern (1994) ist die SACP eine Kaderpartei, die die Massenorganisation ANC als Transmissionsriemen benutzt. Auch Liberale wie Frederik van Zyl Slabbert äußerten ihre Furcht, daß die SACP „den Befreiungskampf des ANC voll nutzen wird, um auf dessen Rücken in die erste Wahl zu reiten"; gegenüber den hervorragend organisierten Kommunisten und Gewerkschaften sei „die übrige Allianz im Grunde genommen wehrlos". Die sozialistische und kommunistische Revolution sei weiterhin ihr strategisches Ziel, „nicht nur während des Übergangs, sondern vor allem nach dem Übergang zu einer demokratischen Ordnung".[247]

Bei den ersten allgemeinen Wahlen in Südafrika vom 26. bis 29. April 1994 kam die SACP quasi im Huckepackverfahren über den ANC in das Parlament und in die Regierung. Fünf führende SACP-Funktionäre wurden Minister; weitere ANC-Minister sind einfache Mitglieder der SACP.

Wiederholt wurden Vermutungen laut, daß sich die SACP nach ersten allgemeinen Wahlen vom ANC trennen und möglicherweise unter Einschluß von dessen radikalem Flügel als eigenständige sozialistische Partei agieren würde,[248] doch dieses Szenario erscheint nicht wahrscheinlich: Es würde die SACP auf die Rolle einer Minderheitspartei reduzieren, während sie im Bündnis mit dem ANC ihre Ziele weit effektiver verwirklichen kann. Die enge personelle Verflechtung zwischen ANC und SACP zu trennen hieße zudem, einen gordischen Knoten aufzulösen.

Erst im April 1995 verteidigte Staatspräsident Nelson Mandela wieder die enge Verbindung zwischen ANC und SACP: „Sie wurde geknüpft mit dem Blut der vielen Märtyrer. Und heute wird sie durch den hart erstrittenen Sieg bestärkt." [249] In diesem Zusammenhang läßt ein wahrscheinlich von dem früheren ANC/SACP-Doppelmitglied Thabo Mbeki, dem designierten Nachfolger Mandelas, verfaßtes Strategiedokument aufhorchen, das dem nationalen ANC-Kongreß im Dezember 1994 vorgelegt wurde. Es sieht nach einer vorübergehenden Phase der Versöhnung eine Rückkehr zu einer Konfrontationspolitik vor:

> „Die demokratische Mehrheit hat nur einige der wichtigen Elemente von jener Macht unter ihre Kontrolle gebracht, die zur Fortführung des Kampfes für eine Vollendung der derzeitigen Phase der demokratischen Revolution nötig sind. " [250]

Kann sich der Kommunismus nach seinem Sturz in Europa am Kap der Guten Hoffnung etablieren? Eine Ironie der Geschichte ist, daß seit den achtziger Jahren zahlreiche vom Kommunismus enttäuschte Bürger Osteuropas nach Südafrika ausgewandert sind, um sich dort eine neue Existenz aufzubauen. Ein in seiner Heimat vom kommunistischen System geschädigter Pole ließ sich am Ostersamstag 1993 gar dazu hinreißen, den südafrikanischen Kommunistenführer Chris Hani zu erschießen.

Sind die antikommunistischen Einwanderer aus dem Osten Europas in Südafrika vom Regen in die Traufe gekommen? Der Konflikt um Südafrikas Zukunft ist noch nicht entschieden.

Anmerkungen

1   Domenach 1995, 46
2   Zit. nach Wolter 1987, 341
3   Ebda., 337
4   Wu / Michael 1988, 3-16

5   Ebda., 4; 126f.
6   Ebda., 20; 5
7   Ebda., 20
8   Ebda., 24
9   Hierzu Weggel 1989, 147-165
10 Weggel 1989, 145
11 Domenach 1995, 70f.
12 Domes / Näth 1992, 17f.
13 Wu / Michael 1988, 22
14 Weggel 1989, 155f.
15 Wu / Michael 1988, 141 (übersetzt vom Vf.)
16 Weggel 1989, 149
17 Weggel 1989, 161; Wolter 1987, 344
18 Weggel 1989, 161
19 Domenach 1995, 61f.
20 Wu / Michael 1988, 281-284
21 Domenach 1995, 68
22 Ebda., 141
23 Wolter 1987, 345
24 Domenach 1995, 65f.
25 Wu / Michael 1988, 22
26 Hierzu Domenach 1995
27 Domenach 1995, 459
28 Shen, Marshal Y.: Towards Creation of a Just Social Order: Politics of Education in the Chinese People's Republic. In: Adelman 1984, 240-244
29 Domenach 1995, 389f., 456
30 Chinas Arbeitslager größer als Stalins Gulag. In: Süddeutsche Zeitung, München, 22. Februar 1994
31 Zit. nach Weggel 1989, 166. Zu Tibet auch: Dingemann 1983, 236-241
32 Zu Tibet: Wu / Michael 1988, 278-280
33 Krurup, Bernhard: „Die Chinesen erdrücken uns". Peking hat Tibets traditionelle Kultur bald ausgelöscht. In: Süddeutsche Zeitung, München, 22./23. Oktober 1994
34 Wu / Michael 1988, 280
35 Krurup (wie Anm. 33)
36 Strittmatter, Kai: Alles Tibetische soll vom Erdboden verschwinden. In: Süddeutsche Zeitung, München, 11./12. März 1995
37 Ebda.
38 Belastungsprobe für den tibetischen Lamaismus. In: Neue Zürcher Zeitung, Zürich, 30. November 1995; Vom Dalai Lama ernannter Pantschen Lama vermißt. In: Süddeutsche Zeitung, München, 20./21. Januar 1996
39 Wiedergeburt von Pekings Gnaden. In: Süddeutsche Zeitung, München, 30. November 1995
40 Zit. nach Kersten 1957, 184
41 Weggel 1989, 191-196
42 Domes / Näth 1992, 46
43 Hierzu Weggel 1989, 246-305
44 Shen in Adelman 1984, 255
45 Mommsen 1977, 48-53
46 Ebda., 45
47 Rodzinski 1987, 351
48 Zit. nach Wu / Michael 1988, 179f. (übersetzt vom Vf.)

49   Wu / Michael 1988, 180
50   Rodzinski 1987, 303
51   Wu / Michael 1988, 199
52   Ebda., 202, 210
53   Domes / Näth 1992, 62; Wolter 1987, 373
54   Weggel 1989, 303
55   Wu / Michael 1988, 19; 154
56   Ebda., 257-262
57   Kinder fielen summarischer Lösung zum Opfer. In: Süddeutsche Zeitung, München, 9. Januar 1996
58   Amnesty International 1990
59   Baratta 1991, 40
60   Domes / Näth 1992, 110
61   „Politische Unterdrückung in China nimmt zu". In: Süddeutsche Zeitung, München 29. Februar 1994
62   Süddeutsche Zeitung, 30. August 1996
63   Will 1987, 35
64   Ebda., 37
65   Buro / Grobe 1984, 116f.
66   Hierzu Puddington 1988, 186-189
67   Buro / Grobe 1984, 118
68   Ebda., 119
69   Puddington 1988, 186-188
70   Ebda., 188f.
71   Puddington 1988, 184
72   Will 1987, 35f.
73   Ebda., 41
74   Draguhn / Hofmeier / Schönborn 1980, 347f.
75   Will 1987, 109-11, 141
76   Dr. Klaus-Jürgen Goldmann: Der Trick mit „boat people". In: Frankfurter Allgemeine Zeitung, Frankfurt a. M. v. 18. März 1995
77   Buro / Grobe 1984, 136 bzw. 133
78   Ebda., 146, 154-157 bzw. 42
79   Puddington 1988, 191
80   Will 1987, 43-45, 77
81   Buro / Grobe 1984, 157
82   Ebda., 123
83   Will 1987, 90
84   Ebda., 77
85   Ebda., 143-145
86   Puddington 1988, 195-198
87   Will 1987, 49
88   Stuart-Fox 1986, 34; 162
89   Ebda., 157-163
90   Ebda., 158; 163
91   Ebda., 161f.
92   Ebda., 162
93   Ebda., 37; 158-160
94   Ebda., 92, 163-165
95   Ebda., 131-133
96   Draguhn / Hofmeier / Schönborn 1980, 214; Stuart-Fox 1986, 135

97 Stuart-Fox 1986, 36-39
98 Ebda., 39-41
99 Zit. nach Sihanouk 1980, 86 (übersetzt vom Vf.)
100 Quinn, Kenneth: Cambodian Secret Police. In: Adelman 1984, 195
101 Chandler 1991, 236
102 Vickery 1984, 81
103 Chandler 1991, 241
104 Quinn in Adelman 1984, 201
105 Pringle, James: Pol Pot menace endures in Cambodia. In: The Times, London, 17. April 1995
106 Ebda.
107 Vickery 1984, 82-85
108 Ebda., 72-75, 85f., 125-130, 139-141
109 Pringle, James: Pol Pot menace endures in Cambodia. In: The Times, London, 17. April 1995
110 So z.B. Dingemann 1983, 139
111 Vickery 1984
112 Ebda., 70
113 Zit. nach Chandler 1991, 259 (übersetzt vom Vf.)
114 Vickery 1984, 171f.
115 Quinn in Adelman 1984, 222
116 Quinn in Adelman 1984, 222-224; Sihanouk 1980, 27-30, 82-83, 91
117 Vickery 1984, 173 (übersetzt vom Vf.)
118 Chandler 1991, 242
119 Pringle (wie Anm. 109)
120 Zit. nach Chandler 1991, 260
121 Quinn in Adelman 1984, 206
122 Ebda., 209
123 Vickery 1984, 174f.
124 Chandler 1991, 304
125 Ebda., 308
126 Puddington 1988, 216
127 Chandler 1991, 308 bzw. 247
128 Vickery 1984, 182
129 Will 1987, 111
130 Chandler 1991, 238
131 Vickery 1984, 179-181
132 Quinn in Adelman 1984, 219
133 Ebda., 216
134 Chandler 1991, 286 bzw. 308; Vickery 1984, 151f.
135 Will 1987, 84
136 So Yong Sok in Thürk 1990, 221-223
137 Vickery 1984, 140-141, 159-161
138 Ebda., 165, 171
139 Massengräber des Pol-Pot-Regimes. In: Die Welt, Hamburg, 19. Februar 1996; Khmer Rouge papers record slaughter of 1,7 m Cambodians. In: Sunday Weekend Argus, Kapstadt, 8./9. Juni 1996
140 Hierzu Vickery 1984, 202-252
141 So betitelt z.B. die „Welt": Massengräber des Pol-Pot-Regimes. In: Die Welt, Hamburg, 19. Februar 1996
142 Vickery sieht Wurzeln vor allem im Anarchismus (Vickery 1984, 281-284)

143 Zit. nach Chandler 1991, 240 (übersetzt vom Vf.)
144 Quinn in Adelman 1984, 197f., 215, 220
145 Ebda., 202
146 Bourne 1988, 212 bzw. 216
147 Ebda., 218ff.
148 Rabkin 1991, 44
149 Bourne 1988, 213f bzw. 230
150 Taylor 1993, 64
151 Camejo 1989, 178
152 Ebda., 42
153 Valladares ⁶1988, 731
154 Rabkin 1991, 47
155 Ebda., 47 bzw. 187; Camejo 1989, 44
156 Camejo 1989, 45f.
157 Valladares ⁶1988, 731
158 Human Rights Report 1989, 82f.
159 Camejo 1989, 46-48
160 Oppenheimer 1992, 315f.
161 Human Rights Report 1989, 86-88
162 Hierzu Rabkin 1991, 89-93; Camejo 1989, 59-63
163 Hierzu Puddington 1988, 47-51
164 Valladares ⁶1988, 733
165 Rabkin 1991, 188-191
166 Puddington 1988, 51
167 Rabkin 1991, 189 bzw. 191
168 Oppenheimer 1992, 339-355
169 Human Rights Report 1989, 89f.
170 Camejo 1989, 19-24
171 Zit. nach Rabkin 1991, 186 (übersetzt vom Vf.)
172 Rabkin 1991, 47 bzw. 87
173 Camejo 1989, 94
174 Human Rights Report 1989, 43f.
175 Ebda., 42
176 Ebda., 1-3
177 Zit. nach ebda., 4 (übersetzt vom Vf.)
178 Camejo 1989, 91
179 Ebda., 94
180 Oppenheimer 1992, 314
181 Human Rights Report 1989, 79f.
182 Ebda., 82f.
183 Rabkin 1991, 186-188
184 Human Rights Report 1989, 1
185 Oppenheimer 1992, 82ff.
186 Ebda., 377f.
187 Ebda.
188 Keller 1988, 193f.
189 Ebda., 192
190 Ebda., 198 (übersetzt vom Vf.)
191 Kaiser Haile Selassie wurde im Bett erwürgt. In: Süddeutsche Zeitung, München,
     15. Dezember 1994
192 Breyer 1986, 261, 267

193 Breyer 1979, 260f.
194 Keller 1988, 199f.
195 Africa Watch 1991, 101-104, 109-111
196 Gartung, Werner: Schaurige Beweisstücke. Mitglieder des Mengistu-Regimes vor
    Gericht. In: Afrika-Post, Bonn 1994, 9, S. 6f.
197 Abrechnung mit dem Tyrannen. Äthiopien macht seinem geflohenen Diktator
    Mengistu den Prozeß. In: Süddeutsche Zeitung, München, 10./11. Dezember 1994
198 Keller 1988, 198-200
199 Puddington 1988, 93
200 Keller 1988, 233f.
201 Africa Watch 1991, 105-107
202 Zit. nach Keller 1988, 202 (übersetzt vom Vf.)
203 Keller 1988, 202f.; 198
204 Africa Watch 1991, 113 (übersetzt vom Vf.)
205 Ebda., 122
206 Gartung, Werner: Schaurige Beweisstücke. Mitglieder des Mengistu-Regimes vor
    Gericht. In: Afrika-Post, Bonn 1994, 9, 5
207 Africa Watch 1991, 4
208 Ebda., 133; 142; 161-165; Puddington 1988, 125-136
209 Africa Watch 1991, 13
210 Puddington 1988, 128
211 Africa Watch 1991, 175f.
212 Ebda., 214
213 Puddington 1988, 127; 132-135
214 Africa Watch 1991, 224
215 Keller 1988, 225f.
216 Africa Watch 1991, 231f.
217 Zit. nach Breyer 1986, 266
218 Puddington 1988, 140
219 Abrechnung mit dem Tyrannen. Äthiopien macht seinem geflohenen Diktator Mengi-
    stu den Prozeß. In: Süddeutsche Zeitung, München, 10./11. Dezember 1994
220 Ebda.
221 Africa Watch 1991, 16
222 Breyer 1979, 259f.
223 Murray 1994, 124
224 International Society for Human Rights 1993, 3 bzw. 11
225 International Society for Human Rights 1993, 19
226 More names to swell Umkhonto we Sizwe's 'List of Shame'. In: The Aida Parker
    Newsletter, Johannesburg (1991) 143, 10f.; The Aida Parker Newsletter: Fact Sheet
    No 3. ANC hell camps, Johannesburg o.J. (1991)
227 ANC gesteht Folter ein. In: Süddeutsche Zeitung, München, 21. Oktober 1992
228 Folter und Morde in ANC-Lagern. In: Frankfurter Allgemeine Zeitung (Frankfurt
    a. M.) v. 30. November 1992
229 Zit. nach United Christian Action (Hrsg.): uca news, Kapstadt, 15. Januar 1993.
    Neue Erkenntnisse belegen, daß die „International Freedom Foundation" eine Front-
    organisation des südafrikanischen Geheimdienstes zur Diskreditierung des ANC war.
    (Exposed: The SA front that duped the world. In: The Star International Weekly,
    13.-19. Juli 1995). Diese Tatsache ist bei einer kritischen Würdigung des Berichtes
    natürlich nicht zu übersehen; nichtsdestoweniger sind die Zeugenaussagen als solche
    wohl stichhaltig und decken sich in ihren wesentlichen Ausssagen mit anderen Dokumen-
    tationen (Amnesty International, Internationale Gesellschaft für Menschenrechte).

230 International Society for Human Rights 1993, 12-15
231 Ebda., 10f.
232 Die Mächtigen am Kap: Sechs Männer, die die Zukunft Südafrikas mitbestimmen. In: Die Welt, 11. Mai 1994
233 Amnesty for ANC leaders row. In: The Citizen, Johannesburg, 23. Mai 1995 (übersetzt vom Vf.)
234 Siehe hierzu: The South Africa Report, Pretoria (1991) 11, 4; The Red Thread. The SACP's influence in the ANC and the unions. In: Sunday Times, 28. 4. 1991
235 Brief des stellvertretenden SACP-Generalsekretärs Charles Nqakula an ANC-Generalsekretär Cyril Ramaphosa, undatiert. Nach: FW's Negotiating Partners. In: The Aida Parker Newsletter, Johannesburg 1993, 162, 9-13
236 Murray 1994, 125
237 Gastrow ³1990, 319-322
238 Murray 1994, 127
239 Lesage, Jackie: Decline and Fall of SA communism. In: New African, London 1993, 306, 10 (übersetzt vom Vf.)
240 Between The People's Offensive and Regime Crisis, Prospects For a Democratic Victory and Advance to Socialism (datiert November 1992, vertraulich). In: The Aida Parker Newsletter, Johannesburg 1993, 162, 4-7 (übersetzt vom Vf.)
241 Gastrow ³1990, 100
242 Kummer, Jochen: In der Ciskei probt der radikale ANC-Flügel den Sturz der Weißen in Südafrika. In: Welt am Sonntag, Hamburg, 13. September 1992
243 SAP Smash ANC Underground bzw. Reds Planned People's Militia. In: The Citizen, Johannesburg, 26. bzw. 28. Juli 1990
244 UNO soll in Südafrika vermitteln. In: Süddeutsche Zeitung, München, 29. 6. 1992
245 S.K.: Massenaktionen: Mißglückter „Staatsstreich". In: Arbeitskreis Christen für Partnerschaft statt Gewalt (Hrsg.): Rundbrief, Schaafheim (1992) 54/55, 7
246 Zit. nach: Kommunisten marschieren in die Ciskei. In: uca news 1992, 4
247 „Die Micky-Maus-Politik der Südafrikanischen Kommunistischen Partei" (= Interview mit Hennie Serfontein mit dem liberalen früheren Oppositionsführer Frederik van Zyl Slabbert). Zit. nach: Arbeitskreis Christen für Partnerschaft statt Gewalt: Rundbrief, Schaafheim 1992, 54/55, 4f.
248 Lesage, Jackie: Decline and Fall of SA communism. In: New African, London 1993, 306, 12. So sagte Nelson Mandela: „Aber wenn die Apartheid zerstört ist, wird die SACP einen eigenen Weg gehen, dem wir nicht folgen werden. Wir werden nicht dem Sozialismus folgen, wir haben unser eigenes Programm." (Ebda.; zit., übersetzt vom Vf.)
249 Mandela defends Communist ties. In: The Citizen, Johannesburg, 8. April 1995 (übersetzt vom Vf.)
250 Zit. nach: ANC to use 'struggle politics' in offensive on black poverty. In: The Times, London, 26. November 1994 (übersetzt vom Vf.). Das Dokument war zuerst in der Johannesburger Zeitung „The Star" veröffentlicht worden.

5. Die Bilanz des Jahrhundert-Experimentes

Ziel des Marxismus/Leninismus ist die grundlegende Veränderung des Menschen und seines sozialen Umfelds. Er bezweckt die schnelle und umfassende Verwirklichung einer kollektivierten, industriellen und klassenlosen Gesellschaft. Dabei geht er davon aus, daß sich ein Teil der Menschen diesem Prozeß widersetzen wird. Der Marxismus/Leninismus ist eine Konfliktideologie, und bevorzugte Steuerungs- und Kontrollinstrumente sind Terror und Repression. Sie werden nicht nur gegen Einzelpersonen, sondern auch gegen Bevölkerungsgruppen in ihrer Gesamtheit angewandt.

Massenweiser Terror und Repression dienen nicht nur als Disziplinierungs- und Zwangs-, sondern auch als Erziehungsmittel, unterstützen sie doch – in Gefängnissen, Arbeitslagern und Umsiedlungsorten – die soziale, kulturelle und nationale Nivellierung der Menschen.

Im Unterschied zu repressiven Maßnahmen in vielen nichtkommunistischen Staaten ist kommunistischer Terror institutionalisiert, systematisch und zumeist kaum verschleiert. Er wird mit der geschichtlichen Entwicklung und dem Fortschritt legitimiert; wer sich ihnen entgegenstellt, trägt nach marxistisch/leninistischer Auffassung für sein Schicksal selbst die Verantwortung.

Terror ist für Marxisten/Leninisten nicht nur ein Element der Kampfzeit, der revolutionären Machtergreifung und Konsolidierungsphase, sondern ein dauerhaftes politisches Instrument. Er manifestiert sich in der Einschüchterung und Eliminierung von „Klassenfeinden" und „Konterrevolutionären", der umfassenden Überwachung und Kontrolle der Bevölkerung, den Aktivitäten allgegenwärtiger und omnipotenter Geheimdienste, der erzwungenen sozioökonomischen Transformation der Gesellschaft in Stadt und Land, der Gleichschaltung und Kontrolle von Kunst und Medien, der staatlichen Lenkung aller Aspekte des sozialen Lebens und in der Einschmelzung religiöser, ethnischer und kultureller Gruppen zugunsten der Schaffung des „sozialistischen Menschen" und der einheitlichen „sozialistischen Gesellschaft". In fortgeschrittenen Stadien des Transformationsprozesses kann der Terror subtilere Formen annehmen, ohne allerdings gänzlich zu verschwinden.

Da kommunistischer Terror rational und zweckgebunden eingesetzt wird, ist er theoretisch auf ein „notwendiges" Maß begrenzt. Aufgrund der Machtkonzentration in den Händen einer kleinen Zahl von Verantwortlichen in Partei und Geheimpolizei ist die Entartung zur Terrorwillkür aber strukturell vorgezeichnet, wie die stalinistische Ära in der Sowjetunion beispielhaft verdeutlicht.

Zweifelsohne ist das Ausmaß von Terror und Repression in kommunistischen Systemen unterschiedlich. Doch auch disziplinierter Terror fordert unzählige Opfer, da das gigantische Experiment des Kommunismus alle

Grundbedingungen der menschlichen Existenz ignoriert: Der Natur des Menschen widerspricht eine Lebensweise als kollektives, industrielles Wesen, und seine natürliche Reaktion ist die Auflehnung gegen alle Versuche der Nivellierung und Vermassung. Der stets von neuem aufbrechende Widerspruch zwischen Theorie und Realität erzeugt immer neue Wellen des Terrors.

Für Alexander Solschenizyn, einen führenden Vertreter der Singularitätstheorie, ist dieser systemimmanente Widerspruch geradezu der Schlüssel zum Verständnis des Phänomens: Kommunistischer Terror sei nicht nur vorgegeben, weil der Zweck die Mittel heilige und bestimme. Der Marxismus/Leninismus beruhe vielmehr auf grundsätzlich falschen Denkvoraussetzungen und -postulaten und werde deshalb zu Terror gezwungen. Denn der vorgeblich humanistische Kommunismus sei in Wirklichkeit „nichts als Unkenntnis der menschlichen Natur":

„Der Marxismus ist nicht nur nicht exakt, nicht nur keine Wissenschaft und hat nicht nur kein einziges Ereignis in Zahlen, Quantitäten, zeitlichen oder örtlichen Definitionen vorausgesagt (...), sondern der Marxismus erschreckt durch seine ökonomisch-mechanistische Grobheit bei dem Versuch, etwas so äußerst Zartes wie das menschliche Wesen und das noch kompliziertere millionenfache Gebilde der Menschen zu erklären – die Gesellschaft. Nur mit der Habgier der einen und der Blindheit der anderen und dem Bedürfnis der dritten, zu glauben, kann man jenen Zynismus des zwanzigsten Jahrhunderts erklären: wie eine derartig belastete Lehre nach solchen Mißerfolgen im Westen noch so viele Anhänger hat!" [1]

Allein wegen seiner Denkfehler und Lügen sei der Marxismus/Leninismus zu dauerhaftem Terror gezwungen: „Denn eine falsche Ideologie kann auf Widersprüche, auf Proteste nicht anders reagieren als mit Waffen und Gittern." [2]

Unabhängig von Kontext und Kultur wird die Wirklichkeit in allen kommunistischen Systemen auf das Prokrustesbett der Utopie gespannt. Auf dem Abfallhaufen der Geschichte bleiben die Millionen Enteigneten, Entrechteten, Inhaftierten, Gefolterten, Verschleppten und Ermordeten zurück, die einer vermeintlich besseren Zukunft geopfert wurden.

Abschließend stellt sich die Frage, wieviele Tote der Kommunismus in diesem Jahrhundert zu verantworten hat. Eine exakte Angabe ist nicht zweifelsfrei möglich. Dies liegt nicht etwa daran, daß die Verantwortlichen die Geschehnisse nicht dokumentierten. Im Gegenteil: Sie wurden in der Regel bürokratisch genau festgehalten, so z.B. die Zahl von „108.362" Litauern, die 1949 nach Sibirien verschleppt wurden und dort zumeist umkamen. [3] Solche Informationen blieben jedoch geheim und wurden gegebenenfalls beseitigt, man denke an die nur durch einen glücklichen Zufall erhalten gebliebenen, detaillierten Geheimakten über das Massaker von Katyn. Im August 1987 behaupteten oppositionelle Zeitungen in der Sowjetunion, daß der KGB pro Monat rund 5.000 belastende Akten aus den dreißiger und vierziger Jahren zerstöre.[4] Und auch in der heutigen Russischen Föderation befinden sich noch zahlreiche Akten unter Verschluß.

Außerdem stellt sich die Frage, inwieweit Bürgerkriegs- und Kriegsopfer in die Berechnung Eingang finden müssen. Berücksichtigt man beispielsweise die menschenverachtende Kriegführung Stalins auch bezüglich der eigenen Soldaten, so müssen die sowjetischen Kriegstoten im Zweiten Weltkrieg zumindest teilweise dem Kommunismus angelastet werden. Dasselbe Problem stellt sich bei Hungerkatastrophen und vergleichbaren Ereignissen.

Unter Berücksichtigung neuester Erkenntnisse berechnet der US-Amerikaner Rudolph J. Rummel für die Jahre 1900-1994 eine Zahl von mehr als 170 Mio. Toten als direkte oder indirekte Folge von Völkermord und Terror. Hiervon würden ca. 110 Mio. auf kommunistische Urheber entfallen. An erster Stelle stehe die Sowjetunion mit 62 Mio., an zweiter Stelle die Volksrepublik China mit 35 Mio. Mit über 2 Mio. Todesopfern (31 Prozent der Bevölkerung) in einem Zeitraum von nur vier Jahren komme zudem den Roten Khmer in Kambodscha eine herausgehobene Rolle zu.[5]

Neueste russische Veröffentlichungen bestätigen die genannte sowjetische Opferzahl, erhöhen sie sogar leicht nach oben: Unter Einschluß der Bürgerkriegs- und Kriegstoten berechnete der Zeithistoriker und Soziologe I. A. Kurganow eine Zahl von rund 67 Mio.[6] Wesentlich schwieriger sind Aussagen bezüglich der chinesischen Todesopfer zu treffen, da die Forschung hier noch am Anfang steht und kaum stichhaltige Quellen vorliegen. Die Schätzungen schwanken zwischen 34 und 66 Mio.[7]

Legt man niedrige Schätzungen zugrunde, so kommt man auf eine gesicherte Mindestzahl von deutlich über 100 Mio. kommunistischen Todesopfern, davon über 75 Mio. direkten Terroropfern. Manche Forscher, wie der Russe Wladimir Wolkoff, gehen in zahlreichen Ländern von höheren Dunkelziffern aus und halten Maximalzahlen von bis zu 200 Mio. kommunistischen Todesopfern für möglich.[8]

Nicht zu vergessen sind auch die Einschränkung persönlicher Freiheit, Einschüchterung, soziale Isolierung, Inhaftierung, Folter, physische und psychische Schädigung, Verschleppung und Zwangsarbeit, die oft schlimmer als der Tod waren und hunderte Millionen Menschen zu Leidtragenden machten. Zweifelsohne war die Umsetzung der marxistisch/leninistischen Ideologie das blutigste Experiment der Gegenwart.

Doch der terroristische Charakter des Kommunismus trug auch zu seiner Krise bei. Ein von Angst, Mißtrauen und bürokratischer Allmacht geprägter Zwangsstaat war unvereinbar mit Kreativität und sozialer Mobilität, ohne die eine Modernisierung von Technik und Gesellschaft zum Ende des 20. Jahrhunderts nicht möglich waren. Terror und Repression verhinderten Warnungen vor Fehlentscheidungen und Katastrophen, sie verhinderten eine Erfolgskontrolle und Führerauslese. Der Kommunismus scheiterte damit an seinen inneren Widersprüchen.

Anmerkungen

1   Solschenizyn 1974c, 42f. (Hervorhebungen im Original)
2   Ebda., 47
3   Brzezinski 1989, 24
4   Ebda., 23
5   Rummel, Rudolph J.: Power, Genocide and Mass Murder. In: Journal of Peace Research, 31 (1994) 4, 1-10. - Neueste Erkenntnisse deuten gar auf 3 Mio. Todesopfer in Kambodscha zwischen 1975 und 1979 hin. (Massengräber des Pol-Pot-Regimes. In: Die Welt, Hamburg, 19. Februar 1996)
6   Kurganow, zit. in: Solschenizyn, A.: Die russische Frage am Ende des 20. Jahrhunderts, München 1994, 115. Seine Rechnung lautet folgendermaßen:

Bürgerkrieg (1917-1921)	3 Mio.
Krieg gegen Finnland (1918)	50.000
Krieg im Baltikum (1918/19)	110.000
Krieg gegen Polen (1920)	600.000
Krieg gegen Finnland (1939)	400.000
Zweiter Weltkrieg	20 Mio.
Terror (1917-23)	1,55 Mio.
Terror (1923-30)	2 Mio.
Aushungerung (1921/22)	6 Mio.
Aushungerung (1930-33)	7 Mio.
Kulakenmord	750.000
Terror (1933-37)	1,6 Mio.
„Großer Terror" (1937/38)	1,005 Mio.
Terror (1937-47)	2,7 Mio.
Lagertote (div. Ursachen)	20 Mio.
Gesamt	66,77 Mio.

7   Nach: L'holocauste communiste: 200 millions de morts. In: identité, Paris 1997, 24
8   Zit. ebda.

Bibliographie

1. Quellen

a) Theoretische und politische Schriften, Memoiren, politische Romane

Chruschtschow erinnert sich. Die authentischen Memoiren (Hrsg. von Strobe Talbott), Reinbek 1992 (US-amerikanisches Original 1970)

Daniels, Robert V. (Hrsg.): Documentary History of Communism in Russia. From Lenin to Gorbachev, Hannover, N. E./London 1993

Lehmann, Karl-Heinz/Wendt, Fritz: Militaristisch oder militärisch?, Berlin 1956

Lenin, W. I.: Ausgewählte Werke in sechs Bänden, Berlin-Ost 1988

Lieder der internationalen Brigaden, Kiel o.J. (Spanisches Original: Busch, Ernst: Canciones de las Brigadas Internacionales, Barcelona 1938)

Marx, Karl: Das Kapital. Kritik der politischen Oekonomie. 1. Bd., Buch I: Der Productionsprocess des Kapitals, Hamburg ⁴1890

Marx, Karl / Engels, Friedrich: Ausgewählte Werke in sechs Bänden, Berlin-Ost 1989

Nowack, Franz: Die Grundrechte und Grundpflichten der Bürger der Deutschen Demokratischen Republik, Leipzig / Jena 1954

Sihanouk, Prince Norodom: War and Hope. The Case for Cambodia, New York 1980

Solschenizyn, Alexander: Der Archipel GULag. 3 Bde. Versuch einer künstlerischen Bewältigung; Folgeband: Arbeit und Ausrottung; Schlußband: Die Katorga kommt wieder. In der Verbannung. Nach Stalin, Bern / München 1974a; 1974b; 1976

– ders.: Offener Brief an die sowjetische Führung, Darmstadt / Neuwied 1974

– ders.: Warnung. Die tödliche Gefahr des Kommunismus, Frankfurt a. M. / Berlin / Wien 1981

– ders.: Rußlands Weg aus der Krise. Ein Manifest, München 1990

Sowjetische Beiträge zur Staats- und Rechtstheorie, Berlin (Ost) 1953

Trotzki, Leo: Terrorismus und Kommunismus, Berlin 1990 (Original Hamburg 1920)

b) Dokumentationen

Africa Watch (Hrsg.): Evil days: thirty years of war and famine in Ethiopia, New York u.a. 1991

Amnesty International (Hrsg.): China. The massacre of June 1989 and its aftermath, London 1990

Bundesministerium für Gesamtdeutsche Fragen (Hrsg.): Argumente und Zitate aus sowjetischen und sowjetzonalen Quellen, Berlin / Bonn 1959

Bautzen-Komitee (Hrsg.): Das Gelbe Elend. Bautzen-Häftlinge berichten. 1945-1956, Halle 1992

Bundesministerium für innerdeutsche Beziehungen (Hrsg.): Die innerdeutsche Grenze, Bonn 1987

Bundesministerium für Vertriebene, Flüchtlinge und Kriegsgeschädigte (Hrsg.): Dokumentation der Vertreibung der Deutschen aus Ost-Mitteleuropa, bearbeitet von Theodor Schieder. 8 Bde., 3 Beihefte, München 1984 (Originalausgabe Bonn 1953-62)

Bundeszentrale für politische Bildung (Hrsg.): Die Sowjetunion (= Informationen zur politischen Bildung 182), Bonn 1990

Camejo, Mary J.: Human Rights in Cuba. The Need to Sustain the Pressure. An Americas Watch Report, New York / Washington, D. C. 1989

Hübner, Peter: Zur Lage der Menschenrechte in der Sowjetunion (= Berichte des Bundesinstitutes für ostwissenschaftliche und internationale Studien 17/1987), Köln 1987
- ders. (Hrsg.): Die Psychiatrie als politische Waffe. Dokumentation über den Mißbrauch der Psychiatrie zu politischen Zwecken in der UdSSR. Stand: 1. Juni 1986, Frankfurt a. M. 1986
Internationale Gesellschaft für Menschenrechte (Hrsg.): Helsinki-Opfer in der Sowjetunion 1975-1985. Dokumentation, Frankfurt a. M. 1985
International Society for Human Rights/Internationale Gesellschaft für Menschenrechte (Hrsg.): Human Rights and the African National Congress, Frankfurt a.m. 1993
Klonovsky, Michael / Flocken, Jan von (Hrsg.): Stalins Lager in Deutschland 1945-1950. Dokumentation, Zeugenberichte, München 1993
Kopácsi, Sándor: Die ungarische Tragödie. Wie der Aufstand von 1956 liquidiert wurde. Erinnerungen des Polizeipräsidenten von Budapest – unter Mitarbeit von Tybor, Stuttgart 1979
Lasky, Melvin J. (Hrsg.): The Hungarian Revolution. The Story of the October Uprising as Recorded in Documents, Dispatches, Eye-Witness Accounts, and World-wide Reactions, London 1957
Leidensweg der Deutschen im kommunistischen Jugoslawien. Verfaßt vom Arbeitskreis Dokumentation im Bundesverband der Landsmannschaft der Donauschwaben, Sindelfingen, und in der Donauschwäbischen Kulturstiftung – Stiftung des privaten Rechts, München. Band I: Ortsberichte. Band II: Erlebnisberichte. Band III: Völkermord. Band IV: Totenbuch. München / Sindelfingen 1992-1994
Organization of American States (Hrsg.): The situation of human rights in Cuba. 7th report, Washington, D. C. 1983
Österreichische Historiker-Arbeitsgemeinschaft für Kärnten und Steiermark (Hrsg.): Völkermord der Tito-Partisanen 1944-1948. Dokumentation, Graz ²1992
Precan, Vilém (Hrsg.): Human rights in Czecoslovakia: a documentation. September 1981 - December 1982, Paris 1983
Siegler, Heinrich: Die Ereignisse in Polen und Ungarn. Eine Chronik des Geschehens von der Revolte in Posen bis zur militärischen Niederschlagung des Aufstandes in Ungarn (= Sonderabdruck aus dem Archiv der Gegenwart, eingeleitet von Dr. Heinrich von Siegler), Bonn / Wien / Zürich o.J.
Van Bergh, Hendrik (Hrsg.): Genosse Feind. Unveröffentlichte Dokumente über die Rote Armee, Bonn 1962 (zu Jugoslawien)
Zathureczky, Gyula v. (Hrsg.): Der Volksaufstand in Ungarn. Berichte und Zeittafel, Köln 1957
Zentralverband Politischer Emigranten aus der UdSSR (ZOPE) (Hrsg.): Der Volksaufstand in Ungarn. Zusammengestellt aus dem Ungarn-Bericht des UN-Ausschusses, München 1957

2. Darstellungen

a) Allgemein

Adelman, Jonathan R. (Hrsg.): Terror and Communist Politics. The Role of the Secret Police in Communist States, Boulder, Co. 1984
Bankl, Hans: Woran sie wirklich starben. Krankheiten und Tod historischer Persönlichkeiten, Wien / München / Bern ²1989
Brzezinski, Zbigniew: The Grand Terror. The Birth and Dilemma of Communism in the Twentieth Century, New York 1989

Fuvet, François: Das Ende der Illusion. Der Kommunismus im 20. Jahrhundert, München / Zürich ²1996 (französisches Original 1995)

Hacker, Jens: Der Ostblock. Entstehung, Entwicklung und Struktur 1939-1980, Baden-Baden 1983

Kersten, Heinz: Aufstand der Intellektuellen. Wandlungen in der kommunistischen Welt. Ein dokumentarischer Bericht, Stuttgart 1957

Loth, Wilfried: Die Teilung der Welt. Geschichte des Kalten Krieges 1941-1955 (= dtv-Weltgeschichte des 20. Jahrhunderts. Herausgegeben von Martin Broszat und Helmut Heiber), München ⁴1983

Merleau-Ponty, Maurice: Humanismus und Terror, Frankfurt a. M. 1990

Meyer, A. G.: Leninism, New York 1965

Mommsen, Wolfgang J.: Imperialismustheorien. Ein Überblick über die neueren Imperialismustheorien, Göttingen 1977

Nawratil, Heinz: Vertreibungs-Verbrechen an Deutschen. Tatbestand. Motive. Bewältigung, Frankfurt a. M. / Berlin 1987a (= Reprint von ⁴1986)

– ders.: Die deutschen Nachkriegsverluste unter Vertriebenen, Gefangenen und Verschleppten, München / Berlin 1987b

O'Brien, John Conway: The Eternal Path to Communism: From Marx via Lenin and Stalin to Solzhenitsyn and Gorbachev. In: International Journal of Social Economics, Bradford 18 (1991) 5/6/7, 10-31

Puddington, Arch: Failed utopias. Methods of coercion in communist regimes, San Francisco, Cal. 1988

Révész, László: Die Liquidierung der Sozialdemokratie in Osteuropa, Bern 1971

Taylor, Jay: The Rise and Fall of Totalitarianism in the Twentieth Century, New York 1993

Ternon, Yves: Der verbrecherische Staat. Völkermord im 20. Jahrhundert, Hamburg 1996

Wittkop, Justus F.: Unter der schwarzen Fahne. Gestalten und Aktionen des Anarchismus, Frankfurt a. M. 1989

b) Sowjetunion

Albaz, Jewgenija: Geheimimperium KGB. Totengräber der Sowjetunion, München ²1992

Antonow-Owssejenko, Anton: Stalin. Porträt einer Tyrannei, München / Zürich 1983

Bethell, Nicholas: Das letzte Geheimnis. Die Auslieferung russischer Flüchtlinge an die Sowjets durch die Alliierten 1944 - 47, Frankfurt a. M. / Berlin / Wien 1978

Bundeszentrale für politische Bildung (Hrsg.): Die Sowjetunion (= Informationen zur politischen Bildung 182), Bonn 1990

Broido, Vera: Lenin and the Mensheviks. The Persecution of Socialists under Bolshevism, Boulder, Co., 1987

Bundeszentrale für politische Bildung (Hrsg.): Gemeinschaft Unabhängiger Staaten, – München 1995

Buranow, Juri / Chrustaljow, Wladimir: Die Zarenmörder. Vernichtung einer Dynastie, Berlin / Weimar 1993

Carmichael, Joel: Die russische Revolution von der Volkserhebung zum bolschewistischen Sieg, Februar bis Oktober 1917, Hamburg 1967 (englisches Original)

– ders.: Säuberung. Die Konsolidierung der Sowjetunion unter Stalin, 1934-38, Frankfurt a. Main 1972 (englisches Original 1972)

– ders.: Trotzki, Frankfurt a. Main 1974 (englisches Original 1972)

Carr, Edward Hallett: Die russische Revolution. Lenin und Stalin 1917-1929, Stuttgart / Berlin / Köln / Mainz 1980

Conquest, Robert: Ernte des Todes. Stalins Holocaust in der Ukraine 1929-1933, München 1988 (US-amerikanisches Original 1986)

– ders.: Stalin and the Kirov Murder, New York 1989

– ders.: Stalin. Der totale Wille zur Macht. Biographie, München / Leipzig 1991 (US-amerikanisches Original 1991)
– ders.: Der Große Terror. Sowjetunion 1934-1938, München 1992 (US-amerikanisches Original 1990)
Dallin, Alexander (Hrsg.): Between Totalitarianism and Pluralism (= Articles on Russian and Soviet History 1500-1991), New York / London 1992
Deutscher, Isaac: Stalin, New York 1967
De Zayas, Alfred M.: Die Anglo-Amerikaner und die Vertreibung der Deutschen. Vorgeschichte, Verlauf, Folgen, München ²1981
– ders.: Die Wehrmacht-Untersuchungsstelle. Deutsche Ermittlungen über alliierte Völkerrechtsverletzungen im Zweiten Weltkrieg, Frankfurt a. M. / Berlin 1987 (= Reprint von ⁴1984)
Djilas, Milovan: Gespräche mit Stalin, Gütersloh 1962 (US-amerikanisches Original 1962)
Eisfeld, Alfred: Die Rußlanddeutschen. Mit Beiträgen von Detlev Brandes und Wilfried Kahle (= Studienbuchreihe der Stiftung Ostdeutscher Kulturrat, Bd. 2), München 1992
Fitzpatrick, Sheila: Cultural Revolution in Russia, 1928-1931, Bloomington 1978
Hoffmann, Joachim: Stalins Vernichtungskrieg 1941-1945, München ³1996
Holtbrügge, Dirk: Weißrußland (= Beck'sche Reihe Länder), München 1996
Kadell, Franz: Die Katyn-Lüge. Geschichte einer Manipulation. Fakten, Dokumente, Zeugenaussagen, München 1991
Karner, Stefan: Im Archipel GUPVI – Kriegsgefangenschaft und Internierung in der Sowjetunion 1941-1956, München 1995
Kogelfranz, Siegfried / Plate, Eckart: Sterben für die Freiheit. Die Tragödie des Spanischen Bürgerkrieges, München 1989 (Kapitel: Morgen werden wir gegen Moskau kämpfen, 359-388)
Kormann, Rudolf: Der Freiheitskampf der Kosaken. Die Weiße Armee in der russischen Revolution, Puchheim 1985
Laqueur, Walter: Stalin. Abrechnung im Zeichen von Glasnost, München 1990
Lückemann, Ernst: Ukraine (= Beck'sche Reihe Länder), München 1995
Mackiewicz, Josef: Katyn – ungesühntes Verbrechen, Frankfurt a. M. ²1987 (Original von 1949)
Margolina, Sonja: Das Ende der Lügen. Rußland und die Juden im 20. Jahrhundert, Berlin 1992
Medwedew, Roy: Das Urteil der Geschichte. Stalin und Stalinismus, 3 Bde., Berlin 1992 (US-amerikanisches Original 1989)
Meissner, Boris (Hrsg.): Die baltischen Nationen. Estland – Lettland – Litauen, Köln 1990
Nekrassow, Vladimir F. (Hrsg.): Berija. Henker in Stalins Diensten. Ende einer Karriere, Augsburg 1997 (rum. Original 1991)
Post, Walter: Unternehmen „Barbarossa". Deutsche und sowjetische Angriffspläne 1940/41, Bonn 1995
Rauch, Georg von: Geschichte der baltischen Staaten, München ³1990
Sander, Helke / Johr, Barbara: BeFreier und Befreite, München 1992
Seibert, Theodor: Das Rote Rußland. Staat, Geist und Alltag der Bolschewiki, München 1931
Service, Robert: Lenin: A Political Life. Bd. 2: Worlds in Collusion, Bloomington / Indianapolis 1985
Shifrin, Avraham: UdSSR. Reiseführer durch die Gefängnisse und Konzentrationslager in der Sowjetunion, Uhldingen / Seewis ³1987
Siegel, Achim: Die Dynamik des Terrors im Stalinismus. Ein strukturtheoretischer Erklärungsversuch, Freiburg i. Br. 1992

Stettner, Ralf: „Archipel GULag". Stalins Zwangslager – Terrorinstrument und Wirtschaftsgigant. Organisation und Funktion des sowjetischen Lagersystems 1928-1956, Paderborn 1996

Stöckel, Günther: Russische Geschichte von den Anfängen bis zur Gegenwart, Stuttgart ⁵1990

Strauß, Wolfgang: Revolution gegen Jalta. Friedens-, Arbeiter- und Völkerkampf. Die ungelöste nationale und soziale Frage in Osteuropa, Berg am See 1982

Theimer, Walter: Geschichte des Sozialismus, Tübingen 1988

Topitsch, Ernst: Stalins Krieg. Die sowjetische Langzeitstrategie gegen den Westen als rationale Machtpolitik, Herford 1990

Torke, Hans-Joachim (Hrsg.): Historisches Lexikon der Sowjetunion, 1917/22 bis 1991, München 1993

Voslensky, Michael S.: Nomenklatura, München 1987

– ders.: Sterbliche Götter. Die Lehrmeister der Nomenklatura, Erlangen / Bonn / Wien 1989

– ders.: Das Geheime wird offenbar. Moskauer Archive erzählen. 1917-1991, München 1995 (russisches Original)

Weber, Hermann: „Weiße Flecken in der Geschichte". Die KPD-Opfer der Stalinistischen Säuberungen und ihre Rehabilitierung, Frankfurt a. M. ²1990

Wende, Dieter: Im wilden Feld. Aus der Geschichte der Kosaken, Berlin (Ost) ²1990

Wolkogonow, Dimitri: Lenin. Utopie und Terror, Düsseldorf / Wien / New York / Moskau 1996 (russ. Original 1993)

–, ders.: Stalin. Triumph und Tragödie. Ein politisches Porträt, Düsseldorf / Wien 1993

Zeidler, Manfred: Kriegsende im Osten. Die Rote Armee und die Besetzung Deutschlands östlich vor Oder und Neiße 1944/45, München 1996.

c) DDR

Eisert, Wolfgang: Die Waldheimer Prozesse. Der stalinistische Terror 1950. Ein dunkles Kapitel der DDR-Justiz, München 1993

Forster, Thomas M.: Die NVA. Kernstück der Landesverteidigung der DDR, Köln 1983

Gatow, Hanns-Heinz: Vertuschte SED-Verbrechen. Eine Spur von Blut und Tränen, Berg am See 1990

Greve, Uwe: Lager des Grauens. Sowjetische KZs in der DDR nach 1945, Kiel 1990

Preissinger, Adrian (Hrsg.): Von Sachsenhausen bis Buchenwald. Todesfabriken der Kommunisten, Berg am See 1991

Rehlinger, Ludwig A.: Freikauf. Die Geschäfte der DDR mit politisch Verfolgten 1963-1989, Berlin / Frankfurt a. M. 1991

Stern, Joachim R.: Und der Westen schweigt. Erlebnisse – Berichte – Dokumente über Mitteldeutschland 1945-1975, Pr. Oldendorf 1976

Vogelsang, Thilo: Das geteilte Deutschland (= dtv-Weltgeschichte des 20. Jahrhunderts. Herausgegeben von Martin Broszat und Helmut Heiber), München ¹²1983

d) Polen

Halecki, Oskar: Geschichte Polens, Frankfurt a. M. 1963 (Original)

Kersten, Krystyna: The Establishment of Communist Rule in Poland, 1943-1948, Berkeley / Los Angeles / Oxford 1991

Bibliographie

Meyer, Enno: Grundzüge der Geschichte Polens, Darmstadt 1977
Richthofen, Bolko Freiherr von / Oheim, Reinhold Robert: Die polnische Legende. Von den
  Vertreibungsverbrechen bis zum Kriegsrecht: Das Schicksal der Deutschen unter polni-
  scher Besatzung, Kiel 1982

e) Ungarn

Irving, David: Aufstand in Ungarn. Die Tragödie eines Volkes, Hamburg 1981
Mikes, George: Revolution in Ungarn, Stuttgart o.J. (engl. Original 1957)
Molnár, Miklós: From Béla Kun to János Kádár. Seventy Years of Hungarian Communism,
  New York / Oxford / München 1990
Oplatka, Andreas: Der Eiserne Vorhang reißt. Ungarn als Wegbereiter, Zürich 1990
Silagi, Denis: Ungarn (= Hefte zur Ostkunde), Hannover 1964
Széchény, Georg Graf: Ungarn zwischen Rot und Rot. Ein Bericht aus den Jahren 1944-
  1956, München 1963

f) ČSSR

Kaplan, Karel: Politische Persekution in der Tschechoslowakei 1948-1972 (= Forschungsprojekt Krise in den Systemen Sowjetischen Typs, geleitet von Zdenek Mlynar mit
  wissenschaftlichem Beirat, Studie Nr. 3), Köln 1983
– ders.: Die Überwindung der Regime-Krise nach Stalins Tod (= Forschungsprojekt Krise
  in den Systemen Sowjetischen Typs, geleitet von Zdenek Mlynar mit wissenschaftlichem
  Beirat, Studie Nr. 11), Köln 1986
Renner, Hans: A History of Czechoslovakia since 1945, London / New York 1989
Simecka, Milan: The Restoration of Order. The Normalization of Czechoslovakia 1969-
  1976, London 1984
Siska, Miroslav: „Verschwörer, Spione, Staatsfeinde...". Politische Prozesse in der Tschechoslowakei 1948-54, Berlin 1991

g) Jugoslawien

Dedijer, Vladimir: Tito. Autorisierte Biographie, Berlin 1953
Karapandzich, Borivoje M.: The bloodiest Yugoslav spring – Tito's Katyns and Gulags,
  New York 1980 (serbo-kroat. Original 1976)
Nyrop, Richard E. (Hrsg.): Yugoslavia – a country study, Washington, D. C. 1981
Pavlowitch, S. K.: The improbable survivor: Yogoslavia and its problems, Columbus, Ohio,
  1988
Rullmann, Hans-Peter: Mordauftrag aus Belgrad, Hamburg 1980
Sundhaussen, Holm: Geschichte Jugoslawiens 1918-1980, Stuttgart u.a. 1982
– ders.: Experiment Jugoslawien. Von der Staatsgründung bis zum Staatsverfall (= Meyers
  Forum 10), Mannheim / Leipzig / Wien / Zürich 1993
Vidović, Mirko: Sakrivena strana mjeseca: Zapisi o Titovim tamnicama (The Hidden Side
  of the Moon: Notes on Tito's Prisons), München ²1978
Zerjavic, Vladimir: Yugoslavia. Manipulations with the number of Second World War Vic-
  tims (Hrsg.: Croatian Information Centre), Zagreb 1993

h) Volksrepublik China

Domenach, Jean-Luc: Der vergessene Archipel. Gefängnisse und Lager in der Volksrepublik China, Hamburg 1995 (franz. Original 1992)
Domes, Jürgen / Näth, Marie-Luise: Geschichte der Volksrepublik China, Mannheim / Leipzig / Wien / Zürich 1992
Rodzinski, Witold: China. Das Reich der Mitte und seine Geschichte, Herford 1987
Spence, Jonathan D.: Chinas Weg in die Moderne, München / Wien 1995 (amerik. Original 1990)
Weggel, Oskar: Geschichte Chinas im 20. Jahrhundert, Stuttgart 1989
Wolter, Gustav-Adolf: Geschichte Chinas. 4000 Jahre Reich der Mitte, Eßlingen/München 1987
Wu, Yuan-li / Michael, Franz u.a.: Human Rights in the People's Republic of China, London 1988

i) Indochina

Buro, Andreas / Grobe, Karl: Vietnam! Vietnam? Die Entwicklung der Sozialistischen Republik Vietnam nach dem Fall Saigons, Frankfurt a. M. 1984
Chandler, David P.: The Tragedy of Cambodian History. Politics, War and Revolution since 1945, New Haven / London 1991
Draguhn, Werner / Hofmeier, Rolf / Schönborn, Mathias: Politisches Lexikon Asien und Südpazifik, München 1980 (= Beck'sche Schwarze Reihe, 226.)
Stuart-Fox, Martin: Laos: politics, economics and society, London 1986
Thürk, Harry: Der Reis und das Blut. Kambodscha unter Pol Pot, Berlin 1990 (eine provietnamesische Propagandaschrift gegen das Pol-Pot-Regime, Anm. d. Vf.)
Vickery, Michael: Cambodia 1975-1982, Boston 1984
Will, Gerhard: Vietnam 1975-1979: Von Krieg zu Krieg, Hamburg 1987 (= Mitteilungen des Instituts für Asienkunde, 156)

k) Kuba

Bourne, Peter G.: Fidel Castro, Düsseldorf / Wien / New York 1988
Oppenheimer, Andres: Castro's final hour. The secret story behind the coming downfall of communist Cuba, New York / London u.a. 1992
Rabkin, Rhoda P.: Cuban Politics. The Revolutionary Experiment, New York / Westport, Conn. / London 1991
Valladares, Armando: The Cuban Gulag. In: Horrowitz, Irving Louis (Hrsg.): Cuban communism, New Brunswick, N. J. / Oxford ⁶1988, 730-736

l) Äthiopien

Breyer, Karl: Moskaus Faust in Afrika, Stuttgart 1979
– ders.: Chaos Afrika. Geht ein Kontinent verloren?, Eßlingen / München 1986 (Kapitel „Äthiopien", 255-267)

Hasselblatt, Gunnar: Äthiopien am Rande des Friedens. Tigre, Oromo, Eritreer, Amharen im Streit. Streiflichter und Dokumente, Stuttgart 1992

Henze, Paul B.: Marxismus-Leninismus in Äthiopien. Politische Sackgasse und wirtschaftlicher Niedergang, Ebenhausen 1987

Keller, Edmond J.: Revolutionary Ethiopia: from empire to people's republic, Bloomington u.a. 1988

m) Südafrika

Breyer, Karl: Moskaus Faust in Afrika, Stuttgart 1979

Gastrow, Shelagh: Who's Who in South African Politics, London / Melbourne / München / New York ³1990

Murray, Martin: The revolution deferred. The painful birth of post-apartheid South Africa, London 1994

Pabst, Martin: Drama Südafrika. Ein Spiel mit fünf Akteuren, vielen Statisten und einem offenen Ende, München 1993

Aufsätze werden innerhalb der Fußnoten zitiert.